"十三五"国家重点出版物出版规划项目

经济科学译丛

市场设计
拍卖与匹配

纪尧姆·海宁格（Guillaume Haeringer） 著

熊金武 译

MARKET DESIGN:
AUCTIONS AND MATCHING

中国人民大学出版社
·北京·

《经济科学译丛》
编辑委员会

学术顾问
高鸿业　王传纶　胡代光　范家骧　朱绍文　吴易风

主　编
陈岱孙

副主编
梁　晶　海　闻

编　委（按姓氏笔画排序）

王一江	王利民	王逸舟	贝多广	平新乔	白重恩
朱　玲	刘　伟	许成钢	李　扬	李晓西	李稻葵
杨小凯	汪丁丁	张宇燕	张维迎	林毅夫	易　纲
金　碚	姚开建	钱颖一	徐　宽	高培勇	盛　洪
梁小民	樊　纲				

《经济科学译丛》总序

中国是一个文明古国，有着几千年的辉煌历史。鸦片战争后，中国由盛而衰，一度成为世界上最贫穷、落后的国家之一。中国共产党领导的革命把中国从饥饿、贫困、被欺侮、被奴役的境地中解放出来，1949年中华人民共和国成立，中国人民从此当家做主。1978年以来的改革开放，使中国真正走上了通向繁荣富强的道路。

中国改革开放的目标是建立一个有效的社会主义市场经济体制，加速发展经济，提高人民生活水平。但是，要完成这一历史使命绝非易事，我们不仅需要从自己的实践中总结教训，也要从别人的实践中获取经验，还要用理论来指导我们的改革。市场经济虽然对我们这个共和国来说是全新的，但市场经济的运行在发达国家已有几百年的历史，市场经济的理论亦在不断发展完善，并形成了一个现代经济学理论体系。虽然许多经济学名著出自西方学者之手，研究的是西方国家的经济问题，但他们归纳出来的许多经济学理论反映的是人类社会的普遍行为，这些理论是全人类的共同财富。要想迅速稳定地改革和发展我国的经济，我们必须学习和借鉴世界各国包括西方国家在内的先进经济学的理论与知识。

本着这一目的，我们组织翻译了这套经济学教科书系列。这套译丛的特点是：第一，全面系统。除了经济学、宏观经济学、微观经济学等基本原理之外，这套译丛还包括了产业组织理论、国际经济学、发展经济学、货币金融学、财政学、劳动经济学、计量经济学等重要领域。第二，简明通俗。与经济学的经典名著不同，这套丛书都是国外大学通用的经济学教科书，大部分都已发行了几版或十几版。作者尽可能地用简明通俗的语言来阐述深奥的经济学原理，并附有案例与习题，对于初学者来说，更容易理解与掌握。

经济学是一门社会科学，许多基本原理的应用受各种不同的社会、政治或经济体制的影响，许多经济学理论是建立在一定的假设条件上的，假设条件不同，结论也就不一定成立。因此，正确理解和掌握经济分析的方法而不是生搬硬套某些不同条件下产生的结论，才是我们学习当代经济学的正确方法。

  本套译丛于1995年春由中国人民大学出版社发起筹备并成立了由许多经济学专家学者组成的编辑委员会。中国留美经济学会的许多学者参与了原著的推荐工作。中国人民大学出版社向所有原著的出版社购买了翻译版权。北京大学、中国人民大学、复旦大学以及中国社会科学院的许多专家教授参与了翻译工作。前任策划编辑梁晶女士为本套译丛的出版做出了重要贡献，在此表示衷心的感谢。在中国构建高水平社会主义市场经济体制的时期，我们把这套译丛献给读者，希望为中国经济的深入改革与发展做出贡献。

《经济科学译丛》编辑委员会

前　言

本书是对市场设计的介绍，旨在让同学们从更广阔的视角去了解市场机制的设计和分析。

为什么要学习市场设计呢？或者换句话说，为什么要学习市场机制呢？经济学或商科的学生学习了大量关于市场的知识：供给与需求从何而来？当市场结构或某些参数变化时，均衡价格如何改变呢？但是，几乎没有学生接触到诸如以下这般简单而基础的问题：价格是如何计算的呢？决定价格的方式很关键吗？申请一所学校的程序会对升学产生影响吗？当货币交易被禁止时，例如在器官捐赠中，我们该怎么办呢？如果有人认为学生应当接触这些经济学基础问题，那么这本教科书就是朝着这个方向前进的第一步。

我在写这本书时脑海里一直有几个目标：

第一，尽可能地使教材易于接受。将拍卖和匹配模型纳入本书很容易，但不是所有学生都能达到其所要求的数学水平，因此就需要特意减少对模型的规范性描述。一旦引入了某一公式，就要小心地解释其中的数学原理。总之，要让大多数学生能够理解。为了使书中的数学最少化，就需要强调直觉的重要性，有时候还会对案例进行长篇的解释和详细的解析。同时，很多结论没有给出证明过程而是直接呈现出来。

第二，在过去大约30年里，经济学家们越来越多地帮助政策制定者或监管者来设计市场，尤其是在拍卖市场和匹配市场。其中有的成功，有的失败。无论成败都积累了很多经验教训。成功是有益的，因为它说明理论工作并非只是理论学者自己的事，经济学家研究的模型是有指导性的。向失败学习同样有益，因为它向学生表明，经济学家认识到了自己理论的局限，并且愿意从现实生活的具体问题中学习。

学生们经常抱怨微观经济学太过抽象，和现实生活毫无联系。市场设计为教师提供了一个难得的机会，去解释理论如何帮助解决现实难题。当然，这反过来又会引出新的理论问题。

本书尽可能交替地选用理论与理论实践（或案例）研究，将理论结果和实证研究放在一边（理论结果更是如此），然后优先介绍那些能够立即被具体应用且被认为是基础的、没有困难到无法解释的理论，因此许多有趣而著名的理论结果就没有呈现在本书中。

尽管本书非常强调理论和运用的融合，不过依然有纯理论的内容。

理论对于我们的结构性思维是有帮助的。它有助于深入分析问题本质。因为拍卖和匹配理论可以被视为机制设计的应用，所以，一本没有介绍机制设计和博弈论的教科书即使是简洁的，却也是不完整的。我试图使本书能够让不具备机制设计和博弈论知识的学生所接受，但是读者却可以看到，附录 A 和附录 B 给出了机制设计和博弈论的概述。这两个章节尽管有一点偏离了本书的撰写理念，但符合研究范式，不仅介绍基础知识，而且给予尽可能多的解释说明。

有不少人为本书提供了宝贵的帮助。首先，我要感谢麻省理工学院出版社的 Emily Taber 女士，她一直耐心地支持我。多亏了她，我有幸被指派了一组出色的评审人。他们对前一版手稿的建议与评论对本书的连贯性起到了关键的作用。我同样要感谢 David Cristales 和 Bradley Wells，他们承担了本书的校对工作，检查了各个部分与章节之间的连贯性。当然，本书任何遗留的错误均由我承担。像许多教科书那样，本书始于我在巴鲁克学院（Baruch College）市场设计课程的讲义。幸亏有 Armen Hovakimian, Sebastiano Manzan, Judith Tse 和 Ashok Vora 的帮助，使得开设一门新的课程成为可能。我也从巴鲁克学院学生的反馈和评论里获益良多。同时，要感谢哥伦比亚大学的 Yeo-Koo Che，我在哥伦比亚大学也讲授过一年的市场设计课程。我同样想要对那些间接为本书提供帮助的学者们表达我的感激之情。本书许多方面都是在我与 Atila Abdulkadiroğlu, Chris Avery, Yeo-Koo Che, Onur Kesten, Paul Milgrom, Al Roth, Tayfun Sönmez 和 Utku Ünver 的交流中形成的（遗憾的是，这份名单并不完整）。最后同样重要的是，我十分感激我的家人一直以来给予我的支持。

2017 年 4 月 4 日写于纽约

目 录

第 1 章 导 论 ··· 1
  1.1 市场与市场设计 ··· 1
  1.2 价格是必需的吗？ ··· 2
  1.3 关于市场的更多信息 ··· 3
  1.4 市场设计：第一个例子 ·· 5

第 2 章 基础拍卖 ··· 10
  2.1 背景 ·· 10
  2.2 估值 ·· 12
  2.3 支付和目标 ·· 13
  2.4 增价拍卖 ·· 14
  2.5 第二价格拍卖 ·· 19
  2.6 第一价格拍卖 ·· 22
  2.7 收益等价 ·· 28
  2.8 保留价 ·· 31

第 3 章 eBay ·· 37
  3.1 背景 ·· 37
  3.2 eBay 详情 ··· 38
  3.3 eBay 采取的是第一价格拍卖吗？ ···································· 41
  3.4 投标狙击 ·· 42
  3.5 保留价 ·· 45

第 4 章 VCG 拍卖 ··· 48
  4.1 背景 ·· 48

4.2　模型 ·· 48
　　4.3　VCG 拍卖 ······································ 49
　　4.4　VCG 拍卖的激励 ······························ 53
　　4.5　与维克里拍卖的关系 ·························· 54
　　4.6　VCG 拍卖的复杂性 ·························· 54

第 5 章　关键词拍卖 ····································· 56
　　5.1　引论 ·· 56
　　5.2　运行亿万次的拍卖 ···························· 58
　　5.3　起源 ·· 58
　　5.4　Google 模式：广义第二价格拍卖 ········· 60
　　5.5　Facebook 模式：互联网广告的 VCG ···· 71

第 6 章　频谱拍卖 ·· 75
　　6.1　频谱为何可以进行分配？ ··················· 75
　　6.2　问题 ·· 77
　　6.3　同步加价拍卖 ································· 82
　　6.4　案例研究 ······································· 83

第 7 章　金融市场 ·· 88
　　7.1　背景 ·· 88
　　7.2　国债拍卖 ······································· 88
　　7.3　双向拍卖 ······································· 93
　　7.4　首次公开募股 ································· 96

第 8 章　交　易 ·· 98
　　8.1　股票市场 ······································· 98
　　8.2　开盘与收盘 ··································· 102
　　8.3　高频交易 ······································ 105
　　8.4　替代的市场设计 ····························· 113

第 9 章　基本匹配模型 ································ 117
　　9.1　基本匹配模型 ································ 117
　　9.2　算法与机制 ··································· 123
　　9.3　寻找稳定的匹配 ····························· 125
　　9.4　对稳定匹配的偏好 ·························· 129
　　9.5　延迟接受算法的激励 ······················· 131

第 10 章　住院医师匹配 ······························ 135
　　10.1　历史 ·· 135
　　10.2　多对一匹配模型 ··························· 137
　　10.3　为什么稳定性很重要？ ·················· 145
　　10.4　农村医院定理 ······························ 148
　　10.5　伴侣和工程方法 ··························· 150

第 11 章　分配问题 ···································· 154
　　11.1　基本模型 ···································· 154

	11.2 寻找有效率的分配方案	156
	11.3 混合的公共-私人禀赋	165
第12章	概率分配	173
	12.1 随机分配	173
	12.2 随机序列独裁	178
	12.3 概率序列机制	179
第13章	择　校	184
	13.1 多对一分配模型	184
	13.2 算法竞争	189
	13.3 即刻接受算法的问题	197
	13.4 应用	198
第14章	择校：进一步发展	201
	14.1 弱优先级	201
	14.2 限制选择	211
第15章	课程分配	216
	15.1 预选	216
	15.2 课程招标	217
	15.3 哈佛商学院的方法	221
	15.4 沃顿商学院的方法	225
第16章	肾脏交换	230
	16.1 背景	230
	16.2 肾脏交易	231
	16.3 交易数量	237
附录A	博弈论	239
	A.1 策略式博弈	239
	A.2 扩展式博弈	242
	A.3 求解博弈	246
	A.4 贝叶斯博弈：不完全信息博弈	252
附录B	机制设计	256
	B.1 基础	256
	B.2 模型	257
	B.3 占优策略的执行	261
	B.4 贝叶斯机制设计	265
附录C	顺序统计	270
	C.1 最高估值的期望	270
	C.2 次高估值的期望	272
	C.3 最高估值的条件期望	273
	C.4 改变上限和下限	274
译后记		276

第 1 章 导 论

1.1 市场与市场设计

商品（goods）或服务的交换和分配方式是经济学要解决的关键问题之一，它取决于诸多因素。这些因素中有的不能被人为控制，而有的却可以，例如一些指导个人或企业行为的规则。这些特定规则通常并非偶然的，而是被人为设计的，尤其是被决策者或监管者设计。经济学家称这些规则为市场（the market）。因此，从广义上讲，市场就是一个商品和服务交换或交易的制度。换句话说，市场的作用是决定"谁得到什么"（who gets what）。市场设计是特别关注如何决定"谁得到什么"的经济学领域。它研究不同的协议（protocol）在多大程度上能够（如何）产生不同的结果。正如市场设计的名称所表明的，其重点是市场制度的设计（design）。为了做到这一点，我们可能需要从多个角度研究市场。但为了设计市场，我们还需要研究市场是如何运作的。如果我们想在市场运行不好的时候作出修正，那么很有必要了解市场是如何运作的。

传统上，市场被认为是通过价格（prices）决定商品和服务配置的制度。市场的主要作用是设定要交换的商品和服务的价格，进而决定了"谁得到什么"。鉴于这一点，要考虑标准的供给-需求框架。对一个商品的需求就是指在不同商品价格下，买家愿意购买的商品数量。同样地，供给就是指在不同商品价格下，卖家愿意出售的商品数量。在这种情况下，均衡被定义为供需相等时的价格：在均衡价格下，买家想要购买的商品数量与卖家想要出售的商品数量完全相同。换句话说，均衡的概念是交易协议的一部分，因为在某种意义上均衡隐含地描述了如何配置（"谁得到什么"），即商品和服务是有价格的，一个商品被配置意味着照价付款。在这个框架中，经济学中的大多数分析就是诸如此类：例如，研究当某些参数（例如销售税）改变时，均衡如何变化，或者均衡是如何根据买家或卖家数量的变化而改变的。

我们刚才提到，在"标准"的情况下，价格决定了谁得到了什么。那么，价格是唯一的决定因素吗？很显然不是的，因为我们仍然必须解释如何达到均衡以及价格是如何设定的。

举个例子，比如说，莫奈画像的持有者想要出售画像，在这种情况下，供应很容易被描述为：卖家可能有一个最低价，当价格低于最低价时，卖家不会出售画像。高于最低价时，供给是恒定的，因为画像仅有一幅。但是，需求也不难被描述，因为我们可以想象，存在很多买家，每个买家都有可接受的最高价。例如，有 100 万人最多愿意付 10 000 美元购买画像，但只有 1 000 人最多愿意付 1 000 000 美元去购买，诸如此类。在这种情况下的均衡就是只剩下一位买家时，该买家愿意付出的价格。

这看起来很容易，但是注意，这种方法不太适合给我们一个精确的预测。例如，假设买家愿意付出的第二高价格和最高价格分别是 5 000 000 美元和 20 000 000 美元。不难发现，在 5 000 000.01 到 20 000 000 美元之间的任意一个价格都是均衡价格。那么哪一个价格会获胜呢？

1.2 价格是必需的吗？

在某些情况下，价格可能不足以决定"谁得到什么"，大学录取问题就是一个很好的例子。粗略地看，大学录取就好像是适合被做市场分析的。一方面，我们有提供服务、教育（和学位）的大学；另一方面，我们有需求教育服务的潜在学生，而这项服务是存在价格的，这个价格即为学费。

诚然，学费是学生择校的一个重要因素，但它并不是唯一的决定因素。对于学校来说也同样如此。否则，我们会看到大学提高或降低学费，直到其录取人数与招生能力相匹配。这与现实相去甚远，因为对于大学而言，学费并不足以决定招生。大学录取更多的是一个选择与被选择的问题，而不是设定学费的问题。例如，Alice 会选择上 A 大学，因为在所有录取她的大学中，A 大学是她最喜欢的。同样，B 大学接受了 Bob 的申请，因为 B 大学想要录取他。

我们刚才所做的观察并不意味着经济学对大学录取没有什么话语权。相反，我们可能需要考虑与价格决定交易的传统市场分析不同的经济学方法。

但在某些情况下，我们甚至可以进一步考虑没有货币情况下进行的交易，例如以物易物。在许多情况下，货币交易的缺失不是市场设计者所设定的，而是他所面临的一个约束条件。本书会用两个例子来说明这一点。第一个例子是考虑把学生分配到公立学校（小学、中学和高中）。这个问题可以被看作是一个标准的分配问题：一方面，我们有提供服务（教育）的学校；另一方面，我们有必须入学的学生（或他们的父母）。这个案例看起来类似于大学录取，不过公立学校通常是免费的，即学生不付学费。在考虑父母偏好和学区约束的情况下将学生分配到学校，是市场设计所要解决的问题之一。第二个在没有付费情况下进行交易的例子是移植器官的分配。在全球几乎所有国家，人体器官都是不能被出售或购买（即货币交易）的。而政策制定者设计了决定患者如何获得人体器官的规则。在这样的背景下，对市场设计者的一个约束就是该分配机制不能涉及价格。

经济学界在对市场的精确定义上存在分歧。一些经济学家认为市场必然涉及价格，因此市场本质上是一种帮助确定价格的协议或机制。在这种定义下，将学生分配到公立学校或将器官分配给病人不能被认为是市场案例。其他经济学家则把市场简单地看作是一个商品和服务交易（或分配、交换等）的制度。在这种定义下，就既存在需要付费的交易市场，也存在没有付费的其他交易市场。

1.3 关于市场的更多信息

正如我们认为的那样，不同类型的市场不需要以相同的方式运作。同一个概念下的不同市场并不意味着其各自内部运作必须相同。每个市场都有一个特定的设计。这种设计包括一组（隐含的或明确的）规则，市场每一方都遵循这种设计，并且这种设计决定交易。

一个关键问题是，我们如何提出一个特定的设计呢？不要错误地认为设计将"自然产生"。确实，在大多数情况下，我们可以快速了解哪种类型的设计最合适。但是，准确的细节通常至关重要，市场有时也需要被修正。

1.3.1 市场运作需要什么？

如果一个市场"有效运行"，这就意味着一些交易得以实现。要做到这一点，必须满足或应该满足一些条件。

首先，我们需要双方都有"足够多"的参与者。市场上的每一个人都会寻求（从他或她的角度来看的）最好的交易。对于买家来说，卖家数量多有利于增加竞争（从而降低了价格），并有利于他们对交易好坏形成自己的判断。同样地，如果有很多买家，则对卖家有利，因为这增加了找到合适买家的可能性。在经济学中，当我们谈论市场参与者的数量时，我们使用的概念是市场厚度（market thickness）。当然，市场厚度并不一定要很高，但高市场厚度对交易很有用。卖家面对许多买家（并且"接触他们中的大多数"）将能够很好地了解需求，买家亦然。厚市场的反面是薄市场（thin market）。在一个市场厚度不足的薄市场，几乎没有买家和卖家，这可能会带来负面影响，比如增加了价格波动的可能性以及削弱了竞争（从而减少了买卖双方进行完美交易的可能性）。

市场一旦变厚就会出现一个问题——市场变得拥塞（congested）。在拥塞的市场中，重要的不是买家和卖家太多，而是卖家没有时间来审查所有潜在买家偏好的购买价格或投标价。因此，市场拥塞就像是交通拥堵。在房地产市场中，trulia.com、zillow.com 等网站平台或经纪人有助于缓解（一点点）拥塞。这些网站就像是买家和卖家聚会的场所。在大宗商品市场（commodity market）上，由于价格的原因，市场拥塞很容易减少。一个公开的价格给买家和卖家提供了即时信息，告知他们能做和不能做的事情。当市场不是大宗商品市场时，不同卖家的商品是有差异的，市场拥塞可以很快出现。人们需要同时考虑多种选择,而不是只需要考虑一种商品。

当市场厚度和市场拥塞不再是问题时,就会出现第三个问题:当面对可能的交易时,个人必须决定要做什么?当我为了可能的交易接近某人时,我要说什么?如果一个交易呈现在我面前,我应该接受要约,还是应该等待一个可能的更好的交易呢?例如,我是买家,我应该现在买,还是应该等待更好的交易(这意味着我可能再也找不到更好的商品了)?对于卖家来说,类似的问题也会出现。我是按要求的价格卖给买家,还是等一个更好的报价?有时我们很容易就知道应该做什么,不应该做什么。例如,如果你正在讨价还价地购买古董,你不想在卖家宣布价格之前说出你愿意付出的最高价格。否则,卖家提出的价格可能会很高。但在其他情况下,做正确的决定可能是棘手的。

显然,若我们已经提前知道自己可能会被骗,那么除非被强迫,否则我们不会愿意去参与这个市场。从更一般的角度来看,我们可能希望避免过于复杂的市场。换言之,大多数人喜欢参与安全、简单的市场。

1.3.2 大宗商品

经济学家最初是围绕商品(或服务)讨论市场,不过,有必要区分商品和大宗商品概念。大宗商品是一类可以被批量出售或购买的商品,每一批大宗商品都可以被认为是同质化的。例如,面包师也许不知道他们用来做面包的面粉是由谁种的小麦加工而成,但他们知道(至少我们希望)面粉的类型和质量(我们称之为等级)。在面粉市场上,两袋相同型号和同一等级的面粉被认为是同质的。也就是说,面粉是一种大宗商品。如今,这种大宗商品概念对我们来说可能是自然的,但事实上并非总是如此。

如今,面粉是作为一种大宗商品被交易,但这只是最近的事情。19世纪上半叶以前,情况并非如此。我们最常见的面粉是小麦加工而成的。由于每一块麦田都是独特的(因为土壤、日照、灌溉、耕作技术和其他因素不同),每一袋小麦(或面粉)可能都有些与众不同。直到19世纪中期,小麦才凭样品售货。也就是说,买家向卖家提出要约(如果有的话)之前会提前取得一个小样本并对其进行评估。

1848年,芝加哥商品交易所(Chicago Board of Trade)通过建立一个独特的谷物交易场所改变了这一切。随着人们开始设定小麦品类,以类型(冬小麦或春小麦,硬质小麦或软质小麦等)和质量分为若干拍卖标的,小麦变成了一种大宗商品。这样,来自不同农户却最终属于同一品类的小麦就会被认为是同质的。买家不再为哪袋小麦背后是哪一个农户而困扰。有了这个新的交易场所,小麦价格成为一个市场出清的统计数据。

人们可以想象今天所有的农作物都是通过像芝加哥商品交易所这样的交易所进行交易的。这种现象在以前是不可想象的,直到最近才如此。2008年之前埃塞俄比亚的农作物是像1848年之前美国小麦那样进行交易的。买咖啡、芝麻或苔麸都需要一个代理人,他们会先拿一个样品进行评估,然后与卖家讨价还价。如果你需要从其他卖家那里再买点咖啡,必须再次重复同样的检验和讨价还价过程。

埃塞俄比亚的粮食市场还有其他问题。首先,不信任普遍存在。因此,人们只会与少数他们认识的且值得信任的人讨价还价。换言之,从农民或经纪人的角度来看,市场厚度不够。但使市场变厚是不安全的：逾期付款（如果有任何付款的话）会变得非常普遍。此外，当地的生产者对农作物的真实价格知之甚少，所以他们很容易被经纪人操控。

市场信任的缺乏和市场厚度的不足是导致非最优化交易和市场脆弱的常见因素。微小的事件就足以阻止所有交易，中断市场。如果我看到雨季已经晚了两个星期，同时我并不完全信任与我交易的农民，那么，我怎么能确定我能够按期收货呢？缺乏一个运转良好的市场被认为是埃塞俄比亚 1984 年饥荒的主要原因，在那次饥荒中有超过 100 万人死于饥饿。这些人大部分死在该国北部，那里的干旱严重降低了作物产量。故事最悲惨的部分是，当时埃塞俄比亚西南部有过剩的粮食。

为了避免此类事件再次发生（并帮助该国经济增长），与芝加哥商品交易所交易规则相同的埃塞俄比亚商品交易所（Ethiopian Commodity Exchange，ECX）于 2008 年成立。埃塞俄比亚商品交易所规定交割时间为 $T+1$，即在交易达成后一天付清款项。

除此之外，埃塞俄比亚商品交易所"简单地"建立了一个可靠的谷物交易系统，使谷物可以作为大宗商品进行交易，从而使市场变厚。通过要求卖家在埃塞俄比亚商品交易所仓库中储存粮食，并要求买家在一个特别账户中缴纳保证金的方式，埃塞俄比亚商品交易所使市场参与对卖家和买家都是安全的。

1.4　市场设计：第一个例子

我们在这里回顾一个未被良好设计但最终被修复的市场的案例：消除美国饥饿组织（Feeding America）的食物分配。这部分将总结"美国二次收获分配特遣队"（America's Second Harvest Allocation Task Force）的 Canice Prendergast 及其同事对消除美国饥饿组织情况的诊断及其新市场设计。[①]

1.4.1　消除美国饥饿组织

消除美国饥饿组织是仅次于红十字会和"联合之路"（United Way）的美国第三大非营利组织，是一个由食物银行（food banks）组成的网络。[②] 它的主要任务是通过它的分支（教堂、社区中心、救济处等）向穷人分发食物。消除美国饥饿组织定期接受食物捐赠（主要来自生产者），然后分发给不同的食物银行。我们感兴趣的"市场"包含了消除美国饥饿组织总部和区域食物银行。根据我们的定义，这是一个市场，因为：

（1）存在需求：消除美国饥饿组织的地区性机构遍及全国，这些实体超过 200 个。它们寻求食物并将其分发给穷人（通过当地的分支机构）。

---

①　Canice Prendergast，"The Allocation of Food to Food Banks"（unpublished manuscript，2016）. 也可参见 "The Pickle Problem," Planet Money, NPR, Episode 665, November 25, 2015, podcast, http://www.npr.org/sections/money/2015/11/25/457408717/episode-665-the-pickle-problem, and, "Canice Prendergast on How Prices Can Improve a Food Fight (and Help the Poor)," EconTalk, December 7, 2015, podcast, http://www.econtalk.org/archives/2015/12/canice_prenderg.html.

②　Feeding America 的曾用名就是 America's Second Harvest。

（2）存在供给：消除美国饥饿组织总部接收食物捐赠（例如，几卡车冷冻鸡肉）并需要分配给地区性机构。

这里存在一个市场设计问题：如何将消除美国饥饿组织总部的食物分配给地区性食物银行？无论我们能想出什么样的设计，都必须考虑到一个重要的限制：不能进行货币交易。食物是被捐赠的，目的并非重新销售。此外，向食物银行出售食物还会带来一个额外的问题：食物银行必须筹集足够的资金来购买食品。

☐ 1.4.2 初始设计

要了解消除美国饥饿组织最初是如何设计其分配程序的，就有必要了解其主要关注点之一：任何捐赠的食物都必须被重新分配，浪费必须被最小化。浪费食物不仅从公共卫生的角度来看是不可取的，而且它会产生不利的经济影响。如果消除美国饥饿组织不能为其接受的捐赠品找到受捐人，捐赠者将来可能不愿意再捐献。因此，如果消除美国饥饿组织打算向一些食物银行提供一大堆食物，那么食物银行应该有动机去接收这些食物。

该组织的另一个关注点是：食物在食物银行网络上的分配必须是公平的，从某种意义上说，不能总是同一个区域性机构接收所有（或大部分）食物。但是，所有的食物银行显然都是不平等的。例如，一些区域性机构位于人口密集的地区，而另一些则在农村地区，有些区域性机构覆盖范围广，等等。换句话说，一些食物银行"应该"得到比其他食物银行更多的食物。

这两个约束条件（食物银行不应该拒绝食物捐赠，以及食物银行之间的非对称需求）导致消除美国饥饿组织设计了一个简单的机制来分配食物：将食物银行排成一个队列，并且当消除美国饥饿组织接收到食物捐赠时，就优先将食物捐赠分给队列中排名第一的食物银行。如果排名第一的食物银行拒绝接受捐赠，食物会被提供给排名第二的食物银行，依此类推。这是消除美国饥饿组织分配的一般规则，但理解它是如何运作的需要更多的细节。

第一个问题是队列的构建，这很容易解决。首先，对于每个食物银行，消除美国饥饿组织计算了两个变量：

（1）计算应接收的食物磅数，通过在食物银行之间进行比较，同时考虑服务范围人口规模；

（2）到目前为止所收到的食物磅数。

使用这两个参数，消除美国饥饿组织可以很容易地计算每个食物银行需要多少食物，并按照食物银行的最大需要排序。

第二个问题是：如何构建食物银行不浪费捐赠食物的激励机制？为此，当每当一家食物银行被提供食物时，就会被询问其是否需要食物。为什么消除美国饥饿组织只向食物银行发出提供食物的要约，而不是强制性地将食物分摊给食物银行呢？因为消除美国饥饿组织不知道每一个食物银行的全部信息。事实上，食物银行除了接受消除美国饥饿组织的捐赠外，通常还有其他捐赠来源，大部分来自当地。因此，消除美国饥饿组织可能不知道每一个食物银行的准确需求。此外，不同地区的消费习惯有所不同，于是当人们试图估计某个食物银行的需求时，其复杂程度会进一步增加。另外，运输费用由食物银行承担。那么一个食物银行的食物捐赠效益就取决于许多变量：它是否需要食物，能否储存食物，能否运输食物，以及其他因素。改善食物分配的一种方法是让每个食物银行将所有相关的变量报告给消除美国饥饿组织，但是鉴于有超过 200 个食物银行，这将大大增加消除美国饥饿组织工作的复杂性。

因此，每次消除美国饥饿组织收到食物捐赠时，排在队首的食物银行就会被问及是否接受食物。

（1）如果答案是肯定的，食物银行将承担运输费用，并将食物的磅数加到与食物银行相对应的"已收磅数"条目上。

（2）如果答案是否定的，那么消除美国饥饿组织会把食物磅数（尽管被拒绝）加在与食物银行相对应的"已收磅数"条目上。

接受食物的激励伴随着被拒绝的后果。如果一家食物银行拒绝了一些食物，那么它会自动减少所需食物的数量。因此，该食物银行在队列中的排名下降，这意味着食物银行将不得不等待几天或几周才会收到提供另一批食物的要约。

如果食物可以储存，那么在食物银行实际上拒绝食物的情况下将食物记为已经给予，就并不像人们认为的那样不公平。除非食物银行的仓库已经满了，不能再储存食物了，否则食物银行储存更多食物的成本可能不是很高。在这种情况下，唯一的决策变量是运输成本。如果仓库是满的，那么食物银行就不需要食物，可以等得起。从食物银行的角度来看，在大多数情况下，最好的策略是接受食物，因为不管它接受与否，它在队列中的位置都是一样的。在这样的机制下，消除美国饥饿组织几乎可以确保每一笔食物捐赠都有接受者。

然而，这个过程有两点值得警惕。首先，当食物可以被长时间储存时，实施的激励是有效的。如果捐赠品是蔬菜水果或其他有效期很短的新鲜食品，同时，如果食物银行仓库里已经有充足的这种食物，那么迫使食物银行接受这种捐赠可能会导致一些浪费。为了解决这个问题，在食物银行拒绝蔬菜水果的时候，消除美国饥饿组织不会增加其"已收磅数"的数量。如果一家食物银行拒绝一卡车的小柑橘，应该是因为它已经有了很多小柑橘，迫使食物银行接受这批食物只会导致小柑橘腐烂。浪费食物并不是消除美国饥饿组织的使命，所以食物银行不能被强迫接受一定会变质、浪费的食物。

其次，食物运输的距离。由于食物银行的主要决策变量是运输成本，因此提供一些高运输成本的食品将加剧不公平。因此，如果收到的食物离食物银行太远，该食物银行就会被从队列中跳过。

1.4.3 问题

上面的材料看起来一切还好。消除美国饥饿组织接受食物捐赠，并建立了一个系统，将食物分发给地区性食物银行。该系统设计显然是为了使食物浪费最小化，并且分配似乎也是公平的。

但事实上，分配程序远没有达到高效运行。Prendergast 的报告说，食物银行接受的食物中平均约 20% 从消除美国饥饿组织取得，而消除美国饥饿组织对食物银行其余 80% 食物的构成一无所知。实施的激励措施过于强烈，迫使食物银行接受它们并不真正需要的食物。另一个不确定性的来源是系统没有充分考虑区域饮食的差异。但也许最重要的问题之一是，消除美国饥饿组织在这套制度下无差异地对待各种类型的食物。[①] 这是令人担忧的，因为某些类型的食物比其他类型的食物更有价值（例如，意大利面和菜酱）。有些食物在运输方面也可能是不受欢迎的。一辆满载冷冻肉的卡车比满载薯片的卡车（类似的体积）装载更多的食物。

因此，食物仓库太满和食物分配不当的情况在食物银行中非常普遍。用更一般的话说，消除美国饥饿组织没有协调好食物银行与其对食物需求的差异。由于消除美国饥饿组织不知道每一个食物银行的特殊需求，食物分配不当是常见的。例如，一家食物银行尽管不需要麦片却接受了大量麦片，而另一家食物银行特别需要麦片却求而不得。这背后的问题源于一个糟糕的信息披露体系：既有的程序不允许食物银行准确地披露它们的需求。

在经济学中，信息披露与选择（choice）的概念是密切相关的。但是，尽管存在预算约束，为了充分表达我们的选择，我们也需要引入权衡。如果我没有预算约束，我会说既要一个苹果，也要一个橙子，因此我没有透露自己究竟喜欢哪种水果。但是如果我只能吃一个水果，我的选择会揭示我更喜欢什么。问题是食物银行不仅不能向消除美国饥饿组织表达它们需要什么，而且也不能表达它们需要的"强度"。如果没有预算约束，代理人会要所有类型的商品，于是选择变得不具有信息性。

但是对消除美国饥饿组织而言，预算是有问题的，因为它隐含地将钱引入这个公式中。Prendergast 和他的同事在芝加哥大学提出的解决方案是将"代币"分发给食物银行。

1.4.4 解决方案

设立食品拍卖是让食物银行表达它们的偏好（通过它们的投标价）的好方法。它（理论上）完全消除了不能准确知道不同的食物银行需求的问题。但这是一个大胆的举动。在某种程度上，拍卖等同于实施一种竞争性市场机制。在竞争性市场机制中，最富有的人更可能是赢家。这与消除美国饥饿组织和食物银行的使命是不一致的。市场并不总是完美的，因为它往往偏向于最富有、最强大或最有权力的人，而竞争性市场通常不是均等分配的。既有赢家，也有失败者。食物银行向穷人和那些被市场遗弃的人提供食物。在消除美国饥饿组织中使用市场机制看起来就像是让狐狸来守卫鸡舍。正如一位食物银行的主管对构建拍卖机制的一位芝加哥大学经济学家所说的："我是一个社会主义者。这就是我经营食物银行的原因。我不相信市场。我不是说我不愿听，而是说我反对。"

消除美国饥饿组织实行的拍卖制度如下：首先，每个食物银行都被分配了一些代币，被称为"点券"（shares）。分配"点券"的原则与之前的系统一致，也就是说，需求最迫切的食物银行将得到最多的"点券"。然后，消除美国饥饿组织对分发的食物进行每天两次拍卖。拍卖很简单，这是一个第一价格密封拍卖（the first-price sealed-bid auction，更详细的说明见第2.6节）。在这种拍卖中，每个投标人提交投标，但标价不

[①] 除了蔬菜，但是这种排除只是针对食物银行因拒绝某些食物而被处罚的情况。

是公开的（因此是"密封投标"）。在拍卖结束时，赢家是投标价最高的投标人，赢家付出他的投标价（术语"第一价格"）。正如我们将在第 2 章中看到的，第一价格拍卖可能不是最好的拍卖形式，但它的优点是比较容易理解：我投标，然后如果我赢了，我付出我的投标价。不公开报价是避免"狙击"的必要条件。"狙击"就是等到最后一分钟才提出投标价，这样竞争对手就没有时间反击了。一些食物银行规模很大，有很多人在那里工作，因此可以让人一直跟进拍卖。但小型食物银行可能没有这种能力。因此，在投标机制中，避免投标"狙击"会让博弈更平均。

在一天结束的时候，拍卖的收入（即"点券"）在食物银行中重新分配，再分配的公式与初始机制设计一致：食物银行需要的食物越多，它接收的"点券"越多。

食物银行也可以联合投标。事实证明，这对小型食物银行非常有帮助，因为它们可能不需要全部的食物，因此一些食物银行可以共同投标。如果它们赢了，则在它们内部之间分配食物（并且分担运输费用）。不可否认地，允许联合投标使该系统更加灵活。此外，消除美国饥饿组织提供的食品大多是不可分割的。不可分割的商品会产生问题，因为我可能会因为我不能获得想要的数量而不去获取一些需要的产品，而且因为在我的约束条件下，没有这个产品好于拥有太多这个产品，这就是所谓的过犹不及。对于具有有限存储能力的食物银行，这尤其重要。

1.4.5 结果

消除美国饥饿组织的现行拍卖机制产生了巨大的效益。首先，消除美国饥饿组织现在能够更精确地区分高需求的食物（例如，肉、鱼、花生酱）和其他食物（例如，蔬菜水果、含糖饮料、薯片）。这些信息很重要，因为它使消除美国饥饿组织得以更好地选择捐赠者。自从实行拍卖制度以来，食物供应量急剧增加，从每年约 2.5 亿磅增加到超过 3.5 亿磅。

拍卖机制的实施和虚拟货币的使用也给经济学家带来了有趣的问题。其中一个问题与价格波动有关。尽管食物银行所使用的"点券"不是真正的货币，但代币仍可能遇到与真实货币一样的问题。比如说通货膨胀。消除美国饥饿组织的拍卖也需要有稳定的价格，因为它有助于食物银行经理对每种类型的食物准确投标。因为"点券"和美元之间没有汇率，这个问题在这种情况下尤其严重。在拍卖中使用日常用的货币投标已经很棘手了。当我们使用一种我们不习惯的货币时，情况就更复杂了。

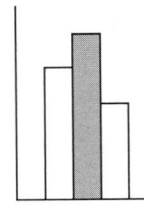

第 2 章 基础拍卖

这一章主要介绍最基础的拍卖。在这里我们将讨论只有一个标的被出售时的拍卖。大多数人对于在这一章中要学习的拍卖已经有所了解，其中最广为人知的或许是我们从电影或者新闻中所看到的，比如说艺术品拍卖：一名拍卖师主持拍卖并接受投标者的投标，然后在某一时刻宣布投标赢家。我们知道，即使是这种非常简单的拍卖也需要以精确的方式进行定义。轻微的、明显无害的变化也可能影响投标者行为。因此，本章将对不同的拍卖进行准确定义，并详细解释投标意味着什么。

2.1 背景

在基础的微观经济模型中，我们知道，当供给和需求相等时，就会得到一个商品的价格。在实践中，买家和卖家通常会对供给和需求做细微的调整，直到达到均衡价格。值得注意的是，要进行这些调整就意味着买家和卖家之间会不断接触，而不是只接触一次。比方说，每天或每周，杂货店老板可以调整其商品的价格，而买家则可以前往不同的商店消费，或者根据价格改变他们购买商品的数量。如果这种情况重复出现，那么这种调整就特别重要，并且成本不高。但是在某些情况下无法进行此类调整，于是我们需要找到其他方法来达到均衡状态。拍卖是在下列情况中常用于销售或购买商品的方式：

(1) 卖家或者买家几乎不了解"恰当的"价格；
(2) 存在稀缺性：固定的供给（例如一件艺术品、一块土地）；
(3) 销售或购买的商品的质量或数量并非恒定不变（例如电力、鱼）；
(4) 交易频率很低。

在一个市场中（即存在需求和供给），一个关键的问题是：价格是如何形成的（如果允许货币交易），以及最终配置是如何确定的（谁得到了什么）。任何用来确定价格和分配的规则或方式都被称为**市场机制**（market mechanism）。它根据代理人特征（偏好、预算、生产能力等）和环境（要交换的商品或物品的类型）决定最终配置。

因此，拍卖只是一种特殊的市场机制。其特别之处在于，拍卖还是一种**价格发现**（price discovery）机制，作为一种"工具"用于发现我们可出售或购买的商品的价格。

2.1.1 拍卖：定义

拍卖的基本定义是市场的一方（通常是买家）投标来确定一个最终价格（或几个最终价格）和配置结果。这个定义比较模糊，因为有很多不同类型的拍卖。可以通过以下几点来形成更一般的拍卖定义：

1. 投标形式规则（bidding format rules）

例如，投标可以包括价格，价格和数量，仅数量，或者商品列表（当同时出售多个标的时）。

2. 投标程序规则（bidding process rules）

拍卖何时停止？投标者会获得什么信息？投标者可以提出投标价多少次？是否有任何特殊条件允许投标者还价？

3. 价格和分配规则（price and allocation rules）

如何确定拍卖赢家？最终价格是多少？

2.1.2 拍卖无处不在

有证据表明，拍卖存在于整个人类历史长河中。一个最早的例子是公元前 500 年巴比伦通过拍卖买卖妇女。公元 193 年 3 月 28 日，罗马皇帝佩蒂纳克斯（Pertinax）被他的禁卫军杀害，而禁卫军士兵通过拍卖来选择下一位皇帝。赢家是尤利安努斯（Didius Julianus）（不幸的是，他只统治了两个月）。如今最著名的拍卖行或许是分别成立于 1744 年和 1766 年的苏富比拍卖行和佳士得拍卖行。19 世纪前，奴隶经常通过拍卖出售。

如今，拍卖在我们日常生活中随处可见。有时拍卖涉及个人（例如当我们在 eBay 上购物时），但很多时候拍卖参与者都是机构。

- 最著名的拍卖包括 eBay 上的拍卖，艺术品拍卖（如苏富比），止赎房拍卖或二手车拍卖。
- 拍卖已经开始用于活动门票（音乐会或游戏）。

活动门票销售的主要问题之一是所谓的"黄牛党"（ticket scalpers）的存在。"黄牛党"尽可能快地购买活动门票（以官方低价），然后再以高价将其卖向二级市场（通过像 stubhub.com 或 ticketmaster.com 等网站）。通过这样做，一些"黄牛党"每年可以赚到数百万美元。这个问题非常严重，某些活动几乎所有门票一开始都被"黄牛党"买完了。

需要注意到，官方售票价格与市场价格不符，而市场价格是人们真正愿意付出的价格。相反，市场价格是"黄牛党"在转售门票时设定的价格。一个用来削弱"黄牛党"影响的思路是通过拍卖售票。这样，售票的价格对应于或接近市场价格，这意味着转售将不会盈利（因此我们避免了"黄牛党"的存在）。

- 财政部通过拍卖出售其债券、汇票或票据。

想在金融市场上筹集资金的政府面临的问题是：如何确定其将向投资者付出的利率？拍卖是确定国债利率的完美工具。① 我们将在第7章详细分析国债拍卖。

- 我们在浏览互联网时看到的大多数广告（甚至全部）都是拍卖的结果，其中投标者是广告主。

我们将在第5章详细分析互联网广告市场。

- 每天都举行的拍卖，例如电力或鱼市场。
- 许多公共设施（例如桥梁或隧道）的建造和维护是通过拍卖决定的。在这种被称为"采购拍卖"的拍卖中，投标者是卖家，买家是公共权力机构（例如城市、政府）。卖家通过提出将要建造和（或）运营的设施的价格来竞争，并且买家通常会选择提出最低价格的卖家。
- 证券交易所的每日报价和 IPO$_s$ 也是基于拍卖机制。
- 一些商学院让学生通过拍卖选择他们的课程。在许多商学院向学生提供各种各样的课程，并且学生必须选择他们想要参加的课程。对学生来说，主要问题之一是许多课程的容量有限：没有足够的座位容纳所有想要参加该课程的学生。一些商学院为学生分配课程的方式是进行拍卖。② 在年初，学生会被分给一些代币或假钱，然后用其来为课程投标。参加课程的学生则是那些在该课程的拍卖中投标价最高的学生。
- 在许多国家，手机频率通过拍卖分配给运营商。

拍卖在上面列出的所有情形（以及更多情形）中使用，但拍卖形式因案例而异。这些差异是什么？为什么我们使用这种拍卖形式而不是另一种？这是拍卖理论需要解决的主要问题。

在设计拍卖时，有许多细节问题需要解决。

1. 对于卖家

投标者可以多次投标吗？如果要销售多个商品，最好是同时销售所有商品还是一次销售一个商品（以何种顺序销售）？卖家是否对谁赢得拍卖感兴趣？卖家如何建立声誉（如果计划将来再次出售）？我们是否设置了最低开标价和（或）保留价（以及金额是多少）？拍卖持续多久？

2. 对于买家

是否允许转售？（如果允许转售，我可能会对商品估值不同，而这可能会影响我的投标策略。）我的策略是否应该取决于将来是否会进行另一次拍卖？我是否关心谁将赢得拍卖？

2.2 估值

在拍卖中，投标者对于商品的**估值**（value or valuation）是投标者愿意为出售的标

---

① 对于货币来说，"价格"就是利率。

② 这种方式也被其他学校采用，例如西北大学凯洛格管理学院、密歇根大学商学院、哥伦比亚大学商学院、加州大学伯克利分校哈斯商学院、耶鲁大学管理学院。

的（或多个标的）付出的最大金额。投标者的估值当然不为卖家所知。否则，卖家可以向估值最高的投标者发出要约，而要约价格正好等于该投标者的估值（或略低于该估值）。

拍卖理论将拍卖区分为不同类型，取决于投标者知道其估值的程度以及投标者估值之间的相互依赖程度。最简单的类型是**私人价值**（private values）拍卖。在这种情况下，每个投标者都知道自己的估值，但不知道其他投标者的估值。隐含的假设是，了解其他投标者的估值不会影响投标者对标的的估值。[①] 当我们考虑纯消费品时，私人价值拍卖尤为重要。

与之相反的类型是投标者并不明确知道其估值。在这种情况下，投标者通常只有一个不精确的信号来表明他们对标的的估值。投标者首先获得关于标的价值的信号，而由于信号不能提供完全信息，所以估值不确定。一个典型的例子是投标者对标的的兴趣取决于该标的的转售价。由于转售价的不确定，这意味着每个投标者估值只能是一种估计。请注意，在这种情况下，每个投标者的商品估值虽然不为他们所知，但却是相关的。也就是说，估值是**相互依存的**（interdependent）。

相互依存估值拍卖的一个极端类型是当每个投标者估值相等时，估值是**共同**（common）的。在**纯共同价值模型**（pure common-value model）中，所有投标者具有相同的估值，但每个投标者对实际价值有不同的信号。一个典型例子是政府出售某块油田的钻探权。钻探权的价值对于每个投标者是相同的，因为它基本上是所能开采石油的市场价值。[②] 石油公司（投标者）通常独立开展地质勘查，估计油田的尺寸和质量。因此每一个石油公司对油田实际价值有一个不同的估计（信号）。

在研究拍卖时，通常假设投标者的估值（私人价值拍卖）或投标者关于价值的信号（相互依存价值拍卖）服从某种概率分布。这可以是独立的，也可以是相关的。我们在本章中假设投标者估值是私人的且是相互独立的。

2.3 支付和目标

在大多数情况下，买家只关心他们是赢还是输，以及如果他们赢了，他们需要付多少钱。[③] 如果一位买家赢得拍卖，他或她的支付（payoff）是他或她的估值减去付出的价格。如果买家输了拍卖（什么也得不到），则支付为 0。由此能很容易地定义拍卖中买家的支付：

$$\text{支付} = \begin{cases} \text{估值} - \text{付出的价格}, & \text{如果赢了} \\ 0, & \text{如果输了} \end{cases} \tag{2.1}$$

[①] 如果一个投标者的估值取决于未知的其他投标者的估值，那么这个投标者不可能知道他自己的估值。

[②] 有人会说，不同的公司也许不会恰好有相同的运营成本（例如它们使用不同的萃取技术）。此时，我们就要考虑相互依存估值的拍卖。

[③] 事情并不总是如此，就像我们会有一个这样的买家：当她输了的时候，她会去关注赢家的身份。举例来说，我们可以假定 Alice，Bob 和 Carol 参加一场自行车拍卖，Alice 是想拥有这辆自行车的，但是如果 Bob 赢了拍卖，她知道 Bob 会让她使用自行车，而 Carol 却不会。此时，如果她输掉了拍卖，Alice 更希望 Bob 赢得拍卖。

对于卖家而言，支付仅仅是拍卖的收入，即赢家付出的价格。通常假设卖家的目标是最大化她的支付；也就是说，以最高价出售。在拍卖中，实现这一目标的最佳方式是卖给具有最高估值的投标者，因为该投标者能够付最高价格（价格是否等于其估值是另一个问题）。对于经济学家（或拍卖设计师）来说，一个有效的拍卖应该使得赢家恰好是具有最高估值的投标者，因为它使剩余（surplus）最大化了。

在经济学中，消费者剩余是消费者愿意付出的价格与实际付出的价格之间的差额（如果消费者没有购买商品，则剩余为零）。因此，在我们的设置中，买家的剩余只是我们在式（2.1）中定义的支付。对于卖家而言，剩余是卖家的实际出售价格与愿意出售的最低价格之间的差额。对于我们将在本书中看到的大多数情况，最低价格将被假定为0，但有时该价格是严格为正的。为简单起见，我们在此假设卖家愿意以任何正价出售，因此她的剩余等于她出售商品的价格。

总剩余则是买家剩余和卖家剩余的总和。令 i 为赢得拍卖的投标者，v_i 是她的估值，而 p 是投标者 i 必须向卖家付出的价格。于是我们有：

$$总剩余 = i\text{ 的剩余} + 卖家的剩余$$
$$= v_i - p + p = v_i$$

我们可以看到，总剩余并不取决于投标者 i 付出的价格。它只取决于他的估值 v_i。这意味着，为了使拍卖有效，对于最大化总剩余的拍卖，赢家必须是具有最高估值的投标者。

2.4 增价拍卖

第一种拍卖形式可能是最有名的一种。我们从（相对）低价格开始，潜在买家对该标的提出投标价，并逐渐提高价格，而赢家是投标价最高的人。这种类型的拍卖称为增价拍卖（ascending auctions）。正如我们将看到的，这是一个非常粗略的描述。我们需要更准确地了解拍卖的具体细节。当然，细节很关键。

2.4.1 英式拍卖

在只有一个待售标的的情况下，增价拍卖通常被称为**英式拍卖**（English auctions）。在设计英式拍卖时必须考虑许多方面：投标者可以匿名投标吗？投标价是否有最高或最低限制？拍卖理论通常考虑英式拍卖的一个特定版本，我们将在第 2.4.1.2 节中描述这种拍卖。然而，有趣的是展示英式拍卖的不同版本，因为它将使我们看到拍卖设计中的微小变化是如何带来不同的见解并影响投标者的策略的。

英式拍卖中最重要的一点或许是由谁来出价。是投标者出价，还是卖家出价而投标者只是说是或否？这个问题的答案定义了两类英式拍卖。

2.4.1.1 投标者出价

由投标者出价的英式拍卖被称为**英式叫价拍卖**（English outcry auction）。通常我们在电影中看到的拍卖就是叫价拍卖。一般来说，投标价不是匿名的：每个投标者都可以看到其他投标者是谁。在某些情况下，拍卖师可以为投标价形式或投标价之间的最小增量设置规则。例如，拍卖师可以要求任何投标价必须比之前的投标价（或起始价格）至少多 100 美元，或者任何投标价必须是 1 000 美元的倍数。这些规则通常是为了使拍卖更加生动且不会持续太长时间。（想象一下艺术作品的拍卖中如果投标价只增加 1 便士）叫价拍卖的另一个经典特征是允许**跳价**（jump bids）。这意味着，投标价没有上限。因此，假设我们进行一次拍卖，这里拍卖师要求投标价至少增加 50 美元，我们会观察到以下投标价顺序：400 美元，450 美元，500 美元，550 美元，800 美元，850 美元。这里的第五个投标价是跳价：不是增加拍卖师要求的最低金额（从 550 美元到 600 美元），投标者跳了 250 美元。

2.4.1.2 投标者不出价

与英式叫价拍卖相反的类型是由拍卖师而非投标者出价的拍卖。这种拍卖的一般结构为：对于任何出价，投标者必须说明他们是接受还是拒绝。一旦投标者拒绝拍卖师的出价，她就不再参与拍卖。价格不断上涨，直到只剩一个投标者。

符合该描述的拍卖中最著名的是所谓的**日本按钮拍卖**（Japanese button auction）。在这种拍卖中，每个投标者都可以使用一个遥控器，用信号表明随着价格的上涨，投标者是继续投标还是停止投标。更确切地说，仍然愿意以所显示的价格购买商品的投标者必须按下遥控器上的按钮。投标者在停止按下按钮时被视为不参与拍卖。如果投标者停止按下该按钮，则以后不能再次按下该按钮。如果按下按钮，投标者被认为是**活跃的**（active），否则便是**不活跃的**（inactive）。当只剩下一个活跃的投标者时，拍卖就会结束。这意味着除了这个投标者以外的所有投标者都停止按下遥控器上的按钮。①

在学术文献中，上文描述的拍卖被称为英式拍卖。

备注 2.1 日本按钮拍卖的简单性使其成为拍卖理论的主力。在拍卖文献中，当作者写英式拍卖时，通常指的是日本按钮拍卖，本书亦然。

我们可以很容易想象这种拍卖的各种版本。对于每个新的出价，只要有一个投标者接受该价格，拍卖师就会提出新的更高出价。一旦没有投标者接受新价格，拍卖就会停止，而赢家是接受价格的最后一个投标者（并且她付出她所接受的价格）。

请注意，有几个问题尚未明确。一个重要的问题是，投标者的决策是不是匿名的？在某些情况下，匿名投标很重要，特别是当投标者的估值相互依存时。我们可以考虑，例如，在艺术品拍卖中，其中一个专家投标者非常了解要出售标的的"真实"估值，并且他是理性的。如果该投标者的投标价是 100 美元，那么其他投标者可以推断出该标的的估值至少为 100 美元。因此，如果其他投标者看到专家投标者的投标价是 100 美元，那么估值仅为 60 美元的投标者可能会更新其估值。显然，在这种情况下，我们的专家投标者更愿意匿名投标。我们将在第 3 章研究 eBay 拍卖，投标者的行为在投标者具有相互依赖的估值时发生变化。我们可以看到，当投标者的估值是不公开的私人估值时，投标者是否可以匿名投标就无关紧要了。

---

① 如果到最后所有的投标人都在同样的价格上停止了投标，那么我们可以通过掷硬币的方式来决定谁是赢家。例如，假定有四个投标者报价 100 美元，拍卖尚未停止且价格继续攀升至 101 美元。如果所有的投标者在这个价格上停止了投标，为了决定谁是赢家，我们就回到最后还存在活跃的投标者的价格上，在这些活跃的投标者中随机选出赢家。

一般而言，我们考虑在拍卖结束时只剩下一个投标者的情况，这意味着只有一个投标者具有最高投标价。但是，可能会发生所有剩余的投标者以相同的价格变为非活跃状态。在这种情况下，所有这些投标者都会被视为赢家，并且将随机抽选出唯一的赢家。

例 2.1 假设有三个投标者：Alice、Bob 和 Carol。他们的估值分别是 $v_{\text{Alice}}=8$ 美元、$v_{\text{Bob}}=10$ 美元、$v_{\text{Carol}}=12$ 美元。

假设 Alice 和 Bob 在价格分别为 6 美元和 9 美元时变为非活跃状态，而 Carol 计划在价格为 10 美元时退出投标。因此，当价格为 9 美元时，Bob 退出并且只剩一个投标者 Carol。所以拍卖停止，Carol 为此付出了 9 美元。她获得的支付是 $v_{\text{Carol}}-9=12-9=3$ 美元。

现在假设 Bob 和 Carol 都计划在价格为 9.1 美元时退出，9 美元是拍卖师在价格 9.1 美元之前的出价。所以在价格为 9 美元时，Bob 和 Carol 都是活跃的，但是对于下一个价格 9.1 美元，Bob 和 Carol 不再活跃。每个人将有 1/2 的概率被选为赢家。所以 Carol 获得的支付是

$$\frac{1}{2} \text{被选中时 Carol 的支付} + \frac{1}{2} \text{未被选中时 Carol 的支付}$$

如果 Carol 被选中了，她买下了这个商品（并且付出了 9 美元）。如果她未被选中，那她没有买这个商品（Bob 买了）。那么她的预期支付是

$$\text{Carol 的预期支付} = \frac{1}{2} \times (v_{\text{Carol}}-9) + \frac{1}{2} \times 0 = \frac{1}{2} \times (12-9) = \frac{3}{2}$$

对于 Bob，他的预期支付是

$$\text{Bob 的预期支付} = \frac{1}{2} \times (v_{\text{Bob}}-9) + \frac{1}{2} \times 0 = \frac{1}{2} \times (10-9) = \frac{1}{2}$$

□ 2.4.2 英式拍卖中的投标价、策略和支付

日本按钮拍卖和英式叫价拍卖之间的关键区别在于投标价。正如我们所说，在英式拍卖（日本按钮拍卖）中，投标者不决定价格或出价，这是拍卖师做的。相反，每次价格变动时，投标者只需说明他们是否仍然活跃。如果不是，则认为他们不再参与投标。那么，这种拍卖中的投标价是什么？

在英式拍卖中投标者的投标价是**价格目标**（price target）。这是投标者仍然活跃的最后价格。因此，赢家是价格目标最高的投标者，投标者具有最高投标价。这是因为所有其他投标者都在较低的价格时退出（意味着他们的投标价/价格目标较低）。

例 2.2 三个投标者 Alice、Bob 和 Carol，投标价分别是 80 美元、90 美元和 100 美元（我们没有设定估值，因为英式拍卖并不考虑投标者出价）。这意味着：

- 一旦价格严格超过 80 美元，Alice 就会退出。
- 一旦价格严格超过 90 美元，Bob 就会退出。
- 一旦价格严格超过 100 美元，Carol 就会退出。

假设价格增幅为 1 美分。在 90 美元的价格时，Alice 已经退出，不再参加。但是，

Bob 和 Carol 仍然活跃。下一个价格是 90 美元 + 0.01 美元 = 90.01 美元。在这个价格时，Bob 退出了。我们只剩下一个投标者，Carol。所以 Carol 是赢家，她付出的价格是最后显示的价格，90.01 美元。

注意到在英式拍卖中，拍卖结束时拍卖师知道除了赢家之外的所有投标者的投标价。实际上，一旦价格达到其投标价，投标者都会停止投标。因此，观察他们变为不活跃时的价格，就可以知道他们的投标价是多少。相反，我们无法观察赢家的投标价，因为最后显示的价格未达到赢家的投标价。在例 2.2 中，拍卖师可以了解到 Alice 的投标价是 80 美元，Bob 的投标价是 90 美元，但拍卖师无法了解 Carol 的投标价。如果她的投标价是 110 美元或 1 000 美元，拍卖仍然会停止在 90.01 美元。拍卖师唯一可以了解的是，Carol 的投标价至少为 90.01 美元。

2.4.3 滴答价格

在拍卖中，**滴答价格**（ticking price）是价格必须上涨（被称为涨价拍卖）或下降（被称为降价拍卖，参见第 2.6.3 节）的幅度。滴答价格有时也被称为**加价幅度规则**（price increment rule）。

某些拍卖要求投标者只出价一次。在这种情况下，价格不会降低或增加，因此没有加价幅度。例如，我们将在第 2.5.2 节中看到**维克里拍卖**（Vickrey auction）。然而，有些拍卖中价格会随着时间发生变化，例如英式拍卖或英式叫价拍卖。加价幅度就是每个时刻价格变化的规则。在拍卖理论中，通常假设价格不断上涨。

加价幅度规则可能取决于价格水平。例如规则可以是：

- 对于严格低于 10.00 美元的任何价格，加价幅度为 0.50 美元，或者；
- 对于严格高于 9.99 美元的价格，加价幅度为 1.00 美元。

如果拍卖开始于 5.00 美元，那么我们在拍卖期间可以看到的投标价是 5.00 美元，5.50 美元，6.00 美元……，9.50 美元，10.00 美元，11.00 美元，……这意味着我们无法看到 6.25 美元的投标价。

在英式叫价拍卖中，没有加价幅度，因为投标价包括投标者出价，他们可以提出他们想要的投标价。在英式拍卖（日本按钮拍卖）中，存在加价幅度：投标者在拍卖期间不出价，他们只需要说明是否还在投标。

为了说明加价幅度的工作原理，假设有一个标的和三个投标者：Alice、Bob 和 Carol，其投标价分别为 7.00 美元、10.00 美元和 12.00 美元。如果我们说拍卖从 6.00 美元开始，当价格低于 10 美元时，加价幅度为 0.50 美元，当价格高于 10 美元时，加价幅度为 1 美元。表 2.1 显示了这个拍卖。第一列显示价格序列，其他列显示投标者的行为。符号 ○ 表示相应的投标者对相应的价格活跃。例如，当价格为 9.00 美元时，Alice 没有按下按钮，而 Bob 和 Carol 仍然按下按钮。

表 2.1　日本按钮拍卖中的加价幅度　　　　　　单位：美元

显示价格	Alice	Bob	Carol
6.00	○	○	○
6.50	○	○	○

续表

显示价格	Alice	Bob	Carol
7.00	○	○	○
7.50		○	○
8.00		○	○
8.50		○	○
9.00		○	○
9.50		○	○
10.00		○	○
11.00			○
12.00			○

我们可以看到，当价格为 7.00 美元时，Alice 仍在投标，因为这不高于她的投标价。然而，当价格跳到 7.50 美元时，Alice 变得不活跃，她停止投标，而 Bob 和 Carol 仍然活跃。当价格为 10.00 美元时，Bob 仍在投标（和当价格为 7.00 美元时 Alice 还在投标的原因一样）。当价格跳升至 11.00 美元时，Bob 变得不活跃。然后拍卖以 11.00 美元的价格停止，因为此时只剩一个活跃的投标者——Carol。表 2.1 显示了价格为 12.00 美元时会发生什么，但我们永远不会看到这个价格，因为拍卖在该价格之前停止，停止价格为 11.00 美元。因此，拍卖的结果是 Carol 赢得该标的，并付出最后显示的价格，11.00 美元。

当从理论角度研究拍卖时，加价幅度起着很小的作用。事实上，它只是为了"区分"赢家和其他投标者。无论加价幅度是 0.50 美元、0.01 美元还是 1.00 美元（或任何其他金额），结果都将保持不变：Carol 赢得拍卖，价格"刚好高于"最后停止的投标者的投标价。

2.4.4 真实投标

我们可能会问的首要问题是，对于投标者来说，按照其估值进行投标是不是最佳的呢？这个最佳投标价是不是真实的呢？在英式拍卖中，**真实投标**（truthful bidding）的定义非常简单：它意味着一个人不断按下按钮，直到显示的价格等于他的估值。我们有以下结论。

结论 2.1 真实投标是英式拍卖的占优策略。

回想一下，占优策略是一种战胜任何其他策略的策略，是一种反对任何其他可能的策略选择。（见附录 A）

证明 为简单起见，假设我的估值为 100 美元。p 是显示的拍卖价格，p^* 是获胜价格（即 p^* 是拍卖期间显示的最后价格）。我们区分了几个情形。

情形 1 当 $p > 100$ 美元时，我继续按下按钮。

这种情况意味着在某个时刻显示的价格高于 100 美元。因为在英式拍卖中价格只能增加，我们有 $p^* > 100$ 美元。

如果我是赢家，那么我付出价格 p^*（只要我们知道它超过 100 美元，确切的数字无关紧要)。所以,我的支付是 100 美元 $-p^*$,这是负值。如果我输掉拍卖(即我在拍卖结束前停止按下按钮),那么我的支付为 0。

因此,当价格超过 100 美元时继续按下按钮最多使我获得零支付,并且在某些情况下会带来负支付。注意,如果我在 $p=100$ 美元时停止按下按钮,那么我就输掉了拍卖。赢家是最后一个仍然按下按钮的投标者(赢家是永不停止按下按钮的投标者)。在这种情况下,我的支付总是 0,所以在 $p=100$ 美元时停止比在以后停止更好。

情形 2 当 $p<100$ 美元时,我停止按下按钮。

假设我停在 $p=80$ 美元时。由于我停止按下按钮,我输掉了拍卖,因此,无论拍卖停止时的价格是多少,我的支付是 0。

现在考虑一下如果我真实投标将会发生什么,这意味着我不断按下按钮直到 $p=100$ 美元。如果 p 超过 100 美元,我已经从情形 1 中知道我停止按下按钮,所以我输了拍卖,我的支付是 0。但是,如果价格是 80 美元 $<p<100$ 美元,我是唯一剩下的投标者,然后我赢了。假设 $p^*=90$ 美元。然后我的支付是 100 美元 $-$ 90 美元 $=10$ 美元,高于我停在 $p=80$ 美元时的支付。所以,打算当价格达到我的估值时停止按下按钮比打算在更低的价格时停止更好。

上述结论(及其证明)适用于英式拍卖(日本按钮拍卖)。但要了解一些细节是如何影响拍卖的,不妨采取明显相似的英式叫价拍卖。我们将看到,真实投标不一定是最佳策略。

例 2.3 英式叫价拍卖中的真实投标。依然假设我的估值为 100 美元。在拍卖行,Grinch 先生不喜欢 50 到 80 美元之间的价格。如果显示的价格介于这两个价格之间,他就会提出投标价 1 000 美元。否则,他不参与投标。

这里的问题不是 Grinch 先生的策略是不是对他有利,而是真实投标对我来说是不是一个占优策略;也就是说,无论我的对手决定如何投标,这是不是我最好的策略。

在英式叫价拍卖中,真实投标包括逐步提高我的投标价(即投标价总是稍高一些,以便我仍然参加竞标,直到我的投标价等于我的估值)。

在这种情况下,价格最终将达到 50 美元,并且由于 Grinch 先生的存在,它将跃升至 1 000 美元。为了防止 Grinch 先生影响拍卖,在 49 美元时我应该跳价并提出投标价 81 美元。对我来说这是一个很好的策略,但这不是真实投标。

2.5 第二价格拍卖

2.5.1 英式拍卖的本质

归根到底,什么是英式拍卖?当我们比较英式拍卖和英式叫价拍卖时,它们看起来非常相似。然而,我们已经知道它们运作中的微小细节是如何使这些拍卖有所差异的。

尽管如此,我们还是认为它们有一些共同之处。这里的想法是定义一个拍卖,满足价格上涨,并得到与"正常条件"下的其他拍卖相同的结果(没有类似在英式叫价拍卖中 Grinch 先生这样的人存在)。为此,不妨考虑以下简单示例。

例 2.4 假设有三个买家:Alice、Bob 和 Carol。他们各自的估值是 $v_{\text{Alice}}=50$ 美

元，$v_{Bob}=70$ 美元，$v_{Carol}=100$ 美元。

现在考虑英式拍卖（日本按钮拍卖），让我们尝试模拟会发生什么。回想一下，在这次拍卖中，真实报价是一种占优策略。这意味着 Alice 将提出投标价 50 美元，Bob 将提出投标价 70 美元，Carol 将提出投标价 100 美元。正如我们所解释的那样，这些投标价是价格目标：它们是这些投标者不断按下遥控器按钮时的最高价格。例如，一旦价格高于 50 美元，Alice 就会停止按下按钮并成为非活跃的投标者。

假设加价幅度是 1 美元：价格总是上涨 1 美元（无论多久一次都没关系）。假设拍卖以 30 美元的价格开始。按此价格，所有投标者都按下按钮。他们处于活跃状态。然后价格上涨，当显示的价格是 50 美元时，我们仍然有全部 3 个投标者继续按下按钮。然而，当价格达到 51 美元时，Alice 就退出了；她不再参与投标。

当价格是 70 美元时，我们仍然有两个买家参与投标：Bob 和 Carol。但当价格为 71 美元时，只剩下 Carol，因为 Bob 退出了。

所以在这次拍卖中，赢家是 Carol，她付出 71 美元。注意到她付出的价格不等于她的预期投标价：她的预期投标价为 100 美元（她的价格目标），但最终仅付出 71 美元。

例 2.4 表明了英式拍卖的一个重要特性：赢家是投标价最高的投标者，但她付出的价格是与第二高投标价相对应的价格（+加价幅度）。

所以从这里可以看出：在增价拍卖中，在"正常条件下"，我们可以预料赢家是投标价最高的投标者，但赢家付出的价格等于第二高的投标价，而不是赢家的投标价。

2.5.2 维克里拍卖

维克里拍卖试图实现的目的与我们刚才描述的英式拍卖一致：赢家是投标价最高的投标者，其付出的价格等于第二高的投标价。

维克里拍卖的定义比英式拍卖更为简单。它只需要投标者投标一次，没有必要花时间盯着拍卖过程。维克里拍卖正式定义如下：

（1）每个投标者秘密地向拍卖师提交投标，这是一次密封价格拍卖。

（2）赢家是投标价最高的投标者；其他投标者输掉拍卖。

（3）赢家付出的价格等于第二高的投标价，其他投标者没有得到任何东西，也不用向拍卖师付出任何费用。

这种拍卖被称为**二级价格密封投标拍卖**（sealed-bid second-price auction）。拍卖是密封的，因为当投标者提交投标价时，他不知道其他投标者的投标价。增价拍卖不符合这种情况，因为在拍卖过程中，投标者可以观察是否有其他投标者的投标至少与当前显示的价格一样高。请注意，由于"密封"提交投标价，因此无须同时提交。重要的是，在拍卖师收到所有密封投标价之前，都不会透露任何一个投标价。由此可知，维克里拍卖是**第二价格拍卖**（second price auction）的原因很明显。

备注 2.2 最初由威廉·维克里（William Vickrey）定义的拍卖比我们在第 2 章中看到的维克里拍卖更具有一般性。在他的初步处理中，他考虑拍卖多个相同的物品。[1]

---

[1] William Vickrey, "Counterspeculation, Auctions, and Competitive Sealed Tenders," Journal of Finance 16, no. 1 (1961): 8–37.

参见第 4 章，将第二价格拍卖推广到多个标的（但标的不一定相同）。

如果有多个投标者提交最高投标价怎么办？在这种情况下，对于英式拍卖，我们有几个赢家。其中一个将被随机选择。投标者的支付定义如下：对于每个投标者 $i=1,2,3,\cdots,n$，令 v_i 和 b_i 分别作为投标者 i 的估值和投标价，令 $b_{\max}=\max\{b_1,b_2,\cdots,b_n\}$ 为最高的投标价。第二高的投标价记为 $b^{(2)}$。因此，当 $b_i<b_{\max}$ 时，一个投标者的支付为 0，当 $b_j=b_{\max}$ 时，$\frac{1}{|\{j:b_j=b_{\max}\}|}(v_i-b^{(2)})$。其中，最高投标价者的价格是 $|\{j:b_j=b_{\max}\}|$，所以 $\frac{1}{|\{j:b_j=b_{\max}\}|}$ 是最高投标价者赢得这个商品的概率。

这表明在维克里拍卖中，可以很容易确定投标者可以使用的最佳策略：提交他的真实估值。

结论 2.2 真实投标是维克里拍卖中的占优策略。

证明 假设我的估值是 100 美元，投标价是 110 美元，竞争对手提交的最高投标价是 b 美元。

情形 1 $b\leqslant 100$ 美元 <110 美元。

高价并不重要：无论我的投标价是 100 美元还是 120 美元，我都赢了，而且我只付出了 b 美元。也就是说，投标价在 100～110 美元对我都一样。

情形 2 100 美元 $<b<110$ 美元。

在这种情形下，我赢了，但我付出了 $b>100$ 美元。通过高投标价，我有了一个负的支付。而如果我只提出投标价 100 美元，我就会失去拍卖资格，得到的支付等于 0。所以在这种情形下，我最好以我的估值投标，而不是报价过高的投标。

情形 3 110 美元 $<b$。

我输掉了拍卖，我的支付是 0。如果我的投标价是 100 美元，我也会失败（并且支付为 0）。因此，在这种情形下，投标价在 100～110 美元对我都无差异。

总而言之，存在很多情形。在有的情形中，真实投标和**报价过高的投标**（overbidding）对我而言是无差异的，而在有些情形中，真实投标比报价过高的投标对我更好。因此，真实投标优于报价过高的投标。

证明是不完整的，因为我们没有证明低于估值的投标也是一种占优策略（但论证是相似的）。

前面的结论具有重要意义，由于投标者在英式拍卖和维克里拍卖中具有相同的最佳策略，因此拍卖的结果是相同的（即，赢家是谁及其付出的价格）。同样可以知道，卖家在英式拍卖和维克里拍卖中获得相同的收入。

2.5.3 英式拍卖与第二价格拍卖

严格地说，维克里拍卖和英式拍卖并不是完全等价的，因为在它们的博弈理论中，投标者的策略集并不相同（参见附录 A 中的博弈论）。要说明这一点，注意到两个拍卖都可以被建模为扩展式博弈。首先，大自然让每个投标者都有一个估值。然后我们可以看到这两种拍卖之间的差异。

在维克里拍卖中，投标者一旦观察到其估值，就只有一个可能的行动：选择投标价金额。关键不是投标者所做的事情（选择了金额），而是投标者只能选择一次投标行为。大相径庭的是，英式拍卖中投标者可以在拍卖过程中采取多次行动。每次宣布新价格时，投标者都必须选择一个操作：留下或离开。从竞争理论的角度来看，英式拍卖会中还将留下更多的历史。为了说明这一点，我们假设起始价格为 0 美元，加价幅度为 1 美元。在这种情况下，拍卖师仅提出 1 美元。还有另一种情况：拍卖师首先提出 1 美元，然后提出 2 美元。这是两种拍卖历史，都描述了拍卖师正在做的事情。

如果投标者能够观察到其他投标者正在做什么，那么英式拍卖的拍卖历史将变得更加丰富。为了说明这一点，假设有三个投标人：Alice、Bob 和 Carol，并且不论其他投标者是否仍然活跃，他们每个人都能观察到拍卖者提出的任何价格。为简单起见，假设起始价格为 0 且加价幅度为 1 美元。一个可能的行动方案是：当价格为 2 美元时，Alice 退出（她是第一个退出的投标者）。另一个行动方案是：当价格为 5 美元时，Alice 退出。在这种情况下，Bob 的策略可以包含两个选择：

（1）如果 Alice 在价格为 2 美元时退出（如果 Carol 之前没有退出），则他在价格为 4 美元时退出。

（2）如果 Alice 在价格为 5 美元时退出（如果 Carol 之前没有退出），则他在价格为 7 美元时退出。

我们这里的目的不是讨论 Bob 的这种策略是不是最优的（我们根据结论 2.1 足以知道答案），而是从策略的角度来看，英式拍卖中的策略可能比维克里拍卖更复杂。

对于私人价值拍卖的情况，这两种拍卖之间的策略差异是无关紧要的。然而，当他们的估值是相互依存的时，这就变得很重要。在第二价格拍卖中，投标者无法在拍卖期间了解其他投标者的投标价。这与英式拍卖形成了鲜明对比，在英式拍卖中，当投标者看到其他投标者退出拍卖时，可以了解他的对手的估值（或有关他的估值的信号）。

2.6 第一价格拍卖

2.6.1 定义

第一价格拍卖（first-price auction）是一种静态拍卖，看起来类似于维克里拍卖，唯一的区别是赢家付出的价格。这种拍卖定义如下：

（1）每个投标者秘密地向拍卖师提交投标价。这是一种密封拍卖。

（2）赢家是投标价最高的投标者，其他投标者输掉这次拍卖。

（3）赢家付出的价格等于最高投标价。其他投标者没有得到任何东西，也不会向拍卖师付出任何费用。

至于英式拍卖或维克里拍卖，如果多个投标者提交了最高投标价，那么我们有数个赢家。在这种情况下，从这些赢家中随机选择购买该标的的投标者。正式地说，假如有 n 个投标者，记为 1 到 n，然后令 v_i 作为投标者 i 的估值，而 b_i 作为他的投标价。那么 $b_{\max} = \max\{b_1, \cdots, b_i\}$ 为最高的投标价，并且集合 $\{j = b_j = b_{\max}\}$ 是所有给出最高投标价的投标者的集合，最高投标价为 $|\{j : b_j = b_{\max}\}|$，它们每一个都具有相同的被选

中的概率。因此，投标者 i 的支付是

$$\begin{cases} 0 & \text{，当 } b_i < b_{\max} \text{ 时} \\ \dfrac{1}{|\{j : b_j = b_{\max}\}|}(v_i - b_i) & \text{，当 } b_i = b_{\max} \text{ 时} \end{cases}$$

同样，支付是预期的，因为如果投标者不是唯一的最高投标价者，则他以概率小于 1 的可能性获得这个标的。

例 2.5 假设我们有三个投标者：Alice、Bob 和 Carol。他们的估值分别是 $v_{\text{Alice}} = 8$ 美元，$v_{\text{Bob}} = 10$ 美元，$v_{\text{Carol}} = 12$ 美元。

首先假设我们有以下投标价：

$$b_{\text{Alice}} = 6 \text{ 美元}, b_{\text{Bob}} = 7 \text{ 美元}, b_{\text{Carol}} = 10 \text{ 美元}$$

此时 Carol 是唯一的赢家。她以概率 1 获得了标的，Alice 和 Bob（他们失去了拍卖）的支付为 0 美元，而对于 Carol，支付为 $12 - 10 = 2$ 美元。

现在考虑以下投标价：

$$b_{\text{Alice}} = 6 \text{ 美元}, b_{\text{Bob}} = 8 \text{ 美元}, b_{\text{Carol}} = 8 \text{ 美元}$$

现在我们有两位赢家：Bob 和 Carol，他们每个人获得标的的概率都是 $1/2$。Alice 的支付为 0 美元（她输掉了拍卖），Bob 的预期支付为 $1/2 \times (10 - 8) = 1$ 美元，而 Carol 的预期支付为 $1/2 \times (12 - 8) = 2$ 美元。

正如我们已经讨论过的那样，英式拍卖相当于第二价格拍卖（赢家将停在第二高价位），因此它不等同于第一价格拍卖。

关于第一价格拍卖的定义自然地引出了投标者的投标价应该是多少的问题。由于赢家付出了他的投标价，因此没有意愿进行真实投标（以其估值进行投标）。要想说明这一点，不妨回想一下，赢家的**支付**（payoff）是估值减去**付出的价格**（valuation-price paid）。如果赢家按照他的真实估值投标，则支付为 0。这无法引起赢家的兴趣。显然，投标者不希望投标价高于他的估值，因为如果他赢了，他将获得负支付。一个有趣的选择是投标价低于一个人的估值。但是应该低多少呢？

□ 2.6.2 第一价格拍卖中的最优投标价

增添更多的规定有利于确定投标者在第一价格拍卖中应该出价多少。首先，注意到在任何拍卖中，投标者都有**私人信息**（private information）：他们的估值。该信息是私人的，因为投标者不知道其他投标者的估值。[①] 从而，这是一个不完全信息竞争（见附录 A），此时：

- 参与者是投标者；
- 每个投标者的策略集是所有可能的价格（投标价）的集合；
- 投标者的私人信息（他的类型）是他的估值；
- 支付函数应该使得赢家的支付是他的估值减去他的投标价，其他投标者获得的支

---

① 我们在这里考虑的是标准情况，也就是指投标者知道自己估值的情况。

付为 0。

维克里拍卖也是一个不完全信息竞争，但解决它相对容易，因为我们已经知道每个投标者都有一个占优策略（以其真实估值提出投标价）。在第一价格拍卖中，选择最佳投标价并非易事。我们需要分析这个竞争的贝叶斯均衡。

为简单起见，我们假设有 n 个投标者，并且所有投标者的估值都是在 0 到 100 之间随机抽取的。

在这种情况下，投标者的**策略**（strategy）是一个因变量，用来为每个可能的估值提供投标价。让我们用 s_i 来表示投标者 i 的策略。如果 v_i 是投标者 i 的估值，他的投标价是 $s_i(v_i)$。例如，s_i 可以是 $s_i(20)=15$ 和 $s_i(10)=8$，这意味着如果投标者 i 的估值是 20，则投标者 i 计划的投标价是 15。如果他的估值是 10，则计划的投标价是 8。我们将作出以下假设（再次，为了简化我们的分析）。

- **假设 1** 每个投标者使用相同的策略：对于任何一对投标者，i 和 j，$s_i=s_j$，都是如此。换句话说，具有相同估值的两个投标者的投标价相同。因此，现在我们只需编写 s 来表示任何投标者使用的策略（我们删除引用投标者的下标）。

- **假设 2** 投标过程中 s 严格增加。因此，如果投标者 i 的估值高于投标者 j 的估值，那么投标者 i 的投标价高于投标者 j。此外，这意味着如果两个投标者的估值不同，那么他们必然会有不同的投标价。

- **假设 3** 对于每个投标者 $i=1,\cdots,n$，$s(v_i)\leqslant v_i$。我们已在第 2.6.1 节中讨论过这个问题。请注意，这意味着具有 0 估值的投标者的投标价也是 0，$s(0)=0$。

由于在第一价格拍卖中没有占优策略，我们需要寻找一个均衡：每个投标者的投标策略都不会比这一策略更好，不能通过改变投标策略来改善投标者。当投标者的估值是私人的并且统一分配时，我们可以得出投标者均衡策略的精确特征。

结论 2.3 当有 n 个投标者，他们的估值均匀分布，并且投标者的投标策略满足假设 1，2 和 3 时，那么估值为 v 的投标者拥有的均衡的投标价是：

$$s(v)=\frac{n-1}{n}v$$

证明结论 2.3 并不太难。首先，注意到假设 2 具有重要意义：由于具有最高估值的投标者是具有最高投标价的投标者，具有最高估值的投标者赢得拍卖。

现在考虑一个投标者 i，他的估值是 v_i。这个投标者赢得拍卖的概率是多少？根据我们之前的讨论，就是投标者 i 估值最高的概率。那么，v_i 估值最高的概率是多少？

估值在 0 到 100 之间随机抽取，因此这意味着估值的概率分布是均匀分布的。这也意味着任何两个数字被选取的概率相同。取一个介于 0 和 70 之间的值的概率是多少？通过均匀分布，答案非常简单：它是 0.7（即 70%）。更一般地说，我在 0 和 x 之间选出一个数字（$x\leqslant 100$）的概率就是 $x/100$。

因此，让我们考虑一下具有估值 v_i 的投标者 i，并假设我的投标价为 b。假设所有其他投标者的策略都满足假设 1，2 和 3，并且让 $s(\cdot)$ 表示那些投标者的投标价函数。如果投标者 i 的投标价最高，$b>\max_{j\neq i}s(v_j)$，那么他赢得拍卖。由于所有其他投标者都遵循相同的策略，其他投标者中的最高投标价由具有最高估值的投标者进行。由于投标者的估值是从同一分布获得的,所以除投标者 i 之外的所有投标者中的最高估值是 $n-1$ 个估值中的最高估值。设 x 为最高估值。因此,具有最高估值的投标者的投标价是 $s(x)$。

现在假设另一个投标者的策略 $s(\cdot)$,包括以一个人估值的比例 α 参与投标。因此,具有估值 v 的投标者投标价为 αv,因此具有估值 x 的投标价最高者的投标价为 αx。我们现在说明,在这种情况下,投标者 i 也通过使用这种策略来最大化他的预期支付。

我们知道,如果投标者 i 的投标价高于估值等于 x 的投标者的投标价,$b > s(x)$,他就赢了。由于 $s(x) = \alpha x$,我们有:

$$b > \alpha x \quad \Leftrightarrow \quad \frac{b}{\alpha} > x$$

因此,我们得到:

$$\begin{aligned} P(i \text{ 获胜}) &= P(b > \alpha x) \\ &= P\left(x < \frac{b}{\alpha}\right) \\ &= P\left(\text{除了投标者 } i \text{ 的所有投标者的估值} < \frac{b}{\alpha}\right) \\ &= P\left(v_1 < \frac{b}{\alpha}\right) \times P\left(v_2 < \frac{b}{\alpha}\right) \times \cdots \times P\left(v_{i-1} < \frac{b}{\alpha}\right) \times P\left(v_{i+1} < \frac{b}{\alpha}\right) \times \cdots \times \\ &\quad P\left(v_n < \frac{b}{\alpha}\right) \\ &= \underbrace{\frac{b}{100\alpha} \times \frac{b}{100\alpha} \times \cdots \times \frac{b}{100\alpha}}_{n-1 \text{ 次}} = \left(\frac{b}{100\alpha}\right)^{n-1} \end{aligned}$$

其中,第四个式子来自投标者的估值是相互独立的。既然我们有投标者在投标价 b 时获胜的概率,我们就可以在投标价为 b(其真实估值为 v_i)时给出 i 预期支付的公式:

$$\left(\frac{b}{100\alpha}\right)^{n-1}(v_i - b) \tag{2.2}$$

我们现在只需找到最大化此式的值 b。请注意,如果 $b=0$ 或 $b=v_i$,则预期支付为 0。如果 $0 < b < v_i$,则获胜概率严格为正,净支付率 $v_i - b$ 也为正。当取 b 的导数,找到使得导数等于 0 的 b 值时,就取得最大值。[①] 如果将式子(2.2)对 b 求导,我们有:

$$\begin{aligned} &(n-1) \times \left(\frac{b}{100\alpha}\right)^{n-2} \times \frac{1}{100\alpha} \times (v_i - b) - \left(\frac{b}{100\alpha}\right)^{n-1} \\ &= \frac{1}{100\alpha}\left(\frac{b}{100\alpha}\right)^{n-2}\left[(n-1)(v_i - b) - b\right] \end{aligned} \tag{2.3}$$

我们希望这个表达式等于 0,所以这给出了:

---

① 这和我们在微观经济学中最大化企业收入时采用的方式完全一样。

$$(n-1)\times(v_i-b)=b \Leftrightarrow b=\frac{n-1}{n}v_i \tag{2.4}$$

换句话说，对于具有估值 v_i 的投标者 i，最大化其预期支付的投标价是 $\frac{n-1}{n}v_i$。可以看出，投标者 i 的最优投标不依赖于 α 的值！因此，如果我们设 $\alpha=\frac{n}{n-1}$，那么投标者 i 最好遵循与其他投标者相同的策略。所以我们需要的投标方式是：

$$s(v_i)=\frac{n}{n-1}v_i \tag{2.5}$$

这完成了结论 2.3 的证明。

等式（2.5）有一个简单的解释。事实证明，这是在 v_i 是最高估值条件下第二高估值的条件期望。我们将在附录 C 的 C.3 部分详细说明。

更一般地说，对于具有估值 v_i 的投标者，我们可以认为在第一价格密封拍卖中 i 的最佳投标价是：

$$s(v_i)=E(\max_{j\neq i}v_j\,|\,v_j\leqslant v_i,j\neq i) \tag{2.6}$$

式中，"$E(\cdot)$" 是期望值。该等式解读如下。首先看末尾部分：

$$|\,v_j\leqslant v_i,j\neq i)$$

这意味着投标者 i 认为他的估值最高（期望值的"条件"部分）：任何其他投标者 j 的估值 v_j 都小于投标者 i 的估值 v_i。然后我们看看这些估值中的最高估值：

$$\max_{j\neq i}v_j$$

由于我们正在考虑 v_i 最高的情况，即所有其他估值中的最高估值（即，将所有指数 j 都设为 $j\neq i$）将是第二高的估值。然后我们取它的期望。因此，对于具有估值 v 的投标者，如果他认为 v 是所有投标者中的最高估值，那么他在一级价格密封投标拍卖中的最佳投标价应该是其预期的第二高估值。

例 2.6 有 10 个投标者，让我们假设每个投标者的估值在 0 到 100 之间。我们认为 Alice 是一个估值为 60 的投标者。Alice 知道她的估值，不知道其他投标者的估值，但她知道，每个投标者的估值是 0 到 100 之间的随机数。

如果她获胜，Alice 的投标价对她来说才有意义。所以她必须认为她的估值是最高的，所有投标者的估值都在 0 到 60 之间。Alice 的最优投标价由等式（2.5）给出：

$$s(v_{\text{Alice}})=\frac{n-1}{n}\times v_{\text{Alice}}=\frac{9}{10}\times 60=54$$

所以 Alice 投标价将是 54，这是她基于认为自己估值 60 是最高的情况下预期的第二高的估值。

注意到我们在等式（2.5）中导出的最优投标价策略不依赖于区间 [0，100]。例如，如果所有估值都是从区间 [0，1] 或 [0，10] 中随机获取的，我们将获得相同的公式。

2.6.3 荷式拍卖

到目前为止，我们看到的所有非同时拍卖都是增价拍卖：价格上涨，直到宣布赢家为止。有一个拍卖恰恰相反：起始价格（非常）高，价格下降，直到有赢家出现。此类拍卖称为**降价拍卖**（descending price auctions）。一个最著名的版本是**荷式拍卖**（Dutch auction），其中：

- "时钟价格"（clock price）显示价格随时间下降。
- 一旦有人说"我的"，拍卖就会停止。

在实践中，荷式拍卖可以进行得（非常）迅速，因为它利用了投标者的紧张（使他们的投标价高于他们的估值）。荷式拍卖（或其变体）通常用于日常市场，如鱼类或鲜花等鲜活商品的拍卖。荷式拍卖可以用一种非常简单的方式来描述，但确定一个人的最佳策略并非易事，即对哪个价格说"我的"。

为此，首先考虑英式拍卖。任何时候都有一个拍卖过程，包括拍卖师提出的不同价格和在一定价格退出的投标者名单。也就是说，价格的描述不足以在英式拍卖中提供拍卖过程的完整描述。例如，我们可以进行英式拍卖，起拍价为 10 美元，一段时间后价格为 50 美元。但按照这个价格，我们可以有两个不同的拍卖过程：

（a）当价格为 25.00 美元时琼斯先生停止投标，史密斯夫人在价格为 45.00 美元时停止投标。

（b）琼斯先生在价格为 35.00 美元时停止投标，而琼斯夫人并未停止投标。

知道当前的价格是 50 美元并不能告诉我哪个拍卖过程（（a）或（b））是正确的（并且真实的拍卖过程可能既不是（a）也不是（b））。因此，英式拍卖的一系列潜在拍卖过程可能非常长。

在荷式拍卖中，我们没有这个问题：价格唯一地定义了拍卖历史。如果价格从 100 美元（起始价格）开始下降，现在是 50 美元，我唯一知道的是，到目前为止仍没有人行动。在荷式拍卖中，行动意味着喊"我的"，拍卖立即停止。如果有人在价格达到 50 美元之前行动，那么拍卖会停止，达到 50 美元价格的情况不会发生（它会停止在有人说"我的"的价格上）。

接下来，在荷式拍卖中，策略只是选择一个价格，然后喊"我的"。也就是说，我只需选择一个投标价，而不是如英式拍卖中在考虑拍卖过程后选择一个投标价。[①]

现在的问题是，如何知道荷式拍卖的最佳投标价？因为我只需要决定在什么价格时我会喊"我的"，我就可以在拍卖开始之前决定它。这意味着我们可以通过假设他们确实在拍卖开始前选择他们的投标价（即他们的策略）来完美地研究投标者在荷式拍卖中的行为。但是，由于赢家是投标价最高的投标者，并且价格是赢家的投标价，荷式拍卖相当于一级价格密封投标拍卖。那么，我们得到以下结论。

结论 2.4 荷式拍卖和一级价格密封投标拍卖在策略上是等价的。

---

① 在英式拍卖中，如果史密斯先生在 40 美元时停止报价，我可以决定继续投标到超过 50 美元；如果史密斯先生在 45 美元时停止报价，那么我可以在 57 美元时才停止。真实投标是英式拍卖中的占优策略。这暗示了那些复杂的策略都是无关紧要的。然而，每当我们去完成一个正式且严谨的分析时，它们都不能被忽视。

结论 2.4 意味着，在荷式拍卖中，对于具有最高估值的条件（2.6），对投标者来说最优投标价仅仅是预期的第二高估值。

2.7 收益等价

到目前为止，我们已经看到了四种主要类型的拍卖：英式拍卖（日本按钮拍卖），二级价格密封投标拍卖（维克里拍卖），荷式拍卖和一级价格密封投标拍卖。

我们知道英式拍卖和维克里拍卖是等价的：在两种拍卖中卖家的收入、投标者的最佳策略和支付都是相同的。同样，荷式拍卖和一级价格密封投标拍卖是等价的。然而，荷式拍卖和英式拍卖并不相同：投标者使用不同的策略。在英式拍卖中，投标者真实报价，而在荷式拍卖中，他们有强烈的动机提出低于估值的投标价。

从卖家的角度来看，哪种拍卖方式最好？事实证明，从预期上看，英式拍卖和荷式拍卖是相同的。这被称为**收益等价定理**（revenue equivalence theorem）。

对此定理的直觉如下。在考虑第二价格拍卖下，投标者会按照估值进行投标。给定投标者的某些估值，卖家的收入等于第二高估值。因此，卖家的预期收入是**第二高估值的期望值**（expected value of the second-highest valuation）。当 n 个估值均匀分布在 0 到 100 之间时，第二高估值的期望值由下式给出（见附录 C 中的式（C.7））：

$$100 \times \frac{n-1}{n+1} \tag{2.7}$$

因此，式（2.7）是卖家在第二价格拍卖中的**预期收入**（expected revenue）。

在第一价格拍卖中，赢家将是具有最高估值的投标者，因此卖家的预期收入是投标价最高者的投标价。我们根据结论 2.3 可知，每个投标者出价第二高估值者的投标价（条件是存在最高估值）。因此，最高投标价的期望值是第二高估值的期望值。[①]

如果 n 个估值均匀分布在 0 到 100 之间，则具有估值 v 的投标者的投标价是 $\frac{n-1}{n}v$。

由于赢家付出其投标价，卖家的预期收入为：

$$\text{最高投标价的预期值} = \left(\frac{n-1}{n}\text{最高估值的}\right)\text{预期值}$$

$$= \frac{n-1}{n}(\text{最高估值的})\text{预期值}$$

我们需要最高估值的预期值。这由以下公式给出（见附录 C 中的式（C.2））：

$$100 \times \frac{n}{n+1}$$

因此，卖家在第一价格拍卖中的预期收入是：

---

① 最高投标价的期望值就是对"存在最高估值条件下对第二高估值的预期"的预期。也就是说，这是对有条件期望的预期。当第二次计算期望时，条件项消失，我们得到第二高估值的预期。

$$\frac{n-1}{n} \times 100 \times \frac{n}{n+1} = 100 \times \frac{n-1}{n+1} \tag{2.8}$$

式（2.7）和（2.8）完全相同！所以我们得到以下结论：

结论 2.5 当投标者的估值是私人的且服从均匀分布时，卖家的预期收入在第一价格拍卖和第二价格拍卖中是相同的。

结论 2.5 并非巧合。事实上，它是以下更一般结论的直接推论。

结论 2.6 （收入等价定理）假设有 n 个投标者，他们的估值是私人的、服从相同的分布且独立分布（在区间 $[\underline{v}, \overline{v}]$ 内具有严格增加的累积概率分布），那么对于任何服从下列条件的拍卖：(i) 赢家始终是估值最高的投标者，(ii) 估值最低的投标者的预期支付 $\underline{v}$ 为零，都会产生一个均衡，同时在这种均衡中卖家的**预期收入相同**（same expected revenue），任何买家的预期价格都是相同的。

在量化分析中，我们之前设定投标者估值在 $\underline{0}$ 和 $\overline{v}=100$ 之间，服从均匀分布。结论 2.6 可以得到一个更一般的假设。假设分布函数**严格增加**（strictly increasing）。这个假设意味着投标者的估值可以是 $\underline{v}$ 和 $\overline{v}$ 之间的任何数字。

证明 对于任何一个拍卖，每个投标者都有一个（私人）估值，那么均衡如何呢？回想一下，均衡只是每个投标者的策略说明，其中投标者的策略取决于她的估值。请注意，任何投标者 i 的策略都不依赖于其他投标者的估值（因为每个投标者只知道他的估值而不知道其他投标者的估值）。

对于任何投标者 i，$U(v_i)$ 是投标者在估值为 v_i 时在均衡中获得的预期净支付。因此，我们可以将该投标者的预期支付写为：

$$U(v_i) = v_i P(v_i) - E(\text{如果他估值为 } v_i \text{ 且赢了的情况下的支出}) \tag{2.9}$$

式中，$P(v_i)$ 是 i 在估值为 v_i 时赢得拍卖的概率。根据结论 2.6 中的条件（i），$P(v_i)$ 也是 v_i 是最高估值的概率。请注意，$P(v_i)$ 不取决于我们正在进行何种拍卖。式（2.9）的第二部分是 i 赢得拍卖时付出的价格，这取决于我们正在进行的拍卖。由于不确定我们正在分析何种拍卖，因此我们不能更具体地说明。

假设具有估值 v_i 的投标者 i 不使用相对于估值 v_i 而言最佳的投标价，而是使用相对于另一估值 $\tilde{v}$ 而言最佳的投标价。① 当然，在均衡中，没有投标者会这样做。这是根据均衡的定义——在均衡状态下，没有玩家/投标者有动力改变策略。

$W(\tilde{v}, v_i)$ 表示投标者 i 的预期支付，其中：

- 他的投标价是虚假的真实估值 $\tilde{v}$；
- 他的真实估值是 v_i。

回想一下，在均衡时，当投标者 i 的真实估值是 v_i 时，他的预期支付是 $U_i(v_i)$。所以我们有：

$$U(v_i) \geqslant W(\tilde{v}, v_i)$$

---

① 例如，在英式拍卖中，我们知道每一个投标者都应当以他的估值提出投标价。现在我们在此假定的是，如果这是一个英式拍卖，而投标者 i 的投标价不是 v_i 而是 $\tilde{v}$。如果我们考虑使用例 2.6 来取代最高价拍卖，Alice 的报价就不会是 54 美元。

其中，
$$W(\tilde{v},v_i)=v_iP(\tilde{v})-E(\text{他在估值等于}\tilde{v}\text{时获胜对应的支出})$$

注意，在第一项中，获胜的概率（当虚假的真实估值为 $\tilde{v}$ 时）$P(\tilde{v})$ 是乘以 v_i，而不是乘以 $\tilde{v}$。这是因为我们只是改变 i 的策略（以及他赢的概率），而不是他的支付函数。无论他是收益使用正确的策略还是最佳策略，他仍然认为标的的真实估值是 v_i，因此他的预期收益是 $v_iP(\tilde{v})$。只有获胜的概率和投标者 i 必须付出的价格才会受到其投标行为的影响。

显然，我们可以将前面的等式重写为：
$$W(\tilde{v},v_i)=v_iP(\tilde{v})-E(\text{他在估值等于}\tilde{v}\text{时获胜对应的支出})+\tilde{v}P(\tilde{v})-\tilde{v}P(\tilde{v})$$

经调整后，我们可以有：
$$W(\tilde{v},v_i)=\underbrace{\tilde{v}P(\tilde{v})-E(\text{他在估值等于}\tilde{v}\text{时获胜对应的支出})}_{=U(\tilde{v})}+v_iP(\tilde{v})-\tilde{v}P(\tilde{v})$$
$$=U(\tilde{v})+(v_i-\tilde{v})P(\tilde{v})$$

因此，$U(v_i) \geqslant W(\tilde{v},v_i)$ 等价于：
$$U(v_i)\geqslant U(\tilde{v})+(v_i-\tilde{v})P(\tilde{v})$$

因为 $\tilde{v}$ 可以是任意估值，我们用 $v_i+\mathrm{d}v$ 来替换它，其中 $\mathrm{d}v$ 是一个非常小的量。所以我们仍有：
$$U(v_i)\geqslant U(v_i+\mathrm{d}v,v_i)+(-\mathrm{d}v)P(v_i+\mathrm{d}v) \tag{2.10}$$

假设现在一个投标者的估值刚好等于 $v_i+\mathrm{d}v$。在均衡状态下，投标者不应该模仿估值为 v_i 的参与者去投标，因此我们获得（扭转角色）：
$$U(v+\mathrm{d}v)\geqslant U(v_i)+(\mathrm{d}v)P(v) \tag{2.11}$$

重新整理式（2.10）和式（2.11），我们有：
$$P(v_i+\mathrm{d}v)\geqslant \frac{U(v_i+\mathrm{d}v)-U(v_i)}{\mathrm{d}v}\geqslant P(v_i) \tag{2.12}$$

现在令 $\mathrm{d}v\to 0$。在此情况下，式（2.12）中间的分数只是在 v_i 处的 $U(\cdot)$ 的导数：
$$\frac{\mathrm{d}U_i}{\mathrm{d}v}=P(v) \tag{2.13}$$

式（2.13）简单地说，即当他的估值增加时，投标者的边际效用等于用该估值获胜的概率，这只是该投标者具有最高估值的概率。

所以我们能够得到函数 U 的导数的公式：它等于 $P(v)$。因此，我们只需要整合该函数。[①]

[①] 求函数 f 的积分包括找到函数 δ，使得函数 δ 的导数就是函数 f 本身。

$$U(v_i) = U(\underline{v}) + \int_{x=\underline{v}}^{v_i} P(x) \mathrm{d}x \tag{2.14}$$

式中，$U(\underline{v})$ 是具有最低估值的投标者（一定会失败的那一方）的支付。

式（2.14）意味着以下内容：对任何拍卖，我们只需要知道估值 $\underline{v}$ 的投标者的预期支付，就可以推断出任何其他投标者的预期支付。

我们差不多已经完成所有有关推导了。假设任意两个拍卖满足结论 2.6 的假设。投标者估值的概率分布不依赖于拍卖，因此对于任何投标者而言，他的**预期支付函数**（expected payoff function）对于两种拍卖是相同的（该函数是关于投标者的估值）。但是，投标者的预期支付函数也由公式（2.9）给出，这意味着对于两种拍卖，**预期支付**（expected payment）是相同的。由于所有投标者都是一样的，因此两种拍卖的卖家的预期收入是相同的。

2.8 保留价

在任何拍卖问题中，我们都假设投标者有一个对标的的估值。到目前为止，我们一直隐含地假设卖家愿意以任何大于零的价格出售标的。但是，许多情况显然不是如此，如果价格太低，则卖家不愿意出售。

对于这种情况，一种表达方法是当拍卖结束后，卖家通过比较最终价格和他的估值来决定是否继续销售。但这样做可能会有风险，因为它破坏了卖家（或拍卖行）的声誉。没有人愿意赢得拍卖后，才知道卖家取消了拍卖。修改拍卖规则，让最终价格至少高于卖家的估值并不难。一种方法是引入**保留价**（reserve price）。保留价是可以拍卖的最低价格。例如，如果保留价是 10 美元，那么任何投标价必须至少为 10 美元。

因此，引入保留价是在拍卖中兼顾卖家估值的绝佳方式。由于投标价必须高于保留价，则卖家保证不会以低于保留价的价格出售该标的。

但是保留价还有另一个意思：它在某种程度上等同于允许卖家对他正在销售的商品进行投标。当我们考虑维克里拍卖时，这一点就特别有趣。在第二价格拍卖中，在有保留价时，赢家付出的价格不一定等于第二高投标价，而是保留价和第二高投标价之中的最高价格。假设 $b_1^{(n)}$ 和 $b_2^{(n)}$ 表示最高和第二高投标价，卖家设定的保留价为 r。[①] 我们有：

$$\text{卖家收入} = \begin{cases} 0 & , \text{若 } b_1^{(n)} < r \\ r & , \text{若 } b_2^{(n)} \leqslant r \leqslant b_n^{(n)} \\ b_2^{(n)} & , \text{若 } r < b_2^{(n)} \end{cases} \tag{2.15}$$

因此，我们要确定三种情况下卖家的收入：如果最高投标价低于保留价，则卖家不出售商品；如果只有最高投标价高于保留价（$b_2^{(n)} \leqslant r \leqslant b_n^{(n)}$），则赢家付出保留价；如果第二高投标价也高于保留价，那么我们将进行"标准的"第二价格拍卖，赢家将付出第

[①] $b_1^{(n)}$ 和 $b_2^{(n)}$ 是一阶和二阶统计量。参见附录 C。

二高投标价。

例 2.7 对于第二价格拍卖，投标者只有 Alice、Bob 和 Carol。Alice、Bob 和 Carol 的估值分别为 10 美元、15 美元和 20 美元。

如果没有保留价，我们知道按照估值确定投标价是一个占优策略。因此，Alice 的投标价是 10 美元，Bob 的投标价是 15 美元，Carol 的投标价是 20 美元。赢家是 Carol，他付出 15 美元。

如果存在保留价，只要一个人的估值高于或等于保留价，那么按照估值确定投标价仍是占优策略（证明过程基本上与结论 2.2 相同）。如果一个人的估值低于保留价，那么投标（投标价等于他的估值）或不投标（投标价为 0）对投标者来说没什么区别。

如果卖家给出了 8 美元的保留价，那么 Alice、Bob 和 Carol 就会以其估值进行投标。最终价格与没有保留价时相同，为 15 美元（Carol 仍然是赢家）。

现在假设卖家决定保留价是 17 美元。在这种情况下，第二高投标价低于保留价，因此赢家付出保留价 17 美元。

在第二价格拍卖中引入保留价的直接理由是，卖家可以保护自己免受低收入的影响。一个著名的例子是 1990 年新西兰频谱拍卖。当时新西兰政府进行了几次第二价格拍卖以出售无线电频谱。在一次拍卖中，投标者的投标价为 10 000 新西兰元，但最终只付出了 6 新西兰元，这是第二高投标价。在另一场拍卖中，赢家仅付出了 5 000 新西兰元（第二高投标价），而其投标价为 700 万新西兰元。

引入保留价的第二个理由是，扩大了拍卖师可以使用的拍卖机制的范围。通过使用保留价，卖家原则上可以从买家那里取得更多收入。在这里，我们必须认识到，卖家可以通过设定与其估值不同的保留价来实现其策略。在第二价格拍卖中，总剩余是赢家的投标价减去卖家的估值（即卖家的最低保留价）。如果保留价很低，那么剩余将永远归于赢家：赢家的估值减去第二高的估值。在例 2.7 中，剩余为 20 美元－15 美元＝5 美元（Carol 和 Bob 的估值之差）。

通过适当地选择保留价，卖家可以降低剩余，增加其收入。在极端情况下，卖家设定的保留价等于最高估值。在这种情况下，拍卖变成了在卖家和具有最高估值投标者之间进行"接受或放弃这个保留价"的过程。在例 2.7 中，如果卖家设置 20 美元的保留价，Carol 将接受要约（即投标价 20 美元）并获得等于 0 的剩余，卖家的收入将是最高的：没有买家会接受付出高于 20 美元的价格。

因此，引入保留价是卖家的绝佳工具。当然，设定正确的保留价也是一项微妙的工作，因为卖家并不知道买家的估值。在例 2.7 中，如果卖家设定的保留价高于 20 美元，则他将无法出售该标的，他的最终支付为 0。

☐ 2.8.1 最优保留价

在维克里拍卖中，**最优保留价**（optimal reserve price）是最大化卖家预期支付的保留价。

举例来说，假设买家估值在 [0，100] 上均匀分布，卖家需要设定最优保留价。在存在保留价的情况下，投标者在第二价格拍卖中以其估值进行投标仍然是一种占优策略（证明并不困难，诀窍只是使用保留价作为某个投标者的投标价）。

如果只有一个投标者，他的估值是 v。在这种情况下，根据式 (2.15)，卖家的收入为 0（投标者的投标价低于保留价）或等于 r（投标者的投标价低于保留价）。交易失败的概率是投标者的估值小于 r 的概率。所以卖家的预期收入是：

$$\text{预期收入} = P(v \leq r) \times 0 + P(v > r) \times r$$
$$= r \times [1 - P(v \leq r)]$$

鉴于在 $[0, 100]$ 上均匀分布，我们得到 $P(v \leq r) = r/100$，所以卖家的预期收入是：

$$\text{预期收入} = r \times \left(1 - \frac{r}{100}\right)$$

最大化预期收入等同于最大化 $r \times (100 - r)$。这使得 $r = 50$。也就是说，当只有一个买家时，拍卖师可以设定的最优保留价是 $r = 50$，预期收入为 25。事实上，可以证明，当投标者的估值具有相同的概率分布并彼此独立时，最优保留价不取决于投标者的数量。因此，对于任何投标者，最优保留价为 50。

撇开在维克里拍卖中选择正确保留价的问题，拍卖理论的一个基本问题是：如何最大化拍卖中卖家的预期收入？换句话说，什么是**最佳拍卖**（optimal auction）？这个问题在 Roger Myerson 的两个研究和 John Riley 与 William Samuelson 的研究中给出了回答。

结论 2.7 （最佳拍卖）设 F 是累积分布（f 是相应的密度函数）。如果每一个投标者的估值都服从分布 F，那么卖家的最优拍卖包括选择和进行维克里拍卖，其保留价 r 满足 $\psi(r) = 0$，其中：

$$\psi(r) = r - \frac{1 - F(r)}{f(r)} \tag{2.16}$$

在拍卖理论中，结论 2.7 中的函数 ψ 称为虚拟估值（virtual valuation）。[①] Myerson 表明，在均衡中，投标者的预期支付等于其预期的虚拟估值。

为了理解虚拟估值是什么，我们考虑只有一个买家的情况。假设卖家以价格 p 向买家提出"接受或离开"的要约。这意味着买家只有两个可能的决定：接受和付出 p，或拒绝（因此没有交易）。显然，只要他的估值 v 小于 p，买家就会拒绝。发生这种情况的概率是 $P(v \leq p) = F(p)$。所以买家接受的概率等于 $(1 - F(p))$。

我们可以认为函数 $(1 - F(p))$ 是买家购买的"数量"。换句话说，以 30% 的概率购买与只购买 30% 的商品是"相似"的。公平地说，我们只是说我们的买家接受要约的概率类似于"标准"微观经济学中的需求函数。

如果 $q(p) = 1 - F(p)$ 是需求函数，则逆需求函数是 $p(q) = F^{-1}(1 - q)$。换句话说，如果卖家想要卖出数量 q，那么可以提出的最高价格是 $p(q)$，或等价地为 $F^{-1}(1 - q)$。因此，卖家的收入函数是

$$R(q) = p(q) \times q = q \times F^{-1}(1 - q) \tag{2.17}$$

现在卖家想要最大化他的利润。在垄断市场中，我们知道边际收益等于边际成本时

[①] 希腊字母 Ψ 读音为"psi"（拉丁字母表中没有与其对应的字母）。

利润最大。在这里卖家（拍卖师）没有生产成本，因为他已经有了商品，故边际成本为零。因此，卖家的最佳解决方案是找到使边际收益等于0的价格，或使虚拟估值为零的价格：p 使得 $\psi(p)=0$。然后，将式（2.17）对 q 求导，得到：

$$\text{边际收益}=R'(q)=F^{-1}(1-q)-\frac{q}{F'(F^{-1}(1-q))} \tag{2.18}$$

将 $q(p)=1-F(p)$ 和 $p(q)=F^{-1}(1-q)$ 代入，式（2.18）等同于

$$MR(p)=p-\frac{1-F(p)}{f(p)}=\psi(p) \tag{2.19}$$

等式（2.19）的意义很简单：买家的虚拟估值 $\psi(p)$ 表明了该买家带来的边际收益。

现在，如果投标者的估值在 $[0,100]$ 上均匀分布，则累积分布为 $F(v)=v/100$，因此 $f(v)=1/100$。在这种情况下，虚拟估值是

$$\psi(v)=v-\frac{1-v/100}{1/100}=2v-100 \tag{2.20}$$

回忆一下，当价格使得边际收益等于0时；也就是说，当 v 使 $\psi(v)=0$ 时，利润最大化。解决方案是 $v=50$。

备注 2.3 在这里我们只展示了 Riley 和 Samuelson 的结论。这实际上是 Myerson 结论的简单版本。Riley 和 Samuelson 假设商品总是被给予投标价最高者，并且所有投标者的估值均服从相同的分布。与此不同，Myerson 考虑了更多样的分配机制（例如赢家可能不是最高投标者），并且还允许投标者的估值服从不同分布（称为不对称拍卖）。此外，Myerson 的方法更一般，任何销售机制（无论是否拍卖）都可行。他将最优设计问题作为机制设计问题（见附录 B）。

2.8.2 保留价与增加投标者数量

结论 2.7 的第一个信息说明，维克里拍卖是我们可以期待的最佳拍卖。从卖家角度看，许多拍卖机制实际上是相等的（根据收益等价定理和结论 2.6），所以结论 2.7 告诉我们，几乎不需要考虑其他类型的拍卖。但是，从投标者角度看，投标者会对更容易参与的拍卖感兴趣。

结论 2.7 的第二个信息是，似乎一切都是为了得到最佳保留价。但是，根据 Jeremy Bulow 和 Paul Klemperer 的研究，一个惊人的结论是，最佳保留价可能并不那么重要。[①]

结论 2.8 （Bulow 和 Klemperer）当估值是私人的且独立的时候，相比于具有 n 个投标者的第二价格拍卖，具有 $n+1$ 个投标者的第二价格拍卖会产生更高的预期收入。

因此，根据 Bulow 和 Klemperer 的结论，我们不必纠结于计算最优保留价，只需引入一个新增的投标者参与英式拍卖或维克里拍卖就足够了。

[①] Jeremy Bulow and Paul Klemperer, "Auctions versus Negotiations," American Economic Review 86, no. 1 (1996): 180–194.

举例来说，在只有一个投标者的拥有最优保留价的拍卖中，卖家预期收入是否高于存在两个投标者（但没有保留价）的维克里拍卖中的卖家预期收入呢？我们在第 2.8.1 节中看到，如果唯一的投标者的估值在 0 到 100 之间均匀分布，那么最优保留价为 50，预期收入为 25。维克里拍卖的预期收入由公式（2.7）给出。因此，在存在两个投标者的拍卖中，卖家预期收入等于 $100 \times [(2-1)/(2+1)] = 100/3$。这高于前者。

为了解释结论 2.8 背后的直觉，我们介绍由 René Kirkegaard 提出的论证。[①] 在拍卖的文献中，如果一个拍卖在商品确定被售出的所有拍卖中最大化预期收入，那么该拍卖被认为是**约束最优的**（constrained optimal）。

我们可以发现，第 2.8.1 节中 Myerson 的最佳拍卖并非约束最优的，原因很简单，因为该商品不能确定被销售。实际上，如果保留价高于最高估值，那么没有投标者会购买商品。也就是说，商品不被售出的概率不为零。

我们将比较具有 n 个投标者和最优保留价的维克里拍卖与具有一个额外投标者（但没有保留价）的维克里拍卖。为简单起见，第一种和第二种拍卖分别被称为"Myerson n-拍卖"和"维克里 $(n+1)$-拍卖"（Vickrey $(n+1)$- auction）。这样做的好处是考虑第三种拍卖，第三种拍卖的方式如下：

步骤 1 运行初始具有 n 个投标者的 Myerson 拍卖。如果商品没有被出售，转到步骤 2。

步骤 2 以等于 0 的价格将商品卖给新投标者。

我们称这种拍卖为"Kirkegaard $(n+1)$-拍卖"（Kirkegaard $(n+1)$- auction）。

显然，通过 Kirkegaard 拍卖，这件商品确定会被卖掉。[②] 另外，我们显然有：

$$\text{Kirkegaard}(n+1)\text{-拍卖的预期收入} = \text{Myerson } n\text{-拍卖的预期收入}$$

Myerson 说明，在我们的假设背景下（即买家拥有私人的、独立的估值），有且只有当边际收益最高的投标者获胜时，拍卖才是约束最优的。我们之前看到，边际收益是由虚拟估值给出的，当虚拟估值函数 ψ 严格增加时，Myerson 的结论成立。因此，这意味着在约束最优的拍卖中，赢家是具有最高估值的投标者。

Kirkegaard 拍卖显然不是约束最优的。假设初始的 n 个投标者中的最高估值低于保留价，但高于额外投标者 $n+1$ 的估值。约束最优的拍卖需要将标的卖给具有最高估值的投标者——该投标者在初始的 n 个投标者中。因此，有 n 个投标者的约束最优的拍卖的预期支付必然要高于 Kirkegaard 拍卖中的预期收益。但是，不难看出，维克里 $(n+1)$-拍卖是约束最优的：赢家是具有最高估值的投标者，而且商品显然以概率 1 被出售。所以我们有：

$$\begin{aligned}\text{维克里}(n+1)\text{-拍卖的预期收入} &> \text{Kirkegaard}(n+1)\text{-拍卖的预期收入}\\ &= \text{Myerson } n\text{-拍卖的预期收入}\end{aligned}$$

---

① René Kirkegaard, "A Short Proof of the Bulow-Klemperer Auctions vs. Negotiations Result," Economic Theory 28, no. 2 (2006): 449 - 452.

② 和 Bulow 与 Klemperer 一样，我们假定所有投标者的估值都是非负的。

□ 课后思考题

1. 为什么英式拍卖通常会有一个滴答价格而维克里拍卖没有？

2. 假设有三个投标者，他们的估值在 1 到 5 之间随机且独立分布。请找到第一价格拍卖的对称均衡。

3. 我们考虑一个英式拍卖。该物品有三个投标者。第一个投标者的估值 $v_1=4$，第二个投标者的估值 $v_2=10$，第三个投标者的估值 $v_3=18$。价格增幅为 0.1，起始价格为 1。谁是拍卖的赢家？赢家付出的价格是多少？

4. 描述一个拍卖者叫价的增价拍卖（不是英式叫价拍卖），投标者的反应速度至关重要（显然不能是日本按钮拍卖）。

5. 英式拍卖和维克里拍卖在策略上是等价的，卖家的收入是相同的。然而，就卖家/拍卖师收到的信息而言，它们是不同的。两者的区别在哪里？

6. 第三价格拍卖是这样一种拍卖，其中赢家是投标价最高的投标者，而付出的价格是第三高的投标价。请问这种拍卖的占优策略是以估值进行投标吗？如果是，请提供证明。如果不是，请提供一个示例。

7. **单一价格拍卖**（uniform-price auction）是所有商品（或商品的单位）以相同的价格出售的拍卖。假设有一个商品的 k 个单位可以出售，每个投标者最多需要 1 个单位的商品。我们进行第 $(k+1)$ 价格的统一价格拍卖。也就是说，如果第 k 个最高投标者赢了，那么他们都付出相同的价格——第 $(k+1)$ 个投标价。我们假设至少有 $k+1$ 个投标者，$k \geq 2$。在这种拍卖中，按照估值进行投标是一种占优策略吗？如果是，请提供证明。如果不是，请提供一个示例。

第 3 章 eBay

3.1 背景

eBay 无疑是最为知名的拍卖网站。创建伊始，eBay 需要解决怎么在网络上运行拍卖的问题。更确切地说，需要确定拍卖的具体规则和选择拍卖的形式。这种情形下涉及的问题主要有：

(1) 赢家的投标价是多少？

(2) 正在进行的拍卖需要展示哪些信息呢？

在这种情况下，最常见也最自然的选择是采用第一价格拍卖，例如英式增价拍卖，即赢家以其投标价付款，而只有最高投标价才会在拍卖期间展示出来。

但只能在所有投标者同时登录并及时跟进拍卖过程的情况下，这种模式才能成功运行。显然，在网络上跟进一场长达好几天的拍卖远比在拍卖行里要更简单。人们不会把所有时间都花在拍卖行里（并且可能人们离拍卖行很远），但我们几乎随时随地都可以上网。不过，能够全天候上网并不代表人们必须一直在线，更不用说上网蹲点关注一场拍卖会了。所以，开发者们需要保证拍卖会对于买家来说是"安全的"，即买家无须持续性地关注他们正在参与的一场拍卖。

同时，第一价格拍卖对于买家而言并不有趣。事实上，这场拍卖博弈很有可能会以赢家按照估值投标而收尾，而这意味着赢家的净支付为零。对于买家来说，具有零净支付可能性的拍卖并不具有吸引力。大部分买家，甚至可以说全部的买家，更偏好于投标价低于估值的拍卖形式。

所以，一个自然的选择是进行一场第二价格拍卖。但是，在这种情况下，应该公开展示哪一个价格呢？如果公示的是最高投标价，那么其他投标者可能会失去参与投标的意愿，而这会导致卖家的低收入。为了更好地说明这一点，不妨看一个例子：在一场拍卖中，已有两个投标价：一个是 1 美元，另一个是 100 美元。如果我的估值是 50 美元，那么我不会参与投标（因为我知道我会输）。所以，拍卖将以最高投标价者付出 1 美元结束。在第二价格拍卖中，将最高投标价展示出来对卖家是灾难性的，因为这会减少投标者投标的意愿。

因此，解决方案是在第二价格拍卖中加入一种动态机制：

（1）拍卖将持续好几天甚至好几周（由卖家设定时间）；
（2）潜在的买家都能够随时参与拍卖；
（3）显示的价格是第二高的投标价（加上一个加价，后文将详细讨论）；
（4）赢家为投标价最高者，他付出的价格是拍卖结束时所显示的价格。

这样一来，eBay 所采取的拍卖形式糅合了英式拍卖（动态拍卖）和维克里拍卖（第二价格拍卖）。有人将这种拍卖称为**"加利福尼亚拍卖"**（California auction）。

3.2 eBay 详情

3.2.1 代理投标

当投标者们在 eBay 上进行拍卖时，与其说他们是在参与投标，不如说他们设定了一个自己愿意付出的最大投标金额。eBay 清晰地知道这一点，于是就将投标者的投标价视为投标者愿意付出的最高价格。eBay 同时假设买家偏好花最少的钱。因此，大致思路是：eBay 将代表投标者参与投标，总是尝试以最低的价格赢得标的。这种由第三方代表投标者来进行投标的形式被称为**"代理投标"**（proxy bidding）。

在 eBay 进行的一场拍卖中，以下信息会被公示：

（1）与拍卖有关的信息：距离拍卖结束还有多少时间、配送信息、物品描述以及其他细节。

（2）**当前投标价**（current bid）：赢家将付出的价格（如果没有其他更高价）；如果此时没有人投标，那么 eBay 将会展示**起拍价**（starting bid）（卖家所设定的最低价格）。

（3）一个输入机制。投标者可以在此以"加价 X 美元或更多"的形式输入他的投标价，其中 X 美元为**最低投标价**（minimum bid）。

eBay 的代理投标运作模式可以归结为拍卖中当前投标价和最低投标价是如何变化的。为了更好地进行阐释，首先需要探讨 eBay 指定的加价幅度（如表 3.1 所示）：

表 3.1　eBay 加价幅度

当前投标价	加价幅度
0.01～0.99 美元	0.05 美元
1.00～4.99 美元	0.25 美元
5.00～24.99 美元	0.50 美元

续表

当前投标价	加价幅度
25.00~99.99 美元	1.00 美元
100.00~249.99 美元	2.50 美元
250.00~499.99 美元	5.00 美元
500.00~999.99 美元	10.00 美元
1 000.00~2 499.99 美元	25.00 美元
2 500.00~4 999.99 美元	50.00 美元
5 000.00 美元以上	100.00 美元

3.2.2 投标与加价幅度

在任何拍卖中,拍卖师都需要声明什么样的投标价是可以被接受的。例如,在一场艺术拍卖中,拍卖师可以规定,投标价必须是 1 000 美元的倍数。也就是说,一个投标价可以是 5 000 美元,但不能是 5 500 美元,因为这不是 1 000 美元的倍数。在 eBay(美国)的案例中,货币最小单位为美分,所以投标价 4.97 美元是可行的,而投标价 2.999 9 美元是不被接受的。

eBay 需要制定的第二个特定规则是"滴答价格",eBay 将其称之为**加价幅度**(bid increment)。加价幅度的具体内容在表 3.1 中已经给出。例如,如果当前投标价是 12 美元,那么对应的加价幅度就是 0.5 美元,这也意味着下一个当前投标价至少等于 12 美元+0.50 美元=12.50 美元(在第 3.2.3 节我们会知道,这种情况并不常出现)。

3.2.3 升级后规则

3.2.3.1 最低投标价

最低投标价的公式相对简单:

$$最低投标价 = \begin{cases} 起拍价, & 当没有人投标时 \\ 当前投标价+加价幅度, & 当至少有一人投标时 \end{cases}$$

假设有位卖家将某一物品的拍卖起始价格设定为 10 美元,那么任何一个投标价都必须至少是 10 美元,即起拍价是 10 美元,同时最低投标价也最少是 10 美元。

如果在另一场拍卖中,已经有人投标,此时 eBay 页面上展示的是当前投标价(而非起拍价)。假设当前投标价是 20 美元,根据表 3.1 可知,20 美元对应的投标价加价幅度是 0.50 美元,因此最低投标价是 20 美元+0.50 美元=20.50 美元。

3.2.3.2 当前投标价

更新当前投标价的通用规则是:取迄今第二高的投标价再加上对应的加价幅度。这里有两个问题值得注意:首先需要明确"第二高投标价"的含义,其次需要考虑当第二高投标价加上加价幅度后比最高投标价还高的情况。

在任何时候,eBay 对投标价的排序都遵循两个原则。首先,投标价将按照价格高低排序。因此，50美元的投标价会比34美元的投标价排名更高。但当两位投标者投标价一样时该如何处理？在增价拍卖或维克里拍卖中，赢家将会在投标价最高者中随机抽取。eBay没有选择这种做法，而是以eBay收到投标价的时间来进行排序，最早投标价者排名最靠前。

为了更好地了解这样的模式是如何运行的，假设目前有以下投标（并且没有其他人参与投标）：

投标者	投标价（美元）	提交投标价时间
Alice	50	上午 10:00
Bob	40	上午 10:10
Carol	50	上午 10:20

那么在这种情况下，投标价将会按照以下顺序排列：

时间	最高价格（投标价者）	第二高价格（投标价者）
上午 10:00	50 美元（Alice）	—
上午 10:11	50 美元（Alice）	40 美元（Bob）
上午 10:21	50 美元（Alice）	50 美元（Carol）

综上所述，更新当前投标价的公式为：

$$\text{当前投标价} = \begin{cases} \text{起拍价}, & \text{当没有人参与投标时} \\ \text{第二高投标价} + \text{加价幅度}, & \text{当第二高投标价} + \text{加价幅度} \leq \text{投标价时} \\ \text{投标价}, & \text{当第二高投标价} + \text{加价幅度} > \text{投标价时} \end{cases}$$

情形1：没有人参与投标时

首先分析最简单的情形，即没有人投标时。假设起拍价是10美元（那么最低投标价也是10美元）。第一位投标者Alice的投标价是12美元，在Alice提交投标价后，拍卖信息将会显示当前投标价为10美元（最低投标价变为10美元＋0.50美元＝10.50美元）。注意如果Alice的投标价是10美元、20美元或1 000美元，那么当前投标价依然是10美元（最低投标价也依然是10.50美元）。

情形2：当第二高投标价＋加价幅度≤投标价时

情形2最为常见，具体而言：假设当前投标价是20美元（所以最低投标价是20美元＋0.50美元＝20.50美元），最高投标价是Bob的30美元。需要注意，没有其他的投标者知道Bob的投标价是30美元，他们只能知道最高投标价最起码是20美元。现在Carol投标21美元，因此她此刻成为第二高投标价的投标者。[①] Bob的投标价30美元是他授权给eBay让其代表自己进行的投标，但eBay必须用保证Bob赢得投标条件下的最

---

① 如果Carol不是第二高投标价的投标者，那么就存在比21美元更高的第三个报价，例如25美元。但是在这种情况下最低投标价就是25美元＋0.5美元＝25.50美元，而不是20.50美元，所以Carol必定是第二高投标价的投标者。

少价格继续参与投标，最高上限为 30 美元。此时为了让 Bob 赢得投标，他的投标金额必须高于 21 美元，对应的加价幅度为 0.50 美元，因此 Bob 要赢得投标的最低投标价为 21.50 美元，这比 30 美元要低，因此 eBay 会代替 Bob 投标 21.5 美元，而这也成为新的当前投标价。

假如此刻 Bob 是唯一的投标者，那么起拍价是 20 美元（和情形 1 相同）；如果 Bob 并不是唯一的投标者，那么第二高投标价是 20 美元－0.50 美元＝19.50 美元。

情形 3：当第二高投标价＋加价幅度＞投标价时

如前所述，计算得出当前投标价的一般规则是：取第二高投标价后加上对应的加价幅度。然而有可能会出现的情况是其总和比最高投标价还要高。既然我们无法要求投标者付出高于其投标价的价格，eBay 在这种情况下就直接采用最高投标价作为当前投标价。

假设当前投标价是 40 美元而最高投标价是 John 所出的 50 美元，对应 40 美元的加价幅度为 1 美元，因此最低投标价为 40 美元＋1 美元＝41 美元。现在 Erin 的投标价是 49.87 美元，她现在是第二高投标价者。如果加上对应的加价幅度，为 49.87 美元＋1 美元＝50.87 美元，这比最高投标价还要高。此时 eBay 所展示的当前投标价将会是 50 美元。但假如 Erin 的投标价是 50.01 美元，同理，她会成为最高投标价者（而 John 会成为第二高投标价者）。因为 50 美元＋1 美元＞50.01 美元，当前投标价将为 50.01 美元。

情形 4：新的投标价等于最高投标价

当一位投标者的投标价刚好等于最高投标价时，最高投标价和第二高投标价完全一样（但投标者并不同），此时计算当前投标价的方式和情形 3 很相似。

假设当前投标价为 110 美元而最高投标价为 Frank 的 150 美元，那么此时的最低投标价为 110 美元＋2.50 美元＝112.50 美元。假如 Gina 在 Frank 之后也按照 150 美元投标，她便成为第二高投标价者。因为最高投标价和第二高投标价完全一样，我们无法在第二高投标价上增加加价幅度（否则 Frank 要付出的钱便多于他的投标价），因此当前投标价跳到 150 美元，最低投标价变为 150 美元＋2.50 美元＝152.50 美元。

3.3 eBay 采取的是第一价格拍卖吗？

很多人对于 eBay 存在着一个误解，即赢得拍卖的投标者会以其投标金额付款。会造成这种误解的原因是，很多人只投标 eBay 所要求的最低投标价。

假设现在出售的一个商品，当前最高投标价是 Alice 的 10.00 美元。根据 eBay 的加价幅度规则，比 10.00 美元高的最低的投标价是 10.50 美元，因为对应的加价幅度最少为 0.50 美元。这意味着如果 Alice 之后还有投标者参与投标，那么最起码的投标金额为 10.50 美元。如果 Bob 现在参与投标，并且和大多数人一样，他投标了要求的最低投标价 10.50 美元，那么他现在就是当前的最高投标价者。eBay 会在页面上展示什么价格呢？eBay 会根据以下算法计算：

(1) 取当前第二高投标价，即 Alice 的 10.00 美元；

(2) 加上加价幅度，即 0.50 美元。

因此 eBay 展示在页面上的"当前投标价"为第二高投标价加上加价幅度，即

10.00 美元＋0.50 美元＝10.50 美元。

如果 Bob 投标后拍卖就停止了，那么他付出的价格将会是 10.50 美元。因此 Bob 会认为他按照自己的投标金额付出，这样 Bob 会认为 eBay 采取的是第一价格拍卖形式，虽然他实际上付出的金额是 Alice 的投标价加上加价幅度。假如 Bob 的投标价不是 10.50 美元而是 20.00 美元，那么他依然只需付出 10.50 美元。

事实上，eBay 是代替两位投标者在进行拍卖，但投标中一直都在用能赢得投标的最小加价。既然 Alice 的投标价是 10.00 美元，而 Bob 的投标价更高，那么 eBay 将会为第二位投标者选择一个高于 10.00 美元的投标价，同时也会在所有符合条件的投标价中选择为 Bob 赢得投标所需的最低投标价。

3.4 投标狙击

投标狙击（bid sniping）是一种拍卖技巧，即在拍卖快要结束时才投标，这样其他投标者就没有时间去作出反应和再次投标。投标狙击的思路只有在存在明确的截止时间的拍卖上才会出现，也就是说，不管投标价是多少，拍卖都会按时结束。

3.4.1 Amazon 与 eBay

1999—2006 年间，Amazon 也曾运营过一个类似 eBay 的拍卖网站，但拍卖规则有些细微的不同。eBay 和 Amazon 都采用代理投标的英式增价拍卖，但拍卖结束的规则有所不同。eBay 的拍卖会在卖家设定好的时间结束，Amazon 也会要求卖家设定期限，但如果最后 10 分钟有投标者投标，那么期限就会延长 10 分钟。故而在 Amazon，原则上是无法通过**延迟投标**（bidding late）来战略性地操纵拍卖的。这并不意味着在 Amazon 上就没有故意延迟投标的现象，但不同于 eBay，在 Amazon 上延迟投标导致其他投标者没有足够时间作出反应的现象并不明显。

有很多理论可以用来解释为何人们愿意采用投标狙击，以及在何种情况下投标狙击会盈利。但有一点是肯定的：投标狙击行为是故意的。它可能发生在当投标者想要避免与其他投标者（尤其是那些被称为"**加价投标者**"（incremental bidders）的人）开展**投标战**（bidding war），因为"加价投标者"会经常变换自己的投标价，按照第 3.3 节那样只增加赢得投标所需最低额度的金额。通过延迟投标，投标者能够缩短投标战的时间，从而降低最终成交价。

另一个人们想要延迟投标的原因是保护自己的信息。在估值相互影响或具有共同价值时，一个投标价会告诉其他投标者关于商品价值的信息。举个例子，假如我很早就对某一物品以很高的价格投标，这就说明我认为这一物品对我来说具有极高的价值。但如果这一物品对其他投标者也具有共同价值，那么他们就可能会改变自己的投标价。因此，那些被认为是专家、对于商品的"真实"价值判断有着极高造诣的投标者会倾向于延迟投标。

但有时延迟投标也可能完全出于偶然因素。有些人可能只是单纯地拖延和推迟他们的投标时间，也有些投标者可能不了解拍卖的内部工作机制。也有一定的概率会遇到社会学家所说的**禀赋效应**（endowment effect），即当我们拥有一个物品的时候我们对该物品的估值比没有拥有该物品的时候要更高。在拍卖中，某位投标者可能会暂时领先，于是开始幻想这一物品已经归为己有。但假如之后她不再是最高投标价者，那么她极有可能基于禀赋效应给该物品更高的估值（随后以更高的价格再次投标）。

综上，我们可以阐述一些关于 Amazon 和 eBay 对于延迟投标的假设。在 Amazon 上，战略性延迟投标的情况比 eBay 要少。但是，随机性的延迟投标在 Amazon 和 eBay 上则没有显著差别。有关假设总结可见表 3.2。

表 3.2 对于 Amazon 和 eBay 延迟投标的情况预测

理论假设	预测现象
战略性假设 1. 避免与加价投标者发生投标战 2. 保护个人信息	eBay 的延迟投标比 Amazon 更多
非战略性假设 1. 拖延症 2. 搜索引擎首先展示了即将期满的拍卖 3. 投标者对代理投标并不知情 4. 估值提升（禀赋效应） 5. 投标者不喜欢投标悬置（bids hanging）	Amazon 和 eBay 上差异不显著

3.4.2 数据分析

Alvin Roth 和 Axel Ockenfels（2002）分析了 eBay 和 Amazon 在 1999 年 10 月到 2000 年 1 月的 480 份拍卖数据。[①] 拍卖的物品为笔记本电脑（＋显示器）和古董。笔记本电脑和显示器是具有一定的私人价值，但同时也容易基于已知模型知道"正确"价格的商品。[②] 相反，古董则具有很大程度的共同价值。举例来说，二手卖出一个古董比卖出一个用了几年的笔记本电脑容易，因此投标者也关注有多少人觉得这一商品具有价值。同时，古董也是在"专家"与其他投标者间具有显著估值差距的典型商品。

Roth 和 Ockenfels 只选取了投标者数为 2 人以上的拍卖数据，总共覆盖了 480 场拍卖，涵盖了 2 279 位拍卖者。对于每一种拍卖商品（笔记本电脑和古董）以及每一个拍卖平台（Amazon 和 eBay）的组合方式，他们分析了 120 场拍卖。每一种组合的投标者数量可见表 3.3。

表 3.3 投标者数量

	笔记本电脑	古董
Amazon	595 位投标者	340 位投标者
eBay	740 位投标者	604 位投标者

---

① Alvin Roth and Axel Ockenfels, "Last-Minute Bidding and the Rules for Ending Second-Price Auctions: Evidence from eBay and Amazon Auctions on the Internet," American Economic Review, Papers and Proceedings 92, no. 4 (2002): 1093–1103.

② 这不意味着所有买家对一给定笔记本电脑的估值是相同的。买家有着不同的需求，因此就会愿意支付不同数量的金钱来获得同一个笔记本电脑。

数据同时包含了投标者的评分情况。Amazon 和 eBay 都有一套让卖家和投标者互相评分的信用系统，但两个平台各有不同。Amazon 采用的方式是买卖双方可以按照从 1 星到 5 星相互评价，eBay 上则只能给出三种评价：负面（−1）、正面（+1）或中立（0），每位投标者或卖家的整体评分则是正面和负面评价的总和。Amazon 会展示每位投标者所收到的所有评分总和，eBay 则只展示平均分（正面评价的数字减去负面评价的数字）。所以理论上无法从 eBay 展示的整合评价来推知投标者收到评价的次数。但 Roth 和 Ockenfels 也提到，没有一位投标者收获的全是负面评价，说明两个平台的反馈数据都能一定程度上表明投标者曾经的行为。

Roth 和 Ockenfels 尤其感兴趣的数据是投标者会在拍卖结束前多久提交自己的投标价。eBay 上的有关数据比较模糊，但在 Amazon 上，因为所有拍卖都遵循投标价提交 10 分钟后结束的规则（如果没有其他人参与投标时），所以能够得到较为清晰的数据。从另一个角度而言，Amazon 的原始数据不包含任何在最后一分钟的投标价。为了规避这个问题，Roth 和 Ockenfels 以每一个投标的假设性截止时间（hypothetical deadline）进行计算，即该投标价提交后不适用增加 10 分钟规则的情况。以下例子详细说明了如何计算这些假设性截止时间。

例 3.1 假设有一场拍卖最初设定的结束时间是上午 11:00，数据显示该场拍卖只有两个投标价。第一个投标价是由 Alice 于上午 10:55 投标的，并由此触发了延长 10 分钟的规则。因此一旦 Alice 提交了她的投标价，那么这场拍卖将会有一个新设定于上午 11:10 的截止时间。在数据分析中，Alice 的投标价被记作于截止时间 5 分钟前的投标价；换句话说，对应 Alice 投标价的假设性截止时间为上午 11:00。

第二个投标价是由 Bob 于上午 11:09 分提交的。这个投标价再次触发了延长 10 分钟的规则，因此一旦 Bob 提交了他的投标价，那么这场拍卖将会有一个新设定于上午 11:20 的截止时间。在数据分析中，Bob 的投标价被记作截止时间 1 分钟前的投标价；换句话说，对应 Bob 投标价的假设性截止时间为上午 11:10。

图 3.1 展示了 eBay 和 Amazon 在笔记本电脑和古董拍卖情况上的差异，图 3.1 清晰地展示了延迟投标的情况在 eBay 上比 Amazon 更为普遍。同时，表 3.4 也说明，在 eBay 上最后 5 分钟提交投标价的拍卖比例远远高于 Amazon。两个平台间的差异在最后 1 分钟和最后 10 秒钟提交投标价的情况下依然存在。

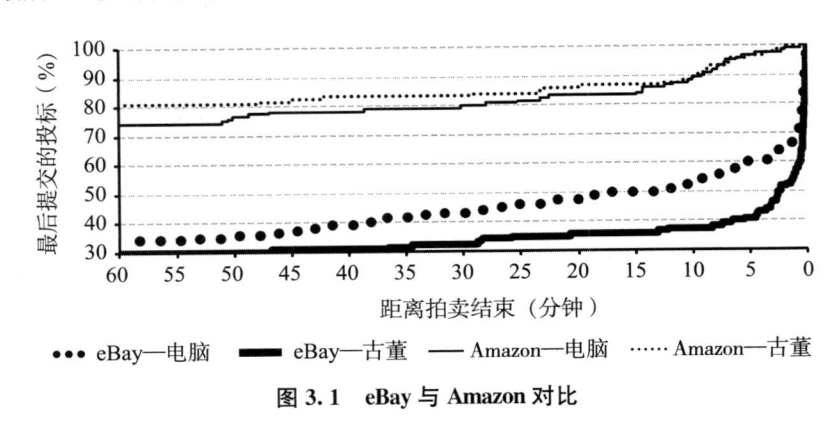

图 3.1 eBay 与 Amazon 对比

资料来源：Roth 和 Ockenfels（2002）。

表 3.4　最后 5 分钟有投标的拍卖比例（％）

	电脑	古董
Amazon	3	3
eBay	40	59

Roth 和 Ockenfels 同时做了多种数据测试，证实了在 eBay 和 Amazon 购买笔记本电脑和古董的行为具有显著区别。更确切地说，他们发现以下三种行为差异显著：

（1）对于电脑，eBay 比 Amazon 有更多的延迟投标；

（2）对于古董，eBay 比 Amazon 有更多的延迟投标；

（3）eBay 上古董比电脑有更多的延迟投标。

然而，在 Amazon 上拍卖古董和电脑的延迟投标行为并没有明显的差异。借助投标者的反馈数据，Roth 和 Ockenfels 发现，eBay 上的投标经验和延迟投标行为有明显的相关性：一位投标者经验越丰富，那么他在临近拍卖结束时投标的可能性越大。

一份针对拍卖参与者的问卷调查显示，投标者们认可了 Roth 和 Ockenfels 关于延迟投标会减少引发投标战（并从而降低成交价）的风险的原始假设，同时也表示将其视为减少向竞争者们透露信息的方式。

3.5　保留价

在 eBay 上，卖家可以设定一个保留价，即一位买家为了赢得拍卖需要付出的最低价格。如果拍卖结束时的最高投标价比保留价还要低，那么拍卖就会被取消。保留价和起拍价有所不同：大多数情况下起拍价都是公开的，但保留价往往都会保密。这将由卖家来决定保留价是公开（即所有人都能知道）还是保密。

保留价能够给卖家带来诸多好处。卖家提出保留价的动机有许多。我们可以大概描述一些常见的动机。当保留价公开的时候，保留价是卖家向买家发出的信号，传递着商品最起码拥有的价值。同时，设定一个较低的起拍价有助于吸引买家。这也可以充当卖家无须真正卖出商品便能估计商品合适价格的试验。

当保留价保密的时候，这就如同"自抬投标"（shill bid），即存在着一个"虚假"的买家以与保留价同等的价格参与投标。在这种情况下，不管何时有买家以低于保留价的金额参与投标，都会因为保留价格的存在而输掉投标。作出这种行为的一个原因是引发价格战，告诉买家有其他的参与者对这一拍卖感兴趣，从而表明这一物品极具价值。

□ 课后思考题

1. Alice、Bob、Carol 和 Denis 在 eBay 上参加了一场拍卖。起拍价是 5 美元。表 3.5 给出了投标的历史，如在 12 月 3 日 8：35：14，Alice 投标 6 美元。请写出展示在拍卖网页上的当前投标价，并标明日期和时间。

表 3.5　投标价

投标者	投标价（美元）	提交时间
Alice	6	12月3日 08:35:14
Bob	16	12月5日 11:15:04
Carol	12	12月3日 17:47:14
Denis	7	12月4日 10:05:06
Denis	8	12月4日 10:05:46
Denis	9.65	12月4日 10:06:02

2. 表 3.6 给出了 eBay 上正在进行的一场拍卖中展示的当前投标价。第一列是投标者名字，第二列是网页在不同时间展示的当前投标价，最后一列是投标的日期戳：即对应的投标者的时间（也就是 eBay 要求在页面上展示的"最高价格"）。

请反推每位投标者的各个投标价，以及每一个投标价的时间。

表 3.6　投标历史

投标者	当前投标价（美元）	投标时间
Denis	9.00	2月7日 08:07:24
Carol	8.50	2月6日 19:31:28
Erin	8.00	2月6日 23:02:56
Carol	5.57	2月6日 19:31:28
Bob	5.07	2月5日 11:43:30
Carol	5.00	2月6日 19:31:10
Bob	3.75	2月5日 11:43:30
Carol	3.50	2月6日 19:30:54
Bob	3.25	2月5日 11:43:30
Carol	3.00	2月6日 19:30:50
Bob	2.75	2月5日 11:43:30
Carol	2.50	2月6日 19:30:45
Bob	2.25	2月5日 11:43:30
Carol	2.00	2月6日 19:30:40
Bob	1.75	2月5日 11:43:30
Carol	1.50	2月6日 19:30:34
Bob	1.25	2月5日 11:43:30
Alice	1.00	2月3日 06:20:51
Alice	0.99	2月3日 06:20:51
起拍价	0.99	2月2日 21:43:03

3. 在 eBay 上参与投标的大多数人会对投标价较为敏感：尤其是 10 美元或 5 美元的整数倍投标价，或者是简单的整数投标价。Alice 是一个采用以下拍卖策略的投标者：不管何时她遇到一个整数的投标价，她就加价 1 美分。所以，当她决定参与投标，面对 10 美元或 25 美元时，她会选择投标价 10.01 美元或 25.01 美元。另一位投标者 Bob 有一个和 Alice 相似的策略，但他并不是固定增加 1 美分，而是在 40~70 美分中随机选一个数字作为增加的金额。所以，当他决定参与投标，面对 10 美元或 25 美元时，他会选择投标价 10.56 美元或 25.47 美元。你认为为何 Alice 和 Bob 会选择这样的策略？

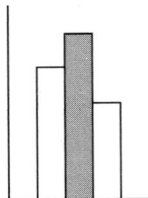

第 4 章 VCG 拍卖

4.1 背景

到目前为止，我们所看到的所有拍卖形式都只是为了出售一件商品。然而，在很多情况下，会出现很多商品同时出售的情况。例如，木材拍卖会上通常出售各种木材，但是买家通常只买几批木材而不是全部。另一个出售多种商品的拍卖案例是频谱拍卖：一个公共机构向移动电话运营商出售多个许可证。即使每个运营商只想购买一个许可证，这种拍卖也不能被视为单个商品的拍卖，因为运营商通常想要同时对几个许可证进行投标，以最大化他们获得许可证的机会。问题在于，当买家对多个商品进行投标但只想要一个商品时，如果她赢得了多个商品，如何决定买家该获得哪个商品呢？

这种拍卖的经典解决方案被称为 **Vickrey-Clarke-Groves 拍卖**（VCG auction）。正如我们将看到的，这是维克里拍卖的一般化。事实上，它有时被称为**广义维克里拍卖** (generalized Vickrey auction)。

4.2 模型

VCG 拍卖的设定就像其他任何拍卖一样。有一群潜在买家（投标者）负责估值。VCG 环境中估值与之前拍卖的情况不同，因为投标者参与多个商品的拍卖，并且由于某些投标者可能想要同时购买多个商品（例如商品的组合），投标者的估值不再用单个数字描述。在 VCG 环境中，投标者估值是所有可能的商品组合的函数。

形式上，假设有一组投标者 $N=\{1, 2, \cdots, n\}$，并且有一组卖家 $X=\{x_1, x_2, \cdots, x_n\}$，投标者 i 的估值函数表示为 $v_i(.)$，表示任何可能的商品组合估值。

在本章中，我们将假设投标者在没有获得任何商品时的估值为 0；也就是说，对于每个投标者 i，$v_i(\varnothing)=0$。

例 4.1 假设有三件商品：A、B 和 C，Alice 是投标者。她的估值函数可能是：

$v_{\text{Alice}}(\{A\})=10$，$v_{\text{Alice}}(\{A, C\})=25$，
$v_{\text{Alice}}(\{B\})=15$，$v_{\text{Alice}}(\{B, C\})=20$，
$v_{\text{Alice}}(\{C\})=12$，$v_{\text{Alice}}(\{A, B, C\})=30$，
$v_{\text{Alice}}(\{A, B\})=20$

注意到我们需要对每一种可能的组合分别进行估值，$v_{\text{Alice}}(\{A\})=10$ 意味着 Alice 愿意为了获得（且只为了获得）A 商品最高的投标价是 10。$v_{\text{Alice}}(\{A, C\})=25$ 和 $v_{\text{Alice}}(\{A, B\})=20$ 则意味着 Alice 愿意至多付出 20 获得 A 和 B，付出 25 来获得 A 和 C。从中也能看出，Alice 认为同时获得 A 和 C 比同时获得 A 和 B 对她而言更有价值。

例 4.2 同样假设有三件商品：A、B 和 C，Alice 是投标者，但这时 Alice 的估值为：

$v_{\text{Alice}}(\{A\})=20$，$v_{\text{Alice}}(\{A, C\})=0$，
$v_{\text{Alice}}(\{B\})=15$，$v_{\text{Alice}}(\{B, C\})=0$，
$v_{\text{Alice}}(\{C\})=1$，$v_{\text{Alice}}(\{A, B, C\})=0$，
$v_{\text{Alice}}(\{A, B\})=0$

在这种情况下，我们可以看到，Alice 对 A 的估值大于她对 B 的估值，后者的估值又高于 C。$v_{\text{Alice}}(\{A, B\})=0$ 意味着她不想要同时拥有 A 和 B。也就是说，这些估值描述了只想要一件商品的投标者的情况。

前两个例子说明了这种方法的丰富性。评估函数可以根据投标者的偏好描述任何情况。我们可能会遇到这样一种情况，即投标者想要拥有尽可能多的商品，但如果她没有得到所有商品，她更喜欢某些组合而不是其他商品。这种情况在例 4.1 中描述。例 4.2 是买家在商品中具有偏好，但仅想要一个商品的情况：Alice 不想要任何两个或更多商品的组合。这可能是一个球队教练将面对的情况——需要一名具有特定技能的球员，但不希望两名球员都拥有该技能。

描述投标者 i 估值的正式方式只需要将其表示为函数 $v_i(.)$，对于每个可能的商品集 S，给出数字 $v_i(s)$。也就是说，$v_i(s)$ 是投标者为获得集合 S 中的所有商品愿意付出的金额（并且所有商品都在 S 中）。在例 4.1 中，如果 $S=\{A, C\}$，那么我们得到 $v_{\text{Alice}}(\{S\})=25$。

4.3 VCG 拍卖

VCG 拍卖的运行原理如下：
步骤 1 每个投标者都提交一个投标函数，这个函数可以确定每种可能的商品组合

的投标价。

步骤 2 拍卖师计算一项基本上能够确定谁得到什么的分配。拍卖师计算的分配称为**最佳分配**（optimal assignment）。我们将在第 4.3.1 节详细解释最佳分配。

步骤 3 拍卖师为每个投标者计算在最佳分配下获得商品需要付出的价格。

第一步是最简单的，无须过多讨论。需要补充的是，VCG 拍卖像维克里拍卖一样，同时提交投标价。所以，VCG 拍卖是密封拍卖。

备注 4.1 本章研究的 VCG 拍卖实际上是经济学家称之为 VCG 机制的一个特例（正如我们在附录 B 中解释的那样，一个机制比一个拍卖更一般）。

Edward Clarke 和 Theodore Groves 分别提出了类似机制来解决公共品问题中的贡献问题。[1] 当考虑多个相同商品（具有私人价值）的拍卖时，Clarke 和 Groves 定义的机制与由维克里在其开创性贡献中定义的拍卖相同。因此，我们在本章中提出的拍卖是（原始）维克里拍卖的更一般的版本（因为多个商品不必相同），但这是 Clarke-Groves 机制的一个特例（因为这是拍卖）。

4.3.1 计算最佳分配

为一个函数 μ 赋值，它为每个投标者设置获得的商品。因此，$\mu(i)$ 是投标者 i 在分配 μ 下分得的商品。

给定一组投标者和一组商品，就会有很多分配；例如，如果有两个投标者，Alice 和 Bob，还两个商品，A 和 B。可能的分配情况如表 4.1 所示。

表 4.1　两个投标者、两个商品的可能的分配情况

分配	Alice	Bob
μ_1	A，B	无
μ_2	无	A，B
μ_3	A	B
μ_4	B	A
μ_5	无	无
μ_6	A	无
μ_7	B	无
μ_8	无	A
μ_9	无	B

例如，在分配 μ_3 下，Alice 获得 A（因此 $\mu_3(\{\text{Alice}\})=\{A\}$），Bob 获得商品 B（因此 $\mu_3(\{\text{Bob}\})=\{B\}$）。请注意，在分配中，两个投标者不可能获得相同的商品。

每种分配对应一个**社会价值**（social value）：在该分配下投标者估值的总和。换句话说，如果我们考虑分配 μ，我们会查看每个投标者在 μ 下收到的商品集，然后我们查

---

[1] Edward H. Clarke, "Multipart Pricing of Public Goods," Public Choice 11, no. 1 (1971): 17–33; Theodore Groves, "Incentives in Teams," Econometrica 41 (1973): 617–631.

看投标者对该集合的估值。加总每个投标者的估值，可以得到分配 μ 下的社会价值。

形式上，如果 μ 是一种分配，那么社会价值就是：

$$\sum_{i \in N} v_i(\mu(i))$$

例 4.3 再次考虑 Alice 和 Bob 的例子，假设他们的估值如下表所示：

	Alice	Bob
A	10	5
B	5	3
A,B	11	6

因此，Alice 对商品 A 的估值只有 10，但 A 和 B 加在一起的估值则为 11。

此处有四种可能的分配（我们忽略了不分配所有商品的其他琐碎分配）。

分配 μ_1 的社会价值是 11，因为根据该分配，Alice 获得 A 和 B 两者，并且她对这两个商品的估值是 11（回想一下，我们已经假设了投标者没有被分配任何东西时，他的估值是 0）。

分配	Alice	Bob	Alice 的估值	Bob 的估值	社会价值（总的）
μ_1	A,B		11	0	11
μ_2		A,B	0	6	6
μ_3	A	B	10	3	13
μ_4	B	A	5	5	10

拍卖包括很多内容，其中包括选择用于决定哪个投标者获得哪个商品的规则。我们在第 2 章看到的所有简单拍卖中，规则是为了让最高估值的投标者是投标价最高的投标者，也是获得该商品的投标者（在拍卖理论中，我们通常会说拍卖意味着将商品卖给最珍视它的投标者）。然后，赢家对获得的商品的估值将在他和卖家之间分割。如果 v 是赢家的估值，p 是价格，那么赢家的净支付是 $v-p$，卖家的支付是 p。这两个支付的总和是 $v-p+p=v$。所以卖给具有最高估值的投标者将使卖家和投标者之间的剩余最大化，因此拍卖允许卖家以尽可能高的价格出售该商品。

VCG 拍卖遵循这一原则，因为我们希望将商品交给最重视它的投标者。由于存在许多不同的商品，并且每个投标者可以拥有其中的几个，因此社会价值最大化的分配将是总剩余最大化的分配。拍卖师追求实现社会价值最大化的分配，即最佳分配，我们用 μ^* 表示。所以，μ^* 就是这样一种分配，即对任何一种分配 μ，$\sum_{i \in N} v_i(\mu^*(i)) > \sum_{i \in N} v_i(\mu(i))$。

在例 4.3 中，社会价值最大化的分配方式是 μ_3，此时 Alice 得到了 A，Bob 得到了 B，社会价值是 13。下面给出详细说明：

$$\sum_i v_i(\mu^*(i)) = v_{\text{Alice}}(\mu^*(\text{Alice})) + v_{\text{Bob}}(\mu^*(\text{Bob}))$$
$$= v_{\text{Alice}}(\mu_3(\text{Alice})) + v_{\text{Bob}}(\mu_3(\text{Bob})) (因为 \mu^* = \mu_3)$$
$$= v_{\text{Alice}}(\{A\}) + v_{\text{Bob}}(\{B\}) = 10 + 3 = 13$$

在 VCG 拍卖中，拍卖者通过投标者的投标价金额计算最佳分配方式。

4.3.2 计算价格

一旦我们获得最佳分配 μ^*，我们就可以开始计算每个投标者为此分配付出的价格。一般的观点是，每个投标者将会为其施加给其他投标者的外部性付费。也就是说，我们计算每个投标者之间的差异为：

- 在最佳分配中其他投标者的社会价值。
- 当投标者不在拍卖中时，其他投标者的最大化社会价值。

在形式上，我们按如下程序进行。假设 i 为投标者，μ^* 为最佳分配。我们首先必须计算其他投标者在最佳分配 μ^* 时的社会价值。这只是我们从分配 μ^* 中减去 i 获得的值的最大社会价值量，或者表述为：

$$\sum_{j \neq i} v_j(\mu^*(j)) = v_1(\mu^*(1)) + v_2(\mu^*(2)) + \cdots + v_{i-1}(\mu^*(i-1))$$
$$+ v_{i+1}(\mu^*(i+1)) + \cdots + v_n(\mu^*(n))$$

注意，总和涵盖了除了投标者 i 之外的所有投标者。

接下来，我们考虑使用相同的投标价进行相同的投标，但没有投标者 i。对于这次"补充的"拍卖，我们关注最高的社会价值。这意味着我们必须确定社会价值最大化的分配。

在形式上，我们必须解决以下问题：

$$\max_\mu \sum_{j \neq i} v_j(\mu(j))$$

式中，max 的下标 μ 意味着我们考虑使得总和最大化的分配 μ（除了投标者 i 之外的所有投标者）。也就是说，我们想要最高的社会价值，但在计算总和时我们不考虑 i 的分配。如果我们在总和中包含投标者 i，则解决方案是最佳分配 μ^*。

投标者 i 的价格是不包括 i 时的社会价值与包括 i 时的社会价值之间的差额：

$$P_i = \underbrace{\max \sum_{j \neq i} v_j(\mu(j))}_{\text{除了}i\text{之外其他投标者社会最佳}} - \underbrace{\sum_{j \neq i} v_j(\mu^*(j))}_{\text{在}\mu^*\text{条件下包括}i\text{在内的所有投标者的社会价值}}$$

如果我们考虑 Alice，最佳分配的社会价值是 13，但排除了她（即只有 Bob）之后，所有投标者的分配下的社会价值等于 3。

如果 Alice 不存在，那么只有 Bob，社会价值最高的分配是将 A 和 B 均给 Bob 的分配。在这种情况下，Bob 获得的社会价值等于 6。

当 Alice 不存在时 Bob 的最大化社会价值与当 Alice 存在时 Bob 的最大化社会价值之差是 6－3＝3。所以 Alice 必须为获得 A 而付出的价格（她在 μ^* 下的分配）是 3。

我们还可以计算 Bob 为得到 B 必须付出的价格为 μ^*（Bob）。在分配 μ^* 时，Alice

获得的价值为 10。如果 Bob 不存在，则 Alice 可以获得的社会价值等于 11（同时分配到 A 和 B），因此差值为 11−10＝1。Bob 为获得商品 B 而必须付出的价格是 1。

有人可能会争辩说，Alice 和 Bob 在例 4.3 中必须付出的价格相对较低。Alice 付出 3 获得了她估值为 10 的标的，而 Bob 却只需要付出 1。为什么价格如此之低？第 4.4 节给出了这个问题的答案：那些"低"价格使投标者有动力说出真实估值。

4.4 VCG 拍卖的激励

在前面的小节中，所有内容都假设投标者如实提交估值函数（并通过案例计算）。但实际上并没有什么能阻止他们提交不真实的估值函数。事实证明，投标者这样做只会获得较低的回报。也就是说，提交一个真正的估值函数是 VCG 拍卖中的占优策略。

结论 4.1 真实投标是 VCG 拍卖的占优策略。

证明 假设投标者 i 的投标价是 $\hat{v}_i(\cdot)$，而不是真实估值 $v_i(\cdot)$。我们将证明投标者 i 在 $v_i(\cdot)$ 时的净支付高于 $\hat{v}_i(\cdot)$ 时的净支付。

为了继续进行证明，我们需要引入一些能够简化阐述的符号。我们在投标者 i 提交 $\hat{v}_i$ 的投标价和所有其他投标者不改变他们的投标价时，用 $\hat{\mu}$ 表示最大化社会价值的分配。也就是说，$\hat{\mu}$ 能够导致如下分配最大化：

$$v_1(\hat{\mu})+v_2(\hat{\mu})+\cdots+v_{i-1}(\hat{\mu})+\hat{v}_i(\hat{\mu})+v_{i+1}(\hat{\mu})+\cdots+v_n(\hat{\mu})$$

如果获得商品的投标者 i 提交 $\hat{v}_i$ 的投标价，那么，除了投标者 i 之外的所有投标者的社会价值可以由 $\hat{V}_{N\setminus\{i\}}$ 表示。也就是说，$\hat{V}_{N\setminus\{i\}} = \sum_{j\neq i} v_j(\hat{\mu}(j))$。

我们也以 $\hat{V}_{N\setminus\{i\}}$ 表示当 i 不在拍卖中时其他投标者可以获得的最大化社会价值，$V_{N\setminus\{i\}} = \max_{\mu} \sum_{j\neq i} v_j(\hat{\mu}(j))$。需特别注意的是，$V_{N\setminus\{i\}}$ 不依赖于 i 的投标价是 $\hat{v}_i$ 还是 v_i，因为它是在假设 i 不在拍卖中的情况下计算的。

最后，我们用 $V^*_{N\setminus\{i\}}$ 表示在最佳分配 μ^* 下，除投标者 i 之外的所有投标者的社会价值（但投标者 i 在现场）是 $V^*_{N\setminus\{i\}} = \sum_{j\neq i} v_j(\mu^*(j))$。设：

$$U_i = \text{真实投标时的净支付，} v_i(\cdot) = \underbrace{v_i(\mu^*(i))}_{\text{提交}v_i\text{时的分配的价值}} - \underbrace{(V_{N\setminus\{i\}} - V^*_{N\setminus\{i\}})}_{\text{提交}v_i\text{时付出的价格}}$$

并且

$$\hat{U}_i = \text{非真实投标时的净支付} \hat{v}_i(\cdot) = \underbrace{v_i(\hat{\mu}(i))}_{\text{提交}\hat{v}_i\text{时的分配的价值}} - \underbrace{(V_{N\setminus\{i\}} - \hat{V}_{N\setminus\{i\}})}_{\text{提交}\hat{v}_i\text{时付出的价格}}$$

我们只需要计算 $U_i - \hat{U}_i$，便能证明结论成立。

$$U_i - \hat{U}_i = [v_i(\mu^*(i)) - (V_{N\setminus\{i\}} - V^*_{N\setminus\{i\}})] - [v_i(\hat{\mu}(i)) - (V_{N\setminus\{i\}} - \hat{V}_{N\setminus\{i\}})]$$
$$= \underbrace{[v_i(\mu^*(i)) + V^*_{N\setminus\{i\}}]}_{\sum_j v_j(\mu^*(j))} - \underbrace{[v_i(\hat{\mu}(i)) + \hat{V}_{N\setminus\{i\}}]}_{\sum_j v_j(\hat{\mu}(j))}$$

因为 μ^* 是社会价值最大化时的分配,所以:

$$\sum_j v_j(\mu^*(j)) - \sum_j v_j(\hat{\mu}(j)) \geq 0 \Leftrightarrow U_i - \hat{U}_i \geq 0$$

也就是说,当投标者 i 真实投标时,获得的支付最大。

4.5 与维克里拍卖的关系

当只有一件商品可以出售时,VCG 拍卖就是威克里拍卖。为了说明这一点,假设 i 为估值最高的投标者,j 为估值第二高的投标者。

显然,最大化社会价值的分配 μ^* 是将商品出售给具有最高估值的投标者,而其他投标者什么也得不到。

投标者 j 的估值用 v_j 表示。当投标者 i 在现场时,投标者 i 就是获得该商品的人。在这种情况下,投标者 j 的支付为 0,除投标者 i 之外的所有其他投标者获得的支付也等于 0。因此,当投标者 i 在现场时,除投标者 i 之外的所有投标者的社会价值为 0。

但是,如果投标者 i 不在现场,则投标者 j 获得该商品并享受等于 v_j 的支付。其他投标者什么也得不到,因此支付为 0。因此,投标者 i 不在现场时的社会价值等于 $v_j + 0 + 0 + \cdots + 0 = v_j$。

在 VCG 拍卖中,投标者付出的价格是她对其他人施加的外部性,因此投标者 i 应该付出 $v_j - 0 = v_j$。也就是说,VCG 拍卖的赢家是估值最高的投标者,但她必须付出的价格等于第二高的估值。这正是维克里拍卖中发生的事情。

4.6 VCG 拍卖的复杂性

除了关键词拍卖(参见第 5.5 节),VCG 拍卖在现实生活中很少使用。为什么?VCG 拍卖中的关键一步是找到社会价值最大化的分配。这意味着我们必须比较所有可能的分配,而分配的总数可能是一个巨大的数字。虽然在某些情况下可以有效地减少必须考虑的分配数量,但在大多数情况下,这种减少不会显著降低数量。

也许更令人担忧的是,我们还需要投标者在面临大量可能性的情况下进行估值。让我们说明一下这项工作是多么可怕。假设只有 10 个商品,在这种情况下,投标者必须提交 $2^{10} - 1 = 1\,023$ 个不同的估值,每个可能的商品组合都需要一个估值。①

如果投标者只想要 10 个商品中的 2 个,那么他可以简单地表明对具有 3 个或更多商品的所有组合的估值为 0。但是,他仍然必须为仅包含 1 个商品(有 10 种可能)的所有组合提交估值,并且为所有包含 2 个商品的所有组合提交估值(有 45 种这样的组合)。也就是说,在这种情况下,投标者必须提交 55 个估值。

对于拍卖师来说,任务更加艰巨。假设有 10 个投标者和 10 个商品,假设拍卖师也

---

① 此外我们减去 1 是因为这 1 024 个不同的组合中包括了投标人什么都得不到的情况。

知道每个投标者只想要 1 个商品。在这种情况下有 10！＝3 628 800 种不同的分配。为了计算每个投标者的价格，拍卖师必须再次考虑 10！＝3 628 800 个不同的分配。他必须这样做 10 次，即针对每个投标者做一次。因此，为了确定每个投标者的最佳分配和价格，拍卖师必须考虑 10！＋10×10！＝39 916 800 种组合。

这些计算还仅仅是 10 个投标者和 10 个商品的情况。如果我们将商品数和投标者数翻番，则拍卖师必须考虑的组合总数不是 10 个投标者、10 个商品的组合数量的两倍，而是等于（大约）5.10×10^{19}。换句话说，问题的规模呈指数增长。对于较小的数字，计算机可以相对快速地找到解决方案。但随着数量的增加，计算机需要解决问题的时间变得非常长，因此可能变得无法计算（除非我们使用地球上的所有计算机运行数千年）。计算机科学家说这是 NP 完全问题（NP-Complete）（这意味着我们不知道如何在"合理时间"内找到解决方案）。

因此，VCG 拍卖是一种相对简单的拍卖机制，具有非常好的激励性，但如果我们想要针对实际问题设计拍卖，则没什么帮助。然而，在考虑替代（和更可行）的拍卖形式时，VCG 拍卖被用作拍卖理论的基准。我们在第 5 章中还将看到如何使用 VCG 拍卖。

第 5 章

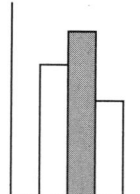

关键词拍卖

5.1 引论

如今最常见的拍卖之一是搜索引擎上的关键词拍卖。当用户输入搜索词（一个"查询"）时，他（理论上）能获得具有与搜索词最匹配的相关链接页面。大多数情况下，搜索后显示的第一个链接不是最相关的链接，而是**"付费链接"**（sponsored links），即某些广告主付费的链接会显示在搜索结果的顶端。图 5.1 显示了一个搜索的示例。结果页面上的前四个链接（在黑框中）是广告。广告主通过向搜索引擎付出一定金额使其广告在搜索结果顶部显示。此展示位置很重要，因为网络用户更倾向点击第一个链接。第一个链接的点击次数比第二个链接多，而第二个链接的点击次数则多于第三个链接，依此类推。此外，每次有用户点击广告主付费的链接时，相应的广告主需向搜索引擎付出一定金额（如果用户点击非付费链接，则不会发生这种情况）。黑框下方的链接不是广告，它们被称为**"自然搜索结果"**（organic results）。

适用于搜索引擎上的查询的规律也适用于其他任何网站。今天，我们在任何网站上看到的广告几乎都是拍卖的结果。不管是 Facebook.com、nytimes.com，还是食谱博客，要想知道系统会在屏幕上显示哪些广告，都可以追溯到搜索引擎设置的拍卖机制。本章的目的是分析拍卖机制是如何建立的以及付费链接的分配是如何完成的。

互联网广告市场巨大。它占 Google 收入的比例为 $90\% \sim 95\%$。Facebook 或 Yahoo! 来自广告的收入具有相似的比率。一些关键词非常便宜，但其他关键词相对昂贵。有些广告主愿意为每次点击付费超过 50 美元！[1]

---

[1] 在美国，最昂贵的关键词经常是"保险"、"贷款"、"抵押"、"代理"或者"信用"。这些关键词的每次点击价格轻易就能达到 40 美元甚至 50 美元。

互联网上的广告提出了一些其他形式的媒体不存在的挑战。首先，与杂志上的印刷广告或电视上的商业广告形成对比的是，互联网上的情况几乎是不断变化的，广告主的策略也可以变化得非常迅速。基于计算机的整个系统使得不同用户的不同需求对应不同情景（因此是不同的拍卖）这一事实应当被充分考虑。互联网上的交流速度使得广告主能够很快地调整他们的策略。如果搜索引擎设定的模式存在漏洞，广告主很可能很快就会找到这一漏洞。换句话说，互联网上的广告必须使用一个定义明确的模型，并且对广告主的各种操纵都要有很强的抵抗力。

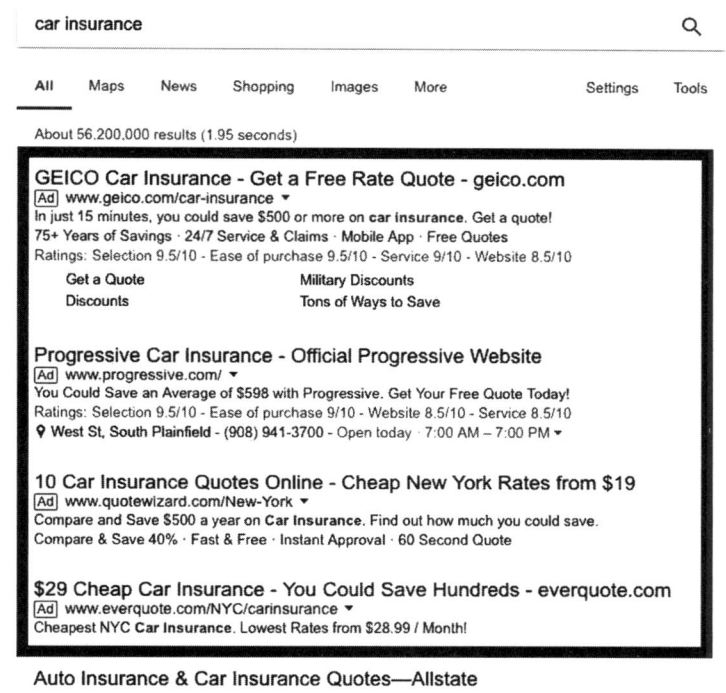

图 5.1 搜索示例

图 5.1 是存在付费链接的搜索。如果我们点击黑框内的四个链接中的一个，那么相应的广告主必须向搜索引擎付出一定的费用。点击黑框下的 www.allstate.com 可以免费使用 Allstate，它不是付费链接。

互联网上的广告在定价方面也提出了一个新的问题。借助 cookies 和其他跟踪技术，第三方现在可以检查用户是否在网站上进行了交易。例如，假设某公司 A 在网站 B 上投放广告，B 可以知道点击指向 A 网站链接的用户是否进行了交易。杂志、广播或电视等传统媒体做不到这一点。如果我在一家商店（或那家商店的网站上）买东西，卖家很难知道我来这家商店是因为我在杂志上看到他们的广告，还是因为别的原因。因此，在互联网广告的世界里，广告主最好的选择是，只有当用户在他们的网站上进行交易时（而且这个用户来自搜索引擎页面上的广告），才会付出搜索引擎的费用。相反，搜索引擎更倾向于每次展示广告即要求付费，而不需要用户点击它（用户点击广告和他是否做了交易是独立的）。

业界现在已经确定了一个中间解决方案：每次网络用户点击广告，广告主就会付费。这个解决方案叫作**点击付费**（pay per click，PPC）。

5.2 运行亿万次的拍卖

在下面几节中，我们将描述和分析大多数网站现在使用的拍卖模式（包括投标过程、如何选择"赢家"和付出的价格），但为了简化问题，我们可以认为，用户的每次搜索查询都是一个拍卖。如果有 100 个用户进行搜索查询，那么我们将有 100 个拍卖。

选取一些关键词，比如"保险"。当用户搜索"保险"时，有很多广告主希望在搜索结果的顶部显示他们的网站链接。所有的广告主都会投标，以期待获得展示自己的机会。为此，他们向搜索引擎提交投标书。投标过程非常复杂。如今的投标者可以在他们的投标中增加一些条款。例如，投标者可以说他只在晚上 6 点到 8 点投标。投标者也只有在特定地区进行搜索时才可以投标（纽约的比萨店对洛杉矶人关于"比萨"的搜索没有兴趣）。投标者还可以设置最大点击次数或付出金额，表示一旦其费用（或点击次数）达到一定数量，广告主就会退出拍卖。但是，为了简单起见，我们假设投标者提交"简单"投标。

因此，每当用户搜索关键词"保险"时，搜索引擎都会检索广告主为该关键词发出的所有投标价。然后计算拍卖结果，拍卖结束后，搜索引擎立即构建发送到用户浏览器的网页，拍卖赢家的链接放在页面顶部，自然搜索结果紧随其后。如果紧接着有另一个用户搜索关键词"保险"，那么搜索引擎将运行另一个拍卖，再次检索广告主的投标价。这些投标价可能是相同的，也可能是不同的。

5.3 起源

一开始，网站的广告模式非常类似于杂志上的广告牌或页面：广告主为一些宣传行为而付费，这些宣传的价格由网站协商或"强加"。[①]

第一次使用点击付费模式进行拍卖业务的是 1998 年的 GoTo（2001 年改名为 Overture，2003 年被 Yahoo! 收购）。关键词拍卖很快获得了成功，因为它运行快捷并且实时运行（广告主可以随时调整其投标价）。Yahoo! 和 MSN 是 Overture 的主要和最大客户。然而，投标可能很快变化的事实使得系统非常不稳定，因此必须找到新的解决方案。

Overture 拍卖的主要问题在于它是一种第一价格拍卖：投标者根据他们的投标价进行排名，但每次用户点击付费商链接时，他们都必须付出自己的投标价。但在第一价格拍卖中，可能不存在均衡，即没有人愿意改变投标价的"稳定"情况。下面的例子说明

---

① 这被称为"为每一次发表付费"（pay per print）。

了这一点。

例 5.1 假设有三个投标者（1、2 和 3），每点击一次的价值分别为 10 美元、4 美元和 2 美元。两个付费链接只有一个位置，第一个位置的点击量要比第二个位置高得多（因此任何投标者都喜欢第一个位置而不是第二个位置）。设 b_1、b_2、b_3 分别为投标者 1、2、3 的投标。

注意到，对于投标者 1 和 2，只要投标价超过 2 美元就可以确保获得一个位置。如果 b_1，$b_2 > 2$，那么在 1 和 2 之间就会有一场投标大战，直到投标价达到 4 美元。此时，只有投标者 1 的投标价能够超过 4 美元。所以投标者 2 只能得到第二个位置。然后，投标者 2 的投标价是 2.01 美元（足以阻止投标者 3 进入）而不是 4 美元。但是之后，投标者 1 可以调整其投标价并提出 2.02 美元，投标战再次打响。

第一价格拍卖的另一个问题是，最初广告主在拍卖中的速度不同。一些广告主能够非常频繁地调整他们的投标价，而另一些则比较慢，通常是由一个真人进行报价，而不是通过投标软件。① 这种速度上的差异增加了投标价长期处于低水平的风险。这当然对广告主非常有利，但对搜索引擎来说却给其带来了低收入。

5.3.1 支付流

在计算互联网广告投标中广告主的支付时，我们需要考虑点击频率。这样做的原因是，广告主不会为每次拍卖（即每个用户搜索查询）更新他们的投标价。相反，广告主通常会设置一个投标策略，该策略包括他们想要的投标价是多少以及停止规则，触发停止规则之后，广告主不再参与投标。停止规则可以是一个特定的日期、用于竞选的总金额或者两者的组合（例如，在未来 3 周投标，但如果投标的总花费达到 10 万美元，则在那个日期之前停止）。换句话说，广告拍卖可以理解为重复拍卖（每个搜索查询对应一个关键词），而不是一次性拍卖。

为了考虑点击频率，我们首先必须设置一个时间单位（例如 1 小时、1 天、1 周）。例如，假设广告主将点击数值定为 4 美元（广告主愿意花 4 美元让用户点击指向其网站的链接）。如果链接的频率为每小时 200 次，则在 1 小时内，广告主的"收入"为 200 次 × 4 美元 = 800 美元。如果广告主每次点击仅向搜索引擎付出 3 美元，则广告主在 1 小时内付出 600 美元。因此，广告主的"净利润"为 200 美元。

现在假设还有另一个位置：广告主每次点击仅付出 1 美元，但频率为每小时 50 次点击。在这种情况下，每次点击的净支付为 4 美元 − 1 美元 = 3 美元。我们可以认为这个位置对广告主来说更好。但是每小时只有 50 次点击，这样每小时的净支付为 50 ×（4 美元 − 1 美元）= 150 美元，这比其他位置的要低。在极端情况下，如果广告的投放位置没有用户点击，那么广告主愿意为每次点击付出的金额是多少？

因此，在付费链接的背景下，我们必须处理支付流（flows of payoffs）：在一段时间内的支付。我们选择的时间单位无关紧要；可能是 1 小时、1 天或 1 周。重要的是比较随时间变化的不同位置的净支付，而不是每次点击的净支付。我们现在必须在分析中添加点击频率，这一事实将对拍卖机制的分析产生深远的影响。

---

① 搜索引擎允许通过软件来拍卖（如同一种交易算法），但是用来拍卖的软件必须首先获得搜索引擎的支持。

5.4 Google 模式：广义第二价格拍卖

广义第二价格拍卖（generalized second-price auction，GSP auction）很快就作为解决方案被提出，而 Google 是采用该种拍卖的先锋。在这种拍卖中，每个广告主都会投标，然后对投标价进行排名。付费链接的处理方式如下：
- 投标价最高者排名第一；
- 第二高投标者排名第二；
- 第三高投标者排名第三；
- 等等。

一般来说，搜索引擎在主结果页面上只显示 3~4 个付费链接，但是对于任何数量的付费链接，GSP 拍卖都可以描述（并研究）。[1]

GSP 拍卖中的价格体系仍然是点击付费，但这次广告主付出的价格基于类似维克里拍卖的程序。也就是说，投标价最高者付出的价格是第二高投标价，第二高投标者付出的价格是第三高投标价，依此类推。因此，一般说法是，当 $k \geqslant 1$ 时，第 k 个投标者付出第 $(k+1)$ 个投标者的投标价（当用户点击时）。

5.4.1 质量分

2005 年左右，Google 修改了其 GSP 拍卖规则，巧妙地改变了它对投标者进行排名和计算价格的方式。从那时起，Google 的修改也被其竞争对手采用。本节将解释这种修改。为简单起见，在本节中我们引用 Yahoo! 代表在第 5.3 节中描述的"传统"GSP 拍卖，并将 Google 称为在本节中描述的"修改后的"GSP 拍卖。

正如我们刚刚定义的那样，GSP 拍卖似乎是对广告主进行排名并确定他们为每次点击付出价格的有效方式。但是，这种拍卖存在一个问题：它没有考虑点击频率。点击频率至关重要，因为它将决定广告主的付款，更重要的是决定搜索引擎的收入。Google 的一个关键的（但并不令人惊讶的）观察结果是：点击率不仅取决于付费链接的排名，还取决于广告主是谁。例如，无论在搜索结果页面上的排名如何，来自高知名度品牌的广告比来自不太知名品牌的广告更容易被点击。例如，假设有两个广告主 A 和 B 竞争一个广告位。广告主 A 每次点击付出 1 美元，每天产生 1 000 次点击，而广告主 B 每次点击付出 50 美元，但每天仅产生 10 次点击。在 GSP 拍卖中，B 将排名第一，不过搜索引擎更愿意展示其他广告主。所以它需要找到一种方法来将 A 排在 B 之上，即使 A 的投标价较低。

广告是否对用户重要对搜索引擎同样关键。一个年轻富有、单身且住在都市的人不一定会与住在郊区的中年父母被同样的汽车所吸引。因此，小货车的广告与后者有关，但与前者无关。而与之相反的是，一辆小轿车的广告则与前者有关。

---

[1] 像 Google 或 Bing 这样的搜索引擎都有不少区域提供给付费链接。在本章中，我们只考虑在页面主要部分的链接，如图 5.1 所示，广告处于查询词条结果顶端。

另一个可能重要的因素是广告主带来的用户体验（user experience）。用户体验是能够解释为什么一些网站火爆而另一些网站失败的关键要素之一。虽然用户体验中的许多元素都是主观的，很难被客观地评价，但是仍然有一些特性是可以精确测量的，比如加载一个网站需要传输的数据量，或者网站上显示的元素（包括广告）的数量。

Google 因此结合了每个广告主的点击率、广告的相关性、用户体验以及其他一些因素来决定**质量分**（quality score）。请注意，质量分取决于用户：搜索相同关键词的两个不同用户可能会为同一广告主生成不同的质量分。例如，考虑搜索关键词"内衣"（但不是在 2 月 14 日或年底假期前几天）。表 5.1 显示了质量分如何根据搜索该关键词的人员而变化。

表 5.1 质量分取决于用户的身份

访问过的网站	用户 男人	用户 女人
Hanes	高分	低分
Victoria's Secret	低分	高分
Craig's List	极低分	极低分

一旦搜索引擎计算出每个投标者的质量分，它将按如下方式进行：

步骤 1　计算每个投标者的**最终得分**：

最终得分＝投标价×质量分

步骤 2　根据最终得分对投标者进行排序。

步骤 3　计算每个广告主付出的价格。排名为 k 的广告主付出的价格是最低价格 p，使得 $p×$质量分$>$第 $(k+1)$ 个投标者的最终得分。

例 5.2　假设有三个投标者：Pim，Pam 和 Poum，他们争夺两个位置。投标价格分别为 $b_{Pim}=6$ 美元，$b_{Pam}=4$ 美元，$b_{Poum}=2$ 美元，质量分分别为 $QS_{Pim}=2$，$QS_{Pam}=4$，$QS_{Poum}=1$。他们为两个广告位置进行投标。凭借这些质量分和投标价格，Pim 的最终得分为 12，Pam 的最终得分为 16，而 Poum 的最终得分为 2，所以 Pam 排名第一，Pim 排名第二，Poum 排名第三。

Pam 只需要一个高于 12 的最终得分来赢得与 Pim 的对阵。只要他的投标价在 3.01 美元以上，他就排在第一位。所以 Pam 的价格是每次点击 3.01 美元。

Pim 只需要一个高于 2 的最终分数来赢得 Poum，如果他的投标价是 1.01 美元，他就可以获得。因此 Poum 的价格是每次点击 1.01 美元。对于 Poum，由于他的广告没有被展示，他不需要付钱。

当广告主在除了每次点击的价值之外其他所有方面都相同的时候，Google 和 Yahoo! 的拍卖是完全相同的。在本章的其余部分，我们将分析 Yahoo! 中的 GSP 拍卖。我们将假设投标者根据他们的投标价而不是他们的分数进行排名。

5.4.2　GSP 拍卖下讲真话

在 GSP 拍卖下，讲真话（truthtelling）并不是一种占优策略。这意味着 GSP 拍卖并不是维克里拍卖（或英式拍卖）的简单一般化（在维克里拍卖中，讲真话是一种占优策略）。

例 5.3 考虑三个投标者争夺两个位置的情况。投标者 1、2 和 3 的估值分别为 $v_1=$ 10 美元、$v_2=4$ 美元和 $v_3=2$ 美元。假设第一个位置的点击频率是 200 次点击/小时，第二个位置的点击频率是 199 次点击/小时。

我们首先考虑投标者讲真话、每个投标者按照估值投标的情况。这样就有，第一个位置被授予投标者 1，第二个位置被授予投标者 2，投标者 3 拍卖失败。然后，投标者 1 付出的价格为每次点击 4 美元；对于投标者 2 来说，付出的价格为每次点击 2 美元。因此，投标者 1 的支付是 200×(10 美元－4 美元)=1 200 美元。

现在假设投标者 1 的投标价是 3 美元而不是其估值的 10 美元。在这种情况下，投标者 2 获得第一名，投标者 1 获得第二名。然后，投标者 1 为每次点击付出的价格为 2 美元，支付（考虑到点击频率）变为 199×(10 美元－2 美元)=1 592 美元。很明显，对投标者 1 来说，投标价为 3 美元的投标者比按照估值投标利润更高，即使投标位置现在降级到第二位。因此，按估值投标并不是一种占优策略。

5.4.3 GSP 拍卖下的均衡

GSP 拍卖中缺乏占优策略使分析变得复杂，我们必须描述 GSP 拍卖的均衡。这是一个坏消息，因为 GSP 拍卖结果非常复杂，我们必须将 GSP 拍卖视为重复拍卖。从博弈论的角度来看，这意味着我们在这里考虑的是具有不对称信息的无限重复博弈（即每个投标者可能不知道对手的估值）。坏消息是，这类博弈的分析是博弈论中最困难的领域之一。因此，如果我们想更进一步，我们必须做一些简化的假设，以使模型易于处理。GSP 拍卖的分析由 Benjamin Edelman，Michael Ostrovsky 和 Michael Schwarz 开创。[1]

5.4.4 关于长期均衡的假设

我们要做的第一个假设是，经过一段时间后，我们可以假设每个广告主都知道其他广告主的估值。在互联网广告中，这并不是一个大胆的假设。实际上，回想一下，广告主可以非常频繁地调整他们的投标价，并且假设广告主可以尝试多种投标策略以找到"正确的"投标价是完全合理的。即使他们在这些试验期间损失了一些钱，但与他们一旦达到一个稳定的策略（这将比他们所做的实验持续的时间长得多）所得到的支付相比，这些钱也是微不足道的。

第二个假设与纳什均衡有关。由于投标可以随时更改，因此有理由认为，稳定的投标必须是任何广告主都不希望更改其投标。也就是说，投标必须形成一次性同时行动博弈的纳什均衡。[2] 这一假设意味着，当所有其他广告主的投标价确定后，没有广告主愿

---

[1] Benjamin Edelman, Michael Ostrovsky, and Michael Schwarz, "Internet Advertising and the Generalized Second-Price Auction: Selling Billions of Dollars Worth of Keywords," American Economic Review 97, no. 1 (2007): 242-259.

[2] 回忆一下，如果所有的参与者在同一时间选择他们各自的策略，那么博弈也是同时发生的。如果每一个参与者只参与一次，这就是一个一次性博弈。

意修改其投标价。

□ 5.4.5 精炼：无嫉妒均衡

第5.4.4节中提出的前两个假设将大大简化我们的分析，但它们不足以形成有意义的分析。

我们需要的是关注拍卖的动态特征。如果我们只保留投标价必须形成一次纳什均衡的假设，我们就忽略我们正在考虑重复拍卖的事实。我们的想法是：考虑广告主在预测对手的反应时可以考虑的简单策略。我们将考虑的策略类型包括试图强制占据上一个位置的广告主。假设一个投标者，比如 i，的出标价是每次点击 b 美元，并被授予第 k 个位置。设 b 美元为排名在上方的广告主 j 的投标价，则客户 j 获得第 $(k-1)$ 个位置。

注意，如果投标者 i 稍微提高了他的投标价（这样做不会影响投标者的排名），那么他的支付不会改变：排名不变，投标者 i 的价格仍然是下面投标者的投标价。但如果投标者 i 修改他的投标价，这将改变投标者 j 的支付：他的支付将减少，因为现在投标者 j 必须付出更高的每次点击费用。投标者 j 可以更好地改变他的投标价，这样投标者 i 和 j 的相对排名会逆转：对于投标者 i 和投标者 j 的新投标，现在是投标者 i 的排名高于投标者 j。由于投标者相互之间在一段时间后了解了彼此的估值，如果投标者 j 以这种方式作出反应，i 可以预测他的最终净支付是多少。如果最终 i 的投标价更高，那么改变他的投标价（以引起 j 的反应）是值得的。否则，投标者 i 不会更改其投标价并且仍然排在投标者 j 之下。如果没有广告主想要更改其投标价，以引起上面排名的投标者作出反应并最终与该投标者交换位置，那么我们就说广告主的投标价是**局部无嫉妒的**（locally envy-free）。

例 5.4 考虑四个投标者争夺三个位置的情况。GSP 拍卖的投标和结果如下表所示。

序号	投标者	估值（美元）	投标价（美元）	付出价格（美元）	点击频率
1	Alice	15	15	10	200
2	Bob	14	10	7	100
3	Carol	7	7	3	50
4	Denis	3	3	0	0

Alice 和 Bob 的净支付为：

$$u_{\text{Alice}} = 200 \times (15 \text{ 美元} - 10 \text{ 美元}) = 1\,000 \text{ 美元}$$
$$u_{\text{Bob}} = 100 \times (14 \text{ 美元} - 7 \text{ 美元}) = 700 \text{ 美元}$$

假设 Bob 把投标价提高到 13 美元。这不会影响 Bob、Carol 或 Denis 的排名或支付。但 Alice 的净支付是 $u'_{\text{Alice}} = 200 \times (15 \text{ 美元} - 13 \text{ 美元}) = 400$ 美元。

在这种情况下，如果 Alice 将她的投标价改为 9 美元，她的处境会更好。这样做的话，拍卖结果就变成了：

序号	投标者	估值（美元）	投标价（美元）	付出价格（美元）	点击频率
1	Bob	14	13	9	200
2	Alice	15	9	7	100
3	Carol	7	7	3	50
4	Denis	3	3	0	0

有了这些新的投标价（Bob 13 美元，Alice 9 美元），Alice 和 Bob 的净支付就变成了：

$$u'_{\text{Alice}} = 100 \times (15 \text{ 美元} - 7 \text{ 美元}) = 800 \text{ 美元}$$
$$u'_{\text{Bob}} = 200 \times (14 \text{ 美元} - 9 \text{ 美元}) = 1\,000 \text{ 美元}$$

现在只要比较一下 Bob 的支付变化就足够说明情况了。一开始，他的净支付是 700 美元，但在把投标价改为 13 美元且 Alice 作出反应后，他的最终支付变为 1 000 美元。因此，最初的 15 美元、12 美元、7 美元和 3 美元（分别代表 Alice、Bob、Carol 和 Denis）的投标价并不构成局部无嫉妒均衡。

我们可以更正式地写出"局部无嫉妒"的条件。为此，令：

$\alpha_k =$ 每个时期的点击次数；
$v_i =$ 广告主 i 对每点击一次的估值；
$g(k) = k$ 位置投标者的身份；
$p_k =$ 在位置 k 的广告主每一周期支付的费用（即在位置 $k+1$ 的投标者的投标数乘以位置 k 的点击频率）。

定义 5.1 如果投标者不能通过与高于他一个位置的投标者进行交易来提高其支付，则 GSP 拍卖引发的一个同时行动博弈均衡是局部无嫉妒的；也就是说，对于每个位置 k，$k > 1$：

$$\alpha_k v_{g(k)} - p_k \geq \alpha_{k-1} v_{g(k)} - p_{k-1} \tag{5.1}$$

对式（5.1）的解读如下：左边是被分配到第 k 个位置的投标者的净支付（广告主 $g(k)$）；右边是如果同一个投标者被分配到他上方的位置（例如 $k-1$），并且付出与分配到第 $(k-1)$ 个位置的当前投标者一样的价格，该投标者可获得的支付。

事实证明，如果一个均衡是 GSP 拍卖下局部无嫉妒的，那么结果（谁得到什么位置和什么价格）就是经济学家所说的**稳定分配**（stable assignment）。这种分配包括指示每个位置将显示的广告主以及广告主将付出的每次点击价格（或每期付款）。

定义 5.2 如果一个分配满足以下条件：
(1) 对于每个位置，每次点击的价格是非负的。
(2) 没有哪个广告主支付比他估值更高的费用。
(3) 没有一个广告主 i 和一个位置 k 可以**阻止**（block）分配：
- 广告主 i 没有被分配到 k 位置。
- $\alpha_k v_i > (\alpha_{\mu(i)} v_i - p_{\mu(i)}) + p_k$，其中 $\mu(i)$ 是广告主 i 的位置。

那么，该分配是**稳定的**（stable）。

稳定分配定义的关键是第三个要求，广告主与未分配给他的位置之间可共享的总剩余不能高于他们在当前分配下可共享的总支付。在定义中，广告主 i 和位置 k 没有分配给对方。$(\alpha_{\mu(i)}v_i - p_{\mu(i)})$ 是广告主 i 的当前分配（称为 μ），p_k 是位置 k 的净支付。如果他们在一起的总剩余 $\alpha_k v_i$ 大于他们当前的总支付，那么我们就说 i 和 k 阻止了分配；也就是说，分配不稳定。

假设对于搜索结果页面上的每个位置，Google 要求某些员工管理该位置，目标是获得尽可能多的收入。也就是说，有一个负责第一个位置的员工和另一个负责第二个位置的员工，依此类推。在这种情况下，每个员工都必须找到要在该位置显示的广告主。

考虑位置 k（Google 的 k 先生）和广告主 i。位置 k 的点击频率为 α_k，广告主 i 愿意为每次点击付出 v_i。因此，广告主 i 的位置 k 的价值是 $\alpha_k \times v_i$。k 先生和广告主 i 的问题是如何分配这个价值。例如，如果广告主 i 什么都不付，则 k 先生的收入为 0，广告主 i 的收入为 $\alpha_k \times v_i$。更一般地，如果付给位置 k 的价格是 p_k，则广告主 i 剩下 $\alpha_k \times v_i - p_k$，并且 k 先生的支付是 p_k。

假设广告主 i 付出的价格很低，因此 k 先生的收入很少。为了简单起见，假设价格为 0。假设广告主 j 当前正在与负责第 $(k+1)$ 位置的员工 $k+1$ 先生谈话，但该员工正在考虑为广告主 j 做出非常糟糕的交易。让我们假设广告主 j 将不得不付出的价格等于整个收入 $\alpha_{k+1} \times v_j$。因此，广告主 j 的净支付为零。显然，$k+1$ 先生不想与广告主 j 重新协商，因为任何其他价格都会降低 $k+1$ 先生的支付。

但在这种情况下，广告主 j 和 k 可能有机会得到更好的交易。广告主 j 可以向 k 先生付出少量金额以获得更好的支付，同时 k 先生的支付也会更好，因为从广告主 j 处获得一点好处自然是比从广告主 i 处得不到任何好处更好。在这种情况下，我们说任务是"k 先生与广告主 i"和"$k+1$ 先生与广告主 j"的分配不稳定。因为有了广告主 i 和广告主 j 付出的价格，k 先生和广告主 j 都更愿意和对方而不是和他们各自的合作伙伴一起分配。

如果广告主付出的价格使得任何没有匹配的（位置-广告主）组合都找不到让他们偏好匹配在一起的价格，则该分配是稳定的。

例 5.5 考虑第一个位置和第二个位置以及两个广告主 Alice 和 Bob。第一个位置的点击频率为 200，第二个位置的点击频率为 150。Alice 的每次点击估值为 15 美元，Bob 的估值为 13 美元，首先考虑以下分配。

位置	广告主	价格（美元）	点击频率	估值（美元）
第一个	Alice	6	200	15
第二个	Bob	5	150	13

在这种分配中，Alice 拥有第一个位置并付出 6 美元/点击，而 Bob 拥有第二个位置并付出 5 美元/点击。

在此分配下，第一个位置和 Alice 分享的价值是 200×15 美元 = 3 000 美元。从这一点来看，第一个位置获得价格 200×6 美元 = 1 200 美元，Alice 获得 1 800 美元（这是她的净支付）。

第二个位置和 Bob 分享的价值是 150×13 美元＝1 950 美元。从这一点来看，第二个位置获得价值 150×5 美元＝750 美元，Bob 还能获得 1 200 美元。

Bob 和第一个位置可以产生的总价值为 200×13 美元＝2 600 美元。注意到，如果第一个位置与 Alice 仍待在一起并且 Bob 留在第二个位置，则广告主 Bob 和第一个位置的总净收入为 1 200 美元＋1 200 美元＝2 400 美元。这比起他们能产生的（2 600 美元）要少。

例如，如果第一个位置和 Bob 同意 6.5 美元的价格，那么第一个位置的净支付是 200×6.5 美元＝1 300 美元，而 Bob 的净收入是 200×（13 美元－6.5 美元）＝1 300 美元。Bob 和第一个位置在此交易下都会变得更好，因此初始分配不稳定。

再例如，考虑以下分配（使用新价格）。

位置	广告主	价格（美元）	点击频率	估值（美元）
第一个	Alice	7	200	15
第二个	Bob	4.9	150	13

在这种情况下，第一个位置和 Alice 之间分享的价值仍然是 3 000 美元，第二个位置和 Bob 之间分享的价值是 1 950 美元。

Alice 的支付是 200×（15 美元－7 美元）＝1 600 美元，第一个位置的支付是 3 000 美元－1 600 美元＝1 400 美元。Bob 的净支付是 150×（13 美元－4.9 美元）＝1 215 美元，第二个位置的支付是 735 美元。

如果第一个位置和 Bob 都能找到一份让他们俩处境都更好的交易，应该有：

（1）第一个位置和 Bob 的支付＞第一个位置和 Alice 的支付。

（2）Bob 和第一个位置的支付＞Bob 和第二个位置的支付。

注意到，第一个位置的净支付与 Bob 在第一个位置的净支付之和就是要分享的总价值（考虑频率），即 200×13 美元＝2 600 美元。

如果我们把这两个不等式相加，我们得到 Bob 和第一个位置在一起的总价值必须大于他们在当前分配下的净支付之和，即 1 400 美元＋1 215 美元＝2 615 美元。由于他们在一起最多可以共享 2 600 美元，并且他们当前的总支付大于此，所以无论他们选择什么价格，Bob 或第一个位置都将只有较低的净支付。换句话说，如果 Bob 和第一个位置阻止当前分配，那么将是无利可图的。可以验证 Alice 和第二个位置亦然，因此该分配是稳定的。

我们现在有两个不同的概念：无嫉妒均衡和稳定分配。事实证明，无嫉妒均衡与稳定之间存在着密切的关系。

结论 5.1　（Edelman，Ostrovsky 和 Schwarz）GSP 拍卖中任何局部无嫉妒均衡结果都是稳定分配。

此外，如果广告主多于位置，那么任何稳定分配都是局部无嫉妒均衡的结果。

这个结论很重要，因为分配的稳定性是广告主可以轻松检查的。每个广告主都知道每个位置的点击率（这是我们的假设之一）和其他投标者的估值，所以每个广告主很容易就能看到，未分配位置是否还有更好的交易空间。

我们现在提供结论 5.1 的第一部分的证明。这个证明很有趣，因为它阐明了无嫉妒和稳定性之间的关系。假设我们有一个无嫉妒均衡，$p_1, p_2, \cdots, p_n$ 是第 $1, 2, \cdots, n$ 个位置的收入。为了符号的简洁性，我们假设在均衡中，对所有 k，广告主 k 都匹配位置 k。

我们要做的唯一的事情是证明，对于任何广告主 k 和未分配在一起的位置 h，以下不等式成立：

$$\alpha_k v_k - p_k \geq \alpha_h v_k - p_h \tag{5.2}$$

为什么有这个不等式就足够了？位置 h 的净支付是 p_h。如果该位置和广告主 k 被一起分配，则在位置 h 和广告主 k 之间共享的总支付将是 $\alpha_h v_k$。因此，如果位置 h 同意被分配给广告主 k（而不是他当前被分配的广告主），则他希望收到的**最大支付**（maximum payoff）表示为 $\alpha_h v_k - p_h$。

如果式（5.2）成立，则有：

广告主 k 在位置 k 的支付 $>$ 广告主 k 在位置 h 的最大支付，这意味着位置 k 和广告主 h 不会阻止该分配。

因此，我们需要证明式（5.2）适用于在无嫉妒均衡下任何一对广告主和未分配的位置。我们区分了三种情形：

情形 1　广告主 k 和位置 $h > k$。

我们对重复 GSP 拍卖的均衡所做的假设之一是，投标者的投标价也构成了一次性博弈的纳什均衡。这意味着对广告主 k 而言，如果任何偏离（新投标）导致广告主 k 最终到达位置 h，都是无利可图的：

$$\underbrace{a_k v_k - p_k}_{\text{广告主}k\text{的均衡支付}} \geq \underbrace{a_k v_k - \hat{p}_h}_{\substack{\text{广告主}k\text{如果偏离}\\\text{并得到排名}h\text{的支付}}} \tag{5.3}$$

在式（5.3）中，如果广告主 k 偏离且最终获得位置 h，$\hat{p}_h$ 是位置 h 的支付。广告主 k 可以通过投标价 b 获得位置 h，使得 $b_{h'+1} < b < b_{h'}$（通过投标价金额为 b，所有目前排名为 $k+1, k+2, \cdots, h$ 的广告主均向上移动一个位置）。

但是注意到，付给位置 h 的金额取决于 α_h（这不会改变）和在位置 $h+1$ 的广告主的投标价。无论广告主 k 是否偏离，该位置的广告主都是相同的，所以我们有：

$$\underbrace{\hat{p}_h}_{\text{广告主}k\text{如果偏离将付出的价格}} = \underbrace{p_h}_{\text{广告主}h\text{付出的价格}} \tag{5.4}$$

所以我们可以重写式（5.3），得到 $\alpha_k v_k - p_k \geq \alpha_h v_k - p_h$，这正是我们要证明的。

情形 2　广告主 k 和位置 $k - 1$。

重写式（5.2），将 h 替换为 $k - 1$，得到 $\alpha_k v_k - p_k \geq \alpha_{k-1} v_k - p_{k-1}$。但这恰恰是无嫉妒的条件。所以这个情况事实上已经被证明了。

情形 3　广告主 k 和位置 $m < k - 1$。

这是最棘手的情形。与情形 1 不同的是，如果投标者 k 偏离，选择（现在）更高的位置 m，则位置 m 收到的付款将发生变化。换句话说，偏离时 k 的净支付不会是 $\alpha_m v_k - p_m$。

换句话说，式（5.4）在这里不成立：我们有 $\hat{p}_m \neq p_m$。如果 k 偏离，则 p_m 的值改变，因此式（5.2）是否成立并不明确。为了说明这一点，假设在均衡状态下，广告主（按此顺序）是 Alice，Bob，Carol 和 Denis。假设 Denis 偏离到 Alice 的位置（即 Denis 现在的投标价高于 Alice），所以现在 Alice 排名第二。在 Denis 偏离之前，第一个位置的支付取决于 Bob 的投标价（以及第一个位置的点击率）。在 Denis 偏离后，第一个位置的支付由 Alice 的投标价确定。

为了继续进行证明，我们首先说明在一个无嫉妒均衡中，我们必然会有一个**选择性分配**（assortative assignment），这意味着投标者按其估值进行排序，即对于所有 k，$v_k \geq v_{k+1}$。注意均衡条件（没有人想要移动一个位置，这在情形 1 中已讨论过）意味着：

$$\alpha_k v_k - p_k \geq \alpha_{k+1} v_k - p_{k+1} \tag{5.5}$$

无嫉妒条件是，没有广告主想要提升一个位置：

$$\alpha_{k+1} v_{k+1} - p_{k+1} \geq \alpha_k v_{k+1} - p_k \tag{5.6}$$

式（5.5）和式（5.6）相加可得：

$$\alpha_k v_k + \alpha_{k+1} v_{k+1} \geq \alpha_{k+1} v_k + \alpha_k v_{k+1} \Leftrightarrow v_k(\alpha_k - \alpha_{k+1}) \geq v_{k+1}(\alpha_k - \alpha_{k+1})$$

因为 $\alpha_k > \alpha_{k+1}$（更高的位置意味着更多的点击），我们得到 $v_k > v_{k+1}$，这证实了在均衡状态下，我们有一个选择性分配。

现在，由于均衡是无嫉妒的，我们有：

$$\alpha_k v_k - p_k \geq \alpha_{k-1} v_k - p_{k-1}$$
$$\alpha_{k-1} v_{k-1} - p_{k-1} \geq \alpha_{k-2} v_{k-1} - p_{k-2}$$
$$\alpha_{k-2} v_{k-2} - p_{k-2} \geq \alpha_{k-3} v_{k-2} - p_{k-3}$$
$$\vdots$$
$$\alpha_{m+2} v_{m+2} - p_{m+2} \geq \alpha_{m+1} v_{m+2} - p_{m+1}$$
$$\alpha_{m+1} v_{m+1} - p_{m+1} \geq \alpha_m v_{m+1} - p_m$$

因为 $\alpha_h > \alpha_{h-1}$，对任意 $h > 1$ 的，我们有：

$$\underbrace{\alpha_h v_h - p_h \geq \alpha_{h-1} v_h - p_{h-1}}_{\text{无嫉妒条件}} \Rightarrow v_h \leq \frac{p_{h-1} - p_h}{\alpha_{h-1} - \alpha_h} \tag{5.7}$$

现在，对于任何 $h < k$ 的，$v_h < v_k$，这意味着我们可以在式（5.7）的第二个不等式中用 v_k 替换 v_h。同时我们得到，对任何 $h = 2, \cdots, k-1$，有：

$$v_k \leq \frac{p_{h-1} - p_h}{\alpha_{h-1} - \alpha_h} \Rightarrow \alpha_h v_k - p_h \geq \alpha_{h-1} v_k - p_{h-1} \tag{5.8}$$

所以对于任意 $j = m, \cdots, k-1$，在用 v_k 替换 v_j 之前，我们可以重写不等式。

$$\alpha_k v_k - p_k \geq \alpha_{k-1} v_k - p_{k-1}$$
$$\alpha_{k-1} v_k - p_{k-1} \geq \alpha_{k-2} v_k - p_{k-2}$$
$$\alpha_{k-2} v_k - p_{k-2} \geq \alpha_{k-3} v_k - p_{k-3}$$
$$\vdots$$

$$\alpha_{m+2}v_k - p_{m+2} \geq \alpha_{m+1}v_k - p_{m+1}$$

$$\alpha_{m+1}v_k - p_{m+1} \geq \alpha_m v_k - p_m$$

我们现在把这些不等式都加起来。观察左边的第一、第二、第三、…个不等式与等式的右边的第二、第三、…个不等式相同。因此我们得到：

$$\alpha_k v_k - p_k \geq \alpha_m v_k - p_m$$

这是方程（5.2），其中 h 由 m 代替，即我们所需的。因此，证明完成。

5.4.6 广义英式拍卖

维克里拍卖是一种一次性同时行动博弈，也等同于英式拍卖。是否有可能拓展英式拍卖，使 GSP 拍卖成为一次性同时行动博弈？我们能设计出的可以体现 GSP 拍卖主要性质（即每个投标者付出的价格是投标价刚好低于他的投标者的投标价）的最直观的拍卖方式如下：

- 有一个时钟显示当前价格，价格随时间的推移而增加。
- 价格从 0 开始，一开始所有的广告主都参加拍卖。
- 每个广告主都可以随时退出。一个广告主的投标价等于他退出时时钟上的价格。
- 当倒数第二个广告主退出时，拍卖结束；也就是说，此时只剩下一个广告主在进行拍卖。

按照规则，拍卖的结果如下：

- 最后一个仍在拍卖会上的广告主（其他所有的广告主都退出了）排名第一。
- 所有其他广告主都是根据他们退出的时间（或价格）进行排名的。如果广告主 i 以高于广告主 j 的价格退出，那么 i 的排名就在 j 之上。
- 每个广告主以恰好低于自己一个位置的广告主的投标价付出广告费。

这种拍卖看起来很像英式拍卖，所以我们可以称之为广义英式拍卖。人们可能会认为，这样一场拍卖的结果将相当于 GSP 拍卖。但我们知道，广义英式拍卖并不等同于 GSP 拍卖。在确定这一点之前，我们首先需要描述广义英式拍卖均衡的特征。

结论 5.2 （Edelman，Ostrovsky 和 Schwarz）广义英式拍卖有唯一的（精炼贝叶斯）均衡，其中估值为 v 的广告主退出时的价格为：

$$p^* = v - \frac{\alpha_k}{\alpha_{k-1}}(v - b_{k+1}) \tag{5.9}$$

其中 k 是剩余的广告主数量（包括他自己）。

前面公式的意义如下。以一个广告主为例，假设当那个广告主退出时，还有 k 个广告主（包括他自己）留在了拍卖会上。令 v 为那个广告主的估值。因为他在剩下 k 个广告主的时候退出了，所以他将被排在第 k 位。因此，这个广告主将按照排名在其下的排名第 $(k+1)$ 位的广告主的投标价付出广告费。这个价格就是 b_{k+1}，也就是当排名 $k+1$ 的广告主退出时的价格。

令广告主 A 的排名刚好低于排名第 $(k+1)$ 位的广告主。注意到，一旦 A 退出，所有剩余的投标者都知道 A 退出的时间和价格（即 b_{k+1}），因此他们都知道在 A 之后退出的第一个人将付出价格 b_{k+1}。因此，具有估值 v 的投标者只是"等待"，直到显示的价格满足式（5.9）。一旦时钟价格为 p^*，投标者就会退出。

结论 5.2 暗含的理性直觉则是：假设剩余 k 个投标者（包括我自己），并且最后一个广告主退出时的价格是 b_{k+1}（因此是下一个投标者退出时必须付出的价格）。如果我是在投标价 b_{k+1} 的投标者之后第一个退出的，那么我在第 k 个位置的净支付将为：

$$\alpha_k \times (v - b_{k+1}) \tag{5.10}$$

实际上，第 k 个位置的点击频率是 α_k，每次点击的净支付为我的估值减去每次点击的价格 $v - b_{k+1}$。

假设我等待另一个投标者退出，在那个投标者退出之后我也停止拍卖。设 p 为投标者停止的价格。投标者提出投标价 p 并取得位置 k，而我得到位置 $(k-1)$，我将为每次点击付出 p。我的净支付是：

$$\alpha_{k-1} \times (v - p) \tag{5.11}$$

由于 $\alpha_{k-1} > \alpha_k$（第一个位置具有更高的点击频率），如果 p 非常接近 b_{k+1}，那么等待成为第 $(k-1)$ 个投标者的支付（在式（5.11）中给出）大于现在退出的支付（在式（5.10）中给出）。但注意到，随着 p 的增加，我的支付会越来越少。所以有一些 p^* 的情况会是：我在选择等待（做第 $(k-1)$ 个投标者）和退出（做第 k 个投标者）之间没有区别。p^* 如下：

$$\alpha_i \times (v - b_{k+1}) = \alpha_{k-1} \times (v - p^*)$$

对 p 求解，可以得到式（5.9）中的公式。

如果我在价格为 p^* 时没有退出，那么我冒着有人会在我前面退出的风险，但由于它的价格 $p > p^*$，我作为第 $(k-1)$ 位的支付（式（5.11））将低于我在价格 b_{k+1} 和 p 之间退出的支付（式（5.10））。

这一结论的问题在于，在均衡点上广告主获得的支付不等同于 GSP 拍卖的支付（真实投标价），但等同于 VCG 拍卖的支付。事实上，广义英式拍卖是 VCG 拍卖的顺序版本。

为了说明这一点，假设有三个投标者争夺三个位置。设 v_1、v_2、v_3 分别为投标者 1、2 和 3 的价值。第一个位置的点击频率是 α_1，第二个位置的点击频率是 α_2。假设 $v_1 > v_2 > v_3$。

为了说明问题，我们只考虑投标者 2 付出的价格。我们首先考虑 VCG 拍卖的投标者 2 付出的价格。如果在拍卖中不存在投标者 2，那么使总估值最大化的分配是投标者 1 取得第一个位置，投标者 3 取得第二个位置，产生 $\alpha_1 \times v_1 + \alpha_2 \times v_3$ 的总价值。

如果存在投标者 2，则使社会价值最大化的分配是投标者 k 取得位置 $k(k=1, 2)$。在这种情况下，投标者 1 和 3（除了我之外的所有投标者）的社会价值是 $\alpha_1 \times v_1 + \alpha_2 \times v_3$。

然后可以计算出二者之差为：

$$\alpha_1 \times v_1 + \alpha_2 \times v_3 - (\alpha_1 \times v_1 + \alpha_2 \times v_3) = v_3 \times (\alpha_2 - \alpha_3) \tag{5.12}$$

如果我们进行 VCG 拍卖,这个价格是投标者 2 取得第二个位置时为每次点击付出的价格。注意到,此价格是依照时间段的估值得到的(用于定义频率的估值)。这意味着 VCG 拍卖下投标者 2 的总净支付为:

$$\alpha_2 \times v_2 - v_3 \times (\alpha_2 - \alpha_3) \tag{5.13}$$

现在考虑广义英式拍卖下的定价。在这种情况下,使用公式(5.9)得出投标者 3 退出时的价格为:

$$p = v_3 - \frac{\alpha_3}{\alpha_2}(v_3 - 0) \tag{5.14}$$

注意,式(5.14)中最后的 0 是假定的第四个投标者的投标价。但由于没有这样的投标者,该投标价为 0。在广义英式拍卖中,我们得出投标者 2 将是投标者 3 之后退出的第一个投标者。实际上,如果假设投标者 2 在投标者 3 之前退出,那么投标者 2 退出时的价格为:

$$p = v_2 - \frac{\alpha_3}{\alpha_2}(v_2 - 0) \tag{5.15}$$

比较式(5.14)和式(5.15),我们可以看到,投标者 3 退出时的价格(并且是第一个退出时的价格)低于投标者 2 退出时的价格(第一个退出时的价格)的条件是:

$$v_3 - \frac{\alpha_3}{\alpha_2}(v_3 - 0) < p = v_2 - \frac{\alpha_3}{\alpha_2}(v_2 - 0) \Leftrightarrow \frac{\alpha_3}{\alpha_2} < 1$$

由于 $\alpha_3 < \alpha_2$,因此前面的等式总是成立的;换句话说,投标者 3 总在投标者 2 之前退出。

投标者 3 的投标价就是投标者 3 退出时的价格,由公式(5.14)给出,是每次点击的价格。这将由投标者 2 支付。为了计算每单位时间的价格,我们必须将它乘以第二个位置的频率,因此投标者 2 的单位时间价格是:

$$\alpha_2 \times \left[v_3 - \frac{\alpha_3}{\alpha_2}(v_3 - 0) \right] = v_3 \times (\alpha_2 - \alpha_3) \tag{5.16}$$

显然,VCG 拍卖下的单位时间价格(式(5.12))和广义英式拍卖下的单位时间价格(式(5.16))是相同的。因此,在考虑关键词拍卖时,广义英式拍卖可以被理解为 VCG 拍卖的顺序版本。

5.5 Facebook 模式:互联网广告的 VCG

Google 推出的广义第二价格拍卖并不是互联网上销售广告空间的唯一方式。如今,VCG 拍卖被许多人认为是一个替代品,Facebook 就是一个很好的例子。事实上,VCG 拍卖,或简单的维克里拍卖,对于**展示广告**(display ads)来说很有吸引力;展示广告是那些具有图片内容的广告(与搜索查询的结果相反,搜索查询只有标题和网址)。为了理解每种拍卖形式的利弊，我们首先在一个简单的框架中比较两种拍卖，然后我们讨论使用 VCG 拍卖的动机。

5.5.1 VCG 与 GSP 拍卖的对比

本节的目的是对卖家收入进行分析性的描述。我们有一组广告主，$i=1, 2, \cdots, n$，每个广告主 i 对每次点击都有一个估值 v_i。有几个广告位，每个位置 $s=1, \cdots, S$ 都有 α_S 的点击率，$\alpha_1 > \alpha_2 > \cdots > \alpha_S$（即第一个位置的点击率比第二个位置的点击率高）。我们已经看到，我们可以以将对于 GSP 拍卖的分析限制在（局部）无嫉妒均衡。

我们现在通过（不失一般性地）假设 GSP 下的均衡使得广告主 1 被分配到第一个位置，广告主 2 被分配到第二个位置，并依此类推来简化符号。广告主 $i+1$ 的无嫉妒条件 $v_{i+1}\alpha_{i+1} - p_{i+1} \geqslant \alpha_i v_{i+1} - p_i$，可以被改写为：

$$p_i \geqslant v_{i+1}(\alpha_i - \alpha_{i+1}) + p_{i+1} \tag{5.17}$$

式（5.17）表明位置 i 的支付等于 p_i，必须大于等于 $v_{i+1}(\alpha_i - \alpha_{i+1}) + p_{i+1}$。

如果我们只有三个位置（因此只有四个投标者），则在均衡条件（5.17）下，每个位置的最低收入必须达到：

$$p_1 \geqslant v_2(\alpha_1 - \alpha_2) + p_2 \tag{5.18}$$
$$p_2 \geqslant v_3(\alpha_2 - \alpha_3) + p_3 \tag{5.19}$$
$$p_3 \geqslant v_4\alpha_3 \tag{5.20}$$

最后一个方程的右边只有 $v_4\alpha_3$，因为投标者 4 没有获得位置，因此也就没有支付（$p_4 = 0$）[1]。如果我们将这三个式子相加，我们得到：

$$p_1 \geqslant v_2(\alpha_1 - \alpha_2) + v_3(\alpha_2 - \alpha_3) + v_4\alpha_3 \tag{5.21}$$

将式（5.19）、式（5.20）相加，我们得：

$$p_2 \geqslant v_3(\alpha_2 - \alpha_3) + v_4\alpha_3 \tag{5.22}$$

因此，式（5.21）、式（5.22）和式（5.20）分别表明了第一个位置、第二个位置和第三个位置的收入下限（在任何局部无嫉妒均衡中）。

我们现在通过 VCG 拍卖计算卖家的收入。记住，对于 VCG 拍卖来说，广告主的占优策略是按照估值投标。因此，我们可以假设，对于每个投标者，我的投标价是他的估值 v_i。由于 v_1、v_2、v_3 和 v_4 是广告主的估值，我们假设 $v_1 > v_2 > v_3 > v_4$。很容易看出，在这种情况下，当给予广告主 1 第一个位置（具有最高频率 α_1），给予广告主 2 第二个位置等时，社会总价值最大化。如果广告主 1 参与拍卖，则广告主 2（具有第二高估值）获得第二个位置，广告主 3 获得第三个位置。因此，社会总价值（不包括广告主 1）为：

$$v_2\alpha_2 + v_3\alpha_3 \tag{5.23}$$

如果广告主 1 不参与投标，则广告主 2 和 3 分别获得第一个位置和第二个位置，而

---

[1] 我们也可以说第四个投标者得到了第四个位置，但是在那个位置上的点击率是 $\alpha_4 = 0$。

广告主 4（如果广告主 1 在现场则没有位置）现在获得第三个位置。因此所有投标者的总估值（除了投标者 1）现在变成了：

$$v_2\alpha_1 + v_3\alpha_2 + v_4\alpha_3 \tag{5.24}$$

式（5.23）和式（5.24）之间的差是广告主 1 必须付出的价格，即第一个位置的支付：

$$p_1 = v_2(\alpha_1 - \alpha_2) + v_3(\alpha_2 - \alpha_3) + v_4\alpha_3 \tag{5.25}$$

对于广告主 2，当广告主 2 在现场时，其他投标者的总估值是 $v_1\alpha_1 + v_3\alpha_3$，当广告主 2 不在现场时（因此广告主 1 保持第一个位置但广告主 3 和 4 分别获得第二个和第三个位置），其他投标者的总估值为 $v_1\alpha_1 + v_3\alpha_2 + v_4\alpha_3$，因此第二个位置的收入可通过做差得到：

$$p_2 = v_3(\alpha_2 - \alpha_3) + v_4\alpha_3 \tag{5.26}$$

最后，对于第三个位置（唯一的区别是，广告主 4 在广告主 3 不在现场时占据第三个位置），我们获得以下收入：

$$p_3\alpha_3 = v_4\alpha_3 \tag{5.27}$$

现在我们可以比较，对于每个位置，GSP 拍卖的收入和 VCG 拍卖的收入的下界。也就是说，比较：

- 式（5.21）和式（5.25）；
- 式（5.22）和式（5.26）；
- 式（5.20）和式（5.27）。

显然，对于每个位置，在 GSP 拍卖中，卖家的最低均衡收入等于 VCG 拍卖下的收入，因此我们得到如下结论。

结论 5.3 GSP 拍卖下的搜索引擎的收入至少与 VCG 拍卖下的收入一样高。

5.5.2 VCG 的基本原理

在第 5.5.1 节中，我们看到卖家（Google、Facebook 或任何网站）通过 GSP 拍卖获得的收入高于 VCG 拍卖。那么，为什么 Facebook 和其他网站使用 VCG 拍卖呢？第 5.5 节开始时，我们知道 VCG 的拍卖是宣传展示广告的热门选择。事实上，Google 的广告植入服务 AdSense 利用的就是 VCG 拍卖。[①]

搜索查询和展示广告之间的第一个也是主要区别是，对于有展示广告的网页，广告主对用户感兴趣的内容没有确切的了解。从存储在我们计算机中的 cookies 和页面的内容来看，广告主确实知道我们喜欢什么，但这些信息不如搜索查询精确。实际上，通过搜索，用户正在积极地向广告主发送他正在寻找的内容。这意味着，在展示广告中，广告主对点击的估值有更多的不确定性。通过 VCG 拍卖，（真实）投标是一种占优策略。

[①] 粗略而言，那些用于广告的空间是以如下方式运作的：一个网页在其页面上牺牲部分空间用来显示广告，但网站并没有直接与广告商进行交易，而是告诉 Google 在这些空间填上广告。从技术上说，当一个使用者登录一个页面时，存在一个从 Google 那里获取广告的小脚本将广告放到使用者浏览的页面上。

Facebook 的论点是，与 VCG 拍卖相比，广告主将花费更多的资源和精力来弄清楚他们的估值，并使他们的广告更好，而不是试图操作 GSP 拍卖和确定正确的投标策略。因此，Facebook 使用的拍卖方式让广告主的日子变得更简单了，这可能会吸引投标者更喜欢在 Facebook 上进行投标活动，而不是在搜索引擎上。

使用 VCG 拍卖还有另外两个动机。首先，展示广告通常允许广告主在同一页面上展示多个广告。如果一个网站有多个广告位，一些广告主可能只希望竞标一个广告位，而其他广告主可能会竞标多个广告位。这种情况是类似 VCG 拍卖的组合拍卖，这进一步推动了 VCG 拍卖而不是 GSP 拍卖的运用。其次，或许也是 Facebook 最重要的动机之一，是通过降低每次拍卖的收入，Facebook 试图与广告主保持长期关系。这一原则并不新鲜。如果客户（广告主）有满意的交易、获得很好的回报，他们更有可能继续交易并花更多的钱。

在第 4 章的结尾，我们解释了 VCG 拍卖在实践中不经常使用的原因之一，即考虑到投标者和拍卖商的组合数量在计算上是难以处理的。对于 Facebook 来说，这并不是真正的问题。在网页上，广告的数量是有限的，这极大地减少了 Facebook 为计算最优分配而进行的计算量。Facebook 还通过只考虑与用户相关的内容来减少投标者的数量。再加上像 Facebook 或 Google 这样的公司拥有非凡的计算能力，在屏幕上展示一些广告的 VCG 拍卖的复杂问题就变得容易解决了。

第 6 章 频谱拍卖

拍卖理论最有趣的应用之一便是将许可证分配给手机供应商的新拍卖机制。随着 20 世纪 90 年代手机技术的兴起，全球监管机构必须建立起分配许可证的机制。但是由于相关拍卖文献中没有一个拿来就能用的机制，分配机制设计工作变得相当复杂。在本章中，我们将研究监管机构使用的各种分配机制，探究为什么一些机制设计是成功的，而其他一些机制设计却是失败的。

6.1 频谱为何可以进行分配？

在我们考虑手机许可证的分配问题之前，首先要讨论该问题的一般情况。分配的方法有很多，但最主要的有以下几种：

- 抽签法
- 选秀法
- 拍卖法

6.1.1 抽签法

一种分配许可证或其他任何事物的方法便是靠抽签法分配给参与者，任何利害关系方仅仅需要注册，或许也需要付出少量参与费。这正是美国国土安全部每年分配 5 万张绿卡时所采用的分配方式。采用抽签法确有其优点，其中主要优点便在于它是一个公平的过程。这意味着所有的参与者都具有平等的机会。抽签法的另一个积极方面在于，参与者进行贿赂或徇私舞弊的可能性较小。

但是，抽签法的一个主要问题便是，许可证无法被授予那些能够充分利用它的人。

鉴于许可证并不是为了私人使用而被授予的，这个问题便十分棘手。不管是手机服务还是桥梁或隧道的运营，许可证的持有者都是使用许可证为客户提供服务。因此，对监管机构而言，许可证要最大可能地被分配给那些能为用户提供最佳服务的企业。不过，抽签法实际上并不能控制最终获得许可证的主体是谁，因此在频谱分配中，这并不是正确的方法。从经济学的角度来看，抽签法并不是一种有效的机制。被授予许可证的个人可能并不是最合适的人。

6.1.2 选秀法

另一个分配许可证的方法便是**选秀法**（beauty contests）。其过程包括要求希望获得许可证的公司提交方案，而后委员会选出优胜方案。这是常用于选择大型建筑方案的方式。很明显，选秀法克服了抽签法的很多缺点，其中最主要的是它保证了只有"优秀"的候选者才会被选出。在选秀法中，监管机构通常要列出候选人必须要满足的条件，从而为更优质的筛选而非简单的随机抽取准备条件。有人辩称，监管机构可以在使用抽签法前公布一份类似的对候选人要求的清单，然而选秀法的选择标准难以解释，甚至有主观性。选秀法的选拔委员会通常由能够帮助决策者区分项目好坏的专家构成，这些专家的建议通常依据他们的经验、直觉和其他一些更难明确列出的标准。

对于大多数人而言，像手机许可证、桥梁、铁路或其他公共设施等复杂而重要的项目，请专家来评估候选人的经验和知识似乎是正确的解决方案。然而，选择这种方法所需要注意的一点是，该过程极难做到透明化。候选人在提交项目时可能无法知晓用于选择的确切标准。更令人担忧的是，选秀法极易导致偏袒和腐败。由于最终的决定将基于不明确（或无法明确给出）的标准，委员会成员的不当行为会变得更加难以证明，也因此更难以预防。

选秀法的另一个问题，也是最重要的问题之一便是政府和监管机构通常不了解企业应当如何经营，而这些知识对于准确衡量候选人的资格而言可能是至关重要的。为了缓解这个问题，监管者常常强加一个要求清单：获得许可者不单单必须要在项目被授予时满足这些要求，还要在接下来的 5 年、10 年甚至 20 年内满足这些要求。例如，在手机服务的案例中，政府可以实施最低限度的基础设施投资（如要部署的无线电塔的数量）。但是这样的规定有一个缺点，即需要政府的强力监管，而这往往是很难实现的。

大型企业往往青睐于选秀法和游说监管者。其中一个原因便是，对于它们而言，游说并有效地施压选拔委员会可能更容易。但主要原因也许是，对于企业而言，参与选秀往往是代价较低的。正如我们所见，对赢家而言参与拍卖会的代价相对更高。采用选秀法的一个常见理由便是许可证会更加廉价，被授予许可的企业将能够向消费者提供更低的价格。然而，这个论点是有缺陷的。许可证是固定成本，因此不影响企业利润最大化的决策。一个选择最大化利润函数的价格的公司将会选择相同的价格，如果该价格也使得相同的利润函数减去许可证成本最大化，则是因为，许可证的成本并不取决于客户的数量或是公司收取的价格。

6.1.3 为何要进行拍卖？

采用拍卖的方式来分配许可证有几个优点。尤其在考虑手机许可证的分配时，这种解决方案比抽签法和选秀法的方案更具吸引力。为理解个中原因，我们最好追溯到 20 世纪 90 年代初手机技术刚开始进入公众视野的时期。

一家公司在推出一个新版本的产品时，会对消费者的反应有一个相对精确的预估，因为过往的经验可以用于分析预测新产品成功的可能性。相反，如果一家公司推出一种全新的产品，预估消费者的需求将变得比较困难。在手机许可证的案例中，20 世纪 90 年代初期，潜在运营商对许可证有多大的价值没有精确的概念（这取决于公众的反应）。面向公众的手机是 20 世纪 90 年代初的新市场。衡量许可证价值的难度并不仅仅限于拍卖。选秀法通常（如果并非"总是"的话）会要求候选人付出一定费用，这笔费用可以被理解为许可证的价格。即便公司以低廉的价格获得了许可证，它们仍必须确定需要投资的金额，以及向消费者收取的费用，等等。所有这些决策都取决于新市场的价值。

据我们在前几章的探讨，拍卖是一种价格发现机制。也就是说，它们是一些机构、政府或是卖家用以发现待分配标的对投标者的价值的理想工具。若是设计得当，拍卖可以给予投标者激励继而从投标者方面获得信息，因此可以成为一种发现投标者估值的完美工具。选秀法则大相径庭。在选秀法中，投标者几乎没有透露其对许可证估值的任何相关信息，而是监管机构评估许可证价值。即便像 AT&T 或 GTE（Verizon 的前身）这样的运营商，它们对许可证的价值的认识亦不清楚，但毫无疑问，他们的估值比监管机构要好得多。

另一个吸引政府的观点是，拍卖是一种很有价值的收入来源。我们将在本章了解到，成功的拍卖设计可以让政府取得大量的收入。从经济学的角度来看，政府从许可证分配中获得的收入比税收更好（这是因为税收会导致扭曲，降低消费者收入和生产者利润，改变供求双方行为）。

6.2 问题

设计频谱拍卖并非易事，需要考虑很多问题，例如定义许可证的内容，预估所授许可证的数量，或者拍卖设计。在本节中，我们首先讨论一些有关拍卖许可证的一般问题，然后再回顾一些更具体的焦点或问题，这些问题影响了 20 世纪 90 年代以来许可证分配的拍卖设计。

6.2.1 一般问题

手机通信是通过使用光纤或无线电波实现的。这种无线电波的信号同样被用于 WiFi、FM 收音机和有线电视上。监管者的第一个任务是定义可用于手机通信的频谱，即手机使用的频率范围。一旦频谱已经确定，设计频谱拍卖时的第一个问题便是确定运营商竞标的是频段还是许可证。

- **频段**（block of frequencies）。总频谱将被分为若干个频段（例如，第一个频段在 698.2MHz 到 716.2MHz 之间，第二个频段在 777.2MHz 到 792.2MHz 之间）。运营商赢得了频段，就可以获得相应频段的许可证。
- **许可证**。每一个许可证都指定了一组频率，而运营商投标者将围绕这些许可证投标。

这两种标的有很大的不同。当投标者竞购频段时，许可证的数量便是内生的。必须等到拍卖结束时我们才能知道有多少运营商获得了许可证。与此相反，当投标者直接投标许可证时，一旦拍卖开始，我们就能知道运营商的数量（我们仅需知道投标者的数量）。

确定拍卖标的（频段或许可证）显然与理想市场的结构（例如，运营商的数量）有关。一方面，我们需要足够多的运营商进行投标，参与投标的运营商越多，他们在价格和质量上的竞争就越大，这对消费者是有利的。这是经济学中的一个经典论点。极端的情况便是存在垄断者，只有一个公司拥有许可证，这通常意味着减少投资和为客户提供高质量服务的动机。然而，另一方面，有太多的竞争者也不是社会所期望的。手机通信需要大量的投资，在市场分散的情况下运营将变得难以实施。

确定许可证的"准确"数量并非一个容易的问题，在20世纪90年代技术日新月异之时，这更是一个困难问题。在设计拍卖时，缺乏与许可证价值相关的信息（这与许可证的数量问题有关）是一个主要问题。在经典拍卖中，我们可以发现，投标者了解标的的估值，这就适用于像VCG拍卖这样的稳健的拍卖机制的设计。当投标者对估值仅有不精确的认识时（部分是因为他们并不了解新技术的采用率、需求弹性的大小以及其他因素），凭此构想出投标者可以达到最优投标的拍卖机制是很困难的。频谱拍卖所带来的另一个问题是，投标者的估值可能具有相关性，例如，如果手机市场前景对AT&T而言较好（即有价值），那么这也对AT&T的竞争者有利。事实证明，与独立估值的拍卖相比，具有相关性估值的拍卖要复杂得多。

☐ 6.2.2 合谋，减低需求以及入场

拍卖手机服务的许可证（或频段）的主要目的之一是避免出现唯一的赢家。如果出现了这种情况，消费者将没有任何选择，这显然是不希望看到的结果。所以我们需要多个赢家，这意味着我们需要进行**多商品拍卖**（multiunit auction）。这样就有多个商品需要出售，也就存在多个赢家（例如在第4章提到的VCG拍卖）。

问题在于，当有多个商品需要出售时，合谋更易维持，合谋的双方只需约好投标不同的商品就足够了。通过投标博弈来避免竞争，投标者可以将最终价格压低。这种策略的优点之一便是，识别默契的合谋是很难的，在这种情况下，被指控合谋的公司可以简单地声明自己仅是利用竞争对手的投标行为来保护自己。为了降低价格而避免在同一商品上投标的行为被称为**减低需求**（demand reduction）。需要注意的是，当我们进行动态拍卖时（如一场英国式或荷兰式拍卖），这种行为可能会被察觉，因为它需要合谋投标者来观察其合作伙伴的投标价。

例6.1 为了理解减低需求是如何运作的，现在考虑Jane和Fred两个投标者以及A和B两件标的的情况。Jane和Fred对任一标的的估值都是100美元，且对获得两个标的的总估值为200美元。

我们考虑的拍卖如下所示：每一个标的同时以英式增价拍卖的方式（我们将在第6.3节进行更详细的描述）进行出售，因此，在这次拍卖中，投标者必须公布他们所投标的每一个标的的价格。为简单起见，我们假设任何投标价的最低加价是1美元，这意

味着，在拍卖过程中，若投标标的的当前投标价为 26 美元，如果投标者想要为该标的参与投标，那么投标价必须至少为 26 美元＋1 美元＝27 美元。

减低需求策略的一个例子便是：
- 如果我不是任何标的的最高投标者，我将以最低加价来投标最低价的标的。

例如，假设标的 A 当前的最高投标价为 50 美元，标的 B 的当前最高投标价为 60 美元，且这两个投标价都是由另一个投标者给出的，那么我的投标标的就只是当前投标最低价的标的，即标的 A。我将给出的投标价是 50 美元＋最低加价 1 美元，即合计 51 美元。
- 如果我是其中一个标的的最高投标者，那么我将不再进行额外投标。

不难看出，在这种情况下，Jane 和 Fred 可以维持这两个商品较低的最终价格。如果当前对 A、B 两个标的的投标价分别为 20 美元和 25 美元，且投标者均为 Jane，那么根据我们刚才所描述的策略，我们能够得到以下情况。
- Fred 投标标的 A（当前投标价最低的标的），并在 20 美元的基础上进行最低加价，故而投标价为 21 美元。
- Jane 没有进一步投标。

当前对于 A 和 B 两个标的的投标价分别为 21 美元和 25 美元，每个投标者是其中一个商品的最高投标者，所以他们停止投标，以上述价格结束拍卖。

Jane 和 Fred 在没有达成任何明确或默契的协议的情况下将进行投标战，直到投标价达到 100 美元。要注意的是，如果 Jane 没有竞得标 A，而 Fred 却以低于 100 美元的价格 p 竞得标 A，那么我们能够得到：
- 如果 Jane 不再投标，那么她从标的 A 得到的净支付等于 0。
- 如果 Jane 的投标价是 $p+1$ 美元，那么她可以从标的 A 获得的净支付等于 $100-(p+1) \geqslant 0$。

因此，只要当前投标价低于 100 美元，Jane 最好要给出比 Fred 更高的投标价，对于标的 B 而言亦然。故而，如果 Jane 和 Fred 之间没有协调沟通，在拍卖结束时，每一个商品的售价均为 100 美元。

销售许可证的另一个理想目标是**促进入场**（promote entry），即促进新的运营商进入市场，一个显然能够实现这一点的方法便是提供比现有企业更多的许可证。促进入场有两个理由，首先，有更多的运营商进入市场将增强竞争，从而鼓励运营商为客户服务得更好、更实惠。当然，正如所料，我们可能并不需要太多的运营商。其次，我们还有另一个不太明显的理由：促进入场增加了拍卖过程中的竞争。如果给现有企业提供更多的许可证，那么很可能有几个新的竞争对手参与投标额外的许可证。这意味着将出现比出售的许可证数目更多的投标者，投标者之间的合谋将更难以维持。在例 6.1 中，如果有第三个投标者，那么 Jane 和 Fred 的策略便不太可能成功。如果仅有两个投标者和两个许可证，那么实施减低需求策略是很容易的。因此，令投标者数量多于拍卖标的数量是一个降低减低需求行为出现的可能性的好办法。

6.2.3 最大化收入

卖家在拍卖过程中的另一个目标（可能也是主要目标）便是达到收入最大化。这个表达方式有多种含义。首先，一个解释便是政府希望能筹集到尽可能多的资金，这笔资金可以用于资助项目并（或）降低税收。这是显而易见的。任何在 eBay 网上出售物品的卖家也想以最高价格出售，因此，收入最大化是拍卖中的一个合法目标。

其次还有一种更微妙的解释。在大多数拍卖中，收入最大化等同于将拍卖标的卖给最值得的投标者，即具有最高盈利能力的投标者。[①] 如果市场竞争是足够的，也就是手机运营商足够多，那么高估值的投标者将是那些在质量和价格的竞争上更有优势的人。换言之，通过竞争的作用将许可证卖给具有高估值的运营商，是对消费者以最好的价格获得最好的体验的一种保证。

6.2.4 暴露问题

在频谱拍卖等拍卖中，投标者的估值可能取决于其他投标者的估值。换言之，这是一场估值相互依赖的或者说是具有共同价值的拍卖。这并不奇怪，如果手机市场对于手机运营商而言是有利可图的，那么其竞争对手也有可能因此盈利，因为它们争夺的是同一客户群体。

此外，对于像美国这样的大国而言，拍卖通常将国家划分为多个地区，并为每个地区提供多个许可证，但不存在全国通用的许可证。[②] 这样做的原因是为了在售出许可证后立即形成竞争性市场。能够为美国这样大国提供全国性手机服务的公司相对较少，从而不可能形成人们希望的那种市场竞争。通过提供限定区域许可证的方式，监管机构如今正促使中小型企业更容易参与拍卖和竞争。在美国，区域性运营商大约有 80 个（统计于 2016 年，包括阿拉斯加、夏威夷和波多黎各），全国性运营商仅有 4 个（AT&T、Verizon、T-Mobile 和 Sprint）。[③] 因此，每个全国性运营商便持有多个许可证（每个区域都有一个），且许多其他运营商也持有多个许可证。因此，无线通信的频谱拍卖是多个拍卖标的的拍卖，其中投标者也因此可以获取多个标的。

当投标者可以购买多个标的时，我们又该如何设计多个标的的拍卖呢？其中一个简单的答案便是采用 VCG 拍卖（见第 4.3 节）或任何**组合拍卖**（combinatorial auction）。组合拍卖也就是允许投标者投标多个标的的组合，而不是仅允许投标者分开投标每一个标的。在理论上，像 VCG 拍卖这样的拍卖看起来确实是解决这个问题的理想拍卖机制，但在实践中，尤其是像美国频谱拍卖这样的拍卖中，VCG 拍卖机制是不可行的。其不可行的原因源于许可证的数量，也源于投标者所必须考虑的（区域性）许可证组合的数量。例如，假设有一个投标者想得到一个大城市的牌照，但他在选择华盛顿特区和费城的牌照，还是费城和纽约的牌照之间犹豫。假设该投标者仅能负担起这两个选项之一（而不是包括华盛顿特区、费城和纽约中的全部），且这三个城市均有多个牌照出售。那么该区域性投标者所必须考虑的组合数目可能会更多，竞标过程也会异常困难。但除此之外，还存在更大的困难，即使假定投标者能够估算出他们对所有他们感兴趣的许可证组合的投标价，拍卖者必须计算 VCG 的分配和价格的问题仍然存在，而且该数目会非

[①] 只要拍卖被设计为如下模式，即赢家是投标价最高的投标者，且报价随估值上升，那么赢家就是估值最高的那个投标者。

[②] 相反，对于欧洲那些小型或中型的国家来说，覆盖全国范围的许可证交易是合理的。

[③] 美国第五大运营商是 U. S. Cellular，它只有 23 个州的许可证。

常大，因此几乎不可能在合理的时间内完成计算。换言之，尽管组合拍卖显然是设计频谱拍卖的最佳方法，却并不可行。

解决许可证分配的计算问题的方法之一便是进行平行拍卖，即针对每一个许可证都进行一次拍卖。例如，我们可以进行英式拍卖。但这样做会产生一个问题：投标者在标的组合中表达自己的偏好将更加困难。无法表达这种偏好的问题被称为**暴露问题**（exposure problem）。

下面所描述的是暴露问题的一个例子。我们考虑以下情况，假设一个公司想要成为某个地区的小区域运营商，而同时有三个地区发放许可证。如果我们进行 VCG 拍卖，该公司将积极参与单个地区许可证的投标，但不参与两个或两个以上地区的许可证的任何组合投标。如果我们进行平行拍卖，该公司的策略自然是投标每一个地区的许可证，并希望获得其中之一。问题在于，该公司会面临同时获得两个或三个许可证的风险。若是进行平行拍卖，保证公司赢得最多一个许可证是很困难的。

当一个运营商看到两个可作为互补的许可证，比如许可证 A 和 B，也会出现类似的问题。例如，若该投标者可以同时获得许可证 A 和 B，那么他会愿意分别对 A 和 B 付出 100 美元。但若他仅可获得其中之一，那么他会愿意对其付出 50 美元。因此若是赢家可同时获得两个许可证，该投标者愿意为许可证 A 和 B 分别加价到 100 美元，如果赢家仅可获得许可证 A 或者 B，那么他仅仅愿意加价到 50 美元。如果进行平行拍卖，该运营商可能最终会以高于 50 美元的价格成为其中一个许可证的最高投标者，并失去另一个许可证。组合拍卖的方式就能消除出现这种情况的风险。

6.2.5 赢者诅咒

频谱拍卖不同于前几章研究过的拍卖的重要一点是：在此类拍卖中，投标者对其估值并没有精确的想法。一个典型的例子是 20 世纪 90 年代第一代手机出现的时候。当时这是一项新技术，很难对手机市场未来的价值有一个明确的预测。而历史上又不乏未能推广的新技术的先例，因此这种不确定性是正常的。例如，无论是激光光盘（DVD 的前身，在 20 世纪 70 年代末推出）还是数字音频磁带（1987 年推出）都曾设法吸引足够的需求，成为成功的产品。

若是投标者对其估值不确定，一个经典的方式便是估算估值的下限和上限，计算估值期望值，并运用这些估算值来确定他的投标价。当投标者的投标价（赢家付出的价格）高于最低可能估值时，便有可能产生一个问题。在这种情况下，因为当估值变成现实时（有可能只有几年后才能知晓），其价值可能最终会低于投标者付出的价格，投标者便承担了一定的风险。为某标的最终付出的价格超过其价值，这被称为**赢者诅咒**（winner's curse）。赢者诅咒的一个较为平和的情况是，已实现的价值低于预期价格，却高于投标者所付出的价格。在这种情况下，投标者的净所得虽然低于预期所得，但仍然是正的。

赢者诅咒在共同价值拍卖中尤为突出。在共同价值拍卖中，拍卖标的的价值对所有投标者而言是大致相同的（但是他们对此并不清楚，他们在参与投标时只清楚自己对该标的的估值）。由于投标者均进行独立估值，这些估值也各不相同。然而，如果存在足够多的投标者，那么他们的平均估值就很可能接近正确的价值。因此，投标价最高的人必然高估该标的的估值,也因此会付出比估值更高的价钱。正是在这个意义上,赢家被诅咒了。赢者诅咒不仅仅局限于出售手机许可证的问题上,石油钻探许可证的拍卖也是一个赢者诅咒的经典案例。

减轻赢者诅咒的方法之一便是进行动态拍卖。这种拍卖可以是英式增价拍卖或英式拍卖,在竞标过程中活跃投标者的身份是公开的。从直觉上理解,在这种动态拍卖中,观察竞争对手的投标价有利于完善自己的估值。只有在投标者至少能部分地观察对手的投标策略时,这种学习过程才会出现。这就是为何我们规定,在理想状况下进行英式拍卖时,投标者应该能随时观察其他活跃投标者的身份。通过学习其他人的策略,投标者可以更新其对其他人估值的估计,从而对自己的估值作出更精确的估算。

总而言之,在共同价值的情况下,当投标者对他们的估值了解得不完整时,赢者诅咒可以通过能观察竞争对手投标价的动态拍卖来减轻。

6.3 同步加价拍卖

对于一个像出售手机许可证(例如出售许多相关标的)这样的复杂问题,既有的最成功的一个拍卖机制是**同步加价拍卖**(simultaneous ascending auction)。这场拍卖是由Paul Milgrom、Robert Wilson、和Preston McAfee在设计1994年频谱拍卖时首次提出的。从那时起,这种拍卖机制便已经被用于其他领域(如能源市场)。同步加价拍卖有许多不同的实现方式,但这些实现方式都包括了同时进行不同的加价拍卖。

同步加价拍卖特别适用于价格发现问题(与赢者诅咒有关)比暴露问题更严重的情形。当然,有经验表明,在很多情况下,这种拍卖机制在缓和暴露问题这一方面也做得很好。但是,如果出售的标的互补性很强(例如,仅当我获得商品B时,我才想要商品A),那么组合拍卖或许更加合适。

人们可以将同步加价拍卖视为多个商品的英式拍卖的自然延伸,需要注意的是,这里的"**延伸**"(extension)指的是拍卖方式的延伸,而非结果的延伸(相对于最佳策略和结果,自然延伸详见第4章的VCG拍卖)。这一拍卖的特殊之处在于,每一个加价拍卖(一个标的一个拍卖)是相互联系的,即只有当投标者对任何一种标的都不再提高投标价的时候,拍卖才结束。因此,比方说如果有两个商品——商品A和B出售,商品A和B的投标都结束时,拍卖才结束。如果一段时间后没有人参与投标商品B,但是商品A的投标过程仍在继续,那么拍卖就没有终止。

加价拍卖有一个明显的优点,那便是随着拍卖过程的继续,投标者将增加对自己估值的认识,从而能够更好地预估最终价格。但不同的是,同步加价拍卖显然旨在增强价格发现功能,并将赢者诅咒最小化。若是存在赢者诅咒的巨大风险,投标者则会倾向于采取谨慎的策略,并降低投标价。因此,增强价格发现机制的副产品便是提高了卖家的收入,因为赢者诅咒的风险更低,投标者能够更积极地进行投标。

关于暴露问题,拍卖规则通常允许投标者撤回投标价。这也就允许投标者进一步完善他们的需求。例如,一个投标者将两个标的视为互补品(他想两个都要或者一个都不要,但绝不仅要这两个商品中的一个),如果他无法成功赢得一个标的,那么他可以收回对另一个标的的投标价。Peter Cramton 进一步认为，拍卖的价格发现属性也可以缓解暴露问题。通过更好地了解多个标的的价值，投标者可能会意识到一些组合的价值会比预期更低（因此对商品的组合更缺乏渴求）。[①]

在像同步加价拍卖这样的拍卖中，投标价必须受到严格的限制。通常情况下，投标者在撤回投标价时必须支付罚款，原因如下：由于拍卖基本上是为了让投标者发现商品的真正价值，投标者可能会被引诱着先对多个商品进行投标，以迫使其他投标者进行投标（并可由此披露他们的估值），然后再撤回其投标价。而后，该投标者便会了解到他人的投标价，并向其竞争对手发出有关其估值的混杂信息。这种"搭便车"的行为显然是对拍卖正常运作的一种威胁，甚至可能会限制投标者的投标，因为他们对竞争对手投标价的真实性抱有怀疑。

6.4 案例研究

自 20 世纪 90 年代以来，许多国家都进行过频谱拍卖，且每当有新一代手机技术（2G、3G、LTE 等）出现，或是一些频谱被公开时，便会出现频谱拍卖。尽管当下大多数国家进行的都是同步加价拍卖，但并非所有的情况都是如此。此外，由于这一拍卖机制的许多细节没有具体说明，有很多版本的拍卖也同样存在，每一个版本都有细微的变化。在这些拍卖中，有一些是真正成功的，而另一些则没有像预期那样成功地进行（但却从这些失败中学到了很多）。

6.4.1　1994 年美国 PCS 频谱拍卖

在讨论同步加价拍卖在现实生活中的应用时，不能忽略的是 1994 年的美国频谱拍卖。这是第一次进行此类拍卖。毫无疑问，这次拍卖是成功的。事实上，若是这次拍卖失败了，这种拍卖机制便不可能被进一步研究、完善并应用。

6.4.1.1　描述

在这次拍卖中，联邦通信委员会（FCC，美国负责无线通信的监管机构）售出了 99 个 PCS 许可证。当时有两种互相竞争的技术：

● **个人通信服务**（personal communication service，PCS）：在"1 900 MHz 频段"完成通信。手机的耗能很低，传输半径大约有 1 英里。

● **蜂窝**（Cellular）：在 7 000 MHz 频段进行工作，手机耗能更高，通信半径更大（大约有 8 英里）。

针对许可证，美国分成了 48 个地区（也被称作**主要贸易区**（major trading areas）），并为每个地区提供两种许可证（类型 A 和类型 B）。对纽约、洛杉矶和华盛顿特区而言，仅有一种类型的许可证可被出售（另一类型的授予较早）。通过这一点，FCC 出售并拍卖许可证，每一个许可证都被分配了一个频段。因此，许可证的数量是

[①] Peter Cramton, "Simultaneous Ascending Auctions," in Combinatorial Auctions, ed. Peter Cramton, Yoav Shoham, and Richard Steinberg (Cambridge, MA: MIT Press, 2006).

预先知道的（另一种方法可能是出售频段，从而出售内生数量的许可证——详见第6.2.1节）。

拍卖持续了三个多月，联邦通信委员会因此筹集了70亿美元（考虑到通货膨胀后则超过2016年的110亿美元）。最初有30个投标者，其中18个投标者赢得了至少一个许可证。

6.4.1.2 拍卖规则

拍卖设计的一个关键所在便是投标过程，拍卖是按回合进行的，每一轮投标者必须宣布他们的投标价。为了避免投标者只观察竞争对手的投标价但不投标（为了了解他们的估值），规定投标者要想获得许可证，必须在每一轮保持足够活跃。投标者活跃度的定义是，在给定的任意一轮中，投标者的活跃度水平是以下数据的综合：

- 投标者上一轮投标地区的覆盖人口。
- 投标者这一轮投标地区的覆盖人口。

例如，假设有三个地区A、B、C，它们的覆盖人口分别为1 000万、100万和300万。在上一轮中，我对A、B、C三个地区的许可证投标，但在这一轮中，我只对A、B两个地区的许可证投标，那么我的活跃度水平便是（1 000万＋100万＋300万）＋（1 000万＋100万）＝2 500万。

拍卖分为不同的阶段。

- 阶段Ⅰ：活跃度水平为x的投标者在以后任意一轮中都不能达到高于$3x$的活跃度水平。

因此，若投标者在某一轮的活跃度水平是2 500万，那么他将不能在稍后的回合投标中达到高于3×2 500万＝7 500万的活跃度水平。

- 阶段Ⅱ：活跃度水平为x的投标者在以后任意一轮中都不能达到高于$\frac{3}{2}x$的活跃度水平。

- 阶段Ⅲ：活跃度水平为x的投标者在以后任意一轮中都不能达到高于x的活跃度水平。

不难看出，在活跃度水平上加一个上限的目的恰恰是限制以"搭便车"的方式来观察对手投标价（从而了解他们的估值）的行为，而不是限制为防止暴露自己的估值而进行抬高投标价的行为。因此，在拍卖开始时只投标少量的许可证的投标者活跃度水平很低，稍后便不能投标太多的许可证。

除了控制活跃度水平之外，投标价也必须满足最小加价幅度原则。此外，拍卖也应当尽可能透明化。在每一轮之后，所有投标价以及所有投标者的身份都会被披露。这项政策是有风险的，因为如果一些弱势投标者发现自己不可能获得许可证，他们可能会很快退出拍卖，这将减少拍卖期间的竞争。然而，拍卖尽可能透明化也能使得投标者更好地了解许可证的价值，并降低赢者诅咒的风险。

6.4.1.3 如何运作？

成功的第一个指标是收入。70亿美元的总收入超过了整个行业和政府的预估，我们有理由相信，出现这么高收入的原因在于同步加价拍卖的使用。正如我们已经解释过的那样，通过拍卖机制，投标者可以完善他们对许可证价值的预估，从而将赢者诅咒的风险最小化，这反过来也促使投标者更积极地参与投标。

经济学家常常着眼于效率来评估市场机制。对于一场拍卖而言，评估准则便是能否达到收入最大化（即将许可证卖给估值最高的投标者）。因此，当一家公司设法以低于市场价格的代价获得许可证时，就会出现效率低下的问题。在1994年频谱拍卖的案例中，由于我们没有观察到公司的真实估值，所以这样的评估是很困难的，但是对拍卖后交易的分析允许我们进行近似的效率测试。若观察到投标者在拍卖后转售了许可证，则表明拍卖并没有产生有效的结果。因为投标者转售的价格只会比在拍卖中付出的价格高，观察到转售现象便意味着许可证的价格低于其所值。

在1994年PCS拍卖的案例中，除了GTE（通用电话电子公司，即Verizon的前身）之外并不存在转售现象。幸运的是，对于拍卖设计师和FCC而言，GTE的这一举措并非因为拍卖缺乏效率。GTE以其在拍卖会上付出的价格转售了许可证，这一交易很可能是公司战略由PCS技术转向蜂窝技术的结果。

对每个许可证所付出价格的分析也为判断拍卖的成功与否提供了启示。第一，拍卖产生了我们所称的市场价格。这意味着，类似的许可证（例如，涵盖规模、地理位置和其他社会经济指标相似的人口的许可证）是以类似的价格出售的。

第二，拍卖中的投标者设法买下了相邻频段。在每个频段之间都有一个用于减少干扰的缓冲带。比如说，我的频段是1 850 MHz～1 870 MHz，那么下一个频段可能是1 875 MHz～1 995 MHz。这两个频段之间的频段，即1 870 MHz～1 875 MHz是未被使用的，因此我的通信和那些位于1 875 MHz～1 995 MHz频段的载波之间互不干扰。购买具有相邻频段的许可证便意味着运营商可以使用频段与频段之间的缓冲区，从而增加它们的容量。

第三，追求全国范围利益的投标者设法获得了每个地区的许可证和跨地区的相同频段。这是非常重要的，因为尽管有追求全国范围利益的投标者存在，却没有全国性的许可证出售。这些投标者必须依靠自己构建一个全国性的许可证。有人曾担心，在这样大型的拍卖上这是不可能实现的。

第四，投标者设法获得了与当地具有协同作用的许可证。几乎已经获得了一个地区许可证的投标者会更积极地争取相邻地区的许可证，并常常成功获得相邻地区的第二个许可证。比如说，一个伊利诺伊州和威斯康星州的许可证的组合要比一个伊利诺伊州和亚利桑那州的许可证的组合更有吸引力。

6.4.2 失误

随着1994年美国频谱拍卖的成功，许多国家都采用了这种拍卖机制。随后出现的一个问题便是，每次拍卖都必须根据国家监管机构的要求和市场特点进行调整。例如，各国在规模和人口方面各不相同，因此许可证的"理想"数量可能会因国而异。

一个拍卖失败的著名案例便是1999年德国的拍卖。尽管德国监管机构运用了同步加价拍卖机制，但有一些细节使拍卖出现了错误。在这次拍卖中，频谱被分为十个频段。然而，与1994年美国频谱拍卖相反的是，该拍卖出售的不是许可证，而是频段。拍卖规定运营商应当获得至少两个频段，才能获得一份许可证。这意味着可能仅有两个许可证，且最多只能有五个许可证。德国的监管机构希望，通过允许运营商持有不同数量的许可证的方式来同时允许强势和弱势的运营商进入市场。

当时德国有两家占主导地位的大公司：曼内斯曼和 T-Mobile（德国电信的子公司）。值得注意的是，曼内斯曼和 T-Mobile 当时对对方的估值以及其他小公司的估值都有很详细的了解。

拍卖于 1999 年 10 月 28 日上午 10 点 15 分开始，最低投标价为 100 万马克（在 1999 年约为 500 000 美元，换算到 2016 年约合 720 000 美元）。投标者有 30 分钟进行投标，在随后几轮投标中提出的投标价至少要比上一轮的最高价增加 10%。

上午 10 点 23 分，拍卖开始后 8 分钟（即首次投标截止前 22 分钟），曼内斯曼提交了以下投标价：

- 对频段 1 至频段 5 投标价是 3 626 万马克。
- 对频段 6 至频段 9 投标价是 4 000 万马克。
- 对频段 10（较大的频段）投标价是 5 600 万马克。

在第二轮中，T-Mobile 提交了以下投标价：

- 对频段 1 至频段 5 投标价是 4 001 万马克。
- 对频段 6 至频段 10 不参与投标。

在第三轮中，没有进一步的投标，拍卖便结束了。曼内斯曼发现，弱势的投标者不能加价超过 4 000 万马克，故而为任一频段加价到超过 4 000 万马克仅对曼内斯曼和 T-Mobile 而言是可行的。我们可以发现，3 636 万马克这一"奇怪的"投标价带出了一个信息：比之高出 10% 的价位正好是 4 000 万马克。因此曼内斯曼对 T-Mobile 发出的信息基本是："我买下频段 6 到频段 10，前五个频段就留给你了。"T-Mobile 理解了这条信息并相应提出了投标价。到最后，德国拍卖的总收入为 41 600 万马克（约 2 亿欧元），这与一年之后举办的 3G 频谱拍卖所得的 550 亿欧元相比是一个很小的数字。

德国的拍卖设计从一开始便存在缺陷，其原因如下。首先，许可证的最大数量刚好等于入场企业数目。这就降低了新企业进入市场的动机，从而降低了拍卖过程中的竞争。其次，许可证的数量是内生的。这对强势投标者的激励大于弱势投标者。通过设法让每一个频段都仅有一个投标者的方式，曼内斯曼和 T-Mobile 迅速结束了拍卖。实际上，同步加价拍卖和英式拍卖相像的一点便是：一旦投标者的数量等同于出售标的的数量，拍卖便会停止（假如每一个投标者都是一个许可证的最高投标者）。因此，拍卖的设计激励了强势投标者的合谋行为。

荷兰的频谱拍卖（2000 年 7 月）则是糟糕的拍卖设计的另一个案例。在这场拍卖中，有五个许可证出售。问题在于，现任运营商仅有五个，这对新入场者参与拍卖的刺激太小。更糟糕的是，荷兰监管机构授权其他市场的大型运营商与已入场企业进行交易。最后，只有一个弱势参与者（Versatel）与已入场企业进行竞争。当一个已入场企业（Telfort）威胁 Versatel，表示将继续加价时，拍卖彻底失败。荷兰政府选择不向该企业进行罚款，原因主要是政府本该结束拍卖，且政府无法确认如何对其进行充分处罚。一旦投标者数量等同于许可证数量，拍卖实际上在开始前就已经结束了。最后，荷兰政府只得到了 30 亿欧元的收入，这比其预期要低得多。

因此，存在足够多的投标者是拍卖机制成功的关键。若投标者数量太少，特别是当投标者数量等同于许可证数量（或许可证数量+1）时，对于最强势的投标者而言，以适中的价格攫取所有的许可证是相对容易的。Paul Klemperer 提出的一个解决方案便是进行所谓的**英荷式拍卖**（Anglo-Dutch auction）。[①] 在这种拍卖中，我们首先进行一场英式拍卖，当只剩下 $n+1$ 位投标者参与投标时，拍卖立刻停止（其中 n 是许可证或所售商品的数量）。这一阶段的目的和同步加价拍卖的目的相同，也就是促进价格发现并降低赢者诅咒的风险。在第二阶段（"荷式拍卖"的部分），我们进行第一价格密封拍卖，第一阶段的赢家进行投标，保留价为第一阶段截止时的价格。

在 2000 年荷兰频谱拍卖的案例中，我们有理由相信这种设计会运转得更好。案例中，有五个投标者参与投标五个许可证，拍卖是以第一价格密封拍卖进行的。与荷兰政府举办的那场加价拍卖相比，弱势投标者 Versatel 在这次拍卖中投标可能会更加积极。这是因为在加价（叫价）拍卖中，投标者总是以低价开始投标，且通过观察对手的投标行为，弱势投标者可能会被阻止进一步投标（他们预判自己将输掉这次拍卖）。相比之下，第一价格密封拍卖向投标者显示的其他投标者估值的信息更少，因此投标者更可能认为他的估值是最高的估值之一。这一观点可以扩展到潜在市场进入者：在第一价格密封拍卖中给予弱势投标者更多的机会，拍卖就能够吸引更多的投标者。

[①] 参见他的经典著作，Paul Klemperer，Auctions：Theory and Practice，The Toulouse Lectures in Economics (Princeton，NJ：Princeton University Press，2004)。

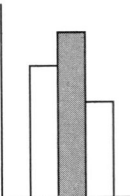

第 7 章 金融市场

7.1 背景

尽管金融市场通常被表述为一种总体上的供求分析,但却非常依赖拍卖。我们所有人都已从媒体上看到过股票的价格起伏,以及国债利率变化。财经评论员一般专注于阐释价格的变化,但大多数人对实践中这些价格如何被决定却知之甚少。答案非常简单:通过拍卖。甚至可以更简单:非常简单的拍卖形式。金融市场和传统拍卖(比如 eBay 或者关键词拍卖)的主要区别是,在很多情况下金融市场上买卖双方都是投标者。这样的拍卖被称为**双向拍卖**(double auctions)。这种拍卖形式尽管十分简单,但仍然有许多值得借鉴的地方,特别是在电子交易兴起之后的股票交易。

我们首先考虑一个最简单的双向拍卖——国债的发售,然后再探讨稍微复杂的双向拍卖。

7.2 国债拍卖

国债是政府为融资而发行的债券。国债最初是由财政部发售(初级市场),但购买者随后可以再卖给其他投资者(二级市场)。我们先概述国债的来龙去脉,然后再描述这些拍卖是怎样进行的。

7.2.1 概述

国债有几种类型,几种类型之间的差异在于政府到期付款时的"期限"。

- **短期国债**（treasury bills）：期限是 1 年或 1 年以下的国债。利息到期付。短期国债通常以低于票面的价格出售，到期时以全价偿还。
- **中期国债**（treasury notes）：期限是 2～10 年的国债。利息按年度或半年度付。
- **长期国债**（treasury bonds）：类似于中期国债，但期限在 10 年以上。

在美国，大约三分之二的国家债务是短期国债、中期国债和长期国债。当财政部想要（通过短期国债、中期国债和长期国债）筹措一定资金时，需要决定两个变量：

- 筹集的金额数；
- 付给投资者的利息（收益率）。

为了筹集资金，美国财政部会举办一个拍卖。这个拍卖将决定出售国债的数量（筹集金额数）以及其"价格"。因为被出售的"商品"就是钱，所以价格便是需要付出的利息。

美国国债拍卖有着非常清晰的规则，包括对购买者的分类。购买者分为两个类别：

- **一级承销商**（primary dealers）：即能够直接与美联储交易的银行或者证券经纪人。他们被要求积极参与美国国债拍卖。大概有 20 个一级承销商。
- **其他购买者**：包括其他所有组织（例如养老基金、投资基金、保险公司）或者个人（你或我）。

当财政部想要筹集资金的时候，会发布一个包含以下信息的声明：

- 财政部出售的金额；
- 拍卖日期；
- 发行日期；
- 原始发行日期（如果是重新发行的话）；
- 期限；
- 合同的条款和条件；
- 参与客户需满足的条件；
- 非竞争性和竞争性投标的结束时间；
- 任何有关投资者的附加条件。

我们刚刚描述的大多数信息都是相对标准和符合预期的，而竞争性和非竞争性投标则是新的概念。

非竞争性投标是仅由出售数量组成的投标。所以一个投标非竞争性报价的投标人只是向美国财政部表明他想投资的金额数，但不表明他想要购买的价格。非竞争性投标人通常是小投资者或者个人。他们享受优先级服务，即保证非竞争性投标人获得与他们的投标价相对应价值的证券。同时，非竞争性投标人每次拍卖不能超过 500 万美元。

如果一个投标人对一个 250 万美元的中期国债提交了一个非竞争性投标，那么这个投标人在拍卖结束前就已经知道他将持有价值 250 万美元的中期国债。而投标人在拍卖结束前不知道的是债券的利率。

竞争性投标更为复杂，因为它涉及的不仅包括出售数量，还包括"利率"——投资者购买证券时乐意支付的价格。[1]

---

[1] 如果是国库券，那么利率是与贴现率一致的；如果是中长期国债，也叫"附息国债"（coupon-bearing securities），利率就是收益率。

提交报价的截止时间不同，这取决于证券的种类以及报价的种类。表 7.1 说明了结束时间（日期设定在拍卖当天）。

表 7.1 投标截止时间

	短期国债	中长期国债
非竞争性投标	上午 11:00	下午 12:00
竞争性投标	上午 11:30	下午 1:00

☐ 7.2.2 国债拍卖如何实施？

国债拍卖不同于传统拍卖（如英式拍卖或荷兰式拍卖），因为投标人的报价包括两个数字：价格（他们想要的利息）和数量（他们想要投资的金额）。但是我们已经见过投标人提交复杂报价的拍卖了，比如 VCG 拍卖。

在 VCG 拍卖中，投标人只要在他们不想要的组合上提交一个 0 的投标，就可以知道他们想要多少个商品。在这种情况下，我们可以做同样的事情。例如，一个投标人如果想以 2.5% 的利率投资 2 000 000 美元，就会被视为投标者提交了以下投标函数：

$$投标 = \begin{cases} 2.5\% & ,如果我得到 2\ 000\ 000 美元 \\ \infty & ,如果我将得到其他金额 \end{cases}$$

如果投标人得到任何其他金额，则会被要求付出一个无穷大的利率。很显然，财政部将不会想要收取这样的利率（当拍卖公开时，存在一个财政部同意付出的最高利率）。所以投标人不会被分配到一个不同于 2 000 000 美元或者 0 美元的金额数。而这样的报价类似于在 VCG 拍卖中的报价：一个投标人乐意为任何可能的商品组合付出的价格。这里的商品即美元，"价格"即投资者想要收取的利息。但是如果这样做的话将会十分复杂。从卖家——财政部——的角度看问题会更简单，财政部想要筹集特定数量的金钱。举个例子，100 万美元。所以财政部只是简单地寻找它需要付出的利息，以便有足够的买家想要 100 万的证券。

另外，我们刚刚描述的报价是不准确的。当投标人提交一个利率为 2.5% 的 2 000 000 美元的报价时，财政部就知道这个投标人希望以最高 2.5% 的利率购买不超过 2 000 000 美元的证券。也就是说，如果只有 1 500 000 美元，则投标人将会接受在 2.5% 的利率下只投资 1 500 000 美元。类似地，投标人也会接受在任何高于 2.5% 的利率下投资 2 000 000 美元。

财政部收入如下：

（1）从财政部试图筹集的金额中扣除全部的非竞争性投标。我们这么做是因为，如同我们之前规定的那样，非竞争性投标人一定会赢得标的。

（2）剩下的金额是留给竞争性投标人的。关于这部分金额，我们首先从投标人要求得到的最低利率将投标人排序，然后我们从要求最低利率的投标人开始，将竞争性投标人想要的金额分配给他们。注意到每次我们分配金额给一个投标人，剩下的被筹集金额减少，被要求的利率升高。这个过程将持续到没有钱可分配时才停止。

（3）某些时刻，我们终将遇到一个问题：有剩下未分配的金额，但少于我们排序中的下一个还尚未分配到任何金额的投标人所要求的金额。在这种情况下，有一个规定：如果在下一个利率中只有一个投标人，则这个投标人只能得到剩下的金额。如果有几个投标人要求同样的利率，则通过他们想要筹集的金额按比例分配剩下的金额。

我们现在用一个例子来说明拍卖是如何运行的。假设财政部想要筹集110亿美元，考虑到我们的目的，它是短期、中期还是长期国债并不重要。在这个拍卖中，非竞争性投标有10亿美元，所以这意味着留给竞争性投标人100亿美元。

假设报价（我们已经按照要求的利率排序了）如表7.2所示。财政部从投标人1开始，提供要求的35亿美元的证券。所以现在剩下100亿美元－35亿美元＝65亿美元需要分配。

表7.2 竞争性投标

姓名	收益率（%）	金额（亿美元）
投标人1	2.998	35
投标人2	2.999	25
投标人3	3.000	30
投标人4	3.000	50
投标人5	3.001	20
投标人6	3.002	10

接下来，我们考虑投标人2，他想要25亿美元。这比现有的金额（65亿美元）要少，所以投标人2将得到他想要的金额。现在只剩下65亿美元－25亿美元＝40亿美元需要分配。

现在我们需要考虑下一个投标人——投标人3，他的报价是30亿美元，利率为3%。但是投标人3不是要求收益率为3%的唯一投标人，所以我们需要考虑投标人3和投标人4。

投标人3和投标人4想要的总金额为30亿美元＋50亿美元＝80亿美元。这多于现有的金额（40亿美元），所以要按照规定进行分配，就像我们之前解释的那样，财政部将按他们所要求的金额的比例来分配剩下的金额。

投标人3和投标人4想要的总金额为80亿美元。在这80亿美元中，有30亿美元来自投标人3，占$\frac{3}{3+5}=\frac{3}{8}=37.5\%$。所以投标人3将得到剩下40亿美元中的37.5%，也就是0.375×40亿美元＝15亿美元。至于投标人4，其份额为3.125＋1.125：$\frac{5}{3+5}=\frac{5}{8}=62.5\%$。所以投标人4将得到剩下40亿美元中的62.5%，也就是0.625×40亿美元＝25亿美元。

既然投标人3和投标人4分别得到15亿美元和25亿美元，则还剩下40亿美元－15亿美元－25亿美元＝0美元。所以拍卖结束。

但是拍卖的"价格"究竟如何呢？换句话说，财政部将付给投资者的利率（收益率）究竟如何呢？投资者是否会得到不同的收益率呢？答案是否定的。他们将得到一样的收益率/价格。当一个拍卖中所有的投标人都得到同样的价格时，这个拍卖被称作**单一价格拍卖**（uniform-price auction）。

在一个类似于国债拍卖的拍卖中，投资者获得最后一个被考虑的收益率。在我们的例子中，就是对应于投标人 3 和投标人 4 的报价中的收益率，3.000%。这意味着所有已经分到钱的投标人将得到 3.000% 的利率。这个利率被称作**止停利率**（drop-out rate）。这也是非竞争性投标人将获得的利率。拍卖的最终结果将如表 7.3 所示。

表 7.3　国债拍卖的最终结果

姓名	收益率（%）	要求的金额（亿美元）	得到的金额（亿美元）	得到的利率（%）
投标人 1	2.998	35	35	3.000
投标人 2	2.999	25	25	3.000
投标人 3	3.000	30	15	3.000
投标人 4	3.000	50	25	3.000
投标人 5	3.001	20	0	N/A
投标人 6	3.002	10	0	N/A

所以，在我们的例子中，只有投标人 1、投标人 2、投标人 3、投标人 4 成功进行了投资，财政部付出利息，止停利率为 3.000%，这个利率将会在媒体上公开。

7.2.3　分析

国债拍卖的运行机制有点类似于**第 k 价格拍卖**（kth-price auction）。在第 2 章中，我们提及了第二价格拍卖，即赢家付出第二高报价的拍卖。在第 k 价格拍卖中，赢家（或赢家们）付出的是第 k 高的价格。在我们的例子中，拍卖变为第三价格拍卖，因为价格（收益率）是第三高报价（即报价相同收益率的投标人 3 和投标人 4）。

注意到，从投标人 1 和投标人 2 得以用高于他们期望的收益率来投资（即他们的投资的回报将高于他们所期望的，分别为 2.998% 和 2.999%）的角度来说，他们是"开心"的。在第二价格拍卖，或者任何第 k 价格拍卖（当 $k>1$ 时）中，将会有同样的情况出现：赢家或赢家们最终付出的价格将低于他们的报价。

所以国债拍卖看起来像是一个第 k 价格拍卖。但是有一个附加说明：当我们谈论到第 k 价格拍卖时，我们通常假设在拍卖前公开 k 值。例如，如果我们进行一个第二价格拍卖，在投标前，投标人就知道赢家将付出第二高的报价。但在国债拍卖中，我们则无法提前得知 k 值。

在我们的例子中，$k=3$。所以我们可能会说这是一个第三价格拍卖。但是假如投标人 2 报价 70 亿美元，则止停利率将为 2.999%（投标人 2 将只能得到 65 亿美元）。在这种情况下，这将变为第二价格拍卖。类似地，如果投标人 4 报价 3.001% 的收益率，则止停利率将为 3.001%，此时该拍卖变为第四价格拍卖。

注意到理论上，拍卖最终也可能是第一价格拍卖。如果投标价最高的投标人希望投资至少达到非竞争性投标人留下的资金（100亿美元），则拍卖为第一价格拍卖。但我们仍然无法提前知道这个拍卖是否最终会是第一价格拍卖。同时，实际上这无法发生，因为财政部通常会设置单个投标人能够报价的最大金额，这个最大金额明显低于财政部想要筹集的总金额，所以至少会有两个竞争性投标人。

最后进行一些关于财政部和非竞争性投标人的"行为"的说明。非竞争性投标人只报价一个金额；他们不表明他们想要的收益率。所以他们的报价可以理解为他们想投资一笔钱，"无论利息为多少"。换句话说，非竞争性报价传递了一个信息："我想要买那个数量"，但是价格不是按规定的价格，而是隐含地假定价格为市场给出的价格。这样的报价（或者订单）被称为**市场订单**（market orders）（我们将在第8章中详细讨论市场订单）。财政部也一样。它想要筹集一些钱，但是它并不要求一个具体的收益率。这就像是财政部在说："我想要这个数量的钱，以任何市场提议的价格（收益率）。"再一次，财政部的要求类似于一个市场订单：它将接受市场给出的任何价格。在第7.3节中，我们将会看到，当市场双方的"报价"都对数量和价格提出要求时会发生什么。

7.3 双向拍卖

双向拍卖就是市场双方都有报价人的拍卖。双向拍卖在有几个个人或者组织想要售卖一些商品，同时又有几个想要购买这个商品的买家时使用。通过双向拍卖售卖的商品或物品都被一视同仁，这也就是说，买家并不在意卖家是谁。

在国债拍卖中，我们看到有能够提交"市场订单"的几方，报价只表明他们想要购买的数量，并隐含地假设他们将接受市场提议的任何价格。双向拍卖也能处理这样的投标人。事实上，我们在第7.2.2节中看到的国债拍卖是一种特殊的、只有一个卖家的、使用市场订单的双向拍卖。

在一个双向拍卖中，不是市场订单的报价包含价格和数量。我们也需要区分买家报价和卖家报价。为此，卖家的报价被称为**卖价**（ask），买家的报价被称为**买价**（bid）。

对一个卖家来说，提交一个卖价：价格＝10，数量＝50意味着这个卖家想要以至少10的价格卖出任何低于50的数量。如果卖家设法以12的价格卖出30个商品，则这对他来说非常好。类似地，只以10的价格卖出20个商品也可以。但是当卖家被要求卖出51个或更多的商品时，该交易将不会被接受，即使价格高于10。[①]

但是对卖家的卖价的解释应该更加简洁。如果价格高于10，则卖家的供给量将为50。然而，如果价格正好为10，则卖家的供给量在0和50之间。原因如下：价格10被理解为卖家的估值，也被称作保留价值。也就是说，他估计这个商品要以10的价格交换。回想一下我们对拍卖中投标人的**支付**（payoff）的定义，如果投标人赢得拍卖，**估值**（valuation）转换为**价格**（price）。对卖家来说，恰恰相反，价格转换为估值。所以，对卖家来说，如果他卖出，则单位净支付为价格——10。如果他没有卖出，则支付为

[①] 有的市场禁止卖家卖出超过实际拥有数量的商品，而在其他市场上，这是被允许的（在某些条件下）。如果一个卖家卖出的商品比他当前实际拥有的商品要多，我们说这个卖家是在"卖空"。

0。所以，对任何高于 10 的价格，如果卖家卖出，则会得到大于 0 的净支付，因此他的供给量为 50。然而，如果价格等于 10，则她的净支付为 0，卖出和不卖出将没有什么不同。这就意味着卖家的供给量是：

$$供给量 = \begin{cases} 50 & ,如果价格 > 10 \\ 任何在 0 和 50 之间的数量 & ,如果价格 = 10 \\ 0 & ,如果价格 < 10 \end{cases}$$

对于买家来说，解释是类似的。如果买家提交一个买价 = 12，数量 = 30 的报价，则意味着该买家愿意购买任何大于 30 的商品数，只要价格不超过 12。如果价格超过 12，则买家不会进行任何交易。买家需求量的构成类似于卖家供给量的构成。如果价格严格小于 12，则买家想要购买 30 个商品。当价格为 12 时，购买任何 0 到 30 之间的商品数没有区别。当价格高于 12 时，他的需求量为 0：

$$需求量 = \begin{cases} 30 & ,如果价格 < 12 \\ 任何在 0 和 30 之间的数量 & ,如果价格 = 12 \\ 0 & ,如果价格 > 12 \end{cases}$$

我们现在已经可以观察双向拍卖是如何进行的了，通过一个例子来解释将会更简单。正如我们将看到的那样，它非常类似于传统供求分析。我们在这场拍卖中的任务是找到一个均衡价格，使买家想购买的数量等于卖家想出售的数量。在我们的例子中我们考虑 4 个买家：Alice、Bob、Carol 和 Denis，他们的报价如表 7.4 所示。

表 7.4 买价

交易者	报价（美元）	数量	最小累计需求量	最大累计需求量
Alice	市场价	4	4	4
Bob	8	6	4	10
Carol	6	4	10	14
Denis	4	4	14	18

这里 Alice 提交了一个市场订单，表明她愿意以任意价格购买 4 个商品。Bob 的买价为 8 美元，这是 Bob 能接受的最高价格，以及他想要的商品不超过 6 个。Carol 和 Denis 的报价也适用类似的解释。

表 7.4 最后一列是"最大累计需求量"。它从最高的价格是无穷大开始。实际上，Alice 提交一个市场订单相当于她将接受任何价格。当价格跌至 8 美元时，Bob 的报价生效。在这个价格之下，**最大总需求量**（maximum total demand）为 10：Alice 想买的 4 个加上 Bob 想买的 6 个。但因为 Bob 在这个价格的需求量是在 0 和 4 之间的任意数，所以**最小总需求量**（minimum total demand）是 4：4+0。所以在 8 美元这个价格的总需求量是在 4 和 10 之间的任意数。

如果价格降到 6 美元，Carol 的需求量也将被加入。现在的总需求量为 14 = 4(Alice) + 6(Bob) + 4(Carol)。事实上，当价格为 6 美元时，总需求量在 10 和 14 之间，这一点很重要。这个差值 4 来自 Carol 的需求量。当价格为 6 美元时，Carol 购买 0 和 4 之间任意数量都是一样的。卖家的卖价在表 7.5 中给出。

表 7.5 卖价

交易者	卖价（美元）	数量	最小累计供应量	最大累计供应量
Gina	市场价	3	3	3
Henry	4	5	3	8
John	6	4	8	12
Mary	10	4	12	16

累计需求量（虚线）和累计供给量（实线）如图 7.1 所示。当价格高于 8 美元时，只有 Alice 想买，所以需求量趋向无穷大。当价格低于 8 美元时，需求量在 4 和 10 之间，所以此时需求量为平行线。当价格为 4 美元时，总需求量位于 14 和 18 之间。价格低于 4 美元时，总需求量为 18。所以此时需求量以一条垂直线结束。需求曲线的其余部分和供给曲线的构造类似。

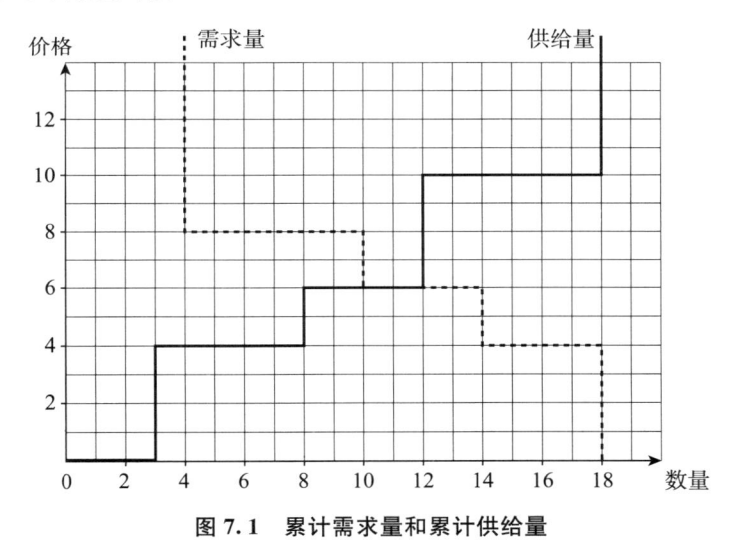

图 7.1 累计需求量和累计供给量

从图 7.1 中我们可以看出，需求曲线和供给曲线相交于 6 美元，所以这将是最终的对所有个体都一样的价格。也就是说，双向拍卖是一种单一价格拍卖。

我们现在要确定被选中的买家和卖家。很显然，想要以低于 6 美元的价格购买的买家都不会得到商品。换句话说，Denis 将买不到任何商品。类似地，想要以高于 6 美元的价格售出的卖家（在这里是 Mary）将无法售出她的商品。

分配规则如下：

● 买价大于 6 美元的买家将得到商品。在这里是 Alice 和 Bob。他们得到的总数是 10（Alice 获得 4，Bob 获得 6）。

● 卖价小于 6 美元的卖家将售出商品。在这里是 Gina 和 Henry。他们售出的总量是 8（Gina 售出 3，Henry 售出 5）。

现在我们看一下 Carol 和 John 的情况。价格为 6 美元时，总需求量为 14，总供给量为 12。首先注意到我们需要取这二者之间的较小数，所以"实际"需求量将为 12。这意味着所有的卖家，除了 Mary，将售出他们的所有商品。剩下的买家（Carol）将不会获得她所期望拿走的商品数量：她希望最多能购买到 4 个商品。但是她将只能获得 12－10＝2 个商品，因为价格为 6 美元时总供给量为 12，而 Alice 和 Bob 已经拿走了 10 个。

双向拍卖有一个非常好的特性，即剩余最大化。剩余就是每个代理人的净回报。也就是说，对一个买家来说，剩余是他的估值减去他得到商品时付出的价格，对一个卖家来说则是他卖出的价格减去他的估值。

现在很容易看出，财政部实际上是在进行双向拍卖。这是一种只有一个卖家，同时卖家提交市场订单的特殊情况。

7.4 首次公开募股

大多数（如果不是全部）公司都从私营公司起家：该公司的股票为私人持有，没有在证券交易所上市。私营公司的股份可以被出售，但在这种情况下，卖家可以控制他将股份卖给谁。那些表现良好的公司经常尝试**上市**（go public）。在这种情况下，在一个证券交易所中，公司股份（或者部分股份）是可交易的，任何人都可以购买这些股票。

这个从私营到上市的过程被称为**首次公开募股**（initial public offering，IPO），基本上就是将公司的股票挂牌出售。在这个过程中筹集到的资金直接流向了公司本身，以及选择出售全部或部分股份的现有股东（通常是公司创始人和早期投资者）。直接流向公司的资金（随着新股发行）通常被称为**首次发行**（primary offering），而当前股东出售股票被称为**二次发行**（secondary offering）。通常，首次发行和二次发行都是相同过程的一部分。因此 IPO 就是公司筹集大量资金，增加或分散其股东组成的机会，也可以以此来奖励那些通过获得股票期权等参与股权的现有员工。

7.4.1 通过合同进行分配和定价

IPO 的常用方法是使用一个或一个以上的投资银行作为中介机构。这些银行被称作**承销商**（underwriters），向投资者和承销商的零售客户售卖股票。如果你在一次 IPO 中购买了股票，你很可能是从经纪人手中买到的，而他又是从承销商（或者一个客户）手中买到的。在很多情况下，承销商（以及公司股东）为即将售出的股票设置一个目标价格。这个价格可以在承销商与投资者接洽之前确定，也可以在承销商与投资者的谈判期间变动。

考虑 IPO 时有一个关键问题：股票应该被出售的价格。设置太高的价格会造成没有足够的投资者来买股票的风险，以至于公司将无法筹集足够的资金（早期投资者也无法获得足够的回报）。设置太高的价格也可能会使价格在第一天交易时下跌。一个著名的把价格设置得太高的例子就是 Facebook 的 IPO。此次 IPO 于 2012 年 5 月 18 日举行，发行价为 38 美元。在 IPO 之后，当 Facebook 的股票开始在证券交易所交易时，股票价格大幅下跌。到 8 月底，即 IPO 的三个半月之后，股票价格仅仅略高于 18 美元。换句话说，Facebook 在 IPO 期间被高估了。

由于需求的不确定性，股票价格在 IPO 中往往被低估。这样做的一个好处是可以引起公众对公司股票的兴趣。一些股票的价格在 IPO 中极低，而在上市首日大幅上涨，这种情况并不罕见。一个极端的例子是 1998 年社交网站 theglobe.com 的 IPO。其股价在 IPO 中被设置为 9 美元，而上市首日价格飙升至 97 美元（在收盘时跌至 63.5 美元）。

7.4.2　IPO 中的拍卖

在 Facebook 和 theglobe.com 的例子中，我们可以清晰地看出：尽管风险很高，但在 IPO 中确定一个正确的价格并不是件容易的事情。出于这个原因，许多公司选择使用拍卖来为他们的股票确定"合适"的价格。Google 是这方面的先驱之一（尽管它不是第一家这样做的公司）。

在这种情况下，通常的做法是举行一场类似于国债拍卖（详情见第 7.2.2 节）的单一价格拍卖。也就是说，发行人（该公司）宣布它想出售的股票数量，然后投标人提出价格和数量。报价通过价格排列，股票从买价最高的人开始出售。

进行 IPO 拍卖是一种有效的价格发现机制，因为它能将在上市首日股价下跌的风险降至最低。然而，这并不能阻止股价上涨。就像国债拍卖一样，IPO 中投标人的估值并不是私人的，也就是说，买家的估值是互相依存的。这样做蕴含的道理是，因为大多数投资者只对公司盈利能力和股票价格的未来前景感兴趣。如果 IPO 价格高于预期，投资者可能会改变其估值，进而在新上市公司的首个交易日增大需求量。

投资银行和金融市场中的其他角色经常对 IPO 拍卖表示反对。其中一个理由是拍卖提升了参与的平等性：只有在 IPO 中分配股票时报价才重要。在传统的 IPO 中（不是一个拍卖），股票的分配常是承销商和他们客户之间私人协商的结果，这样更有利于实施优惠待遇。

第 8 章

交　易

　　大多数证券市场使用**双向拍卖**（double auctions）来确定交易的价格与数量。即交易员发出买卖证券的订单，并通过双向拍卖来确定交易。然而，在拍卖的实际运作中有显著的不同。我们在第 7 章看到的双向拍卖中，假设所有的买方和卖方在拍卖中同时出现。然而在真实的市场交易中情况并非如此，因为报价（例如价格决定）是全天候都进行的，买家一到交易市场，他的报价马上就会被依序处理。

■ 8.1　股票市场

　　准确地说，在交易者每次发送买入或卖出指令时，股票市场都运行双向拍卖。在双向拍卖模型中，买方提出买价，卖方提出卖价。但是他们也详细规定了他们发送的指令类型，即在何时何地以何种方式执行指令。原因如下：假设由于某种原因，所有交易者同时提交他们的指令。[1] 我们在第 8.3 节中将会看到这是不可能出现的，但是在此假设它可能会发生。这可能是由于供给和需求不匹配，即不存在均衡价格。在这种情况下，任何指令都不会被执行。注意到，要实现这一点，必须没有任何交易员发送市场指令。实际上，如果有一个交易员这么做了，例如一个卖方发出了指令，那么一定有一个买方可以匹配这个卖方指令。[2] 我们需要明确下一步该做什么。指令是否被取消？如果有另

---

[1] 例如，NSADAQ 的 OUCH 指令规范指定了任何指令应包含的所有数据，参见 http：//www.nasdaqtrader.com/content/technicalsupport/specifications/tradingroducts/ouch4.2.pdf。

[2] 以图 7.1 为例。如果此处不存在需求和供给的交点，那么需求曲线必定总是低于供给曲线。但是如果一个购买者提交了一份市场指令，那么就存在一个点（该购买者所需求的数量），该点是需求曲线一路攀升至无限价格（infinite price）的点。在那一点，需求曲线就一定会跨越供给曲线而实现相交。

一个交易者提交了与先前提交的指令相匹配的指令，那么该怎么办？由于交易者是他们指令的"所有者"，他们必须告诉交易所，即执行拍卖的机构，如纽约证券交易所（NYSE）或纳斯达克（NASDAQ）如何处理他们的指令。默认情况下，交易所会假定指令处于"保持"状态，直到可以与另一个指令匹配为止。

我们可以区分以下两类指令。

- **市场指令**（market orders）：这类指令与我们见过的双向拍卖类似。如果是购买指令，则意味着买方想以任何可能的价格购买一定数量的商品。在这种情况下，交易所将为买方选择最低的价格。例如，如果市场上有一个股票的购买指令，有两个卖出指令，一个是10美元，另一个是15美元，那么买方将以10美元的价格购买证券。

如果没有匹配的可能性（在本例中，它意味着没有来自市场另一方的指令），那么指令将保持有效，直到可以执行为止（或被提交该指令的交易员取消）。

- **限价指令**（limit orders）：这类指令是我们在第7.3节中看到的"**非市场**"（non-market）指令。也就是说，如果是买价，他们会指定最高价格；如果是卖价和数量，他们会指定最低价格。

如果指令无法执行，那么该指令将一直有效，直到可以执行为止（或被提交该指令的交易员取消）。

未被执行或仅被部分执行的指令存储在**限价指令簿**（limit order book）中。限价指令簿中最高买价必然比最低卖价低。最低卖价与最高买价之间的差异被称为**买卖价差**（bid-ask spread）。如果一个指令到达交易市场，假设此时有一个买价比卖价更高，那么我们就说这个指令可以**冲销买卖价差**（crosses the spread）。然而，如果这个买价低于最低卖价，那么指令将被存储在限价指令簿中。

当买卖价差被冲销时会发生什么呢？如果一个指令冲销了买卖价差，那么就存在交易的空间。主要的问题在于何种价格时交易将被执行。一般来说，价格是由先出现的指令决定的。例如，假设一天中的第一个指令是一个卖方报价指令，卖价10美元。如果没有买价，指令则被存储在限价指令簿中。如果稍后出现买价11美元，买价高于卖价，则交易以10美元执行。类似地，如果第一个指令是买方指令，买价15美元，然后出现一个卖方卖价14美元，那么交易以15美元进行。我们把将指令存储在限价指令簿中的交易员称为**流动性提供者**（liquidity provider），而把将指令冲销买卖价差的交易员称为**流动性提取者**（liquidity taker）。

在实践中，有许多类型的指令，不过都是从市场指令或限价指令衍生出来的。首先，如果一个市场指令的买价趋近无穷或卖价趋近0，则可以将市场指令理解为限价指令。要理解这一点，不妨假设一个买方发送了一个带有无限买价的限价指令，这样的指令必然会冲销买卖价差（假设限价指令簿中有一个卖价）。如果买方发送了一个限价指令，但价格高于最低买价，那么结果将是相同的：指令冲销买卖价差，交易将被执行。

其他常见的指令类型有：

- **立即执行否则取消**（immediate-or-cancel）：指令必须在交易所收到后立即执行。如果不能执行，就立即取消指令。

- **止损指令**（stop-loss order）：只有在价格达到一定水平时才会触发指令。

- **取消前有效**（good-till-canceled）：直到指定日期之前指令一直保持有效（即如果未被执行就保持在限价指令簿中），过期则指令被自动取消。

此时仍然存在三个问题，它们对专业交易员来说非常重要。

（1）如果同时有几个有可能的交易怎么办？

如果限价指令簿包含三个指令，卖价分别是 10.00 美元、11.00 美元和 12.00 美元，假设一个购买指令到达交易市场，买价为 13.00 美元。显然，它冲销了买卖价差。但交易的价格是多少？对流动性提取者（这里是买家）来说，价格是最有利的。所以想使参与交易的可能性最大化的卖家应设定一个低价，如果是一个买家，则应该设定一个高价。

为了理解为什么是流动性提取者以最好的价格成交，设想一个农贸市场里有两个卖苹果的摊位。一个摊位是 Bob 的，另一个摊位是 Denis 的。Bob 有 6 个苹果要卖，他的卖价是每个苹果 12 美元，而 Denis 只有 3 个苹果，每个卖价 11 美元。然后 Erik 来了，想买 5 个，并愿意为每个苹果支付 14 美元。Erik 看到了两个摊位。显然，他会先从 Denis 那里买苹果，因为它们更便宜。Denis 只有 3 个苹果要卖，所以 Erik 把它们都买了。但他还需要 2 个苹果。然后他去找 Bob 买且只买了 2 个苹果，价格是每个 12 美元。

（2）如果买价一方和卖价一方的数额不匹配怎么办？

在这种情况下，交易以最少的数量进行。数量最多的指令将被更新，它的价格不变（如果是买方指令则为买价，如果是卖方指令则为卖价），数量等于原始数量减去已经交易的数量。

例如，假设在限价指令簿上有一个 10.00 美元的卖方指令，数量为 500（为了简单起见，假设这是唯一的卖价指令）。假设有一个买方指令到达交易市场，买价 10.01 美元，但是数量只有 300。很明显，这可以冲销买卖价差。所以买卖双方进行交易，但交易的数量只有 300。所以现在买方指令已经被完全执行，而卖方指令只执行了一部分。这个卖方指令就被更新，变成了一个售价 10 美元、数量为 500－300＝200 的指令。

（3）如果两个指令的价格相同呢？

在这种情况下，优先考虑最早的指令。例如，假设在限价指令簿中有两个指令，它们到达交易市场的时间在第 1 列中给出（为了简单起见，假设这些都是仅有的卖价指令）。

时间	交易员	行为	类型	价格	数量
上午 10:00	A	出售	限价指令	20 美元	3
上午 10:01	B	出售	限价指令	20 美元	5

假设在上午 10:02，购买指令到达交易市场，数量为 2，买价为 20.01 美元。交易员 A 和 B 的指令相互竞争，但由于 A 的指令最先到达交易市场，所以它有优先权。交易员 A 的需求将被满足，而 B 没有。买家只需要 2 个单位，所以 A 的指令只执行了一部分。因此，在这个交易之后，限价指令簿变成如下形式。

时间	交易员	行为	类型	价格	数量
上午 10:00	A	出售	限价指令	20 美元	1
上午 10:01	B	出售	限价指令	20 美元	5

正如我们刚才所说的，如果一个指令可以被执行，那么它总是以最优惠的价格给流动性提取者。我们现在考虑一个例子来说明这次拍卖是如何进行的。因为我们假设交易者会在不同的时间提交他们的指令，所以我们必须指定何时提交指令。为了简单起见，我们假设交易员提交指令的时刻和交易接收指令的时刻之间没有延迟（第 8.3 节对此有更多讨论）。

我们先假设还没有提交指令，因此限价指令簿是空的。在上午 10:00，Alice 提交一天中的第一个指令，指令如下：

时间	交易员	行为	类型	价格	数量
上午 10:00	Alice	购买	限价指令	10 美元	4

Alice 想以 10 美元的最高价购买 4 个单位。由于没有其他指令，且她的指令是一个限价指令，所以被存储在限价指令簿中。

随后，我们有以下指令：

时间	交易员	行为	类型	价格	数量
上午 10:30	Bob	出售	限价指令	12 美元	6

Bob（想卖的人）要求的价格比 Alice 愿意支付的价格高，所以 Bob 的指令没有被执行，因此被存储在限价指令簿中。此时，买卖价差为 2.00 美元，即最低卖价（来自 Bob）和最高买价（来自 Alice）之间的价差。接下来我们有以下指令：

时间	交易员	行为	类型	价格	数量
上午 10:40	Carol	出售	立即执行否则取消	14 美元	5

Carol 想卖，但她的卖价高于买方提出的最高价格，所以她的指令没有执行。然而，与 Bob 的指令不同，Carol 的指令并没有存储在限价指令簿中。

接下来是如下的指令：

时间	交易员	行为	类型	价格	数量
上午 10:50	Denis	出售	限价指令	11 美元	3
上午 11:00	Eirk	购买	限价指令	14 美元	5

当 Denis 的指令到达交易市场时，买家的最高价格仍然是 Alice 的，低于 Denis 的卖价。所以 Denis 的指令没有被执行。10 分钟后，Erik 的指令到达交易市场了。他想买，并要求价格可以与 2 个卖家：Bob 和 Denis 相匹配。如果我们构造总需求（来自 Alice 和 Eirk 的指令）和供给（来自 Bob 和 Denis 的指令），它们就会互相交叉。

正如我们所说的，指令总是以最有利的价格被执行。但谁受惠最大呢？Erik、Denis 还是 Bob？正如我们所说的，交易将以对流动性提取者——Erik 最有利的价格进行。

Erik 的指令将被执行，即从 Denis 那里以 11 美元的价格购买 3 个单位，从 Bob 处以 12 美元的价格购买 2 个单位。最后，Denis 的指令将从限价指令簿中删除，Bob 的指令将通过把数量从 6 更改为 4（他卖给了 Erik 2 个单位）来更新。所以在上午 11 点，限价指令簿如下：

时间	交易员	行为	类型	价格	数量
上午 10：00	Alice	购买	限价指令	10 美元	4
上午 11：30	Bob	出售	限价指令	12 美元	4

注意到，因为不是所有的指令都在同一时间到达交易市场，价格将在一天中不断变化。我们刚才描述的过程是**连续时间双向拍卖**（continuous time double auction）。这是一场双向拍卖，但每次新指令到来时都会进行。一旦一个指令到达交易市场，它要么被执行（且执行中相关的指令也会被更新），要么被存储在限价指令簿中（如果它不是立即执行否则就取消的指令）。

我们可以看到，"迟到"的交易者从交易中获得了盈余。在我们的示例中，是 Erik。对于前 3 个单位，他有 14 美元－11 美元＝每单位 3 美元的盈余，对于后两个单位，有 14 美元－12 美元＝每单位 2 美元的盈余。如果 Erik 的指令刚好在 Bob 之前到达交易市场，获得剩余的就会是 Bob。

因此，我们可能会认为，交易员将指令发送得越晚越好。但这也许不是最好的策略。要看到这一点，我们假设 Erik 等待在上午 11：30 发送他的指令。也许在上午 11：15 还有一个指令到达交易市场，对 3 个单位买价为每单位 12 美元。这完全符合 Denis 的要求。所以在上午 11：16，限价指令簿上只有 Alice 和 Bob 的指令。然后，上午 11：30，Erik 的指令到达交易市场。这与 Bob 的指令是一致的，但是 Erik 的总盈余比他在上午 11：00 发出指令时要少。

同样，对 Bob 来说，他最好在 Erik 的指令到达交易市场之后再发送指令。这样 Bob 就能获得盈余。因此，交易员们不得不参与一个复杂的博弈：他们不仅要确定自己想买多少，以什么价格购买，还要确定何时发送指令。卖家希望在其他卖家之前发送他的指令（他的指令有更多的机会被执行，因为它更早到达交易市场），但也希望在买家之后发送他的指令（因为在这种情况下，价格就是买价）。使博弈变得更加复杂的一个关键因素是：尽管限价指令簿是公共的（例如：交易员可以看到其中包含的指令），但交易员不知道未来会有哪些指令。这就是为什么在现实生活中，交易员们试图使用复杂的策略来预测即将到来的指令的原因之一。

■ 8.2 开盘与收盘

如今，大多数交易所采用电子指令进行交易，买卖双方通过限价指令簿即可达成一致。但事实并非总是如此。在市场走向电子化之前,它们是由"市场交易商"或"专家"经营的,即真正接收买家和卖家指令,并促成价格确定(并为此收取一定的费用)的人。由于交易所是由人管理的,显然需要为每个交易日确定一个开盘时间和一个收盘时间。通常采用的时间框架是上午 9:30 开市,下午 4:00 闭市。

当交易市场电子化时,开盘与收盘时间的问题变得不那么重要了,因为计算机不睡觉。此外,电子交易意味着日本的交易员可以在美国的夜间向纽约发出指令。那么,让市场 24 小时运转会更好吗?

要回答这个问题,我们需要意识到准确的开盘和收盘时间(市场每天开放约四分之一天:六个半小时)的巨大影响不仅仅是简单地为在交易所工作的人们提供便利:它使市场变"厚"了。**市场厚度**(market thickness)是指一个拥有足够多买卖双方的市场。这个概念是模糊的,因为没有精确的公式来确定市场厚度是多少。当市场很厚的时候,市场的两边都有足够多的人来使交易更具吸引力,所以它会吸引买家。如果我们想在跳蚤市场买家具,也会发生同样的情况。显然,我们更愿意去一个有很多卖家的大型跳蚤市场,因为这会增加我们找到好机会的可能性。同样的情况也发生在卖家身上:他们更喜欢有很多买家的市场。

如今,纳斯达克交易所或纽约证券交易所等市场仍有开盘和收盘时间,但它们允许在市场时间前后进行交易。但是市场时间(上午 9:30—下午 16:00)与**"市前交易时段"**(premarket trading hours)和**"市后交易时段"**(aftermarket trading hours)有很大的不同:市场时间的指令和交易数量要比在市前和市后交易时段多得多。原因同我们所举的跳蚤市场的例子一样。市场时间起着协调器的作用,有助于最大限度地增加市场厚度。

那么,在市前和市后交易时段如何处理指令呢?没有显著的不同;交易所依然使用限价指令簿。但由于市场时间外市场上的指令和活跃交易者较少,所以价格发现问题更具有挑战性,市前交易时段尤其如此。在市场中,每个交易者都会对自己想购买的商品或股票的价值有一定的信心。股票等市场的一个重要方面是,参与者将通过观察其他人的指令来修正他们的信念。但如果市场活跃度低,就没什么可学的信息了。

另一个棘手的问题是,交易所希望开盘平稳。上午 9:30,当市场开盘时,发出的指令数量肯定会激增。如果关于某只股票的价值有很多不确定性(也就是说有很多需要获悉的信息),交易员们会疯狂地发送和修改他们的指令。我们可能会以无法运作的市场拥塞(就像高速公路上的交通堵塞)而告终。另外,如果市场在上午 9:30 之前不运行,那么在短期内,我们很有可能以不同的价格进行数百笔(如果不是数千甚至更多)交易。这将产生很少有人喜欢的高波动性。

由于市场时间非常精确,我们需要一个**"价格整合机制"**(price consolidation mechanism),以便市场价格向一个独特价格趋近。理想情况下,这种价格趋近应该在市场开始之前实现。其实现的方法是使用双向拍卖,就像我们在第 7.3 节中看到的那样。在那次拍卖中,交易者修改他们的买价,但却不发生实际交易。唯一的问题是,我们将在什么时候结束拍卖?

在市场开盘之时结束拍卖并非解决之道。这相当于存在一个严格的截止时间。通过对 eBay 和 Amazon 拍卖的比较,我们看到,如果存在严格的截止时间,那么就可能出现狙击(见第 3.4.1 节)。换句话说,严格的期限会导致市场操纵。另一种可能的操纵方法如下：假设一个交易者想要以较低的价格买一只股票，比如 4 美元。如果交易者预期最终价格是更高的价格，比如 9 美元，他可能会气馁，决定不发送他的指令。但有一条出路：劝阻其他交易者。为了做到这一点，我们的交易员发送了两个指令：一个市场指令和一个高价的指令（例如，15 美元）。这可能会让其他买家望而却步（他们预计最终价格会很高），因此他们可能会取消指令。在最后一刻，我们的交易员取消了 15 美元的指令，这也许会导致低价。

因此，我们需要找到一种能够消除**市场操纵**（market manipulation）的解决方案。显然，大多数问题都来自截止时间——连续时间报价始于上午 9:30。显然，这意味着一个类似于 Amazon 的解决方案（即如果最后时刻有一个指令到达，就延迟截止时间）也不可能：市场以我们在第 8.1 节中看到的交易程序于上午 9:30 开始。

一种解决办法是让双向拍卖的结束时间随机化。例如，伦敦证券交易所（London Stock Exchange）、特拉维夫证券交易所（Tel Aviv Exchange）、阿姆斯特丹泛欧交易所（Euronext Amsterdam）和德意志交易所（Deutsche Börse）托管的 Xetra 平台等交易所都在这么做。当拍卖结束时间随机时，交易者无法操纵市场（例如，通过狙击等方式）。因此，交易员发送虚假指令的动机就更少了（因为这些指令随后会被取消），所以我们可以预期，拍卖决定的价格将接近"真实"价格。

纳斯达克交易所和纽约证券交易所（以下简称纽交所）不采用随机的截止时间。纽交所采用的解决方案包括修正"市场失衡"，即考虑证券的"参考价格"（股票、未来、债券等）。参考价格是指给定到目前为止收到的买卖指令，使交易数量最大化的价格。如果有几个这样的价格，纽交所使用的价格是前一天收盘时最接近证券价格的价格。我们用参考价格来看总需求和总供给，即买方愿意以这个价格购买的总数量和卖方愿意以这个价格出售的总数量。如果需求更大，我们就出现了**买方不均衡**（buy imbalance）的情况；如果是供给更高，我们就有**卖方不均衡**（sell imbalance）的情况。在市场开盘前，纽约证券交易所将披露每个证券的市场不均衡情况。在上午 8:30 至上午 9:00，均衡状况每 5 分钟公布一次。然后从上午 9:00 到上午 9:20，每分钟公布一次，且从上午 9:20 直到开盘（有时在开盘前），这种不均衡每 15 秒就会被公布一次。上午 9:28，纽约证券交易所发布不均衡情况的同时也发布一个指导性均衡价格（就像我们在第 7.3 节中计算的那样），所以纽交所采用的策略包括逐渐披露有关市场状况的信息，而且频率越来越高。这样，交易就可以进行调整，在上午 9:30 拍卖结束时获得的价格将接近于交易者在连续交易模式（使用限价指令簿）下的期望价格。

纳斯达克交易所采用的名为"**开盘冲销买卖价差**"（opening cross）的解决方案就不一样。纳斯达克解决方案的目的是将双向拍卖与常规的限价指令簿交易方法合并。为此，直到上午 9:28，交易员都可以提交、修改或取消他们的指令（交易员可以在凌晨 4:00 开始发送指令）。纳斯达克根据它收到的指令计算一个暂定价格，使用 10% 的**阈值**（threshold）来计算开盘价（即在市场开放时最终会公布的价格）。例如，如果买家想以 100 美元的价格购买，而卖家想以 110 美元的价格出售，我们首先计算中间价，这里是 105 美元。这个中间价的 10% 是 10.50 美元，减去买方的价格（我们得到 89.50 美元），加上卖方的价格（我们得到 120.50 美元）。然后我们的价格区间是 89.50～120.50 美元，这意味着开盘价格将在 89.50 美元到 120.50 美元之间。这个信息每 5 秒更新一次。

由于交易员将修改他们的指令（直到上午 9:28），这个价格区间将会变化，而且通常这个区间会随着时间的推移而减小。上午 9:28，纳斯达克开始只接受修正不均衡的指令，每 5 秒钟发布一次不均衡信息。最后，在上午 9:30，所有待执行指令均视为执行，因为纳斯达克合并了**开盘交易委托账本**（opening book）（开盘前收到的指令）和**连续交易委托账本**（continuous book）（正常交易时间收到的指令）。

8.3 高频交易

近年来，人们对**高频交易**（high-frequency trading）越来越感兴趣（如果不是抱怨的话）。高频交易与交易员交易速度，或者更准确地说，交易员发送（或取消）指令的速度有关。有时人们会说高频交易者每秒钟做几千笔交易（如果不是百万笔交易的话）。事实上，更多的是指指令到达交易所的速度快。

8.3.1 市场结构

要理解高频意味着什么，我们首先需要了解金融市场的结构。为了简单起见，我们只研究美国金融市场。美国有两种交易所：国家证券交易所（the national securities exchanges）和暗池（dark pool）。

国家证券交易所由最著名的交易所构成。不少交易所由美国证券交易委员会（Securities and Exchange Commission，SEC）控制。截至 2017 年 3 月的各交易所的市场份额和交易所清单见表 8.1。我们可以看出，部分交易所属于同一家公司。

表 8.1 美国国家证券交易所

集团	交易所	市场份额
纳斯达克集团	NASDAQ(Q)	13.96%
	NASDAQ BX(B)	2.82%
	NASDAQ PSX(X)	0.93%
纽交所集团	NYSE(N)	12.21%
	NYSE Arca(P)	9.76%
	NYSE MKT(A)	0.20%
巴兹全球市场集团	EDGX(K)	6.50%
	BATS BZX(Z)	6.02%
	BATS BYX(Y)	4.63%
	EDGA(J)	2.37%
	芝加哥证券交易所——CHX(M)	0.38%
	IEX(V)	2.14%

资料来源：http://www.bats.com/us/equities/market_statistics/.

表 8.1 中的官方交易所必须遵守美国证券交易委员会设立的关于交易执行方式的严格规定，但这些交易所并不是投资者买卖证券的唯一场所。除了这些交易所，还有一些受监管较少的交易所，通常被称为"暗池"。以类似于官方交易所的方式运作的非官方交易所（例如指令以电子方式发送），被称为**电子通信网络**（electronic communication networks，ECNs）。[1] 大多数最近出现的交易所，如巴兹全球市场（Bats）或 IEX，在成为国家证券交易所之前都是 ECNs。交易所被认为是投资者买卖证券的私人场所。对于公众来说，官方交易所和暗池之间除了暗池中的交易（和指令）是保密的外，没有多大区别。然而，值得注意的是，暗池是向电子交易过渡的先驱。第一批电子暗池出现于 20 世纪 80 年代末至 90 年代初，而仅在 10 年或 15 年后，官方交易所就转向完全电子交易。

纳斯达克和纽交所在 21 世纪第一个十年的中期转向了电子交易，如今纽交所的大部分交易已不再发生在纽约曼哈顿的华尔街。纽交所实际上位于美国新泽西州的莫沃（Mahwah），它只是一个巨大的数据中心。[2] 在向全电子市场的过渡中，纽交所允许投资者在不同的交易所买卖证券。例如，Facebook 在纳斯达克（纳斯达克股票市场）上市，但投资者可以在纽交所、芝加哥证券交易所或任何其他交易所（包括暗池）出售或购买 Facebook 的股票。我们需要的只是让市场另一端的人与我们的投资者进行交易。投资者一般会根据不同交易所提供的条件选择场地。例如，一些交易所要求流动性提取者（第 8.1 节中的例子是 Erik）为每笔交易支付费用，而其他交易所则要求流动性提供者支付费用。限价指令簿中有多少卖出或买进的指令（称为限价指令簿的厚度）也会影响指令发送地点的选择。

在不同的地方交易相同的证券（例如，Facebook 的股票）会产生一个问题（或一个机会），因为证券的价格可能因地点而异。例如，在纳斯达克中，Facebook 的股票价格为 115.03 美元，而在芝加哥证券交易所，Facebook 的股票价格是 115.84 美元。在金融领域，同一产品有两个不同的价格被称为存在套利机会。当存在套利机会时，投资者很容易在无风险的情况下获利。在我们的案例中，投资者可以在纳斯达克购买 Facebook 的股票，在芝加哥证券交易所转售，获利 115.84 美元－115.03 美元＝0.81 美元/股。它可能不是很多，但如果乘以成千上万（或数百万）的股票，它就是一大笔钱。

8.3.2 市场监管

为了防止此类套利机会，随着证券交易委员会转向电子交易，该委员会在 2005—2007 年间实施了一项新规定，即监管全国市场体系，通常被专业人士称为**美国全国市场系统规则**（Regulation National Market System，Reg NMS）。按照 SEC 的规定，新的法规被设计为实施"一系列使国家证券市场现代化和强化举措"。

美国全国市场系统规则的主要目的之一是确保在交易所内公平地对待投资者，实现这一目标的方法之一是鼓励交易所之间的竞争。正如我们已经说过的，证券的价格可能因交易所而异。为了避免异质性价格，美国全国市场系统规则要求交易所"共享"报价，并要求交易所将其收到的报价制成**全国最佳买卖报价**（national best bid and offer，NBBO）。全国最佳买卖报价是指每个证券在所有交易所中最低的卖价（最好的报价）

---

[1] 这种官方的交易通常被称为"点燃市场"（lit market）。
[2] 没有一个纽交所是位于纽约城的，NASDAQ 位于 Carteret，NJ、Bats 和 IEX 位于 Weehawken，NJ。

和最高的买价（最好的报价）。如果交易所即将进行一项交易，比如卖方是流动性提取者，那么交易所必须检查其账面上的交易买价是否至少与全国最佳买卖报价中的最佳买价相同。如果全国最佳买卖报价中的最佳买价更高（因此对应于另一个交易所的买价），那么该交易所必须将卖方的指令转到买价最高的交易所。

例 8.1 纳斯达克的限价指令簿中存在一个价格为 10 美元的对 XYZ 公司 10 股股票的买价。目前的最高买价为 Bats 中对 20 股，每股价格为 10.05 美元的买价。

纳斯达克刚刚收到了一份以 9.95 美元的价格出售 XYZ 公司 5 股股票的指令，这个指令冲销了买卖价差。如果纳斯达克完成此指令，卖方将以 9.95 美元的价格出售其 5 股。但由于这不是最佳的全国性报价，纳斯达克不得不向 Bats 发出指令，在 Bats 的 5 股股票的交易中，卖家将以每股 10.05 美元的价格出售。

毫无疑问，这一规定本意是好的。在例 8.1 中，卖方的指令被改道后显然会更好。问题是，当交易所之间没有时滞时，这种监管确实是有意义的；也就是说，当交易所之间的通信（例如纳斯达克和 Bats）是瞬时的时。这里的瞬时指的是通信只用 0 秒。

- 让纳斯达克检查它的最高买价是否为全国最高买价；
- 让纳斯达克向 Bats 发送指令；
- Bats 接收和处理指令。

当我们写 0 秒时，我们的意思是 0 秒。不是 0.001 秒、0.000 001 秒，也不是 0.000 000 000 000 000 1 秒。即使计算机和光纤（或微波天线）速度很快，实现 0 秒的时滞在物理学上也是不可能的。这就产生了一个问题：因为在卖出 5 股 XYZ 公司股票的指令已经到达 Bats 的时候，价格可能已经发生了变化（即使是在全国最佳买卖报价中），我们的投资者最终可能以低于纳斯达克最初买价的价格出售其股票。为了避免这种麻烦，许多交易所为交易员提供了限价指令簿的变体，以防止指令被更改。实现这一点的一种著名交易类型是由美国 Direct Edge 股票交易所引入的所谓的 "hide not slide" 指令。美国全国市场系统规则规定，如果投资者能够获得更好的交易，必须重新排列指令，该规则只适用于存在于限价指令簿中，并向所有交易员和投资者显示的指令。"hide not slide" 指令则只是一个没有被公布的指令；交易是保密的。因此，只有发送该指令的交易员和接收该指令的交易所才知道指令的存在。"not slide" 只是简单地告诉我们交易所不能改变该指令。

（理论上）可以避免的另一个复杂情况是，高频交易者通常比交易所之间的交易速度快得多，而高频交易者可以在全国最佳买卖报价实际公布前预测出其报价。

8.3.3 市场波动时的潜伏期

当市场是流动的，即市场参与者可以很容易地下单，且有足够的买家和卖家时，套利机会很快就会出现。在我们的例子中，在纳斯达克购买股票会提高 Facebook 在纳斯达克的股价，在芝加哥证券交易所卖出这些股票会降低 Facebook 在芝加哥证券交易所的股价。最终这两个价格会变为相同的唯一价格。由于两家交易所之间的价格最终将趋于一致，那些行动最快的投资者就是从套利机会中获益最多的人。这正是高频交易者追求的快。

为了知晓速度对交易者来说有多昂贵（以及了解他们所考虑的滞后时间），Spread Networks 的故事就非常有趣了。2010 年，Spread Networks 完成了芝加哥和纽约之间通信线路的建设。这条线路很不寻常,因为它是这样一条线路:Spread Networks 铺设的电缆几乎是一条直线。在此之前,芝加哥和纽约之间的电缆在铁路、公路、山脉、河流和郊区之间蜿蜒曲折。一条直线将信息往返于纽约和芝加哥之间的时间从 16 毫秒减少到 13 毫秒。要想知道它的速度有多快,可以将它与眨眼进行比较,后者大约需要 400 毫秒。Spread Networks 限制了能够使用其电缆的公司数量。这就造成了网络的稀缺,使得 Spread Networks 每年向使用电缆的人收取数百万美元的费用。证券交易公司别无选择,只能为接入电缆付费。事实上,慢的潜在损失远远大于使用快速电缆的好处。据估计,Spread Networks 的电缆价值约为 3 亿美元。具有讽刺意味的是,几年后,其他公司安装了一种微波天线网络,实现了更快的通信,将速度提高到略高于 8 毫秒。

为了认识到套利机会很容易出现在日常市场,我们出具了一个由 Eric Budish、Peter Cramton 和 John Shim 完成的分析报告。[①] 他们的研究主要集中在跟踪标准普尔 500 指数的两种最大金融工具的价格上,即"SPDR 标准普尔 500 交易所交易基金"(以下简称 SPY)和"标准普尔 500 指数 E-Mini 期货合约"(以下简称 ES)。[②] 由于两种证券都跟踪同一个指数(即股票期权),不难预测它们会高度相关。

图 8.1(a)和图 8.1(b)展示了这两种证券在 2011 年的一个典型交易日的价格变化。我们可以看到,这两个图非常相似。在足够长的时间间隔内,这两种证券之间的相关性接近 1。[③]

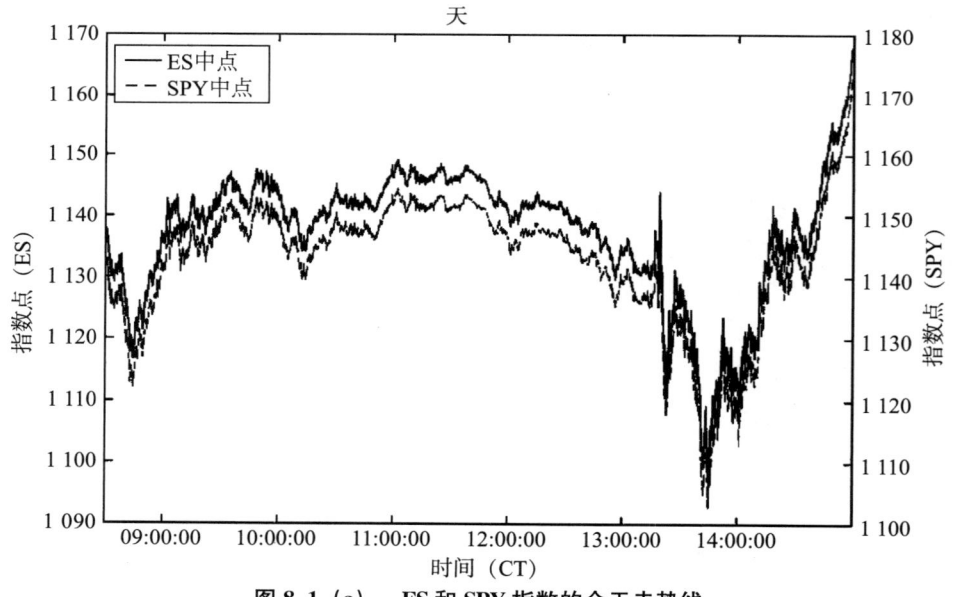

图 8.1(a) ES 和 SPY 指数的全天走势线

[①] Eric Budish, Peter Cramton, and John, "The High-Frequency Trading Arms Race: Frequent Batch Auctions as a Market Design Response," Quarterly Journal of Economics 130, no. 4 (2015): 1547–1621.

[②] SPY 是交易最多的证券之一。

[③] ES 和 SPY 在交易方式上不完全一样。例如,SPY 的最小指数是 0.1,而 ES 的最小指数则是 0.25。同时,在图 8.1(a)、图 8.1(b)、图 8.2(a)和图 8.2(b)中,SPY 的价格被扩大了 10 倍,来反映它跟踪了标准普尔 500 指数的 10%。

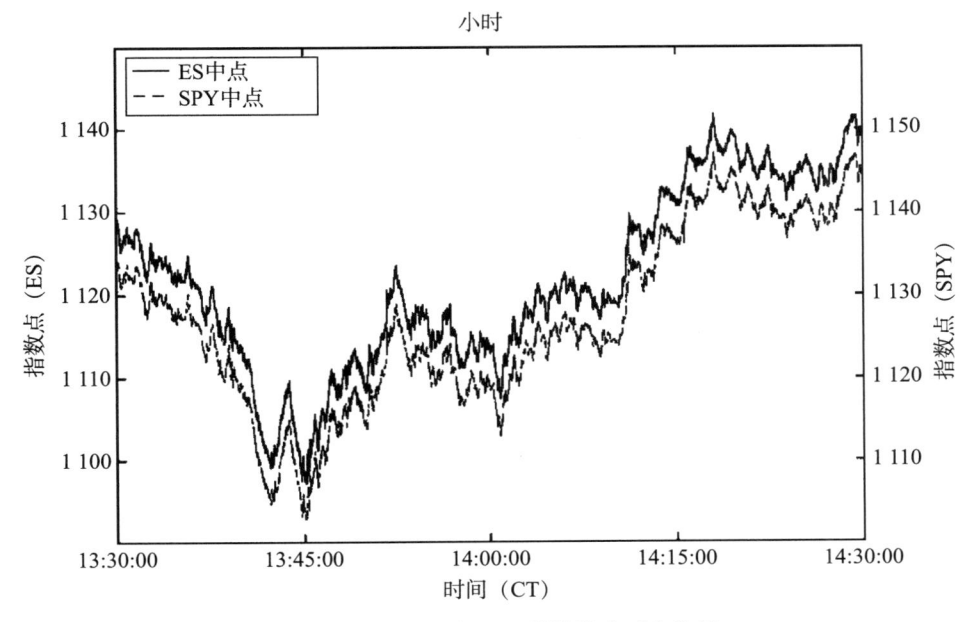

图 8.1（b）　ES 和 SPY 指数的小时走势线

ES 和 SPY 指数的全天和小时走势线。

资料来源：Budish，Cramton 和 Shim（2015）。

但如果我们进入一个较小的时间范围，这两种证券之间的相关性开始下降。我们可以在图 8.2（a）和图 8.2（b）中看到。对于 10 毫秒的间隔，Budish 和他的合作者计算出的相关性仅为 0.101 6。

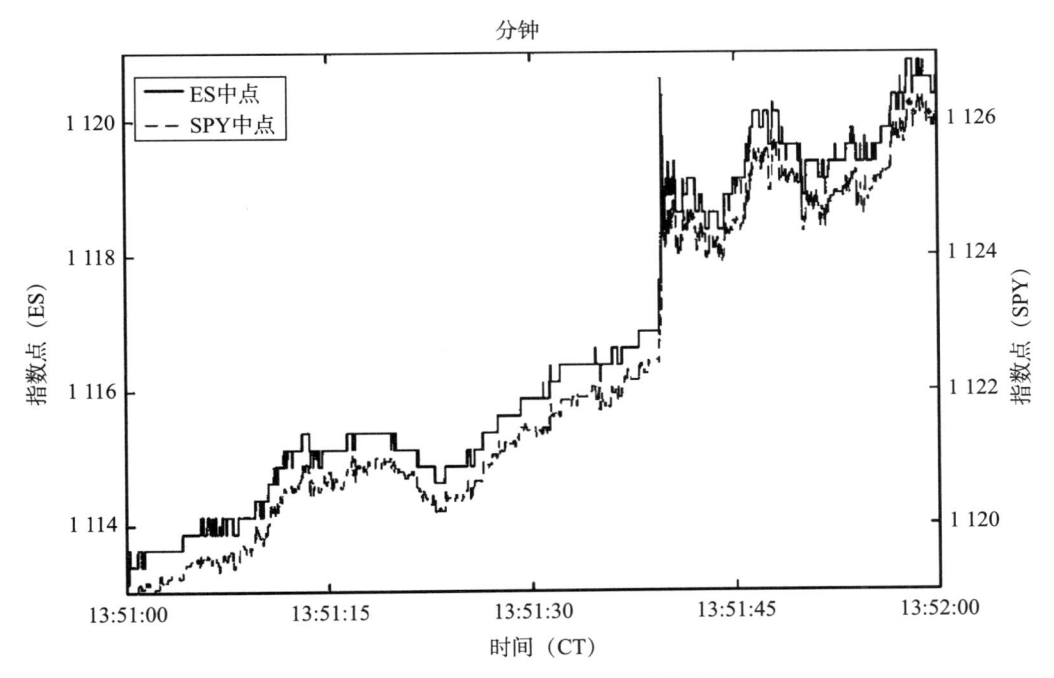

图 8.2（a）　ES 和 SPY 指数的分钟走势线

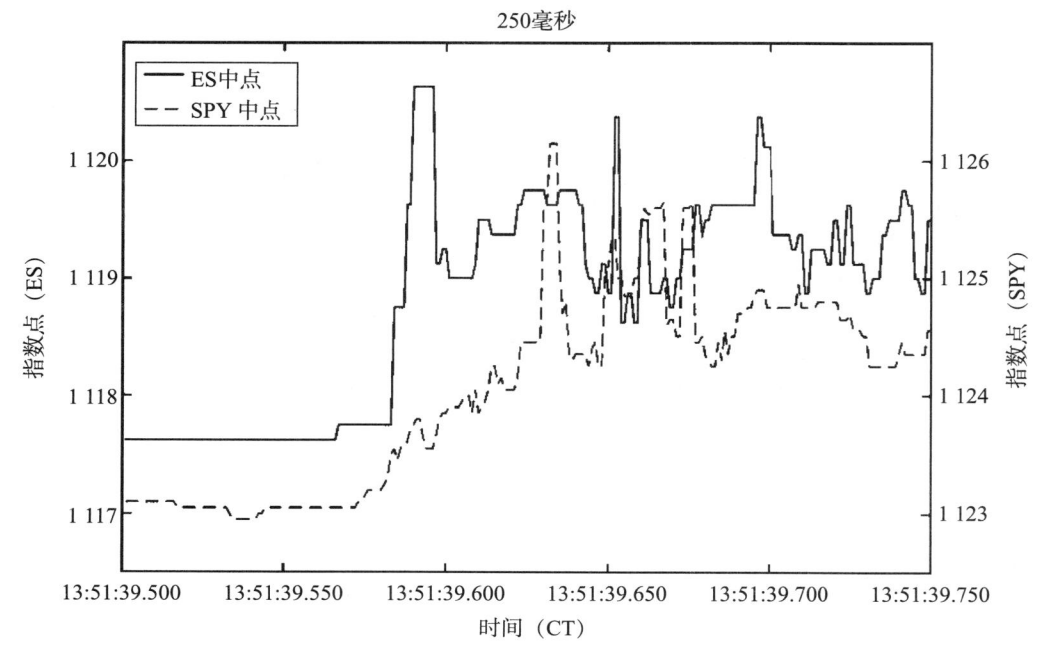

图 8.2（b） ES 和 SPY 指数的 250 毫秒走势线

资料来源：Budish，Cramton 和 Shim（2015）。

事实是，在很短的时间间隔内，这两种工具之间的相关性的消失是不可避免的，因为 SPY 在纽约交易，ES 在芝加哥证券交易所交易，芝加哥证券交易所是主要的期货交易所之一。因为这两个城市之间的通信不可能是瞬间发生的，其中一个城市里发生的任何事都需要花费必要的时间才能被另一个城市知晓。

8.3.4 高频的问题是什么？

追求速度的竞争是市场运作方式的直接结果，这使指令持续地被处理。在第 8.1 节中，我们看到指令在到达时被处理；交易所不会等待更多的指令到来。因此，如果交易员事先"知道"一种证券的价格将会上涨或下跌，他们可能会从这种认识中获益，因为他们会先于其他人发出适当的指令。高频交易就是这样尽可能快地处理指令。

人们常常争论，高频交易的兴起让交易员得以赚取巨额利润（以牺牲投资者利益为代价）。在第 8.3.3 节中，我们看到两个金融工具（ES 和 SPY）之间的相关性在足够高的频率下消失。正是这种相关性的缺失创造了金融文献所说的套利机会，同一项目在两个不同的市场（或以两种不同的方式）的定价不同。套利者利用价差以低价买进商品，以高价卖出。显然，套利机会不会持续太久，因为需求的增加（价格较低时）将会提高价格，同样，供给的增加（价格较高时）也会降低价格。最终这两个价格会趋于一致，套利机会也会消失。

频率越来越高的交易将会增加交易者可以发现的套利机会数量。它也让交易员"有更多时间"利用这些套利机会。如果我的反应时间是 5 毫秒，比如在 1 秒的时间之内我就可以比反应时间有 20 毫秒的人做更多的事情。因此，如果交易频率的增加意味着交易员的租金上涨，那么今天的套利交易量（价值）应该高于交易放缓时的水平。

Budish 和他的合作者首先通过相关性分解来利用他们的数据识别套利机会。他们的发现报告如图 8.3（a）和图 8.3（b）所示。我们可以看到，这些年来，套利的持续时间的中位数急剧下降，从 2005 年的 97 毫秒下降到 2011 年的 7 毫秒。这并不奇怪，因为在这段时期，交易者的交易速度加快了。例如，Budish、Cramton 和 Shin 表明，2005 年，他们在数据中发现的大多数套利机会至少持续了 50 毫秒。6 年后，几乎所有的套利机会都持续了不到 10 毫秒。交易员设法以越来越高的频率进行交易显然对此产生了影响。

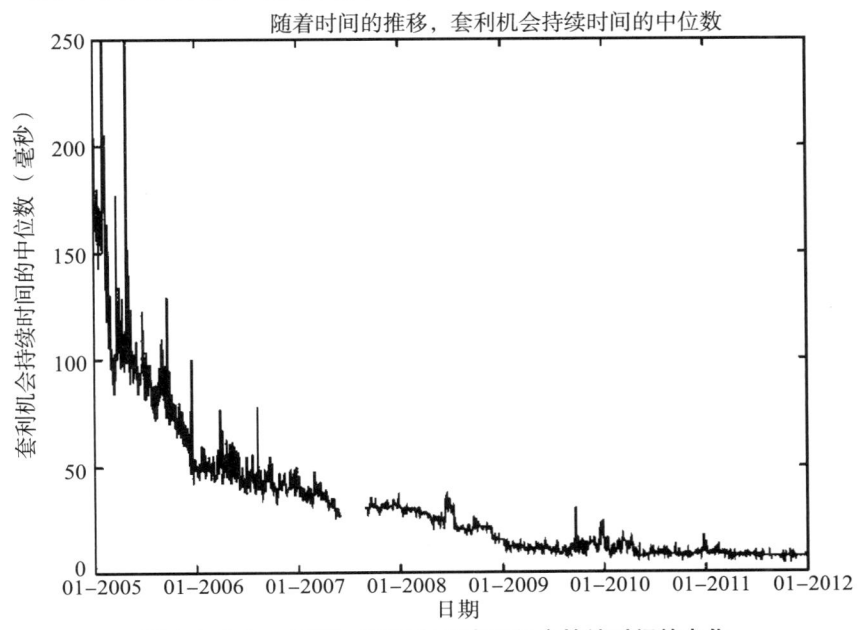

图 8.3（a） 2005—2012 年间套利机会持续时间的变化

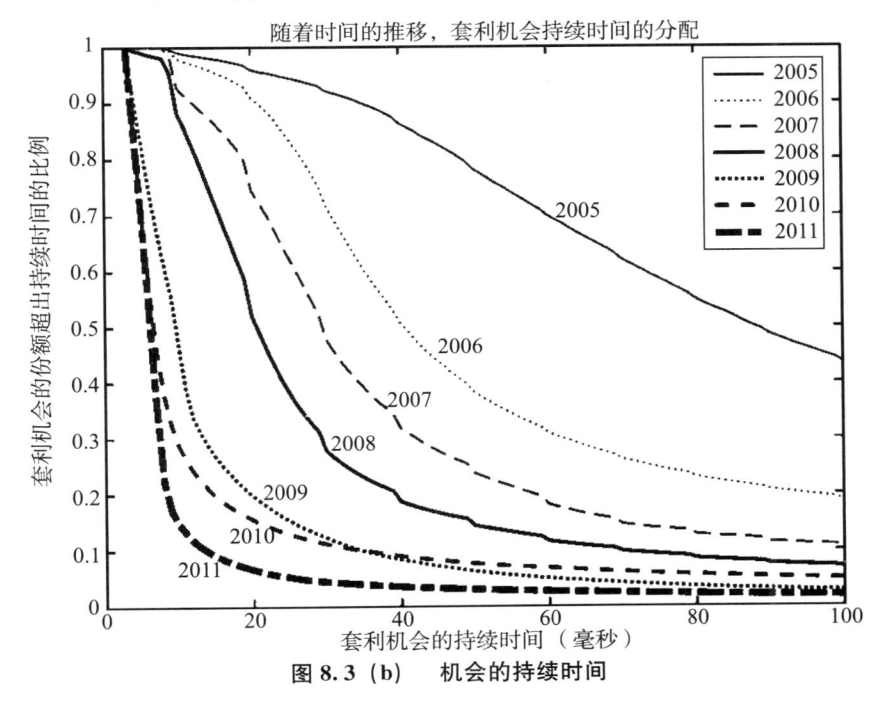

图 8.3（b） 机会的持续时间

资料来源：Budish，Cramton 和 Shim（2015）。

套利机会的持续时间越短并不一定意味着高频交易者的利润就越高。也就是说，我们还没有数据显示更高的交易频率对投资者有害。Budish 和他的合作者研究的第二步是精确地衡量套利机会所产生的利润。图 8.4（a）和 8.4（b）给出了这些利润的比较。

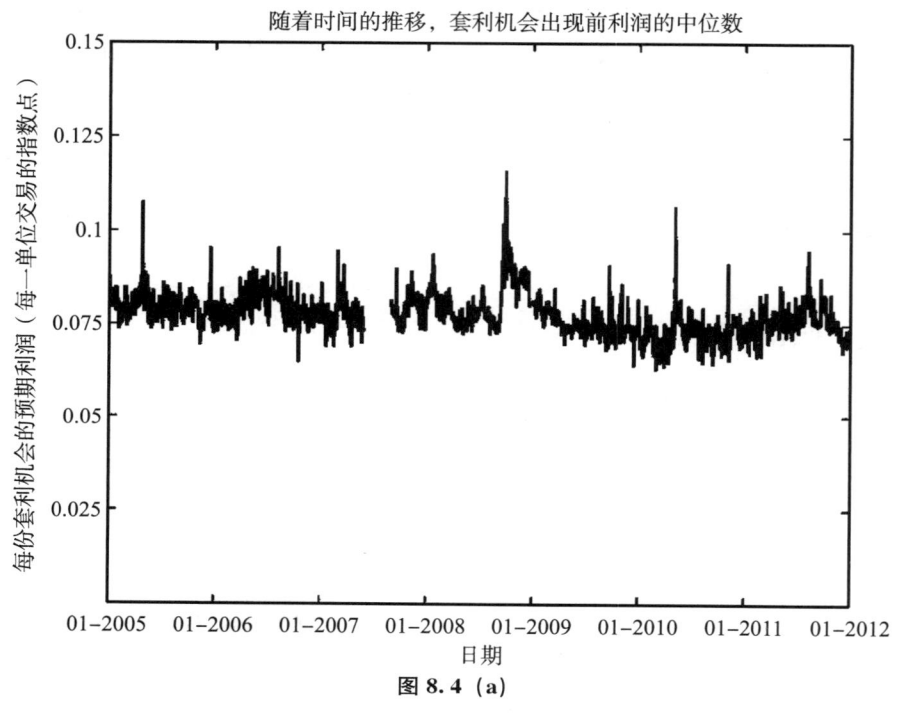

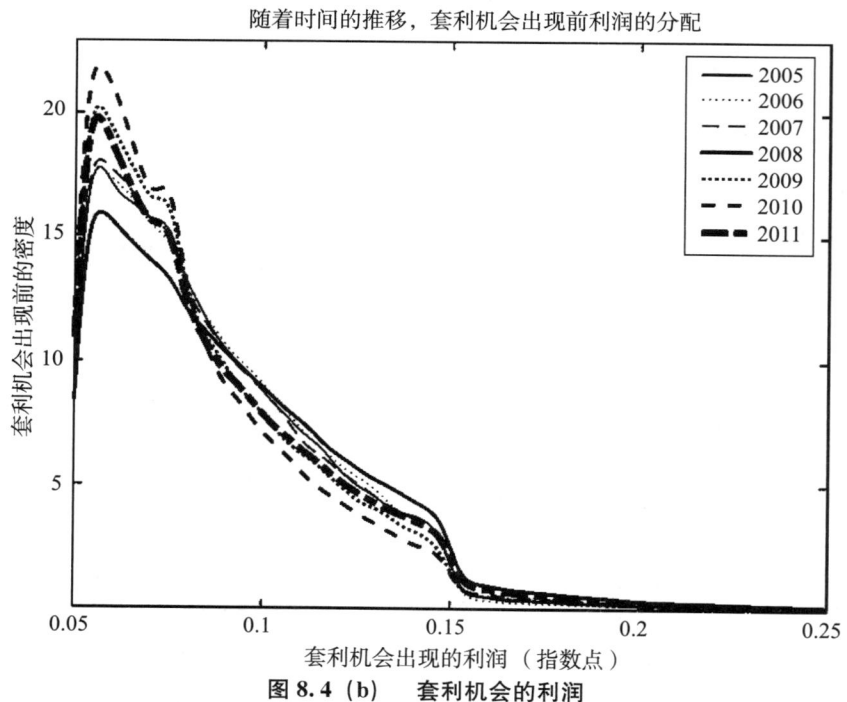

图 8.4（a）

图 8.4（b） 套利机会的利润

资料来源：Budish，Cramton 和 Shim（2015）。

令人惊讶的是，作者发现利润相对稳定；也就是说，高频交易者不依赖于交易频率的增加来获利。图 8.4（a）显示，套利机会中产生的利润中位数不随时间的推移而变化（除 2008 年金融危机等"异常"事件外）。并非所有的套利机会都能产生同样的利润。这取决于它们的持续时间，也取决于芝加哥的 ES 和纽约的 SPY 之间的价格差异（或缺少相关性）。图 8.4（b）显示了每年套利利润的分配情况。同样，我们可以看到这些年的分布是相对恒定的。

Budish、Cramton 和 Shim 对套利机会进行的分析表明，尽管交易频率的增加令人印象深刻，但并没有改变高频交易者的利润规模。换句话说，提高交易频率并不能为交易者创造更多的收入；利润就在这里，谁跑得最快，谁就能得到利润。

8.3.5 有缺陷的市场设计？

相同的证券可以在不同的地方买卖这一事实只会加剧"军备竞赛"。它给最快的交易者带来了优势，因为指令需要一定的时间才能到达交易所。但是即使通信可以同时进行，我们仍然会面临问题。为了看到这一点，我们在此遵循由 Budish、Cramton 和 Shim 提出的论点。

假设有四个投资者，分别是 A、B、C 和 D。假设他们想要出售 SPY，当前价格是 200 美元。他们以 200 美元的价格发出指令。假设 ES 价格上涨。由于 ES 和 SPY 被认为是完全相关的，我们的投资者会推断，SPY 的价格也会上涨，比如说涨到 201 美元。因此，他们将取消销售指令，代之以 201 美元的新指令。但高频交易员可以在这些投资者有时间取消指令之前对他们进行狙击，购买 SPY。

Budis 和他的合作者的观点是，即使没有延迟，且所有的投资者和交易者都能同时进入市场，仍有机会进行狙击。由于连续限价指令簿一次只处理一个指令，当我们的投资者和高频交易员同时发送他们的指令时，将会随机处理指令。有四个投资者和一个交易员，有 5！＝120 个不同的指令到达。对于每个投资者来说，50% 的时间会发生取消指令＋新指令排在高频交易者之前的情况，50% 的时间会发生指令排在高频交易者之后的情况。所以高频交易者有 1/2 的概率狙击指令。如果有更多的高频交易者，比如 n 个，投资者就有 $(n-1)/n$ 的可能性被狙击。

从这一观察得出的结论是，套利机会不仅来自交易员与交易所之间的沟通延迟，而且来自"内置"（built in）。在一个限价指令簿中，指令在到达时被连续地处理的理念为狙击创造了机会。这些套利机会当然是高频交易员的利润来源，但对投资者来说，它们代表着成本；也就是说，它们增加了市场的摩擦。

8.4 替代的市场设计

8.4.1 市场放缓？

直到 2016 年 6 月 17 日，美国只有 12 个国家证券交易所。然后增加到 13 个，在 2017 年 2 月又下降到 12 个。有一个新的交易所出现，随后一个交易所（国家证券交易所，NSX）停止了交易业务。更有趣的是一家进入名单的新交易所——投资者交易所（IEX），它的运作方式与其他 11 家交易所有很大的不同。IEX 的诞生在迈克尔·刘易斯（Michael Lewis）2014 年的畅销书《快闪小子：一场华尔街起义》（*Flash Boys：A Wall Street Revolt*）中有大量的记载。

IEX 是专为保护普通投资者免受高频交易员影响而设计的交易所。为了这个目的，IEX 直接将收到的所有指令放缓，然后再将指令发送给一个**匹配引擎**（matching engine），从中实现在买价和卖价之间的双向拍卖。

像 Bats 或纳斯达克这样的传统交易所不会像 IEX 那样降低指令的速度，而是在指令到达时就立即执行。由于并非所有的交易所都位于同一个地方，因此，不同的交易所在同一时间观察到的不同价格必然会出现时滞。此外，买卖大量证券的投资者通常会将他们的指令分成几份较小的指令，然后将这些指令发送到不同的交易所。例如，投资者不会在纳斯达克买进 1 000 股 XYZ 公司的股票，而是在纳斯达克买进 200 股，在纽交所买进 200 股，在 Bats 买进 200 股，等等。因为一些交易者可能比所谓的高频交易者（即反应时间非常快的交易者）更容易进入某些交易所，因此投资于快速连接的"普通"投资者买入或卖出证券的价格可能会与他发送指令的各种交易所有所不同。例如，我们可以让高频交易员攻击普通（较慢的）投资者（参见第 8.3.5 节的讨论）。这些价格差异是高频交易者利润的一部分。IEX 的解决方案正是为了消除攻击其他交易员的可能性。为此，任何到达 IEX 的指令都必须首先通过 38 英里的光纤，然后才能被处理，而且任何信号都需要 350 微秒才能通过这 38 英里。假设我在交易终端（或在运行我的交易算法的计算机）上的连接是这样的：我发送给 IEX 的指令需要 7 微秒到达 IEX，也需要 7 微秒到达 Edge。如果我在上午 10:00:00.000 发出指令（即上午 10:00 且 0 微秒），然后我们有以下内容。

指令发送至	指令到达时间	指令被执行时间
Edge	10:00:00.000 007	10:00:00.000 007
IEX	10:00:00.000 007	10:00:00.000 357

从上午 10:00:00.000 007 到 10:00:00.000 357，是我发给 Edge 和 IEX 的指令执行时间，IEX 增加了 350 微秒。这对一个人来说几乎没有什么，但对于计算机交易来说，那是很长的时间，很多事情都可能发生。[①] 特别地，与其他交易所的指令和价格相比，任何到达 IEX 的指令都必然是迟到的。所以我们在第 8.3 节中见过的试图利用纽约 SPY 和芝加哥 ES 之间的套利机会的策略不能在 IEX 中使用。IEX 相信，凭借其独特的设计，他们将吸引"真正的"投资者，即那些买卖证券的投资者，因为他们对这些证券的价值更感兴趣，而不是因为他们只是在利用市场程序的细节。

当 IEX 收到指令时，它只在收到指令后的 350 微秒内就被输入匹配的引擎中。在此期间 IEX 会做什么？由于 IEX 位于新泽西州，距离大多数交易所都不远，因此 IEX 可以在大约 200 微秒内从其他交易所获得信息。因此，当指令到来时，IEX 有时间更新有

---

① 典型处理器处理一条指令所需的时间远小于 1 微秒。

关价格的信息，并向投资者提供更好的交易选择。

要了解这一点，可以考虑这样一个投资者，他想要出售 SPY，因为这个投资者预期价格会上涨。但是因为我们的投资者不确定新的价格是多少，他只是发送了一个市场指令来出售。如果我们的投资者将市场指令发送给除 IEX 以外的一个交易所，那么一个速度更快的交易员就会超过他，一旦 SPY 的价格上涨，他就会从我们的投资者手中买进，然后在不久之后再卖出。因此，价格上涨的好处会落于快速交易者，而不是我们的投资者。如果那个投资者将他的指令发送给 IEX，那么交易指令将在延迟后执行，且通常一旦 SPY 价格上涨便会执行。因此，现在价格上涨的收益属于我们的投资者。

相反，如果价格下跌，同样的事情也会发生。如果价格下降，高频交易者可以发送一个在我们的投资者的指令前到达的指令（发送到 IEX 以外的交易所），但是高频交易者将以当前价格出售 SPY（也就是，在 SPY 价格下降之前的价格）且在价格下降时从我们的投资者那里购买。比如，目前的价格是 200 美元，预计会下降。因此高频交易者，比如，在投资者的卖出指令到来之前以 200 美元的价格卖出 10 股 SPY 股票。然后价格下跌，投资者的指令到达，高频交易者以 199.90 美元的价格从投资者手中购买 10 股股票。IEX 声称，当指令延迟时，这种狙击策略更难实施（甚至可以说不可能），从而保护了投资者（如果投资者正在出售，他将能够以更高的价格卖出；如果他正在买进，他将以更低价格购买）。

8.4.2 频繁批次拍卖

在他们的分析之后，Budish、Cramton 和 Shim 提出了市场运作方式的根本性改变：交易所不应该使用所谓的连续限价指令簿，而应该在频繁的时间间隔内进行双向拍卖。基本论点如下：限价指令簿是一种适用于时间离散时的市场设计，且这与市场在时间不稳定时的操作不一致。正如第 8.3.4 节中对套利的分析所示，速度优势具有价值，所以任何交易者都想比其他人更快。如果时间是离散的，这就更难实现了。在离散时间环境下，市场在预先设定的固定时刻处理指令。在这种情况下，一个交易者没有必要或优势先于另一个交易者到达。

更准确地说，**频繁批次拍卖**（frequent batch auctions）如下所示：交易日被划分为有限的等长区间，称为**间歇期（批次间隔）**（batch intervals）。交易员可以随时提交指令，但只在批次间隔结束时处理。在每个批次间隔结束时，交易所运行一个类似于我们在第 7 章中看到的双向拍卖。本次拍卖是统一的价格拍卖；所有代理商的价格都是一样的。在两次拍卖中不能执行的指令将被转移到下一个批次间隔（除非被提交的交易者取消）。

频繁批次拍卖被认为是**密封投标拍卖**（sealed-bid auction）。也就是说，在一个批次间隔内，交易员不能观察其他交易员提交的指令（或是否未完成的指令被取消了）。只有在拍卖结束之后，交易员才会被告知在批次间隔期间提交的所有指令。

在进行双向拍卖时，**竞价优先级**（bid priority）与限价指令簿的优先级类似：指令首先根据价格排序，然后根据提交的时间排序（最早的指令优先级更高）。与连续限价指令簿的一个关键区别是，在同一批次间隔内到达的两个指令被视为具有相同的时间优先级。

不难看出，频繁批次拍卖会极大地减弱快速交易者相对于慢速交易者的优势。当市场使用连续的限价指令簿时，速度在任何时候都有价值。要了解这一点，不妨再次考虑我们在第 8.3.3 节中看到的 ES 和 SPY 的情况。根据目前的市场设计，只要这两种工具的定价存在滞后，一个快速的交易者就可以对陈旧的报价嗤之以鼻。频繁批次拍卖并不能完全消除快速交易者狙击其他交易者的可能性，但在大多数情况下，狙击几乎是完全可能的。实际上，狙击只有在批次间隔结束前，例如 ES 的价格发生变化时才可行。如果价格变化发生在批次间隔的开始，那么所有的交易者都有足够的时间重新调整他们的指令，并且不能进行狙击。

还有另一个更微妙的渠道，通过频繁批次拍卖保护慢速交易者免受掠夺性狙击。如果投资者比高频交易员慢得多，那么后者当然容易对陈旧的报价嗤之以鼻。但是，由于所有的狙击尝试都会在同一批时间间隔内到达，所以狙击手之间不可能有任何速度优势。在这种情况下，指令优先级由价格决定，这有利于慢速交易者。要看到这一点，先假设 ES 的价格上涨了，且 Alice 对 SPY 有一个限价指令，价格为 p。Alice 想取消这个指令，用修正后的卖价 $p'(p'>p)$ 代替。然而，Alice 的反应时间太慢，任何取消陈旧指令的指令都不会在当前批次间隔结束之前到达。在连续限价指令簿的设计中，一个想要狙击 Alice 的高频交易员只需要发送一个到达 p 价格的购买指令。但由于频繁批次拍卖，所有狙击手的指令都以相同的间隔到达。既然双向拍卖只是供求均衡，那么能够和 Alice 进行交易的交易者就是最高价的出价者。也就是说，在频繁批次拍卖中想要狙击 Alice 的交易员有动机提高他们的买价。这种竞争推动价格增长到新水平（正确的），即 p'，从而保证 Alice 即使速度不够快，也能够在新的价格 p' 下进行交易。

因此，在频繁批次拍卖中进行狙击有点类似于在 eBay 上进行狙击（参见第 3.4 节）。对于这两种设计，速度在（eBay 的拍卖或交易的批次间隔的）最后时刻都是有价值的（即狙击是唯一可行的）。而对于连续限价指令簿的设计，速度在任何时候都有一定的价值。

第 9 章 基本匹配模型

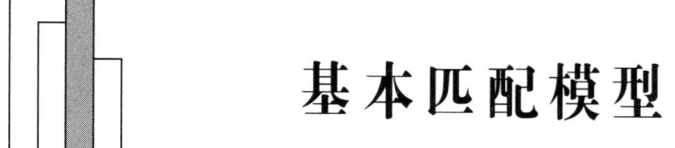

到目前为止，我们已经看到了这样的市场：买家需要付出一定的价格才能购买一件商品（或几件商品），我们的主要关注点是设计和研究能发现"正确"价格的方法。我们现在考虑的是一个更具挑战性的市场环境：没有价格、没有货币交易的市场。正如我们在第 1 章中所概述的，在许多情况中，价格并不是人们在进行交易时要考虑的唯一变量。在大学录取、医生被分配到医院、学生被分配课程或宿舍的情况中，如果存在一个价格的话（学费或者工资），价格可能会发挥作用，但并不足以决定交易。为了更直观地说明这种市场，我们将考虑一种更加极端的情况——根本不存在价格。所以，我们考虑的是"纯"匹配问题，其中唯一的问题是谁与谁（或谁与事物）搭档。

9.1 基本匹配模型

在最简单的匹配形式中，基本匹配问题包括匹配两组代理人。在本章里，我们将这两组人称为音乐家和歌手。为了更清楚地表述，我们对音乐家使用女性代词，对歌手使用男性代词。[1] 这个问题有两个重要的假设：

（ⅰ）每个人（音乐家或歌手）可以与最多一个人匹配。

（ⅱ）音乐家既可以是单身，也可以与歌手匹配。同样，歌手既可以是单身，也可以与音乐家匹配。

---

[1] 我们在本章中介绍的原始匹配模型来自 David Gale and Lloyd S. Shapley, "College Admissions and the Stability of Marriage," American Mathematical Monthly 69, no. 1 (1962): 9-15. 在他们的文章中，作者称这两组代理人为男人和女人，并将他们的模型命名为婚姻问题（marriage problem）。

此模型是一对一的、双边的匹配问题的实例。它是双边的，因为来自市场一方的个体要与来自市场另一方的个体匹配——假设（ⅰ）。同时，它是一对一的，因为每个个体最多可以匹配一个个体。①

不同于该模型的匹配问题还有很多，例如：

● **单边匹配问题**（one-sided matching problems）。我们只有一组个体，我们必须组成两人或者多人团体。一个典型的例子是"室友问题"，我们必须将学生配对，让他们共用同一宿舍。

● **多对一匹配问题**（many-to-one matching problems）。一方的多个个体可以和另一方的同一个个体相匹配。例如，企业雇用工人或学生上学。一个公司雇用多个工人，但是一个工人只能为一个公司工作。同样地，多个学生可以进入同一所大学，但是一个学生最多只能被分配到一所大学。

● **多对多匹配问题**（many-to-many matching problems）。任何一方的任一个体都可以与另一方的多个个体相匹配。多对多匹配问题的经典场景是学生和教授，每个教授被分配给许多学生，每个学生被分配给许多教授（通过教授提供的课程）。

9.1.1 偏好

在基本匹配问题中，我们假设当歌手和音乐家匹配时，没有货币交易。这就意味着，对于一个歌手来说，他要想与同一位音乐家搭档的途径并不多：要么他与她搭档，要么他与她不搭档。因此，我们对潜在搭档的偏好不会改变。② 例如，一个歌手在两个音乐家之间做出选择，比如 Alice 和 Barbara。如果他选择了 Alice 而不是 Barbara，那么他偏好 Alice 胜过 Barbara。

这与我们在前几章中考虑的情景大相径庭，因为每一个匹配（比如分配产品、检索结果排名等）都有相应的价格。在之前的情景中，以 10 美元购买的商品与以 8 美元购买的商品是不同的。当有价格时，买家对一件商品的需求取决于其必须付出的价格。同样的事情也发生在卖家身上：出售商品的决定取决于买家付出的价格。在匹配模型中，情况并非如此。这类似于存在货币交易，但金额是固定的，不能改变。有了可变的货币交易，在两个歌手之间选择（或者对于歌手来说，在两个音乐家之间选择）将取决于双方之间的合同条款。在这种情况下，也许，我们的歌手在某些合同中偏好 Alice 而不是 Barbara，但在另一些合同中偏好 Barbara 而不是 Alice。

如果我们假设没有货币交易（或者歌手和音乐家之间的合同条款是固定的而且是不可修改的），那么个人对潜在伴侣的偏好就是充分信息。③ 因此，匹配模型假设每个歌手都对音乐家有偏好，每个音乐家都对歌手有偏好。偏好可以理解如下：如果歌手偏好

---

① 文献中的许多人只是将这个问题当成一个一对一匹配问题，因为"一对一"（one-to-one）这一表达隐含地指的是双边匹配。

② 我们很可能有货币交易。例如，歌手赚了一些钱，并向音乐家付了一些版税（就像一家公司付给员工工资一样）。只要每个音乐家-歌手的搭档只有一个可能的合同，这种情况与我们的模型完全兼容。相反的情况（因此与我们的匹配模型不兼容）是歌手和音乐家也必须协商合同的条款。

③ 例如，这与微观经济学中的消费者模型矛盾。在微观经济学中，对一堆商品的偏好不足以决定消费者的需求（或选择）；我们还需要了解预算和每种商品的价格。

音乐家 m_1 甚于音乐家 m_2,我们理解他更偏好与 m_1 搭档而不是与 m_2 搭档。

我们将对偏好做两个延伸:一个是纯技术性的,另一个将帮助我们形成一个更一般的模型。我们从后一个延伸开始。

(1)给定一组歌手和音乐家,我们假设有些歌手认为有些音乐家是**不可接受的**(unacceptable)。这就意味着如果一个音乐家 m 不能被一个歌手接受,那么后者宁愿保持单身,也不愿意和 m 搭档。同样,一些音乐家可能会发现一些歌手是不可接受的:他们宁愿保持单身,也不愿意和这些歌手搭档。如果一个音乐家偏好与歌手搭档而不是保持单身,那么那个歌手对那个音乐家而言是**可以接受的**(acceptable)。同样,如果一个歌手偏好与一个音乐家搭档而不是保持单身,那么那个音乐家对那个歌手而言是可以接受的。

(2)我们要做的另一个(技术)延伸是:假设对于每个音乐家来说,她的偏好范围覆盖了歌手和她自己。我们对歌手也有同样的假设:歌手的偏好也包括他自己。这种延伸将允许我们通过独特的排名轻松地表达歌手的偏好,其中包含所有音乐家和该歌手自己,符号表示如下。给定一个歌手,比如 s_1,他的偏好将用 P_{s_1} 表示。如果有四位音乐家:m_1,m_2,m_3,m_4。那么 s_1 的偏好可能是这样的:

$$P_{s_1}=m_1,m_3,m_4,s_1,m_2$$

歌手 s_1 的偏好如下。音乐家 m_1 是歌手 s_1 最偏好的音乐家,音乐家 m_3 是他第二偏好的音乐家,音乐家 m_4 是他第三偏好的音乐家。然后是歌手 s_1 自己。这意味着任何排名高于歌手 s_1 的音乐家都是可以接受的。所以歌手 s_1 发现音乐家 m_1,音乐家 m_3,音乐家 m_4 是可以接受的。相反,任何排名在歌手 s_1 以下的音乐家都被认为是歌手 s_1 所不能接受的。在这种情况下,音乐家 m_2 是不可接受的,因此 s_1 更偏好单身(我们也会说 s_2 更偏好与自己匹配)。

当比较两个可选方案,比如音乐家 m_1 和音乐家 m_4 时,我们通常会这样写:

$$m_1 P_{s_1} m_4$$

以此表示歌手 s_1 偏好音乐家 m_1 甚于音乐家 m_4(例如,根据歌手 s_1 的偏好 P_{s_1},音乐家 m_1 排在音乐家 m_4 之前)。

形式上,歌手 $s \in S$ 的偏好可以通过对集合 $M \cup \{s\}$ 的严格排序来表示,其中集合 $M \cup \{s\}$ 是所有音乐家加上歌手本人的集合。音乐家的偏好也是类似的:音乐家 $m \in M$ 的偏好是对集合 $S \cup \{m\}$ 的严格排序,集合 $S \cup \{m\}$ 是所有歌手加上音乐家自己的集合。请注意,我们不需要做出任何进一步的假设。例如,我们不需要引入一个效用函数来告诉我们歌手偏好一个音乐家甚于另一个音乐家的程度。我们需要的只是一个排序。排序是严格的,这意味着音乐家永远不会在两位歌手(或歌手和她自己)之间偏好无差异。

9.1.2 匹配

我们现在已经准备好定义匹配了。匹配只是所有个体(歌手和音乐家)集合到所有个体集合的映射(或函数)。这个函数通常用希腊字母 μ 表示,读为"mu"(希腊字母表中的"m")。

一个匹配是这样一个函数，说明了在匹配 μ 下每个个体的搭档。例如，μ（Alice）是 Alice 的搭档，既可以是她自己，也可以是音乐家。如果是她自己，那么我们有 μ（Alice）＝Alice。如果她在匹配方案 μ 下与歌手 Bob 匹配，那么我们有 μ（Alice）＝Bob。

定义 9.1 **匹配**（matching）是函数 $\mu: M \cup S \to M \cup S$，使得：

(a) 对于每个歌手 $s \in S$，$\mu(s) \in M \cup \{s\}$，并且对于每个音乐家 $m \in M$，$\mu(m) \in S \cup \{m\}$。

(b) 如果 $\mu(s)=m$，那么 $\mu(m)=s$。

条件（a）表示，歌手 s 最多可以匹配集合 $M \cup \{s\}$ 中的一个代理人。同样，每个音乐家都可以匹配一个歌手或她自己（对于每个 $m \in M$，$\mu(m) \in S \cup \{m\}$）。条件（b）表示，如果歌手 s 与音乐家 m 搭档，$\mu(s)=m$，则该音乐家 m 与该歌手 s 搭档，$\mu(m)=s$。

我们有时可能想要比较不同的匹配方案。为此，我们需要在字母 μ 上添加符号或上标或下标来区分不同匹配方案。例如，我们有匹配方案 μ 和匹配方案 μ'。我们可以在匹配方案 μ 下将 Alice 与 Bob 匹配，但在匹配方案 μ' 下，将 Alice 与 Derek 匹配。所以在这种情况下我们会写 μ（Alice）＝Bob 和 μ'（Alice）＝Derek。

个体对潜在搭档的偏好暗含着对匹配的偏好。要了解这一点，可以考虑 John（歌手）的偏好，P_{John}＝Alice，Barbara，Carol，John，Dana。

所以 John 偏好首先和 Alice 搭档，其次是 Barbara，然后是 Carol，他发现 Dana 是不可接受的。现在考虑两个匹配，μ 和 μ'。在匹配方案 μ 中，我们有 μ（John）＝Carol；在匹配方案 μ' 中，我们有 μ'（John）＝Alice。John 偏好在匹配方案 μ' 下搭档的音乐家的排名高于偏好在匹配方案 μ 下搭档的音乐家。所以相对于匹配方案 μ，John 更偏好与匹配方案 μ_1。

我们假设存在第三个匹配方案 μ''，这样 μ''（John）＝Alice。在这种匹配中，John 的搭档与匹配方案 μ' 的搭档相同（但其他歌手和音乐家的匹配在 μ' 和 μ'' 之间可能不同）。所以 John 对匹配方案 μ' 和 μ'' **偏好无差异**（indifferent）。请务必注意以下事项：

- 歌手和音乐家之间有着**严格**（strict）偏好，这意味着没有一个歌手对两个音乐家（或者一个音乐家和他自己）偏好无差异，也没有一个音乐家对两个歌手（或者一个歌手和她自己）偏好无差异。但是，一旦我们考虑对匹配的偏好，就会出现无差异，因为在两个不同的匹配中，一个个体可以与同一个人搭档。

- 一个人只关心他或她的匹配。换句话说，个体对其他个体的匹配没有偏好。

模型的描述（歌手和音乐家的偏好和匹配函数）是完整的。我们现在要解决的问题（或许也是最有趣的问题）是，谁将与谁匹配。

9.1.3 稳定

到目前为止，我们已经考虑了一组歌手和一组音乐家，并确定了每个人对彼此的偏好，以及哪些匹配是可行的。显然，对于一个给定的问题，有许多匹配方案可以考虑，但也很容易看出，有些匹配方案比其他匹配方案更有趣或更相关。例如，每个人都保持单身的匹配方案可能不是很有趣，这种匹配方案称为**空匹配方案**（empty matching）。有些匹配方案虽然比空匹配方案重要，但也不太有趣。例如，有些歌手或音乐家与其不能接受的人一起搭档。

但是，还有一种想要放弃的匹配：其中一个歌手和一个音乐家没有被匹配在一起，却又偏好被匹配在一起。以下示例说明了这种情况。

例 9.1   我们考虑两位歌手（Arthur 和 Bob）和两位音乐家（Alice 和 Barbara）。他们的偏好在下表中给出。

P_{Arthur}	P_{Bob}
Alice	Alice
Barbara	Barbara
Arthur	Bob

P_{Alice}	P_{Barbara}
Arthur	Bob
Bob	Arthur
Alice	Barbara

偏好如下所示。Arthur 最偏好的音乐家是 Alice，然后是 Barbara。Bob 对音乐家的偏好和 Arthur 一样。然而，Alice 和 Barbara 对谁是最好的歌手持不同意见：Arthur 是 Alice 的偶像，Bob 是 Barbara 的偶像。另外，我们可以看到，每个人都觉得另一边的每个人都是可以接受的：每个音乐家都把两个歌手放在他们自己之上，每个歌手都把两个音乐家放在他们自己之上。

考虑匹配方案 μ 的定义：

$$\mu(\text{Arthur}) = \text{Barbara} \text{ 和 } \mu(\text{Bob}) = \text{Alice}$$

请注意，根据我们对匹配方案的定义，我们刚刚给出的关于匹配方案的信息是足够的：添加 $\mu(\text{Alice}) = \text{Bob}$ 和 $\mu(\text{Barbara}) = \text{Arthur}$ 将是多余的。

现在考虑 Arthur 和 Alice。在匹配方案 μ 下他们没有匹配在一起，但两者都希望匹配在一起。换句话说，对于 Arthur 和 Alice，任何匹配只要能够做到 $\mu'(\text{Arthur}) = \text{Alice}$，那么匹配方案 μ' 优于匹配方案 μ。①

在例 9.1 中描述的情况下发生的匹配方案，或者一个人与其不能接受的人搭档的匹配方案被称为"不稳定匹配"。

定义 9.2   如果匹配方案 μ 满足下面两个条件，μ 将是稳定的，

(1) 它是**个体理性的**（individually rational），这意味着对于每个个体 $v \in M \cup S$，v 弱偏好于 $\mu(v)$；

(2) 没有**阻止对**（blocking pairs），这意味着没有歌手-音乐家组合 (s, m) 使得 $\mu(s) \neq m$ 以及：

$$mP_s\mu(s) \text{ 和 } sP_m\mu(m) \tag{9.1}$$

---

① 正如我们解释的那样，Arthur 只关心与之搭档的歌手，而 Alice 只关心与之搭档的音乐家。无论是 $\mu'(\text{Bob}) = \text{Barbara}$，还是 $\mu'(\text{Bob}) = \text{Bob}$ 且 $\mu'(\text{Barbara}) = \text{Barbara}$，Alice 和 Arthur 都偏好无差异。

匹配方案的稳定性可以等价于"经典"供需关系中的均衡。考虑一下汽油的供需，假设存在很多加油站和消费者。加油站并非完全相同：有些是在我经常经过的道路上，有些则在偏远的地方。但不同消费者有不同的偏好：对我来说不方便的加油站却对他人很便利。如果给定每个加油站的价格，消费者不会改变他们的习惯，那么这个汽油市场是均衡的。在这种情况下，消费者总是去同样的加油站。与之相反，如果我通常去的加油站的汽油价格太高，导致我宁愿去一个别的更远的加油站，那么汽油市场就没有达成均衡。在这种情况下，那个偏远的加油站受益，因为它有一个额外的客户（我），而且我也受益，因为我可以得到更便宜的汽油（与我通常去的加油站相比更便宜）。就汽油而言，我通常去的加油站可能会降低价格，或者偏远但价格较低的加油站可能会略微提高价格。事实上，市场未达到均衡会导致一些人改变他们的决定（或者我去另一个加油站，或者加油站改变它们的价格）。

同样的情况也发生在"纯"匹配问题上，比如我们正在研究的音乐家和歌手。均衡的概念直接转化为稳定匹配的概念。如果两个没有相互行为的个体（如我和遥远的加油站）通过相互行为可以变得更好，那么初始配置就是不均衡的，或者用匹配理论的语言来说是一个不稳定的匹配。

另一种情况是，如果我发现汽油的价格如此昂贵，以至于我最好不要使用汽车（从而购买汽油），而是使用替代的交通工具。匹配也可能受到这种情况的影响：通过切断与他或她的搭档的关系使得音乐家（或歌手）的境况更好。总而言之，稳定匹配事实上并不是一个全新的概念；它只是将经典的市场均衡概念适用于匹配问题。

条件（i）中"弱偏好"意味着个体 v 在 v（他或她自己）和 $\mu(v)$ 之间偏好无差异，或者相对于他或她自己，v 严格偏好于 $\mu(v)$。我们需要说 v 弱偏好，因为个体理性的定义不允许我们推断 v 是否与自己或来自市场另一方的某人相匹配。

如果一个匹配方案 μ 使得在 μ 下，v 严格偏好于他（她）自己而不是其搭档，那么 $\mu(v)$ 不是个体理性的。

条件（ii）的说明如下。如果歌手 s 和音乐家 m 在 μ（即 $\mu(m) \neq s$）下不匹配在一起，并且他们偏好于对方甚于他们在 μ 下的搭档，则他们阻止了匹配方案 μ。式（9.1）描述了这种情况。公式左边的部分说明，歌手 s 偏好音乐家 m 甚于他在匹配方案 μ 下的搭档 $\mu(s)$。公式右边的部分说明，音乐家 m 偏好歌手 s 甚于他在匹配方案 μ 下的搭档 $\mu(m)$。

在例 9.1 中，匹配方案 μ 不稳定，因为它被 Arthur-Alice 这一对所阻止：

$$\text{Alice} P_{\text{Arthur}} \mu(\text{Arthur}) \text{ 和 } \text{Arthur} P_{\text{Alice}} \mu(\text{Alice})$$

因此，稳定匹配包含了一种直觉，即代理人无法改善其境况。在某种意义上，稳定匹配是最佳的。

对于例 9.1，稳定匹配如下：

$$\mu'(\text{Arthur}) = \text{Alice} \text{ 和 } \mu'(\text{Bob}) = \text{Barbara} \tag{9.2}$$

很容易看出，这种匹配方案是个体理性的。每个歌手和每个音乐家都偏好他或她在 μ 下的搭档甚于保持单身（对于每个人，保持单身是在给定偏好假设下的最差选择）。现在考虑 Arthur 和 Alice。对于他们两个人来说，他们在匹配方案 μ_1 下的搭档是最好的搭档，所以他们都不会成为阻止对的一部分。如果我们考虑 Bob，他在匹配方案 μ 下的合伙人是 Barbara。对他来说，Barbara 只是他第二偏好的音乐家；他想和一个他更偏好的音乐家 Alice 合作。所以我们得到：

$$\text{Alice} P_{\text{Bob}} \mu'(\text{Bob})$$

我们这里有式（9.1）的前半部分。但我们还有另一半吗？也就是说，相对于她在匹配方案 μ' 下的搭档，Alice 会不会更偏好 Bob 呢？在形式上，我们有 $\text{Bob} P_{\text{Alice}} \mu'(\text{Alice})$ 吗？答案是否定的，因为 $\mu'(\text{Alice}) = \text{Arthur}$ 并且相对于 Bob，Alice 更偏好 Arthur。所以这对（Bob, Alice）不是阻止对。至于 Barbara，她也与她最偏好的歌手匹配；她不会阻止匹配方案 μ'。因此，式（9.2）中描述的匹配方案是稳定的。

备注 9.1 需要注意的是，当一个歌手和音乐家阻止一个匹配方案时（他们在一起会更好），或者当歌手或音乐家阻止一个匹配方案时（他们与一个不可接受的人搭档在一起了），我们不再继续分析。换句话说，如果一个匹配方案被一个配对阻止（或者个体未被匹配成功），我们将不会分析该匹配方案，除非出现新的匹配方案。

9.2 算法与机制

从形式上看，匹配市场的分析与竞争市场中的拍卖、消费者需求或均衡理论等其他领域的分析大不相同。在本节中，我们将概述经济学家是如何分析匹配问题以及这些市场是如何组织的。

9.2.1 算法

匹配模型的描述非常简单。我们只需要说明所涉及的个人（在本章中，音乐家和歌手）以及他们对潜在搭档的偏好。我们已经看到，偏好是有序的。

在这种形式下，用公式和微积分是非常困难的。这与传统模型（如微观经济学中的消费者模型）形成了对比。在该模型中，我们有一个效用函数、一个需求函数和一个预算约束，这些都是用方程表示的。例如，我们可以计算特定点的需求函数的斜率并对其进行解释。为了确定均衡，我们可以求解包含两个方程的方程组，一个方程代表需求，另一个代表供给。

显然，用我们现有的匹配模型很难进行有关的计算（如果不是不可能的话）。如果我们想要根据某些价格来计算消费者的需求，我们只需要（在标准的、简单的情形下）解如下方程：

$$\frac{\text{商品 1 的边际效用}}{\text{商品 2 的边际效用}} = \frac{\text{商品 1 的价格}}{\text{商品 2 的价格}}$$

但是，如果我们没有函数（比如效用函数），而是有这样的偏好排序：$P_{\text{Albert}} = $ Alice, Barbara, Carol，我们该如何进行呢？

为了匹配市场，经济学家经常使用算法。一个算法仅仅是告诉我们如何使用个人偏好排序的"食谱"。比如，一个蛋糕的食谱描述了我们制作蛋糕需要遵循的所有步骤。

食谱如下所示:①

(1) 将 1 杯做糕点的巧克力(125 克)和 1/4 杯黄油(60 克)融化。

(2) 将 1/2 杯糖(125 克)和 3 个蛋黄混合(保留蛋白)。

(3) 加入糖和蛋黄的混合物、半杯玉米淀粉(60 克)和融化的巧克力与黄油。拌匀。

(4) 打发蛋白。

(5) 将打发好的蛋白与糖、蛋黄、巧克力和玉米淀粉混合搅拌均匀。

(6) 把混合物倒入模具,放进烤箱烤 20~30 分钟(180℃,350°F)。

在匹配问题中,配方/算法可以是:

(1) 任选一个音乐家,选一个她最偏好的歌手。如果双方都可以接受,就把他们撮合在一起。否则,选她第二偏好的歌手。如果双方都能接受,就把他们放在一起。否则,选她最偏好的第三位歌手。继续这样下去,直到音乐家与一位歌手配对,或者已经尝试了所有可以接受的歌手。

(2) 任选另一个音乐家,按第一步做。

(3) 继续这样下去,直到你考虑了所有的音乐家。

使用算法的好处是,我们不需要知道数学知识。我们只需要仔细阅读算法并按照它所说的去做。不过,我们可能会遇到两个困难:

(1) 算法可能写得不太好,所以很难理解我们要做什么。这并不意味着算法是一件坏事。为了避免这种类型的问题,算法有时很长。你不必担心算法的长度。

(2) 有些算法设计得不好。例如,所描述的算法有一个缺陷:它可能不会产生我们定义的匹配。要了解这一点,请考虑下面的小示例。

我们有两个音乐家:Alice 和 Barbara,还有两个歌手:Albert 和 Bob。对于 Albert 和 Bob 来说,这两位音乐家都是可以接受的。音乐家的偏好是:

P_{Alice} = Albert, Bob, Alice

$P_{Barbara}$ = Albert, Bob, Barbara

我们可以看到,Alice 和 Barbara 认为 Albert 和 Bob 都可以接受。于是,我们执行算法。

(1) 我们随便挑选出一个音乐家 Alice。她最偏好的歌手是 Albert。他们是可以互相接受的(Albert 为 Alice 所接受,Alice 为 Albert 所接受)。算法说我们必须匹配它们。步骤 1 完成。

(2) 我们随机选择另一位音乐家。首先要注意的是,该算法并没有说这个音乐家必须与我们在步骤 1 中选择的音乐家不同。这就意味着我们总是有可能(概率很小)选择同一个音乐家,因此我们的算法永远不会停止。为了简单起见,假设我们随机选择 Barbara。

她最偏好的歌手是 Albert。他们是可以互相接受的(Albert 可以接受 Barbara,Barbara 是可以接受的)。算法说我们必须匹配它们。

(3) 我们考虑了所有的音乐家,所以我们的算法停止了。

---

① 这是一个真正的食谱,你可以试一试。

我们可以看到，我们没有符合第 9.1.2 节定义的匹配。事实上，我们看到，Albert 被匹配给了 Alice 和 Barbara。

我们将在本章中学习的算法和下面的其他算法不会受到这种缺陷的影响。它们设计得很好，如果我们稍微小心一点，它们也相对容易遵循。有趣的是分析它们产生的匹配类型。

9.2.2 匹配机制

下一步是构建匹配机制。这种机制是一种工作程序，其工作方式如下：

- **步骤 1**　每个人都提交一份对潜在搭档的偏好列表。该机制指定了提交的偏好应该如何显示。
- **步骤 2**　利用步骤 1 中提交的偏好列表，使用算法计算匹配。
- **步骤 3**　执行算法的结果（匹配）。

对机制的描述清楚地表明，关键元素是我们使用的算法。用附录 B 中的术语来说，匹配机制只是一种直接机制，算法则是结果函数。在分析匹配机制时，我们考虑的两个主要方向是：

- 给定一些偏好列表，我们得到什么匹配？算法计算出的匹配的性质是什么？
- 根据步骤 2 中使用的算法，参与者将如何表现？他们会选择一个与他们的偏好相同的偏好列表，还是会歪曲他们的偏好？

如果没有限制提交偏好的方式，那么个体是否揭示了他们真正的偏好将成为一个问题。但是，机制可能限制了个体。例如，一种机制可以要求个人提交一份只有两个潜在搭档的偏好列表。在这种情况下，显然，个体不能表达他们所有的偏好。

即使个体提交的偏好列表的形式没有受到限制，我们也会看到算法的选择将影响个体"最优"选择。也就是说，表达一个人的真实偏好在有些算法中是最优的，而其他算法可能激励代理人提交一个与真实偏好不同的偏好列表。

我们将考虑的机制的关键属性如下。

定义 9.3　如果对于每个代理人表达真实偏好是占优策略，那么（匹配）机制是**防策略性的**（strategyproof）。

9.3 寻找稳定的匹配

我们现在面临的问题是：如何找到稳定匹配？另一个相关问题是：对于任何问题（例如偏好），是否始终存在稳定匹配？后一个问题的答案是肯定的。为了证明这一点，我们将提出一种识别稳定匹配的简单方法（从而解决第一个问题）。这种方法被称为延迟接受算法，它由大卫·盖尔（David Gale）和劳埃德·沙普利（Lloyd Shapley）在 1962 年引入，在同一篇研究论文中，他们定义了我们刚刚提出的匹配模型。

9.3.1 延迟接受算法

人们可以将**延迟接受算法**（deferred acceptance algorithm）描述为（现代）求偶游

戏。我们首先要选择一方，即歌手或者音乐家，去追求另一方。为了解释这一过程，我们假设歌手会向音乐家求爱。在这个求爱的游戏中，每个歌手都会尝试与一个音乐家搭档，从最偏好的音乐家开始搭档。一些音乐家可能会收到来自多个歌手的搭档要约，因此会保留最偏好的歌手搭档要约，拒绝其他所有搭档要约。有的音乐家可能只收到一个搭档要约，因此她只需要看看这个搭档要约是否来自一个可以接受的歌手。音乐家如果没有收到任何搭档要约的话，将（暂时）无事可做。

那些被拒绝的歌手将会向下一个最偏好的音乐家发出搭档要约。在每一阶段，音乐家都比较其已有的歌手搭档要约与新收到的搭档要约（如果有的话），然后拒绝除最喜欢的要约之外所有的搭档要约。当没有歌手被拒绝时，这个程序就停止了。在我们的求偶游戏结束时，所有被持有的搭档要约都被接受，从而实现搭档。在这种意义上，接受（搭档要约）是延迟的：我们必须等到算法的最后才能看到谁与谁匹配。以下是对算法的正式描述（由歌手发出搭档要约）。

算法 9.1　延迟接受

步骤 1　每个歌手向他最偏好的音乐家发出搭档要约（如果一个歌手发现所有的音乐家都不可接受，那么他保持单身）。

收到一份以上搭档要约的每位音乐家将从向她发出搭档要约并可以接受的歌手中，暂时持有其最偏好的歌手的搭档要约，同时拒绝其他人的搭档要约（那些不是她最偏好歌手的搭档要约和不可接受歌手的搭档要约）。

步骤 k，$k \geqslant 2$　在前一步骤中被拒绝的每个歌手都向他尚未提出过要约的音乐家中最偏好的一位发出搭档要约。如果没有这样的音乐家，这位歌手就保持单身。

收到新搭档要约的每位音乐家暂时保留她最偏好的歌手的搭档要约，她最偏好的歌手包括：

- 刚刚向她发出搭档要约并可接受的歌手
- 上一步中被保留搭档要约的歌手。

其他人的搭档要约被拒绝（那些不是她最偏好的歌手的搭档要约和不可接受歌手的搭档要约）。

最终　当没有歌手的搭档要约被拒绝时，算法停止。每个音乐家都与算法停止时提出她所持有的搭档要约的歌手相配对。

以下示例说明了算法的工作原理。

例 9.2　有三个歌手：Bob、John 和 David，以及三个音乐家：Dinah、Melanie 和 Janis。他们的偏好如下表所示。

P_{Bob}	P_{John}	P_{David}
Dinah	Dinah	Dinah
Melanie	Melanie	Janis
Janis	Janis	Melanie
Bob	John	David

P_{Dinah}	P_{Melanie}	P_{Janis}
Bob	Bob	Bob
John	David	John
David	John	David
Dinah	Melanie	Janis

我们现在用这些偏好和歌手的搭档要约运行延迟接受算法。

- **步骤 1**　每个歌手向他最偏好的音乐家发出搭档要约。于是，Bob、John 和 David 都向 Dinah 发出搭档要约（他们都偏好 Dinah 胜过其他音乐家）。

Dinah 收到三个搭档要约。她最偏好 Bob，所以她暂时接受了他，拒绝了 John 和 David 的搭档要约。

该步骤结束时的匹配方案是 $\mu(\text{Bob})=\text{Dinah}$，且 Melanie、Janis、John 和 David 都是单身（$\mu(\text{David})=\text{David}$，$\mu(\text{John})=\text{John}$，$\mu(\text{Melanie})=\text{Melanie}$，和 $\mu(\text{Janis})=\text{Janis}$）。

- **步骤 2**　John 和 David 是唯一在前一步被拒绝的歌手。在那些没有拒绝他的音乐家中，每个歌手都向自己最偏好的音乐家发出搭档要约。对 John 来说是 Melanie，对 David 来说是 Janis。

Dinah 仍然持有来自 Bob 的搭档要约，没有收到任何新的搭档要约，所以她继续保留了这个搭档要约。Melanie 现在收到了 John 的第一个搭档要约。这是唯一的搭档要约。既然 John 是可以接受的，她就会接受。至于 Janis，她有一个搭档要约，来自 David。那个歌手是可以被她接受的，所以她保留了这个搭档要约。

该步骤结束时的匹配方案是 $\mu(\text{Bob})=\text{Dinah}$，$\mu(\text{John})=\text{Melanie}$，以及 $\mu(\text{David})=\text{Janis}$。在此步骤中没有歌手被拒绝，因此算法停止。

此步骤结束时的匹配方案是最终匹配方案：

$$\mu(\text{Bob})=\text{Dinah},\ \mu(\text{John})=\text{Melanie},\ \mu(\text{David})=\text{Janis} \tag{9.3}$$

当然，上文没有说明为何是歌手发出搭档要约。我们可以在求偶游戏中切换角色，并执行音乐家发出搭档要约的延迟接受算法。在这种情况下，我们将（使用例 9.2 的偏好）获得以下匹配方案：

$$\mu(\text{Bob})=\text{Dinah},\ \mu(\text{John})=\text{Janis},\ \mu(\text{David})=\text{Melanie} \tag{9.4}$$

9.3.2　延迟接受和稳定匹配

运行延迟接受算法时获得的匹配方案具有非常有趣的属性：它是一个稳定匹配。在解释原因之前，让我们看看例 9.2。

Bob 永远不会成为阻止对的一部分，因为他与他最偏好的音乐家搭档。John 和 David 的情况可以同时处理。唯一能让他们成为阻止对的音乐家是 Dinah，因为相对于现有搭档，他们严格偏好于 Dinah。但是 Dinah 更偏好她现在的搭档 Bob，而不是 John 和 David。所以音乐家 Dinah 拒绝和歌手 John 和 David 中的任何一个匹配。最后，由于所有歌手和音乐家都喜欢现有匹配甚于保持单身，因此式（9.3）中描述的匹配方案 μ

是个体理性的。因此 μ 是稳定匹配。

我们现在证明通过延迟接受算法获得的匹配方案必然是稳定的。这将是相对简单的。为了弄明白这一点，考虑任意匹配问题，也就是说，有任意数量的音乐家和歌手，个人的偏好是任意的。

假设歌手提出搭档要约（当音乐家提出搭档要约时，分析类似），在延迟接受算法运行时我们通过这些偏好获得匹配方案 μ，并假设 μ 不稳定。定义 9.2 说明，如果匹配方案不是个体理性的或者存在阻止对，则匹配方案不稳定。所以我们必须考虑以下两种情形。

情形 1　μ 不是个体理性的

首先假设有一个叫作 Leonard 的歌手，他与一位不可接受的音乐家 Nina 匹配。所以在 Leonard 的偏好中，他自己排在 Nina 之前。这意味着在算法运行过程中，Leonard 被所有偏好甚于自己保持单身的音乐家（如果有的话）拒绝了，因此存在一个步骤，在这个步骤中，已经没有他可以接受的且没有发出过搭档要约的音乐家了。在这种情况下，算法表明歌手保持单身；他不能向别的音乐家发出搭档要约。但要想让 Leonard 和 Nina 搭档，一定是在某个步骤中他向她发出搭档要约了。我们刚刚解释了这是不可能的，所以一个歌手不可能和一个不可接受的音乐家搭档。

同样，一个音乐家不可能与一个不可接受的歌手搭档。算法的描述清楚地表明，音乐家总是拒绝与来自不可接受的歌手的搭档要约。

因此，采用延迟接受算法构造的匹配方案必然是个体理性的。

情形 2　有一组阻止对

假设 Barbara 和 Paul 是匹配方案 μ 中的一个阻止对，因此他们彼此偏好对方甚于他们在 μ 下的搭档。如果 Paul 与 $\mu(\text{Paul})$ 匹配，在算法中 Paul 必然在某个步骤向 $\mu(\text{Paul})$（如果这是一个音乐家）发出搭档要约，或者已经被所有他可以接受的音乐家拒绝，导致 $\mu(\text{Paul})=\text{Paul}$。显然，如果 Paul 与 Barbara 想要成为阻止对，那么 Barbara 必然是可以接受的并且排名高于 $\mu(\text{Paul})$。算法是明确的：Paul 必然在更早的步骤向 Barbara 发出搭档要约，然后才可能（在某一步）向 $\mu(\text{Paul})$ 发出搭档要约。所以存在一个步骤，Paul 向 Barbara 发出搭档要约。由于 Paul 最终没有与 Barbara 匹配，所以在某个步骤中她一定拒绝了他。

关键论点如下：音乐家只有在拥有更好的搭档要约（根据她的偏好）时才会拒绝一个搭档要约。所以，如果 Barbara 拒绝了 Paul 的搭档要约，那一定是因为她在某个步骤收到了一个优于 Paul 的歌手的搭档要约。请注意，在歌手提出搭档要约的算法过程中，音乐家只能改善她们的处境：她们是决定拒绝谁的人，只有当她们有更好的选择时，她们才会拒绝歌手。如果 Barbara 拒绝了 Paul，那一定是因为当她拒绝 Paul 时，她得到了一位更偏好的歌手，如 Alex 的邀请。

Alex 可能不是 Barbara 的最终搭档。她可能会在后续算法中收到一个相比于 Alex 她更偏好的歌手的搭档要约。不管 Barbara 最终是和 Alex 搭档，还是和相对于 Alex 她更偏好的其他歌手搭档，Barbara 最终一定会和相对于 Paul 她更偏好的歌手搭档。换句话说，Barbara 偏好她的最后搭档 $\mu(\text{Barbara})$ 甚于 Paul。因此，(Barbara, Paul) 不能构成阻止对，因此延迟接受算法形成的匹配方案中不存在任何阻止对。

我们刚才进行的算法分析给出了如下结论。

结论 9.1 （Gale 和 Shapley）对于任何匹配问题：
- 始终存在稳定匹配。
- 延迟接受算法（无论是音乐家还是歌手发出搭档要约）总是会产生一个相对于算法使用的偏好列表而言稳定的匹配。

9.4 对稳定匹配的偏好

从第 9.3 节中，我们知道，对于任何问题都存在稳定匹配。这个结论引出了另外两个问题：
- 如果有几个稳定匹配，我们能从中选择一个吗？
- 为了使用延迟接受算法，我们首先需要了解个人的偏好。我们如何开展呢？

我们将看到，这些问题的答案是密切相关的。在本节中，我们将讨论稳定匹配的多重性问题。关于激励的问题将在第 9.5 节中讨论。

9.4.1 音乐家最佳匹配和歌手最佳匹配

例 9.2 中给出的偏好产生了两个稳定匹配，我们称之为 μ_S 和 μ_M（这种表示法将很快变得不言自明），则有：

$\mu_S(\text{Bob})=\text{Dinah}$，$\mu_M(\text{Bob})=\text{Dinah}$
$\mu_S(\text{John})=\text{Melanie}$，$\mu_M(\text{John})=\text{Janis}$
$\mu_S(\text{David})=\text{Janis}$，$\mu_M(\text{David})=\text{Melanie}$

在这两个匹配方案中，Bob 始终与同一位音乐家搭档，因此他对 μ_S 和 μ_M 的偏好无差异。然而，John 和 David 并不与同一位音乐家搭档。如果仔细观察，我们可以看到，相对于 μ_M，John 和 David 都严格偏好于 μ_S。如果我们考虑音乐家，情形恰恰相反：相对于 μ_S，Melanie 和 Janis（μ_S 下 John 的搭档和 μ_M 下 David 的搭档）都偏好 μ_M（Dinah 在这两个匹配方案之间偏好无差异，因为她都是与同一个歌手 Bob 搭档）。

另外请注意，对于歌手而言，对于在稳定匹配中哪种匹配方案最好，存在（弱）一致意见。由于 Bob 对于两场稳定匹配偏好无差异，所以这种一致意见是弱的。对于音乐家来说也是如此：对于在稳定匹配中哪种匹配最好，存在（弱）一致意见。事实证明，我们刚刚观察到的一致性不仅适用于特定问题，而且适用于任何匹配问题。

我们可以得到更多：对于歌手而言的最佳稳定匹配也是对音乐家而言的最劣稳定匹配，而对音乐家而言的最佳稳定匹配也是对歌手而言的最劣稳定匹配。

结论 9.2 对于任何匹配问题都存在一个稳定匹配，它既是歌手最偏好的稳定匹配，也是音乐家最不偏好的稳定匹配。

相反，存在一个稳定匹配，它既是音乐家最偏好的稳定匹配，也是歌手最不偏好的稳定匹配。

在进一步讨论之前，我们需要声明，结论 9.2 中关于稳定匹配的偏好仅适用于稳定匹配。这个结论并不是说所有歌手都偏好相同的匹配而不是其他稳定匹配。结论 9.2 提到的"一致性"（unanimity）（歌手之间或音乐家之间的一致性）仅在把范围限定在稳定匹配（而不是所有匹配的集合）时才有效。

请注意，在歌手发出搭档要约的情况下运行延迟接受算法获得的匹配方案是 μ_S，在音乐家发出搭档要约的情况下运行延迟接受算法获得的匹配方案是 μ_M。结论 9.2 可以通过以下方式扩展。

结论 9.3 在歌手发出搭档要约的情况下，延迟接受算法得到的匹配方案是歌手最偏好的稳定匹配（和音乐家最不偏好的稳定匹配）。

在音乐家发出搭档要约的情况下，延迟接受算法得到的匹配方案是音乐家最偏好的稳定匹配（和歌手最不偏好的稳定匹配）。

歌手发出搭档要约时获得的匹配方案称为歌手最佳匹配，用 μ_S 表示。类似地，音乐家发出搭档要约时获得的匹配方案被称为音乐家最佳匹配，用 μ_M 表示。

9.4.2 证明

结论 9.2 和 9.3 的证明并不困难。我们从结论 9.3 开始。为了继续进行，我们需要以下概念。

定义 9.4 如果存在将歌手 s 和音乐家 m 匹配在一起的稳定匹配，则歌手 s 和音乐家 m（彼此）**可以达到**（achievable）。

为了证明结论 9.3，我们只需要证明，当歌手提出搭档要约时，在延迟接受算法下没有一个歌手会被一个可以达到的音乐家拒绝。如果这是成立的，那么我们将推断：在稳定匹配下，一个歌手不能与这样一个音乐家匹配，歌手对这个音乐家的偏好超过在算法结束时他被匹配的音乐家（或者如果他没有搭档时，是他自己）。

然后考虑歌手和音乐家的任何偏好，并执行歌手发出搭档要约下的延迟接受算法。如果算法在第一步结束时停止，那么就意味着所有歌手都与他们最偏好的音乐家匹配，我们就完成了证明。如果不止一步，问题就会变得有趣。

当一个歌手 Paul 第一次被一个可以达到的音乐家 Alice 拒绝时，我们看看会发生什么。也就是说，存在一个稳定匹配，Alice 和 Paul 被匹配在一起，但是在算法的执行过程中，有一个步骤是 Alice 拒绝 Paul，而这是发生这种事情的最早的步骤。如果 Paul 对 Alice 来说是不可接受的，那么这对搭档是不可能达到的（因为根据定义，稳定匹配是个体理性的）。Alice 拒绝了 Paul，一定是因为她收到了一个她偏好的歌手的搭档要约，比如 John。所以有：

$$\text{John} P_{\text{Alice}} \text{Paul} \tag{9.5}$$

设 k_P 是 Paul 被 Alice 拒绝的步骤，设 k_J 是 John 向 Alice 发出搭档要约的步骤。请注意，我们可以有 $k_J \leqslant k_P$。我们有 $k_J = k_P$（Paul 的搭档要约立即遭到拒绝，因为他与 John 同时发出搭档要约）或 $k_J < k_P$（Alice 已经在 Paul 发出搭档要约时持有 John 的搭档要约）。但是我们不能有 $k_P < k_J$，因为 John 是让 Alice 拒绝 Paul 的歌手。

现在我们要证明 Alice 对 Paul 来说是不可能达到的。由于 John 在步骤 k_J 向 Alice 发出搭档要约，她是 John 在所有尚未提出搭档要约的音乐家中最偏好的音乐家。所有其他音乐家都在早些时候拒绝了 John。由于 Paul 是第一位被可以达到的音乐家拒绝的歌手，所以在步骤 k_J 之前拒绝 John 的音乐家对 John 来说是无法达到的。因此，John 可以达到的音乐家的集合是由 Alice 或不如 Alice 受偏好的音乐家构成的，其子集亦然。

我们认为 Alice 对 Paul 来说是可以达到的，因此存在稳定的匹配方案（称为 $\hat{\mu}$），使得 $\hat{\mu}(\text{Alice})=\text{Paul}$。由于 $\hat{\mu}$ 是稳定匹配，所有其他音乐家和歌手都与可以达到的搭档匹配。我们已经看到，所有 John 的可以达到的搭档都不会比 Alice 更受偏好。由于 Alice 在匹配方案 $\hat{\mu}$ 下与 Paul 搭档，因此 John 在 $\hat{\mu}$ 下与不如 Alice 受偏好的人匹配。所以我们有：

$$\text{Alice} P_{\text{John}} \hat{\mu}(\text{John}) \tag{9.6}$$

但是现在式（9.5）和式（9.6）告诉我们，John 和 Alice 可以是 $\hat{\mu}$ 的阻止对（因为 $\hat{\mu}(\text{Alice})=\text{Paul}$）。也就是说，$\hat{\mu}$ 不稳定。这与我们的假设是矛盾的，即 $\hat{\mu}$ 是一个稳定匹配，因此最初假设（在歌手发出搭档要约的算法中歌手被可以达到的音乐家拒绝）不可能是真的。

我们现在可以准备作总结。我们只是表明，当我们运行歌手发出搭档要约的算法时，没有一个歌手会被一个可以达到的音乐家拒绝。由于算法的结果是稳定匹配，所有歌手都与他们最偏好的可以达到的音乐家匹配。也就是说，当歌手发出搭档要约时，获得的匹配将使得每个歌手的搭档就是他最偏好的可以达到的音乐家，也是他最偏好的稳定搭档。所以，歌手的最佳匹配是歌手最偏好的稳定匹配。

结论 9.2 是一般结论的简化：如果所有歌手都偏好稳定匹配方案 μ 甚于另一个稳定匹配方案 μ'（不必是歌手最佳匹配或音乐家最佳匹配），那么所有音乐家都有相反的偏好。也就是说，所有音乐家都偏好匹配方案 μ' 甚于匹配方案 μ。为了看清这一点，假设 μ 和 μ' 是两个稳定匹配方案，所有歌手都偏好 μ 甚于 μ'。我们需要证明所有音乐家都偏好 μ' 甚于 μ。为此，假设这不是真的；也就是说，有一位音乐家，比如 m，他偏好 μ 甚于 μ'。这意味着 m 在匹配方案 μ 和匹配方案 μ' 下的搭档并不是同一歌手。令 $s=\mu(m)$ 且 $s'=\mu'(m)$。所以我们有：

$$\mu(m)=sP_m s'=\mu'(m) \tag{9.7}$$

由于 s 和 s' 是两个不同的歌手，因此 s 在匹配方案 μ' 下与另一个不同的音乐家匹配。并且因为所有歌手都偏好匹配方案 μ 甚于匹配方案 μ'，所以我们有：

$$\mu(s)=mP_s\mu'(s) \tag{9.8}$$

但是式（9.7）和式（9.8）意味着 (m,s) 是匹配方案 μ' 的阻止对；也就是说，匹配方案 μ' 不稳定。这与我们的假设相矛盾，即 μ 和 μ' 是稳定匹配，因此如果所有歌手都偏好匹配方案 μ 甚于另一个匹配方案 μ'，那么没有音乐家可以偏好 μ 甚于 μ'。

9.5 延迟接受算法的激励

虽然歌手和音乐家的决定是他们自己的决定（发出和接受或拒绝搭档要约），但是延迟接受算法更容易被理解为一个算法。算法对歌手和音乐家的偏好给予反馈，并产生匹配方案。因此，我们必须了解延迟接受算法在以下情景中的应用，其中参与者将他们的偏好报告给信息中心，信息中心用这些偏好来运行延迟接受算法。经济学家将这称为**集中决策市场**（centralized markets），而不是**分散决策市场**（decentralized markets）。在分散决策市场中，每个人自己决定和实现交易。

如果我们以这种方式继续，那么出现的直接问题就是歌手和音乐家是否有动机去揭示他们的真实偏好。我们可以想象一种情况，即一个歌手或音乐家（按照他们的真实偏好）更偏好我们根据虚假偏好信息计算出来的匹配方案，而不是我们根据真实偏好信息计算出来的匹配方案。下一个例子说明了这一点。

例 9.3 考虑两个歌手（s_1 和 s_2）和两个音乐家（m_1 和 m_2）。他们的偏好在下表中给出。

P_{s_1}	P_{s_2}
m_1	m_2
m_2	m_1
s_1	s_2

P_{m_1}	P_{m_2}
s_2	s_1
s_1	s_2
m_1	m_2

假设我们运行歌手发出搭档要约的延迟接受算法。在步骤 1 中，s_1 和 s_2 分别向 m_1 和 m_2 发出搭档要约。每个音乐家只有一个搭档要约，这个搭档要约来自一个可以接受的歌手。所以 m_1 和 m_2 都接受了他们的搭档要约，没有歌手被拒绝。因此，该算法停止，且歌手最优匹配方案是：

$$\mu_S(s_1)=m_1 \text{ 和 } \mu_S(s_2)=m_2$$

现在假设音乐家 m_1 不向算法提交她的真实偏好，而是提交以下偏好排序：

$$P'_{m_1}=s_2, m_1, s_1$$

如果我们使用偏好（P_{s_1}，P_{s_2}，P_{m_1}，P_{m_2}）运行延迟接受算法，则会发生以下情况。在步骤 1 中，歌手发出的搭档要约与以前一样：s_1 向 m_1 发出搭档要约，s_2 向 m_2 发出搭档要约。但是现在根据 P'_{m_1}，歌手 s_1 是不可接受的，所以他被拒绝了。与此同时，m_2 暂时接受了 s_2 的搭档要约。所以现在又开始了步骤 2。

在步骤 2 中，歌手 s_1（唯一被拒绝的歌手）向下一位可以接受的音乐家 m_2 提出搭档要约。现在 m_2 有两个搭档要约：一个来自 s_2（来自上一步），另一个来自 s_1。她更偏好 s_1，所以她接受 s_1 并拒绝 s_2 的搭档要约。

在步骤 3 中，歌手 s_2 向下一个可接受的音乐家 m_1 提出搭档要约。根据 P'_{m_1}，这位歌手是可以接受的，所以她接受了他。没有歌手被拒绝，所以算法停止并且最终匹配方案（我们称之为 μ'_S）是：

$$\mu'_S(s_1) = m_2 \text{ 和 } \mu'_S(s_2) = m_1$$

可以看出，根据她的真实偏好，m_1 更偏好她不真实时的搭档（s_2），而不是她真实时的搭档（s_1）。

前面的例子表明，一些人最好不要透露自己的真实偏好。事实证明，如果我们使用延迟接受算法，发出搭档要约的代理人永远不会有动机去歪曲他们的偏好。[1]

结论9.4 （Dubins 和 Freedman；Roth）使用延迟接受算法匹配个人的匹配机制对于提出要约的一方是防策略性的。

我们跳过了这个结论的证明，因为它有点复杂。我们从例9.3中知道，当我们使用延迟接受算法时，不可能从双方诱导出真实的偏好。但是否有其他匹配算法可以实现呢？答案是否定的。

结论9.5 （Roth）对于任何匹配问题，没有匹配机制同时满足以下两个属性：

（ⅰ）匹配方案对于提交的偏好列表是稳定的。

（ⅱ）该机制对所有个人都具有防策略性。

该结论的证明相对简单。请考虑例9.3中的（真实）偏好。根据这些偏好，有两种稳定匹配方案 μ_M 和 μ_S。

假设存在一些"神奇"算法，使得该算法的匹配机制满足结论9.5中的属性（ⅰ）和（ⅱ）。如果提交的偏好是（真实）偏好（$P_{s_1}, P_{s_2}, P_{m_1}, P_{m_2}$），那么"神奇"算法应该产生 μ_M 或 μ_S。

假设我们的"神奇"算法选择 μ_S。我们从例9.3中知道，任一音乐家都能通过歪曲她的偏好变得更好。因此，避免音乐家 m_1 或 m_2 歪曲她们偏好的唯一方法是使用一种最终实现匹配方案 μ_M 的算法。

但是有一个问题。仔细审查例9.3的偏好，我们发现，这个问题对于音乐家和歌手来说是对称的。也就是说，如果算法选择 μ_M，那么情况就会逆转：两位歌手现在都有动机歪曲他们的偏好。例如，歌手 s_1 可以通过提交偏好排序 $P'_{s_1} = m_1, s_1, m_2$ 而变得更好。根据偏好（$P'_{s_1}, P_{s_2}, P_{m_1}, P_{m_2}$），$s_1$ 与 m_1 匹配时存在唯一的稳定匹配。

总而言之，对于例9.3中描述的偏好有以下情况：

● 为了满足结论9.5的属性（ⅰ），算法必须选择 μ_M 或 μ_S。

● 为了满足结论9.5的属性（ⅱ），我们不能选择 μ_M（否则机制对于歌手来说不具有防策略性），也不能选择 μ_S（否则机制对音乐家来说不具有防策略性）。

在最近的一项研究中，Fuhito Kojima 和 Parag Pathak 提出，随着市场变得越来越大（即随着歌手和音乐家的数量增加），平均而言，市场操纵能够盈利的情况越来越少。[2] 该结论与以下事实密切相关：随着个体数量的增加，稳定匹配的平均数量趋于减少。由于

---

[1] Alvin E. Roth, "The Economics of Matching: Stability and Incentives," Mathematics of Operations Research 7, no. 4 (1982): 617–628; Lester E. Dubins and David A. Freedman, "Machiavelli and the Gale-Shapley Algorithm," American Mathematical Monthly 88, no. 7 (1981): 485–494.

[2] Fuhito Kojima and Parag Pathak, "Incentives and Stability in Large Two-Sided Matching Markets," American Economic Review 99, no. 3 (2009): 608–627.

总是存在至少一个稳定匹配（见结论 9.1），足够大的市场通常只有一个稳定匹配。

□ 课后思考题

1. 在任一匹配问题中，其中一方代理人比如音乐家对歌手有相同的偏好。是否存在唯一的稳定匹配呢？如果是，请提供证明。如果没有，请举例。

2. 我们考虑以下包括 4 位音乐家和 5 位歌手的匹配问题。偏好如下。

P_{m1}	P_{m2}	P_{m3}	P_{m4}
s_1	s_1	s_4	s_5
s_5	s_3	s_2	s_3
s_4	s_5	s_3	s_2
s_3	s_2	s_5	s_1
s_2	s_4	s_1	s_4

P_{s1}	P_{s2}	P_{s3}	P_{s4}	P_{s4}
m_4	m_1	m_1	m_4	m_4
m_2	m_2	m_3	m_2	m_2
m_1	m_3	m_4	m_1	m_3
m_3	m_4	m_2	m_3	m_1

（a）请找到音乐家的最佳匹配。

（b）请找到歌手的最佳匹配。

（c）考虑歌手发出搭档要约的延迟接受算法。是否存在歌手或音乐家有动机歪曲他或她的真实偏好？

第 10 章

住院医师匹配

我们将从一个抽象模型开始研究来自两个不同集合的个体之间的匹配。由此产生的一个问题是，这种模型是否可以应用于现实生活环境，或者它是否可以帮助我们更好地理解某些匹配市场的运作方式呢？如果我们考虑公司和员工之间的匹配市场、约会网站、大学录取或任何其他个人寻求与其他个人或机构（公司、大学等）匹配的情况，现实生活中的情况显然比第 9 章介绍的简单匹配模型更复杂。现实匹配市场中许多相关内容是之前简单匹配模型所不能覆盖的。不过，我们将证明，匹配模型的简单性不会妨碍我们对现实匹配市场的分析。更有意义的是，经济学家可以帮助决策者更好地设计现实市场。

本章是围绕匹配模型最成功的应用之一——住院医师与医院的匹配——展开的。这个案例将引导我们了解政策制定者关注的额外结果（additional results），同时也可以说明为什么我们分析匹配时一再坚持稳定性。

10.1 历史

在医学院完成学位后，大多数国家的医学生必须花一些时间在医院作为住院医师完成培训。在美国，每年有超过 20 000 名候选人向（大约）3 800 个住院医师培训计划提出申请（大多数培训计划有几个职位空缺，所以空缺职位几乎与候选人一样多），这个市场相当复杂。讨论的市场需要进一步细分，因为每个医学专业都有市场。虽然大多数候选人只是在寻找第一年的岗位（并在同一项目中完成全部培训），但一些候选人也会寻找第二年的岗位（这会增加额外的限制，因为他们必须与作为第二年职位先决条件的第一年职位相匹配）。一些住院医师培训计划希望仅填充特定数量的职位，这一事实也增加了问题的复杂性。然而，尽管有这些复杂的问题（以及许多其他的问题），对住院医师匹配的研究还是成为匹配文献中最早的成功案例之一。

在 20 世纪 80 年代早期，阿尔文·罗斯（Alvin Roth）开始关注美国对医学生住院医师计划的分配。在 20 世纪上半叶，Roth 观察到住院医师市场是**分散的**（decentralized）；也就是说，住院医师培训计划决定了是否向特定候选人提供工作机会。竞争如此激烈，以至医院将在学生毕业前几年就雇用他们。这种现象在匹配文献中被称为**完全披露**（unraveling），这导致了许多低效率现象。例如，如果一个学生在毕业前几年就被一家医院录用，他就没有那么大的动力去努力学习了，因此，那些在被一家医院录用时被认为很优秀的学生，在开始实习时可能并不像人们预期的那么好。鉴于早期决策可能产生长期负面后果，完全披露也可能对学生造成不利影响。例如，有些学生可能会被雇用为儿科医生，但在完成医学院学习后，他们会更偏好其他专业。

为了解决这些问题，美国医学院于 1945 年同意不在某一日期之前披露学生的信息，希望这会限制完全披露效应。虽然用心良苦，但这项改革出现了瓶颈，迫使住院医师培训计划和候选人进行复杂的时间博弈。一方面，医院显然不愿意向最终拒绝它们的候选人提供工作机会。如果这些候选人花费了太长时间才向医院告知他们的决定，则更是如此。在分散决策市场中，时间是宝贵的，因为等待拒绝回执需要花费时间，这意味着失去了向其他优秀候选人提供要约的机会。医院等待的时间越长，这些候选人就越有可能已经接受了其他地方的聘用。另一方面，候选人通常愿意在拒绝录取之前选择等待。这是因为这些市场的决策往往是不可逆转的：如果学生拒绝医院的录用通知，该医院不太可能在以后再向同一个学生提供工作机会。同样，接受要约通常意味着退出市场。因此，学生的问题是：在没有时间考虑所有可能的要约的情况下接受或拒绝要约。接受一份工作通常意味着放弃获得更好工作的可能性，而拒绝一份工作则意味着冒着最终结果不太理想的风险。通常情况下，候选人收到不是来自首选医院的录用通知，并且他还会被通知他在他更偏好的医院的待录取名单上，这种情况下这个候选人会等到最后一分钟才做出决定。如果碰巧这位候选人最终收到了他首选医院的录取通知书，被拒绝的医院就会不高兴：它浪费了等待答复的时间，失去了向其他候选人提供录取通知的机会（因为其他候选人接受了其他医院的录用通知而不会再考虑这家医院）。有些候选人甚至会拒绝他们最初接受的工作。因此，许多医院会对候选人施加压力，迫使他们做出仓促的决定。

在 1945—1951 年间，住院医师培训计划进行了一些调整，其中大部分都缩短了医院和候选人做出决定的时间，使得给予候选人的决策时间迅速地从 1945 年的 10 天减少到了 1950 年的不到 12 小时。然而这些调整并没能使人满意。到了 1952 年，经过多次讨论，美国各医学协会同意改变项目规则，转而采用**集中市场机制**（centralized market mechanism）。在这样的市场中，托管人不直接向候选人提供录用通知，而候选人不直接接受或拒绝录用通知。相反，医院向信息中心发送它们想要雇用的候选人的有序列表，同时候选人提交他们想要工作的医院的偏好列表。然后使用算法来匹配学生和医院。这一程序至今仍然存在，它被称作**美国住院医师培训匹配计划**（National Resident Matching Program，NRMP）[1]。美国住院医师培训匹配计划的一个关键特点是自愿参

---

[1] NRMP 是一家美国民营的非营利组织，由美国医学专业委员会、美国医院协会、美国医学协会、美国医学院协会和医学专业学会理事会赞助。在早期，匹配程序仅适用于实习生，因此被称为**国家实习生配对计划**（National Intern Matching Program）（正在接受在职培训的医学院毕业生称为住院医师，实习生是第一年住院医师）。

与：医院和候选人没有被迫通过美国住院医师培训匹配计划相互匹配。尽管如此，美国住院医师培训匹配计划的参与率却很快超过了 95%。那么，为什么会产生这样的结果呢？

Roth 在 1984 年发表的著名论文中研究了美国住院医师培训匹配计划中使用的算法。①美国住院医师培训匹配计划使用的算法不是我们在第 9 章中看到的延迟接受算法，但 Roth 成功证明了美国住院医师培训匹配计划使用的算法相当于延迟接受算法（给定候选人和医院提交的偏好列表）。经济学家认为，使用能产生稳定匹配的算法是美国住院医师培训匹配计划成功的关键因素之一。用算法和中央交换中心所来匹配学生和医院对所有参与者都有很大的好处，因为它可以轻松克服我们之前提到的大多数问题。

10.2 多对一匹配模型

研究住院医师匹配使我们有机会引入一个比第 9 章匹配模型更一般的模型，即所谓的**多对一匹配模型**（many-to-one matching model）。这个模型与前一个模型类似，因为它也有两组代理人，但现在是一方的一个代理人与另一方的多个代理人匹配。由于我们正在考虑住院医师匹配，所以本章匹配市场的双方是医院和医生。在我们将要建立的模型中，每个医生最多可以匹配一家医院，但每家医院可以雇用一名以上的医生。因此，我们有一个多对一的匹配模型：若干医生与一家医院的匹配。

形式上，住院医师匹配模型可以描述如下：
- 有一组医生 $D=\{d_1, \cdots, d_n\}$。
- 有一组医院 $H=\{h_1, \cdots, h_m\}$。
- 有一个容量向量 $q=\{q_{h_1}, \cdots, q_{n_m}\}$，它规定了每家医院可以雇用的最大医生数。

10.2.1 多对一匹配模型中的偏好

到目前为止，我们的模型还不完整，因为我们还需要指定医生和医生对潜在搭档的偏好。医生的偏好与第 9 章所描述的相同。也就是说，每位医生 $d \in D$ 对医院和他自己，即 $H \cup \{d\}$，拥有一个偏好排序 P_d。如果医生 d 宁愿一个人也不愿意与医院 h 匹配，那么我们就认为医院 h 对医生 d 来说是不可接受的，写作 $dP_d h$。

对于医院来说，它们的偏好会变得更为复杂，因为现在医院不是考虑雇用一名医生而是要考虑雇用多名医生。这意味着我们需要考虑医院对一组医生的偏好。对个体集合（而非一个人）的偏好问题是很常见的。一个显而易见的例子就是为一个团队雇用运动员：教练对运动员的偏好通常取决于团队的构成。然而，在确定对一组医生的偏好时，我们必须要谨慎。

---

① Alvin E. Roth, "The Evolution of the Labor Market for Medical Interns and Residents: A Case Study in Game Theory," Journal of Political Economy 92, no. 6 (1984): 991-1016.

我们有许多方法可以对个体集合的偏好进行建模，但为了便于说明，我们将考虑最简单的方法，这种方法在匹配的文献中被称为**响应偏好**（responsive preferences）。这些偏好的描述相对简单，而且幸运的是，我们几乎可以完全通过对个人（而非个体集合）的偏好来进行描述。正如我们将要看到的，响应偏好大致相当于说医生对医院的吸引力并不取决于医院雇用的其他医生。

我们首先从每个医院的医生偏好关系开始。如第9章一样。也就是说，每个医院 $h \in H$ 对医生及其自身，即 $D \cup \{h\}$，拥有偏好关系 P_h。如果对医院 h 有偏好关系 $dP_h d'$，这意味着它更偏好医生 d 而不是医生 d'。此外，医院可能会认为一些医生是不可接受的。如果医生 d 对医院 h 来说是不可接受的，我们有 $hP_h d$。

有了对医生的这种偏好，就可以描述对一组医生的偏好关系。为了强调对医生的偏好与对一组医生的偏好不同，我们将通过 $p_h^\#$ 表示医院 h 对一组医生的偏好。

响应偏好可以通过对如何比较两组医生的情况施加条件来定义。但是没有必要对任何一组医生进行比较。我们将仅有一位医生不同的两组医生进行比较就足够了。我们将按照如下方式进行：假设一家医院聘请了包括 Alice 医生在内的一组医生。现在来了一位 Bob 医生，医院在思考是否有必要用 Bob 医生取代 Alice 医生。请注意，现在医院必须比较两组医生：有 Alice 医生的组合和 Bob 医生代替 Alice 医生的组合。那么哪个组合是医院的首选呢？在这种情况下，响应偏好要求只需要将 Alice 医生和 Bob 医生在偏好关系 P_h（而不是 $p_h^\#$）下进行比较，当且仅当 Alice 医生相对于 Bob 医生更被偏好时，有 Alice 医生的组合相比另一组更被偏好。

规范表述就是，医院 h 的偏好关系 $p_h^\#$ 是响应的，如果对于任何一组医生（称之为 S 组）和任何两名医生 d 和 d'，有：

$d \in S$，表示医生 d（在我们的例子中是 Alice 医生）在小组中，

$d' \notin S$，表示医生 d'（在我们的例子中是 Bob 医生）不在小组中。

然后我们有

$$S P_h^\# S \cup \{d'\} \setminus \{d\} \Leftrightarrow d P_h d' \tag{10.1}$$

这里的符号 $S \cup \{d'\} \setminus \{d\}$ 意味着我们采用医生组 S，即添加医生 d'（符号 $\cup \{d'\}$）并且撤出医生 d（符号 $\setminus \{d\}$）。

我们将在例 10.1 中说明响应偏好的工作原理。

例 10.1 我们考虑一家名为医院 h 的医院和四位医生，分别叫作 d_1，d_2，d_3 和 d_4。对医生的偏好 P_h 构建成响应偏好（我们已经了解到这就足够了）。我们假设医院 h 对这四位医生的偏好是：

$$P_h = d_1, d_2, d_3, d_4$$

所以医院 h 偏好医生 d_1 超过医生 d_2，偏好医生 d_2 超过医生 d_3，偏好医生 d_3 超过医生 d_4。回想一下，这是对医生的偏好，而不是对一组医生的偏好（用 $P_h^\#$ 表示）。

我们现在准备研究偏好关系 $P_h^\#$。例如，考虑第一组医生 $\{d_1, d_3, d_4\}$ 和第二组医生 $\{d_1, d_2, d_4\}$。这两组仅有一位医生不同：第一组包含医生 d_3 但不包含医生 d_2，而第二组包含医生 d_2 但不包含医生 d_3。所以医生 d_2 和医生 d_3 在我们之前的例子中扮演了 Alice 医生和 Bob 医生的角色。

响应偏好表明，要比较医生组 $\{d_1, d_3, d_4\}$ 和医生组 $\{d_1, d_2, d_4\}$，比较医生 d_3 和医生 d_2 就已足够。鉴于在偏好关系 P_h 下，医生 d_2 优于医生 d_3，因此响应偏好的定义意味着医院 h 更偏好医生组 $\{d_1, d_2, d_4\}$ 而不是医生组 $\{d_1, d_3, d_4\}$。所以我们有：

$$\{d_1, d_2, d_4\} p_h^\# \{d_1, d_3, d_4\}$$

让我们考虑另外两组医生组 $\{d_1, d_3\}$ 和 $\{d_2, d_4\}$。这两组因不止一位医生不同，所以原则上响应条件并没有告诉我们如何比较这两组。但我们可以使用第三组 $\{d_2, d_3\}$，从而可以进行比较。我们首先比较医生组 $\{d_2, d_4\}$ 和医生组 $\{d_2, d_3\}$。这两组只有一位医生不同，所以我们可以进行比较。因为我们有 $d_3 P_h d_4$，所以可以得到：

$$\{d_2, d_3\} p_h^\# \{d_2, d_4\} \tag{10.2}$$

现在我们比较医生组 $\{d_2, d_3\}$ 和医生组 $\{d_1, d_3\}$。因为有 $d_1 P_h d_2$，所以我们有：

$$\{d_1, d_3\} p_h^\# \{d_2, d_3\} \tag{10.3}$$

结合式（10.2）和式（10.3），我们可以得到：

$$\{d_1, d_3\} p_h^\# \{d_2, d_3\} p_h^\# \{d_2, d_4\} \Rightarrow \{d_1, d_3\} p_h^\# \{d_2, d_4\} \tag{10.4}$$

通过响应偏好，我们还可以比较大小不同的组。为了弄清这一点，请考虑两组医生 $\{d_2\}$ 和 $\{d_1, d_3\}$ 的情况。在这种情况下，我们现在必须考虑医院 h 的容量。如果 $q_h = 1$，那么集合 $\{d_1, d_3\}$ 对于医院是不可接受的，因此我们得到：

$$\{d_2\} p_h^\# \{d_1, d_3\}$$

但是，如果 $q_h \geq 2$，我们可以通过以下方式应用响应条件。集合 $\{d_2\}$ 可以被理解为等同于集合 $\{d_2, \emptyset\}$，其中 $\emptyset$ 表示未填充的空缺。由于医生 d_1 和医生 d_3 对于医院来说是可接受的，我们有 $d_1 P_h \emptyset$ 和 $d_3 P_h \emptyset$。所以我们可以用 d_3 "替换" $\emptyset$，获得医院 h 更偏好的集合。所以我们有：

$$\{d_2, d_3\} p_h^\# \{d_2, \varphi\}$$

然后类似于上一个情况，我们可以用 d_1 替换 d_2，得到：

$$\{d_1, d_3\} p_h^\# \{d_2, d_3\},$$

于是有：

$$\{d_1, d_3\} p_h^\# \{d_2\}$$

但是在某些情况下我们无法比较个体集合。例如，在简单的响应标准下，医生组 $\{d_1, d_4\}$ 和医生组 $\{d_2, d_3\}$（来自例 10.1）不可比。令人惊讶的是，我们无法比较任何两组医生这一事实并不妨碍分析多对一匹配模型。正如我们将在第 10.2.4 节中看到的那样，许多类似从一对一匹配模型所获得的结论也可以在具有响应偏好的多对一模型中获得。我们尚未讨论的另一个问题是，医院是否可以对两组医生有无差异偏好？令人吃惊的是，我们只需要假设医院对个人有严格偏好（即医院从不对两位医生有无差异偏好）。

□ 10.2.2 多对一匹配模型中的匹配和稳定性

多对一匹配模型中的匹配与我们在第9章中看到的一对一匹配模型中的定义类似，但现在我们需要考虑到：
- 医院可与多名医生匹配，
- 医院的容量，即可以雇用的最大数量医生。

我们使用相同的表示法来描述匹配：映射 $\mu: H \cup D \rightarrow H \cup D$。在多对一匹配模型中，匹配方案 μ 必须满足以下限制：

（ⅰ）对于每位医生 $d \in D$，$\mu(d) \in H \cup \{d\}$。

这意味着医生 d 可以匹配至多一个"代理人"，可以是医院（$\mu(d) \in H$）或他自己（$\mu(d) \in \{d\}$）。

（ⅱ）对于每个医院 $h \in H$，$|\mu(h)| \leq q_h$，如果 $|\mu(h)| \geq 1$，那么 $|\mu(h)| \subseteq D$。

第一个要求，$|\mu(h)| \leq q$，表示医院 h 匹配的医生的数量（符号 $|\mu(h)|$）不能超过医院 h 的容量。

第二个要求仅适用于医院与至少一个人匹配的情况。在这种情况下，与医院 h 匹配的所有个体必须构成该组医生的子集（符号 $\mu(h) \subseteq D$）。

请注意符号的区别。对于医生 d，我们写作 $\mu(d) \in H \cup \{d\}$，这意味着医生 d 的匹配 $\mu(d)$，是一个集合（所有的医院和医生自己）中的一个元素。如果我们写成 $\mu(h) \subseteq D$，那么就意味着与医院 h 匹配的所有个体构成了医生集的子集（即，该子集可以包含的元素大于1）。

（ⅲ）$\mu(d) = h$，当且仅当 $d \in \mu(h)$ 时。

该要求规定医生 d 与医院 h 匹配，即 $\mu(d) = h$，这相当于说医生 d 是医院的雇员之一，$d \in \mu(h)$。

我们现在准备定义多对一匹配模型的稳定性。正如我们将看到的，它与第9章中介绍的一对一匹配模型的概念非常相似，只是现在我们还必须考虑到医院的容量限制。在多对多匹配问题中使用三个属性来定义稳定性。

- 如果每位医生 $d \in D$ 弱偏好 $\mu(d)$（他的匹配）甚于 d（他自己），并且对于每所医院 $h \in H$，没有不可接受的医生 $d \in \mu(h)$，则匹配方案 μ 是个体理性的。

医生的情况与我们在第9章中看到的情况相同。对于医院，我们还需要确认医院雇用任何医生都不是不可接受的（在医院对医生的偏好关系 P_h 的前提下）。

- 如果医生和医院在匹配方案 μ 下没有被匹配到一起（即 $\mu(d) \neq h$）并且双方对彼此的偏好甚于对其在匹配方案 μ 下的搭档的偏好，则医生 d 和医院 h 是匹配方案 μ 的阻止对。对于医生来说，比较医院 h 和他目前匹配的医院是很容易的，然而对于医院而言，这却将会变得更加棘手，因为医院可能会与多名医生匹配。为此，找到一位被匹配给医生 d 不太喜欢的医院的医生就足够了，也就是说，我们需要医生 d'，但是医院

h 偏好 d 甚于 d'，即 $dP_h d'$。然后，响应条件将确保医院偏好在匹配方案 μ 下没有医生 d' 的医生组，并把医生 d 添加到该医生组。① 规范地讲，医生 d 和医院 h 阻止了匹配方案 μ，如果 $\mu(d) \neq h$ 并且有医生 $d' \in \mu(h)$ 使得：

$$hP_d\mu(d) \text{和} dP_h d' \tag{10.5}$$

- 匹配方案 μ 是**浪费的**（wasteful），如果存在医生 d 和医院 h 使得 $\mu(d) \neq h$，对医生 d 而言医院 h 是可以接受的并对医院 h 而言医生 d 是可以接受的，同时有 $hP_d\mu(d)$ 且 $|\mu(h)| \leq q_h$

换言之，如果发生以下情况，则匹配方案 μ 是浪费的。有一位医生在匹配方案 μ 下偏好医院 h 而不是与他在匹配方案 μ 下的搭档（他自己或另一家医院）匹配，并且医院 h 有未填满的空缺（$|\mu(h)| < q_h$）。这个概念不同于阻止对的概念，因为医生 d 与医院 h 匹配并不是以另一位医生为代价的。

例 10.2 有三名医生 d_1、d_2 和 d_3，以及两所医院 h_1 和 h_2。他们的偏好列在下表中。这些偏好是对于每位医生而言两所医院都是可以接受的。同样，对于每所医院，所有医生都是可以接受的。请注意，此处描述的医院偏好是对医生的偏好，而不是对医生组的偏好。

医院 h_1 的容量为 2，$q_{h_1} = 2$，医院 h_2 的容量为 1，$q_{h_2} = 1$。

p_{d1}	p_{d2}	p_{d3}
h_1	h_1	h_1
h_2	h_2	h_2

p_{h1}	p_{h2}
d_1	d_1
d_2	d_3
d_3	d_2

1. 一个浪费的匹配

考虑以下匹配方案：

$$\mu(d_1) = h_1, \mu(d_2) = h_2, \mu(d_3) = h_3$$

在匹配方案 μ 中，医生 d_1 和医生 d_2 分别与医院 h_1 和医院 h_2 匹配。医生 d_3 与自己匹配；也就是说，他与任何医院都不匹配。注意，根据匹配的定义，我们推导出 $(h_1) = d_1, \mu(h_2) = d_2$。这种匹配是浪费的，因为有一个没被匹配的医生 d_3、没有填满其容量的医院 h_1，同时医生 d_3 和医院 h_1 是相互可以接受的。

2. 匹配存在阻止对

现在考虑以下匹配方案：

---

① 由于医院对医生组有偏好，因此对阻止的定义似乎不完整；也就是说，医院可能希望同时阻止几位医生。事实证明，在响应偏好下，只考虑简单的医生和医院匹配就不会错漏。

$$\mu'(d_1)=h_1, \mu'(d_2)=h_2, \mu'(d_3)=h_1$$

在匹配方案 μ' 中，两家医院都填补了它们的空缺职位，因此这种匹配方案并不浪费。因为医生 d_1 与他最偏好的医院 h_1 匹配，同时他是医院 h_1 最偏好的医生，所以医生 d_1 不想阻止这种匹配，医院 h_1 不想用任何其他医生替换 d_1。医生 d_3 也与他最偏好的医院匹配，但他是医院 h_1 最不偏好的医生。响应条件意味着医院 h_1 想要用更偏好的医生 d_2 代替医生 d_3。医生 d_2 会怎么样呢？他会与医院 d_2 匹配，这是他最不偏好的医院。所以 (d_2,h_1) 是一个阻止对，它意味着匹配方案 μ' 是不稳定的。

3. 一个稳定的匹配

最后，考虑下面的匹配方案：

$$\mu''(d_1)=h_1, \mu''(d_2)=h_1, \mu''(d_3)=h_2$$

这种匹配方案并不浪费，并且不难检查它没有被任何医生-医院搭档所阻止，因此 μ'' 是一个稳定的匹配。

10.2.3 寻找稳定匹配

构建一个可以帮助找到稳定匹配的算法并不是很困难，不过，要找到稳定的匹配，需要对第 9 章延迟接受算法做一些小修改。原因很简单：我们需要考虑到现在为止医院如何可以与多名医生匹配。至于一对一的情况，我们可以考虑两种版本的延迟接受算法，这具体取决于哪一方提出要约。

10.2.3.1 医生提出要约

对于医生来说，算法与第 9 章的延迟接受算法相同，唯一的区别在于医院。在算法的第一步中，当医院收到医生的要约时，接受或拒绝要约的决定如下：每个医院 h 都接受向医院提出要约的医生，在其容量内按照对医生的偏好顺序，一次接受一个。也就是说，医院（从提出要约的医生中）首先接受最偏好的医生，然后是第二偏好的医生，逐次类推，直到医院 h 接受了 q_h 名医生（其中 q_h 是医院 h 的容量）或者接受了不到 q_h 的所有可以接受的医生，则此时医院已经接受了所有可以接受的医生。如果有剩下的医生，他们则会被拒绝。

对于算法的步骤，接受或拒绝的决定遵循以下规则：每个收到申请的医院都会考虑上一步接受的医生组以及新的申请人集合。从这个更大的集合中，医院根据它的容量，从最偏好的医生开始一次一个地接受医生。

例 10.3 有三名医生 d_1、d_2、d_3，以及两家医院 h_1 和 h_2。医生对医院的偏好和医院对医生（不是医生组）的偏好显示在下表中。医院 h_1 的容量为 2，即 $q_{h_1}=2$，医院 h_2 的容量为 1，即 $q_{h_2}=1$。

p_{d_1}	p_{d_2}	p_{d_3}
h_1	h_2	h_2
h_2	h_1	h_1

续表

p_{h1}	p_{h2}
d_1	d_2
d_2	d_3
d_3	d_1

我们现在在医生提出要约的情况下使用延迟接受算法。

步骤 1 医生 d_1 向医院 h_1 提出要约，医生 d_2 和医生 d_3 都向医院 h_2 提出要约。

医院 h_1 只有一个要约，且是可以接受的，所以医院 h_1 接受医生 d_1。医院 h_2 有两个要约，两者都可以接受，但是医院 h_2 只能雇一位医生。最偏好的医生是 d_2，因此医生 d_2 被接受，医生 d_3 被拒绝。

步骤 2 医生 d_3 是上一步被拒绝的唯一医生。他按照他的偏好顺序，向第二偏好的医院 h_1 提出要约。

医院 h_1 有一个来自医生 d_3 的新要约，并且还拥有上一步医生 d_1 的要约。这两个要约都是可以接受的，因为医院 h_1 可以容纳两位医生，两个申请都被接受了。没有医生被拒绝，因此算法停止。最终的匹配是：

$$\mu = \{(d_1, h_1), (d_2, h_2), (d_3, h_3)\}$$

10.2.3.2 医院提出要约

医院提出要约的算法遵循与其他算法相同的原则：医院向医生提出要约，医生接受或拒绝医院。这里的主要困难是要仔细指明医院向哪些医生提出要约，因为现在它们的偏好是对医生组的偏好。

算法 10.1 医院提出要约情况下的延迟接受算法

步骤 1 每家医院都向其最偏好的医生组提出要约，每位医生都从收到要约的医院中选出最偏好的医院，然后拒绝其他所有医院。

步骤 k，$k \geqslant 2$ 在上一个步骤中，被一次或多次拒绝的医院向满足以下条件的最偏好的医生组提出要约：

- 该医生组必须包含医院在较早步骤（即步骤 $1, 2, \cdots, k-1$）中发出要约且未被拒绝的所有医生。
- 任何新增医生必须是医院之前未向其发出过要约的医生。

一旦医院提出要约，每位医生都从收到要约的医院中选出最偏好的医院，然后拒绝其他所有医院。

例 10.4 为了说明医院发出要约的延迟接受算法，我们使用例 10.3 中的情况。

步骤 1 医院 h_1 希望雇用两名医生。最偏好的一组是由医生 d_1 和医生 d_2 组成的，因此医院 h_1 向这两位医生提出要约。对于医院 h_2 来说，选择会更容易，因为它只想雇用一名医生，所以医院 h_2 向医生 d_2 提出要约。

医生 d_1 从医院 h_1 收到一份要约。这个要约是可以接受的，所以医生 d_1 会接受它。医生 d_2 有来自医院 h_1 和医院 h_2 的两个要约。因为医院 h_2 是首选，因此医生 d_2 接受医院 h_2 并拒绝医院 h_1 的要约。

步骤 2 医院 h_1 是唯一在步骤 1 被拒绝的医院。所以现在医院 h_1 必须向两位医生提出要约。到目前为止，医院 h_1 已向医生 d_1 和医生 d_2 发出过要约。医生 d_1 是唯一没有拒绝医院 h_1 的医生，因此医生 d_1 必然再次收到医院 h_1 的要约。医生 d_3 是唯一尚未收到医院 h_1 要约的医生，因此医院 h_1 必须在以下两组中选择最偏好的医生组：$\{d_1, d_3\}$ 和 $\{d_1\}$。响应偏好条件暗示 $\{d_1, d_3\}$ 是更受偏好的集合，因此医院 h_1 向这两位医生提出要约。

医生 d_1 和医生 d_3 都接受了医院 h_1 的要约。没有要约被拒绝，因此算法停止。最终的匹配是：

$$\mu = \{(d_1, h_1), (d_2, h_2), (d_3, h_1)\}$$

10.2.4 一对一匹配与多对一匹配的异同

我们描述的多对一匹配模型和延迟接受算法拥有我们在一对一匹配模型中看到的大部分特性，但并非全部。

首先，在具有响应偏好的多对一匹配模型中，对于任何偏好和任何医院容量的集合，总是存在稳定匹配。它的存在性比较容易说明，因为它与一对一匹配模型的存在性证明遵循相同的思路。

在多对一匹配模型中，还有一个医生最偏好的稳定匹配（医生最佳匹配），以及医院最偏好的稳定匹配（医院最佳匹配）。我们该如何找到这些匹配呢？答案很简单：使用延迟接受算法。为了找到医生最佳匹配，我们只需要在医生发出要约的情况下运行该算法，同样对于医院最佳匹配来说，它必须是在医院发出要约的情形下运行算法得到的。

事实上，这是预料之中的。要弄清楚这一点，请注意，如果每个医院只能容纳一名医生，那么问题就变成了简单的一对一匹配模型。换句话说，第 9 章的一对一匹配模型是我们在这里研究的多对一匹配模型的特例。

延迟接受算法的一些激励特性也在多对一匹配模型中得到了推广。如果我们在医生发出要约的情况下运行该算法，那么医生表明他们对医院的真实偏好仍然是一个占优策略。但是，如果我们在医院发出要约的情况下运行该算法，那么医院可能会有动机歪曲它们的偏好。要了解这一点，请考虑下例。

有三家医院 h_1、h_2 和 h_3，以及四位医生 d_1、d_2、d_3 和 d_4。三家医院的容量分别为 $q_{h_1}=2$、$q_{h_2}=1$ 和 $q_{h_3}=1$。偏好顺序由下表给出（我们假设每位医生发现每个医院都是可以接受的，每个医院发现每个医生都是可以接受的）。

p_{d_1}	p_{d_2}	p_{d_3}	p_{d_4}
h_3	h_2	h_1	h_1
h_1	h_1	h_3	h_2
h_2	h_3	h_2	h_3

p_{h_1}	p_{h_2}	p_{h_3}
d_1	d_1	d_3

续表

p_{h1}	p_{h2}	p_{h3}
d_2	d_2	d_1
d_3	d_3	d_2
d_4	d_4	d_4

如果我们在医院发出要约的情况下应用延迟接受算法，我们会得到匹配方案 μ_D：

$$\mu_H(h_1)=\{d_3,d_4\},\ \mu_H(h_2)=d_2\ 和\ \mu_H(h_3)=d_1$$

现在考虑匹配方案 μ'：

$$\mu'(h_1)=\{d_2,d_4\},\ \mu'(h_2)=d_1\ 和\ \mu'(h_3)=d_3$$

首先请注意，相对于 μ_D，所有医院都严格偏好 μ'。容易看出，医院 h_2 和医院 h_3 是满足这些条件的。而对于医院 h_1，我们可以观察到通过用医生 d_2 替换医生 d_3 可以获得 μ'。由于医院 h_1 相对于医生 d_3 更偏好医生 d_2，因此响应偏好的定义意味着医院 h_1 相对于 μ_D 更偏好 μ'。

匹配方案 μ' 实际上是当医院 h_2 提交偏好 $P'_{h_1}=d_2,d_4,d_3,d_1$ 时，通过在医院发出要约的情况下延迟接受算法获得的。在提交的偏好组合 $(P'_{h_1},P_{h_2},P_{h_3})$ 下，医院发出要约情况下的延迟接受在步骤 1 停止：没有医生收到来自多家医院的要约（因此没有医院的要约被拒绝）。

上述例子还说明了一对一和多对一匹配模型之间的其他差异。在一对一匹配模型中，不存在这样的匹配，使所有歌手对它的偏好超过歌手最佳匹配（类似地，不存在这样的匹配，使所有音乐家对它的偏好超过音乐家最佳匹配）。在多对一匹配模型中，结论不再成立：所有医院都偏好匹配方案 μ' 甚于医院最佳匹配。

10.3 为什么稳定性很重要？

10.3.1 一个自然实验

美国住院医师培训匹配计划的发展和成功表明，拥有一个计算稳定匹配的集中决策程序是一个匹配市场运作良好的关键。但直到 20 世纪 90 年代初，Roth 才提出了令人信服的论证[①]。这个想法考虑的是英国内科医生和外科医生的市场。这个问题类似于美国市场的问题，不同的是，这个市场被分成了几个区域市场，而且这几个地区正在使用集中决策程序，即市场参与者提供他们对潜在搭档的偏好。Roth 观察到不同地区没有使用相同的算法，并且一些地区已经停止使用了它们最初设计的程序。在大多数情况

[①] Alvin E. Roth, "A Natural Experiment in the Organization of Entry-Level Labor Markets: Regional Markets for New Physicians and Surgeons in the United Kingdom," American Economic Review 81, no. 3 (1991): 415–440.

下，一个程序被停止使用，是因为参与者（学生和医院）能够找到比该程序得出的匹配方案更好的匹配方案。但是请注意，这正是稳定性的概念旨在避免的。实际上，当匹配稳定时，没有医生或医院可以找到比匹配程序给出的搭档更好的搭档。表 10.1 给出了 Roth 分析的各种程序的比较。

表 10.1 稳定和不稳定的算法

市场	是否使用稳定算法	是否还在用（1990 年）
爱丁堡（1969）	是	是
卡迪夫	是	是
伦敦医院	否	是
剑桥	否	是
伯明翰	否	否
爱丁堡（1967）	否	否
纽卡斯尔	否	否
谢菲尔德	否	否

值得注意的是，产生稳定匹配的程序往往表现得相对较好，并且随着时间的推移保持不变。然而，不能产生稳定匹配的市场最终会被放弃。①

10.3.2 实验室中的完全披露

Roth 对英国医疗市场的分析强烈印证了运用稳定匹配机制是正确的方法。但是这个分析留下了几个未回答的问题。首先，我们在第 10.3.1 节中记录的整个英国医疗市场的演变可能不仅取决于算法的选择，还取决于与市场组织方式无直接关系的其他因素。其次，对英国住院医师匹配的分析并没有完全解决我们在第 10.1 节讨论的美国住院医师匹配中发现的问题。在美国住院医师培训匹配计划实施之前，美国医院普遍存在完全披露问题。在实施集中匹配机制之后，这种现象就几乎消失了。我们有理由相信，完全披露的消亡是由美国住院医师培训匹配计划使用产生稳定匹配的算法引起的，但也有可能仅仅是因为完全披露显然在分散决策市场中最为普遍。

然而，美国和英国的经验表明，使用稳定匹配算法的集中机制是适合医疗匹配等市场的正确设计。为了证实这种直觉，John Kagel 和 Alvin Roth 进行了一项实验室实验，该实验模仿了美国和英国市场以及它们向集中稳定匹配机制的过渡。②

在他们的实验中，Kagel 和 Roth 为参与者分配了角色：一半的参与者被分配到了"公司"的角色，另一半被赋予了"工人"的角色。在这个实验中，每个工人都必须与公司匹配（反之亦然，每个公司必须与工人匹配）。一半的公司和一半的工人被认定为

---

① 在 1991 年的论文中，Roth 记录了伦敦医院和剑桥的程序的长久存续，并将其归因于两地市场规模小。在小规模市场中，某种社会压力使得学生没有激励去规避当地的匹配机制。

② John Kagel and Alvin E. Roth, "The Dynamics of Reorganization in Matching Markets: A Laboratory Experiment Motivated by a Natural Experiment," Quarterly Journal of Economics 115, no. 1 (2000): 201–235.

"高生产率"，剩下的则被认定为"低生产率"。目前的情况是一对一匹配模型，支付设计如下：

- 与高生产率参与者匹配的参与者（公司中的工人）将获得约 15 美元的支付。
- 与低生产率参与者匹配的参与者（公司中的工人）将获得约 5 美元的支付。
- 不匹配的参与者（公司中的工人）可获得 0 美元。

与高生产率或低生产率的参与者匹配时，15 美元和 5 美元的支付只是平均值。一些微小的差异会被引入其中，以便使得潜在搭档之间的偏好是严格的。这些小差异是这样的：

- 所有工人或公司都认为与高生产率参与者匹配，可以获得比与低生产率参与者匹配更高的支付。
- 关于哪家高生产率公司是最好的或是最差的，哪家低生产率公司是最好的或是最差的，工人没有统一意见。同样，公司对高生产率工人的排名和低生产率工人的排名也持不同意见。

为了模仿美国和英国的情况，Kagel 和 Roth 使用了两种设计：

设计 1 运行三期的分散市场。

在每个时期，扮演公司角色的参与者都必须向工人发出要约。收到一项或多项要约的工人只需决定是否接受他收到要约中的最高要约或拒绝所有要约。

已经匹配的工人或公司的支付减少的数额如下：

- 如果匹配是在第一期达成的，则支付减少 2 美元；
- 如果匹配是在第二期达成的，则支付减少 1 美元。

支付递减的目的是模拟早期在美国住院医师市场中观察到的匹配（完全披露现象）。正如我们在第 10.1 节中讨论的那样，接受早期的匹配要约是有成本的。

设计 2 一个集中市场。公司和工人都必须提交有关潜在搭档的偏好序列，并使用算法来匹配工人和公司。

对于此设计，需要考虑两种算法：

- 延迟接受机制；
- 在纽卡斯尔市使用的算法，其运作原理如下。首先，对于每对工人-企业匹配，我们计算**优先产品**（priority product），即企业在工人偏好中的排名×工人在企业偏好中的排名。

步骤 1 如果工人和公司的优先产品是 1，则将他们匹配起来。

步骤 2 在剩余的工人和公司中，如果工人和公司的优先产品是 2，则将他们匹配起来。①

步骤 $k=3, 4, \cdots\cdots$ 在剩余的工人和公司中，如果工人和公司的优先产品是 k，则将他们匹配起来。

该算法不能保证产生稳定匹配。

在两种设计中，给参与者的匹配算法指南是相同的，需要注意的是这些指南是实际

---

① 关系破裂对工人来说是有利的。例如，考虑两个工人 Alice 和 Barbara，一个公司 John。公司 John 在 Alice 和 Barbara 心中分别排第一和第二，而 Alice 和 Barbara 在公司 John 眼中分别排第二和第一。我们可以看到，Alice - John 和 Barbara - John 两个配对的优先产品都等于 2。优先考虑工人意味着 Alice - John 先实现，因此最终是 Alice 和 John 配对。

运用于现实生活中的,指南甚至建议参与者按照他们的支付来确定选择顺序是最佳策略(即搭档的最佳选择是带来最高回报的,第二选择是带来第二高回报的)。

在这个实验中,Kagel 和 Roth 首先将设计 1 单独运行 10 次,然后将设计 1 和设计 2 的组合运行 15 次。这个组合具体就是先运行两期设计 1,然后对于在第二期结束时仍未实现匹配的参与者运行设计 2。因此,实验通过引入集中机制,模仿了美国的情况(超过 10 次重复)。

在此实验中,有几种方法可以评估市场设计的绩效,最直接的指标是:
- 早期匹配的成本(第一期匹配为 2 美元,第二期匹配为 1 美元);
- 每个时期匹配的对数。

在这个实验中,效率低下有两个来源。现在我们已经提到了第一个来源,即事实上,有些匹配效率低下是因为它们完成得太早了(通过对第一期或第二期匹配设定支付折扣)。当高生产率参与者与低生产率参与者匹配时,就会出现效率低下的第二个来源。在实验中,支付(以及由此得出的偏好)设定使得在(唯一)稳定匹配时,高(低)生产率公司会与高(低)生产率工人匹配。经济学家将此类匹配称为**协调匹配**(assortative matching)。由于在整个实验期间,一些时期存在分散市场(即参与者自身决定其匹配),所以一些个人会做出次优决策(例如,接受来自低生产率公司的早期要约),从而避免在结束时出现更差的匹配。

Kagel 和 Roth 在他们的实验中观察到了完全披露:总有一些参与者能够在第一阶段的第一期或第二期达成匹配。在分析前 10 次重复(即只有设计 1)时,Kagel 和 Roth 观察到早期匹配的成本增加了。也就是说,当参与者开始变得更熟悉设置时,早期匹配的数量会增加。因此,完全披露是无处不在的。然而引入集中市场确实降低了早期匹配的成本。当使用延迟接受算法时,完全披露被严格最小化:在大约 10 次重复之后,第一期没有达成任何匹配。相反,当使用不稳定匹配机制时,早期匹配(出现在第一期和第二期)的数量增加(虽然幅度不大)。

对实验结果的进一步研究也表明了低生产率和高生产率参与者之间的不同行为。大部分早期匹配都是由高生产率的工人组成的。这与个人所面临的利害关系一致:高生产率的主体比低生产率的主体损失更多,因此会面临更高的不匹配成本。

当在 10 次重复之后引入集中市场时,Kagel 和 Roth 观察到,两种匹配算法的早期匹配略有减少。也就是说,使用集中市场来匹配在开始时对个人来说很有吸引力。然而,随着时间的推移,无论使用延迟接受算法还是其他不稳定算法,参与者的行为都有所不同。当使用延迟接受算法时,高生产率参与者的早期匹配会急剧减少,而使用不稳定算法时早期匹配会增加。换句话说,使用延迟接受算法对参与者来说可以使市场更加安全。将匹配决策延迟到第三期是没有风险的。相反,不稳定匹配算法会导致完全披露(即早期匹配),即使这样做会使参与者付出高昂代价。

10.4 农村医院定理

美国住院医师培训匹配计划的匹配程序的一个显著方面是它能产生稳定匹配。正如对英国医师匹配的分析所表明的那样，使用稳定匹配程序是保证匹配程序可行的关键因素。但对政策制定者而言，这可能还不够。正如我们在第9章中所看到的，在给定条件下（即代理人的偏好）可能存在多个稳定匹配。稳定匹配的多样性不仅出现在一对一匹配模型中，多对一匹配问题也可以具有多个稳定匹配。在这种情况下，政策制定者（或执行匹配程序的人）可能更偏好某些稳定匹配而不是其他的匹配方案。

随着美国住院医师匹配的发展，迅速出现的一个问题是医院和医生的分布。事实证明，候选人通常强烈偏好大城市的医院，而忽略了农村地区的医院。因此，城市地区的医院没有填补空缺的问题，但农村地区的医院往往在招聘季结束时，雇用的医生比它们计划的少。显然，这种情况对卫生政策有负面影响。接下来出现的问题是：美国住院医师培训匹配计划是否可以修改其算法以便它仍能产生稳定匹配，但同时能最大限度地增加农村医院的招聘人数呢？事实证明，这个问题的答案是否定的。匹配文献中的一个著名的定理对此进行了总结。[①]

结论 10.1 （农村医院定理，the rural hospital theorem）对于医生和医院的任何偏好，如果在一个稳定匹配中医院没有填补所有空缺，那么它不会在任何稳定匹配下填补所有空缺。

此外，如果医院没有以某种稳定匹配方式填补其空缺，则它在任何稳定匹配下都将与同一医生组匹配。

当医院的偏好是响应偏好时（这是我们在本章中考虑的情况），证明这一令人惊讶的结论并不太困难。为简单起见，我们将论述每所医院只有一个空缺的情况[②]。

为了证明农村医院定理，我们首先需要另一个（著名的）结论：**分解引理**（Decomposition Lemma）[③]。

分解引理 设 μ 和 μ' 是同一问题的两个稳定匹配。医生组 A 偏好 μ' 甚于 μ，医院组 B 偏好 μ 甚于 μ'。在 μ 和 μ' 下，A 中的每位医生都与 B 中的 1 所医院匹配（但不是同一所医院）。同样地，在 μ 和 μ' 下，B 中的每所医院都与 A 中的 1 位医生匹配。

分解引理背后的直觉相对简单易懂。设 A 中的 1 位医生 d，他偏好 μ' 甚于 μ。请注意，在 μ 中他可能会与自己匹配。但由于他更偏好于 μ'，因此在 μ' 下他一定和 1 所医院匹配（因为 $\mu'(d) \neq \mu(d)$）。设医院 h 是医生 d 在匹配方案 μ' 下搭档的医院，即 $\mu'(d)=h$。那么，医院 h 偏好 μ 甚于 μ'。否则 (d,h) 会阻止匹配方案 μ'（与 μ' 是稳定匹配的事实相矛盾）。所以医院 h 在 B 组。

我们现在知道，A 中的每位医生都在匹配方案 μ 下与 B 中的 1 所医院匹配。这意味着，如果 A 中有 10 位医生，那么 B 中至少有 10 所医院。对医院来讲，我们也可以重复相同的论断，同时我们推断 B 中的每所医院都在 μ' 下与 A 中的 1 位医生匹配。请

[①] 结论 10.1 的第一部分出自 Roth（1984）和 David G. McVitie and Leslie B. Wilson, "Stable Marriage Assignments for Unequal Sets," BIT 10, no. 3 (1970): 295-309. 第二部分出自 Alvin E. Roth, "On the Allocation of Residents to Rural Hospitals: A General Property of Two-Sided Matching Markets," Econometrica 54, no. 2 (1986): 425-427。

[②] 医院可以雇用一位以上的医生的证明会更复杂一点（尽管没有复杂很多），但是它超出了本书的范围。

[③] 我们在这里介绍一个引理的简单版本。完整版可以在 David Gale 和 Marilda Sotomayor 的论文中找到，"Some Remarks on the Stable Matching Problem," Discrete Applied Mathematics 11, no. 3 (1985): 223-232。

注意，这意味着 B 中的医院不能超过 10 所。因此 A 中的医生数量与 B 中的医院数量相同。自然得出了分解引理。

现在我们有了分解引理，就可以证明农村医院定理。假设一个稳定匹配为 μ，假设有医生 d，满足 $\mu(d)=d$，这意味着医生在 μ 下与任何医院都不匹配。设 μ' 是另一个匹配。我们需要证明，对于其他稳定匹配，我们也有 $\mu'(d)=d$。如果情况并非如此，在 μ' 下，医生 d 会与 1 所医院相匹配，我们称那所医院为 h。$dP_d h$ 不存在，否则匹配方案 μ' 将不是个体理性的（医生 d 宁愿保持单身，也不与 h 搭档）。然后我们有 $hP_d d$，意味着医生 d 偏好 μ'（他与 h 匹配），而不是 μ（他与任何医院都不匹配）。所以，医生 d 属于集合 A（根据分解引理得到的相同集合）。但是通过观察分解引理，在匹配方案 μ' 下，A 中的所有医生都与 B 中的 1 所医院匹配。也就是说，医生 d 必须在匹配方案 μ' 下匹配（B 中的）1 所医院，所以我们能有 $\mu'(d)=d$。因此，不可能存在两个稳定匹配，使得 1 位医生在一个稳定匹配下能与 1 所医院匹配，但在另一个稳定匹配下不能与医院匹配。

10.5 伴侣和工程方法

美国住院医师培训匹配计划虽然很成功，但仍存在某些问题。其中一个主要问题是，在 20 世纪 70 年代初，越来越多的已婚伴侣放弃参加美国住院医师培训匹配计划，其主要原因是美国住院医师培训匹配计划设定的初始算法没有考虑那些想要被匹配到同一所医院或附近医院的伴侣的情况。伴侣最好选择绕过美国住院医师培训匹配计划，然后与医院直接谈判，完成匹配。

10.5.1 一个非常复杂的问题

运行美国住院医师培训匹配计划的人员意识到了这个问题，并对他们的算法进行了部分修改。他们提出的解决方案如下：伴侣可以直接与医院协商（即不参加美国住院医师培训匹配计划），也可以注册为伴侣，并进入美国住院医师培训匹配计划提供的特殊的"伴侣算法"。该算法要求伴侣指定一个"领导成员"，领导成员将以通常的方式与医院匹配（与单身候选人一样）。伴侣中另一个成员的医院偏好列表被用于排除远距离的医院，然后将其匹配到领导成员附近的医院。

不幸的是，匹配程序的这个修改并没有解决**参与问题**（the participation problem）。其中一个主要原因是，伴侣算法并没有真正允许伴侣表达对一组位置的偏好。在 20 世纪 80 年代中期，美国住院医师培训匹配计划再次修改其程序，以便伴侣能够表达这种偏好。但事实证明，解决这个问题比人们想象的要困难得多。伴侣所带来的问题比他们表现出来的要更严重。在一个"简单"的双向匹配问题中，就像我们在第 9 章中看到的那样，稳定匹配始终存在，我们知道如何找到它们。当有伴侣存在时，可能就不存在稳定匹配，并且许多其他吸引人的性质也不复存在了。[①]

[①] 例如，尽管稳定匹配存在，也可能无法找到一种算法，使得（对市场中的一方）揭示真实偏好是一种占优策略。其他结果，如农村医院定理或某些稳定匹配的优点（见结论 9.2）将不再可靠。

住院医师匹配因社会演变所遇到的困难，导致美国住院医师培训匹配计划请求 Alvin Roth 和他的同事彻底检查用于上述问题的匹配算法，并设计一个新的匹配程序。[①] 正如他们解释的那样，大部分现有匹配文献的结论只能解决简单的匹配问题。住院医师匹配是一个更复杂的问题，理论几乎没多少话语权；当运用理论时，对市场进行分析可以得到的基本是反例（即负面结果）。在住院医师匹配中，不仅一些医生结伴寻找工作（并且在一组职位中有偏好），而且一些医院也可能有复杂的要求。例如，对于一些医院而言，它可以雇用的某个医学专业的医生数量可能取决于其雇用的另一个医学专业的医生数量。

□ 10.5.2　当理论失效时

要了解理论如何在伴侣等复杂情况下失效，可以考虑以下情况。在一对一匹配问题中，我们已经看到，在延迟接受过程中，接受方从不后悔拒绝某人。也就是说，如果住院医师匹配是一对一匹配问题，并且我们在医生发出要约的情况下使用延迟接受算法，那么在算法的某个步骤中，医院拒绝医生，往往是因为它可以匹配到更偏好的医生。当有伴侣存在时，情况可能不再如此。为了理解这一点，请考虑参加住院医师匹配的伴侣 Alice 和 Albert。假设他们更偏好的一对位置是纽约的医院 h_1 和 h_2。如果他们不能在这两所医院找到工作，那么他们的第二偏好的选择是在波士顿的医院 h_3 工作。医院 h_1 和 h_2 各只有一个职位，但医院 h_3 可以聘请两位医生。我们还有另外两位（单身）医生：Bill 和 Carol。Bill 的首选是医院 h_1，Carol 的首选是医院 h_2。医院（以及医生）的偏好如下表所示。

Alice 和 Albert	Bill	Carol
(h_1, h_2)	h_1	h_2
(h_3, h_3)		
（没有雇用，h_2）		

h_1	h_2	h_3
Bill	Albert	Alice
Alice	Carol	Albert

如果在医生发出要约的情况下运行延迟接受算法，在步骤 1 时医院 h_1 会收到 Bill 和 Alice 的要约，而医院 h_2 会收到 Albert 和 Carol 的要约。医院 h_1 更偏好 Bill，所以它会拒绝 Alice。医院 h_2 则会拒绝 Carol 而选择 Albert。在这一步结束时，Albert 会暂时得到匹配，而 Alice 却不会。如果我们在这里停止运行的话，这种匹配则是不稳定的：Alice 和 Albert 更偏好被医院 h_3 聘用，这对医院 h_3 来说也是一个更好的结果。修改算法可以允许 Alice 和 Albert 在下一步中向医院 h_3 发出要约，这违反了延迟接受算

[①] Alvin E. Roth and Elliott Peranson, "The Redesign of the Matching Market for American Physicians: Some Engineering Aspects of Economic Design," American Economic Review 89, no. 4 (1999): 748–780.

法的精神：医院 h_2 现在不与任何人匹配，所以医院 h_2 会后悔在算法的步骤 1 中拒绝 Carol 的要约。

10.5.3 美国住院医师培训匹配计划的调整

Roth 和他的同事对算法进行了几次深刻的修改，以应对伴侣和其他复杂性的情况。其中两个最重要的变化是：

● **切换到医生提出要约的算法。** 美国住院医师培训匹配计划的原始算法和随后的修改版都是基于医院发出要约的延迟接受算法。这种算法被认为对候选人更加公平，同时，正如 Roth 和 Peranson（1999）所解释的那样，这种算法增加了找到最佳且稳定匹配的概率。

● **按顺序处理一些医生的要约。** 在最初的延迟接受算法中，所有发出要约的代理人同时发出要约。在新的美国住院医师培训匹配计划算法中，每次只发出一个要约。正如 Roth 和 Peranson 所解释的那样，这种处理方式可以使（新）算法更好地修正潜在的不稳定因素，并在此过程中纠正它们。

新的美国住院医师培训匹配计划算法相当复杂，但在这里可以提供一些相对粗略的描述。

算法 10.2 考虑伴侣的美国住院医师培训匹配计划算法

步骤 1 在医生发出要约的情况下，考虑只有一位医生和所有医院的情况，运行延迟接受算法。

步骤 2 按照他们的偏好逐一将一对伴侣与一对医院进行匹配。

例如，如果一对伴侣有偏好 (h_1, h_2)，(h_3, h_4)，(h_5, h_6)，那么我们首先尝试将这对伴侣与医院 h_1 和医院 h_2 匹配。如果医院有职位空缺，或者医院偏好这对伴侣甚于已经匹配的（单身）医生，那么这对伴侣能得到匹配（如有必要，单身医生会被拒绝）。

在伴侣匹配的过程中，一些单身医生可能因为伴侣中一位医生取代了他的位置，不被匹配。

步骤 3 对于在步骤 2 中无处安置的所有单身医生，按照他们的偏好，逐一与医院匹配。

新算法于 1998 年首次使用，并取得了成果。之前遇到的大多数问题都消失了，同时参与率再次上升。但是美国住院医师培训匹配计划程序改进的故事并未就此结束。正如 Roth 和 Peranson 所解释的那样，在匹配市场设计中采用的新方法使得新算法成为可能。正如我们所看到的，住院医师匹配的复杂性意味着简单匹配模型理论不能直接应用。为了克服这种困难，Roth 和 Peranson 使用前几年的数据进行了计算机模拟，以测试各种可能的设计。计算机实验首先是根据标准匹配理论的直觉设计，结果能表明算法中的哪些变化更好。理论的价值在于其有助于指导实际设计工作，并提示可能遇到哪些问题（例如不稳定的来源，如我们前面的 Alice 和 Albert 的例子所见）。换句话说，Roth 和 Peranson 的工作就像工程师：理论在这里提供指导，但由于真正的问题太复杂而不能被理论完全解决，所以进行实验以微调细节。

令人惊讶的是，对实际数据的分析表明，候选人和医院的偏好结构避免了一些理论预测的不存在的结果。换句话说，不存在稳定匹配的伴侣匹配模型中的偏好类型似乎与现实生活中的偏好类型不同。此外，作者设计的算法确实能够产生稳定的匹配。这在一开始并不明显，因为对于某些偏好，算法不能输出良好定义的匹配方案（更不用说稳定匹配了）。

第 10 章 住院医师匹配

第 11 章

分配问题

本章研究的模型类似于我们在第 9 章看到的匹配模型。也就是说，我们将考虑两个集合并且研究如何将其中一个集合的元素与另一集合的元素匹配。这和我们之前研究的匹配模型的主要不同在于，其中一个集合由个体组成，另一个集合由"物品"（例如房屋、职业等）组成。为了将其与匹配问题区分开来，个体与物品的匹配问题被称为**分配问题**（assignment problem）。正如我们将看到的，分配问题与匹配问题非常相似，但它会带来不同的问题并为我们提供研究新算法的机会。

11.1 基本模型

基本模型相对来说比较简单。假设我们有一组个体和一组物品。对匹配模型来说，我们不考虑货币交易。因此，我们可以假设每个人对物品有固定的偏好。这样，一个分配问题被表示为：

- 一组个体 $I = \{i_1, i_2, \cdots, i_n\}$；
- 一组物品 $K = \{k_1, k_2, \cdots, k_m\}$；
- 每个个体对物品的偏好。

现在来看，除了我们将其中的一组元素由个体（音乐家或者歌唱家）换成了物品以外，这个模型看起来与第 9 章的匹配模型没有什么区别。但是，这一个变动实际上带来了很大的影响：物品对其可能的拥有者或搭档是没有偏好的。

在这个模型中，我们面临的主要问题就是找到一个将物品分配给每个个体的方案。对于匹配问题来说，我们需要考虑以下几种情况：一个代理人最多可以被分配到一个物品；一个代理人可以被分配到若干物品；以及其他可能的情况。为简单起见，我们将研究一个简单的情况，即一个人最多可以被分配到一个物品，一个物品只能被分配给一个人。也就是说，我们将要考虑的是**一对一分配问题**（one-to-one assignment problems）。

定义 11.1 一个分配可被表示为函数 $\mu: I \cup K \to I \cup K$，它满足如下条件：

(a) 对于每一个 $i \in I$ 都有 $\mu(i) \in K \cup \{i\}$，对于每一个 $k \in K$ 都有 $\mu(k) \in I \cup \{\varnothing\}$。

(b) 若 $\mu(i) = k$，则 $\mu(k) = i$。

这两个条件理解起来类似于匹配模型中的条件。条件（a）表示个体 i 要么被分配到一个物品（$\mu(i) \in K$），要么没有被分配到物品（$\mu(i) \in \{i\}$，即 $\mu(i) = i$）。一个物品 k 要么被分配给一个个体，$\mu(k) \in I$，要么没有被分配，$\mu(k) = \varnothing$。条件（b）则表示如果个体 i 被分配到了物品 k（$\mu(i) = k$），那么物品 k 也就是被分配给了个体 i（$\mu(k) = i$）。

11.1.1 公共禀赋与私人禀赋

在我们开始处理向个人分配物品的问题之前，应该了解在特定问题中，由于物品初始所有权的不同，分配问题可被分为两大类。

● **个人不拥有物品**。这种情况被称为**公共禀赋**（public endowment）问题。这意味着禀赋（谁拥有物品）属于整个社会（即群体）。这种情况的一个典型例子是将学生分配到学校。

● **个人拥有物品**。对于这类问题，我们说是个体被**赋予**（endowed）了一个物品（或几个物品）。我们将这类问题称为**私人禀赋**（private endowment）问题。它们类似于以物易物，即个人在没有货币交易的情况下交换物品。

当一些物品是私人所有，而其他物品是公共禀赋（我们将在第 16 章中看到一个例子）时，这两类问题也可以合并成一个问题。比如说在许多学校中都会存在的为学生分配宿舍的问题就是这种情况：一些已经被分配到了宿舍的学生（二年级以上的学生）可能想要换到另一个宿舍，但如果他们想的话原来的宿舍也可以保留（所以这就像他们拥有自己的房间一样）。刚刚毕业的学生（因此离开了校园）的宿舍空了出来，因此这些宿舍属于公共禀赋的一部分。

11.1.2 评估分配方案

无论哪一种类型的问题（公共禀赋还是私人禀赋），我们都需要一些标准来评估分配方案。对于这种问题，我们应该考虑两种情况。

（1）每一件物品对代理人都有**优先级排序**（priority ordering）。这样的排序规定了谁拥有更多"权利"拥有该物品，或者换句话说，在分配一个物品时应首先考虑哪些个体。例如，如果两个人同时想要同一个物品，那么它将被分配给具有更高优先级的人。

从形式上来看，这些优先级排序的工作原理类似于偏好排序。可以将它们解释为物品对个体具有某种"偏好"。但实际上，由于物品不可能有"偏好"，所以每当我们分析一个分配方案的整体福利时，这些排序都不会被考虑。在第 13 章中，我们将详细研究分配模型的一个特殊情况，其中物品对个体具有优先级排序。

（2）物品是"完全免费的"；也就是说物品不会对个体进行排序。

在这种情况下，经济学家在分析一个分配方案时通常考虑的主要属性是效率，即**帕累托效率**（Pareto efficiency）。

定义 11.2 如果没有其他分配方案 μ' 满足以下条件，
(a) 每一个个体要么偏好 μ' 甚于 μ，要么对两者偏好无差异，
(b) 至少有一个个体严格偏好 μ' 甚于 μ。
则我们说分配方案 μ 是有效率的。

例 11.1 有三个个体（Alice、Bob 和 Carol）和三个物品（A、B 和 C）。他们对这些物品的偏好在下表中给出。

P_{Alice}	P_{Bob}	P_{Carol}
A	C	B
C	A	C
B	B	A

分配方案 $\mu(Alice)=C$，$\mu(Bob)=A$，$\mu(Carol)=B$ 是无效率的，因为对于 Alice 和 Bob 来说，分配方案 $\mu'(Alice)=A$，$\mu'(Bob)=C$，$\mu'(Carol)=B$ 更好（同时 Carol 对两个分配方案偏好无差异）。因此 μ' 满足定义 11.2 的条件（a）和（b）。

11.2 寻找有效率的分配方案

11.2.1 序列独裁算法

如果我们想要找到一个有效率的分配方案，最基本的解决方案非常简单并且经常用于实践：对个体进行排序，让他们在（仍然）可得到的物品里依次挑选他们最偏好的物品。我们刚刚描述的算法称为**序列独裁算法**（serial dictatorship algorithm）。独裁这个词来自这样一个事实：在每一步中，代理人都会选择对他来说最好的物品，而不考虑其他个体。

算法 11.1 序列独裁算法

步骤 0 对个体进行排序。

步骤 1 序列中的第一个人都被分配到他最偏好的物品。

步骤 k，$k \geqslant 2$ 在除了已被前 $k-1$ 个人选走的物品外的所有物品中，排第 k 位的人被分配到他最偏好的物品。

结束 当所有个体都选择了一个物品，或者没有物品剩余的时候，算法结束。

当禀赋是公共所有的时候，序列独裁算法更为有效，但是当禀赋是私人所有的时候也不妨碍我们使用它（在这种情况下，不考虑初始所有权）。

结论 11.1 无论个体（独裁者）的排序如何，序列独裁算法获得的分配方案是有效率的。

结论 11.1 的证明相对容易。为了理解这一点，假设一种分配方案（我们称之为 μ）无效率。这意味着还有另一种分配方案，比如 μ'，可以让一些个体变得更好（并且使其他个体的境况不变）。考虑严格偏好分配方案 μ' 甚于分配方案 μ 的一组个体，Alice 是

这组个体中的第一个人。所以在 Alice 之前进行选择的所有个体（独裁者），在分配方案 μ 和分配方案 μ' 下获得的物品是相同的。这意味着当我们构造分配方案 μ 并且轮到 Alice 选择时，她在分配方案 μ'（她更偏好的分配方案）下获得的物品是可得到的：它不会被任何在她之前做出选择的人选走（否则 Alice 不会是第一个在分配方案 μ 和分配方案 μ' 下分得不同物品的人）。但是，这与在执行分配方案 μ 时的序列独裁规则使得 Alice 选择 $\mu(i)$ 的事实相矛盾。实际上，如果 Alice 更偏好于 $\mu'(i)$，她一定会在轮到她选择时选择 $\mu'(i)$ 或者一个相比于 $\mu'(i)$ 她更偏好的物品，而不可能是 $\mu(i)$。因此，我们得到一个和假设 Alice 更偏好分配方案 μ' 相反的结论，所以分配方案 μ 必然是有效率的。

11.2.2 交易循环

在私人禀赋的情况下，我们当然可以使用序列独裁算法来找到有效的分配方案，但是这个方法可能会产生一个问题：个人最终可能会得到一个比他初始禀赋更糟糕的物品。避免代理人的境况恶化（比较分配方案和他的禀赋）对市场参与至关重要。如果一个人面临境况变差的风险，他可能就不想参与市场机制，因为他担心将他的禀赋换成他不太偏好的物品。

这个问题最著名的解决方案之一就是所谓的**首位交易循环**（top trading cycle）算法。该算法的总体思路是寻找一个个体序列，使得：

- 序列中的每个个体都被分配到序列中下一个个体拥有的物品。

例如，如果有一个序列是 Alice，Bob，Carol，Denis，……然后 Alice 获得 Bob 的物品，Bob 获得 Carol 的物品，Carol 获得 Denis 的物品，依此类推。序列中的最后一个人将获得 Alice 的物品。

- 这个序列中的每个人都更偏好序列中下一个人的物品。

在前面的例子中，我们要求 Alice 偏好 Bob 的物品，Bob 偏好 Carol 的物品，依此类推。

显然，如果此序列中的每个代理人都获得一个更偏爱的物品，那么他们的境况都会变得更好。但是为了获得一个有效的分配方案，我们需要采用"最佳"序列。为了理解这一点，请考虑以下例子，有三个人（Denis、Erin 和 Francine）和三个物品（A、B 和 C）。一开始，Denis 拥有物品 A，Erin 拥有物品 B，而 Francine 拥有物品 C。他们对这些物品的偏好在下表中给出。

P_Denis	P_Erin	P_Francine
B	C	A
C	A	B
A	B	C

假设序列是（Denis，Francine，Erin）。Denis 是第一个做决定的人，因此他获得了 Francine 的物品 C。第二个做决定的人是 Francine。她获得了 Erin 的物品 B，然后序列中的最后一个人 Erin 得到了 Denis 的物品 A。我们因此得到了一个分配方案 $\mu(\text{Denis})=C$，

μ(Erin)＝A 和 μ(Francine)＝B。

显然，分配方案 μ 不是有效率的，因为相比于分配方案 μ，所有个体都更偏好分配方案 μ'(Denis)＝B，μ'(Erin)＝C 和 μ'(Francine)＝A。这个分配方案可以通过序列(Denis，Erin，Francine) 获得，因此问题就是如何选择正确的序列。

解决该问题的方法是根据个人的偏好来构建一个序列：我们假设一个个体 Denis，下一个代理人拥有 Denis 最偏好的物品。在我们的例子中，是 Erin。因此，在序列中我们将 Erin 排在 Denis 之后。然后在 Erin 后面我们排一个拥有 Erin 最偏好物品的代理人，我们继续这样操作，以将个体添加到我们的序列中。

在构造序列时我们可能面临的一个问题就是，序列中最后一个人最偏好的物品的所有者是否就是序列中的第一个人？答案既可以是肯定的，也可以是否定的。答案是否定的是因为个人可能有任何类型的偏好，所以无法确保序列中的第一个人是最后一个人最偏好的物品的所有者。

但答案也可以是肯定的，因为我们即使可能不会回到序列中的第一个人，也必然回到序列中的某个人。重要的是形成了一个个体的循环。为了理解这一点，假设我们从个体 i_1 开始构建我们的序列。然后 i_1 最偏好的物品归 i_2 所有，而 i_2 最偏好的物品归 i_3 所有。继续这样做，假设到目前为止，我们已经构建了序列 $(i_1, i_2, i_3, \cdots, i_k)$。

假设 i_k 最偏好的物品不是 i_1 拥有的物品，而是 i_3 拥有的物品。在这种情况下，我们可以从 i_3 开始构建我们的序列。这样我们就可以获得一个序列 $(i_3, i_4, \cdots, i_k)$。

此外，因为我们考虑的问题当中个体和物品的数量都是有限的，所以如果所有物品最初都由代理人拥有，那么无论将哪一个个体排在首位，我们都必须在序列中添加一个代理人，使得他最偏好的物品会被序列中的某个人拥有。

一旦我们有了一个循环，我们就会为序列中的每个人分配下一个个体拥有的物品，并从我们的问题中剔除这些代理人（以及他们交换的物品）。请注意，这些代理人已成功地分配到了他们最偏好的物品，因此，对于这些代理人，没有办法改善它们的境况了（在帕累托意义上）。

如果剩下了一些不属于第一个循环/序列的代理人，我们就开始寻找另一个序列，但只考虑剩余的物品。我们一直重复这样的做法，直到所有代理人都分配到了一个物品。

首位交易循环算法通常用图表来描述，其中个体"指向"他们最偏好的物品的所有者。我们现在给出这个过程的一个更正式的介绍，然后举例说明（我们将绘制这些图表）。

算法 11.2 首位交易循环算法

步骤 1 对于每一位个体，我们绘制一个箭头，从该个体指向拥有他最偏好物品的个体。如果一个代理人最偏好的物品已经是他的了，那么箭头就指向他自己（我们称之为**自我循环**（self-cycle））。

我们已经看到至少存在一个循环：如果我们从循环中的一个代理人出发并且跟随箭头的指向，我们最终会回到该代理人。

循环中的每一个个体都被分配了他所指向的个体拥有的物品。循环中的代理人及被分配给他们的物品将会从问题中剔除。

步骤 k，$k \geqslant 2$ 对于每一个个体，我们绘制一个箭头，从该个体指向在未被剔除的物品中拥有他最偏好的物品的个体。如果一个代理人最偏好的物品已经属于他了，那么箭头就会指向他自己（我们进行了一个自我循环）。

必然存在至少一个循环。循环中的每个个体都被分配到他指向的那个个体所拥有的物品。循环中的代理人及被分配给他们的物品将从问题中剔除。

结束：当所有个体都被剔除或者对于尚未被剔除的个体而言没有可以接受的物品时，该算法停止。

例 11.2 考虑五个人 Alice、Bob、John、Lisa 和 Suzanne，以及五个物品 A、B、C、D 和 E。下表给出了这五个人对这些物品的偏好，第一行表示初始禀赋（每个人拥有的物品）。例如 Alice 最初拥有物品 A。

禀赋→	A	B	C	D	E
	P_{Alice}	P_{Bob}	P_{John}	P_{Lisa}	P_{Suzanne}
	B	C	A	C	A
	E	A	E	A	C
	D	D	D	E	B
	C	E	B	B	D
	A	B	C	D	E

步骤 1 Alice 最偏好的物品是 B，B 的所有者是 Bob。所以我们画了一条从 Alice 指向 Bob 的箭头。对于其他个体重复该过程，我们获得了图 11.1，其中在箭头旁边，我们标注箭头起点对应的个体想要的物品（例如，Alice 想要物品 B，因此从 Alice 到 Bob 的箭头标记为 B）。

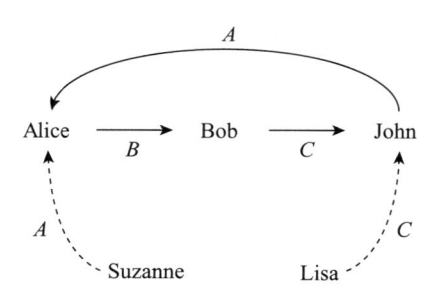

图 11.1 步骤 1

我们有一个 Alice、Bob 和 John 之间的循环（实线箭头）。虚线箭头不是循环的一部分。因此，循环中的每个人都获得他们指向的那个人所拥有的物品。也就是说，Alice 获得了物品 B，Bob 获得了物品 C，John 获得了物品 A。我们从问题中剔除了 Alice、Bob 和 John，同时也剔除了物品 A、B 和 C。所以只有 Lisa 和 Suzanne 留了下来，同样物品 D 和 E 也留了下来。

步骤 2 现在我们要求 Lisa 和 Suzanne 从物品 D 和 E 之间选出他们最偏好的物品，然后指向该物品对应的拥有者。所以我们得到图 11.2——一个（非常）简单的示意图。

这显然是一个循环，所以 Lisa 获得了 Suzanne 拥有的物品，而 Suzanne 获得了物品 D。

图 11.2 步骤 2

因此，基于首位交易循环算法下的分配方案是：

$$\mu(\text{Alice})=B, \mu(\text{John})=A, \mu(\text{Bob})=C, \mu(\text{Lisa})=E, \mu(\text{Suzanne})=D$$

结论 11.2 使用首位交易循环算法获得的分配方案是有效率的。

结论 11.2 背后的道理与序列独裁算法能产生有效分配方案（结论 11.1）的证明非常相似。就好像在每个步骤中，独裁者的数量和我们所考虑的循环中的个体一样多：循环中的所有个体得到所有仍然可以分配的物品中他们最偏好的那一个。在前面的示例中，第一个循环包含 Alice、Bob 和 John，从算法的定义上来看，他们获得的分配是他们的最佳选择。因此，所有参与第一个循环的人都会获得最佳结果。

那其他人怎么样呢？我们从处于步骤 2 中的循环中的个体开始。这些代理人要么被分配到剩下的物品中他们最偏好的物品（在步骤 1 中未被分配的物品），要么被分配到他们最偏好的物品。当步骤 1 中他们指向的物品不是步骤 1 中出现的循环的一部分时，后面一种情况就会发生。因此，该物品不会被剔除并且仍然是可以得到的，所以这些个体获得其最佳可能结果。如果步骤 2 中的个体被分配到他第二偏好的物品，则意味着在步骤 2 中他最偏好的物品不再可以得到。也就是说，他第一偏好的物品已经在步骤 1 中被剔除了。如果我们想要找到另一个分配方案，使这个人的境况更好，我们必须分配给他最偏好的物品。但这样做会使在步骤 1 中获得该物品的人的境况变得更糟。因此，不可能找到另一个分配方案使得在步骤 1 中被分配到物品的个体的境况更好。对步骤 3，4，……中接受分配的个人使用相同的证明方法能得到预期的结论：首位交易循环算法的结果是有效率的。

11.2.3 实施分配规则

现在我们已经定义了将物品分配给个体的规则，那就可以开始讨论这些规则的实施了。序列独裁算法可以以分散的形式实现：我们只需要个体就次序达成一致，然后他们就开始依次选择他们最偏好的物品。但我们也可以以集中的方式实施序列独裁算法，要求个体提交他们对物品的偏好排序。在这种情况下，我们不难得出以下结论。

结论 11.3 使用序列独裁机制算法将物品分配给个体的分配机制是防策略性的。

证明 以序列中的第一个人为例。他可以获得他最偏好的物品，所以他没有动机撒谎。对于序列中的第二个人也是如此：他可以在剩余的物体中获得他最偏好的物品，因此他也没有动机撒谎，其他人同理。

事实上，我们可以得出比结论 11.3 更强的结论。序列独裁机制也是**团体防策略性的**（group strategyproof）。由此，我们可以说，任何一组代理人都不能通过共同歪曲他们的偏好的方式使得这一组中的所有代理人都处于弱更好的状态，而另外的某些代理人处于严格更好的状态。这个结果背后的道理相对简单。将物品分配给个人时，序列独裁机制只需要了解该个体的偏好。也就是说，一群人可以通过歪曲他们的偏好来改善他们的境况，那么第一个人（基于独裁者的顺序）也可以通过成为唯一歪曲偏好的人来改善自己的境况。换句话说，如果序列独裁机制不是团体防策略性的，那么它就不具有防策略性。这与结论11.3相矛盾，因此序列独裁机制是团体防策略性的。

首位交易循环算法的情况稍微复杂一些。可以推出，没有理由不能以分散的形式实施该算法。但是，只要出现"许多"个体和物品，我们就有理由怀疑这个方法能否成功。原因是它需要很多个人之间的协调。在分散的市场中，每个人都会首先尝试去获取他最偏好的物品。每个人都会核查他想要的物品的所有者是否也想要他的物品（例如，Alice会试图看看拥有他最偏好物品的Bob是否也想要他手里的物品）。两个人拥有一些东西并且这两人都想要对方手里的物品，就是经济学家所说的"需求双重的巧合"（double coincidence of wants）。这个策略的一个主要问题就是可能不会出现这种情况（比如例11.2），并且不同物品的数量越大，越不可能出现这种情况。

如果我想要我最偏好的物品，首先我必须知道是谁拥有它并询问那个人是否想要我的物品。如果我拥有他最偏好的物品，那么我们之间就产生了所谓的需求的双重巧合，我们可以进行交易。但如果那个人最偏好的物品不是我拥有的那个呢？我们需要找到第三个人，这也可能会导致我们寻找第四个人。因此，问题可能变得相当复杂，非专业人士的视野可能无法跟踪所有个体的愿望，更不用说找到一个循环了。像例11.2的步骤1中的长链交易很难找到，所以这就催生了货币。如果拥有一种像货币这样的媒介，就可以方便地交换任何其他物品而无须在意需求的双重巧合了（更不用说考虑长链交易了）。

问题的复杂性使我们需要找到一个集中的解决方案。这个问题类似于在婚姻模型（或拍卖）中遇到的问题：个人是否有动机去表明他们的真实偏好？对于首位交易循环算法来说，答案是肯定的。

结论11.4 使用首位交易循环算法将物品分配给个体的分配机制是防策略性的。

首位交易循环算法清楚地解决了我们在本节开头提出的问题：避免出现个人获得比他的禀赋更糟糕的物品的结果。道理如下：对于延迟接受算法，首位交易循环算法将首先尝试为每个人分配他们最偏好的物品。如果不可行，算法将考虑第二偏好的物品，如果仍不可行，则考虑第三偏好的物品，依此类推。在前面的例子中，Suzanne和Lisa首先尝试去获取他们最偏好的物品。一旦无法获得这些物品，他们就会尝试（并成功）去获取不那么偏好的物品。对于个人而言，不如初始禀赋的物品，其顺序必然排在初始禀赋物品的后面。这意味着在首位交易循环算法中，代理人在指向他不偏好的物品的所有者之前将处于一个自我循环中。但是一旦代理人指向他自己，算法就会为代理人分配他自己拥有的物品，因此没有人会得到一个比他的初始禀赋更糟糕的物品。

事实上，首位交易循环算法是在私人拥有禀赋时的一种极其引人注目的分配物品的方式。[1]

---

[1] Jinpeng Ma, "Strategy-Proofness and the Strict Core in a Market with Indivisibilities," International Journal of Game Theory 23, no. 1 (1994): 75-83.

结论 11.5（Ma） 当且仅当使用首位交易循环算法时，分配机制才是防策略性的、有效率的和个体理性的。

当个人没有初始禀赋时，也可以使用首位交易循环算法。但在这种情况下，我们需要修改我们构建箭头的方式。当存在私人禀赋时（我们目前所见），在首位交易循环算法中，个人首先查看他最偏好的物品（如果不在步骤 1，就在剩余的可获得的物品里找），然后查看该物品的所有者是谁。一旦确定了所有者，这个个人就会指向该人。但就公共禀赋而言，则没有所有者。我们该怎么办？解决方案是使用物品对个体的优先级，并使物品也指向具有最高优先级的代理人。

因此，我们以这种方式构建的图形将会更大，因为它包含个体和物品。但绘制箭头的原理保持不变：

- 每个人都指向他最偏好的物品。
- 每个物品都指向具有最高优先级的个体。

一旦我们绘制了所有箭头，我们只需寻找一个循环（这个循环必然存在，原因与之前相同）。当找到一个循环时，我们只需为循环中的每个代理人分配他指向的物品。例 11.3 说明了这是如何起作用的。

例 11.3 考虑五个人：Alice、Bob、John、Lisa 和 Suzanne，以及五个物品：A、B、C、D 和 E。下表给出了个人对这些物品的偏好。

P_{Alice}	P_{Bob}	P_{John}	P_{Lisa}	$P_{Suzanne}$
B	C	A	C	A
E	A	E	A	C
D	D	D	E	B
C	E	B	B	D
A	B	C	D	E

并且下一个表格为每个物品对个人的优先顺序。

P_A	P_B	P_C	P_D	P_E
Alice	Bob	John	Lisa	Bob
John	Lisa	Suzanne	Suzanne	Suzanne
Bob	Suzanne	John	Alice	Alice
Suzanne	Alice	Lisa	John	John
Lisa	John	Alice	Bob	Lisa

步骤 1 对于每个人，我们绘制一个箭头指向该个体最偏好的物品（例如，从 Alice 到物品 B 的箭头，从 Bob 到物品 C 的箭头等），并且对于每个物品，我们绘制一个箭头从该物品指向具有该物品最高优先级的个体（例如，对于物品 D，Lisa 具有最高优先级，因此我们有从 D 到 Lisa 的箭头）。我们得到图 11.3。

图 11.3 步骤 1

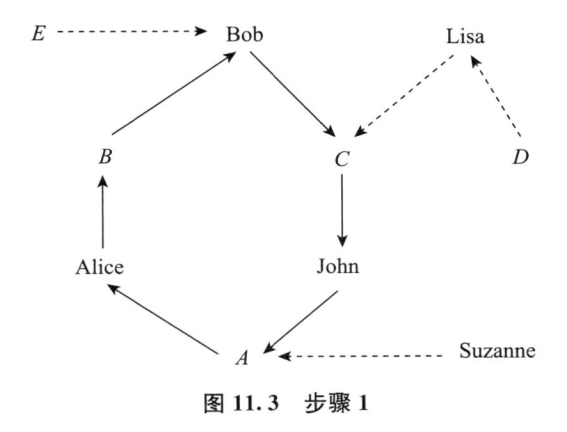

我们可以看到有一个循环用实线箭头标识：(Alice，B；Bob，C；John，A)。不属于这个循环的箭头都是虚线。所有的个人和物品已经被分配并从问题中剔除，所以现在的分配是：

$$\mu(\text{Alice})=B，\mu(\text{Bob})=C，\mu(\text{John})=A$$

步骤 2 我们剩下两个人（Lisa 和 Suzanne）和两个物品（D 和 E）。我们从 Lisa 出发绘制一个箭头，指向 D 和 E 中她最偏好的物品（对 Suzanne 也是如此）。对于该物品，我们绘制一个箭头从物品指向 Lisa 和 Suzanne 中对其具有最高优先级的个体（因此有一个从 D 到 Lisa 的箭头和从 E 到 Suzanne 的箭头）。我们得到图 11.4。

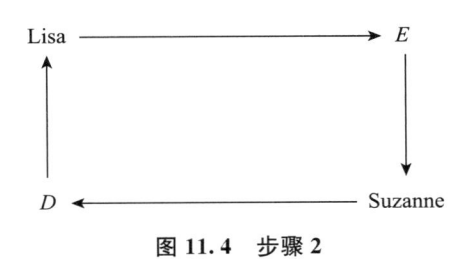

图 11.4 步骤 2

这时就有了一个新的循环，所以 Lisa 和 Suzanne 被分配到他们指向的物品，并且由于没有个体剩下，算法停止。最后的分配方案是：

$$\mu(\text{Alice})=B，\mu(\text{Bob})=C，\mu(\text{John})=A，\mu(\text{Lisa})=E，\mu(\text{Suzanne})=D$$

对于我们刚刚考虑的这一类情况（公共禀赋和物品对个人具有优先级排序），有一个类似于结论 11.4 的结论：使用首位交易循环算法将物品分配给个体的分配机制是具有防策略性的。

11.2.4 个体理性与核

市场设计的一个重要问题是：代理人是否会进入这个市场？例如，我们已经看到，在住院医师匹配（第 10 章）中，伴侣不进入市场会危及国家住院医师匹配计划使用的匹配机制。同样，在荷兰的频谱拍卖中，缺乏投标人（第 6 章）是拍卖没有达到预期效果的主要原因之一。

在分配问题上，参与分配也是一个重要问题。在私人禀赋的情况下，如果一个或几个人预期他们不能被分配到一个可以接受的并且和他们目前拥有的物品一样好的物品，那么选择退出该机制显然会使他们的境况更好。要求结束时个体的境况与初始境况相比不会变得更糟，这被称为**个体理性**（individual rationality）。是否总能找到一个个体理性的分配方案呢？答案是肯定的，事实证明，我们已经知道如何找到这样的分配方案了（除了每个人都保留初始禀赋这样微不足道的分配方案之外的方案）。

结论 11.6 （由结论 11.5 推导而来）使用首位交易循环算法获得的分配方案是个体理性的。

请注意，结论 11.6 与使用首位交易循环算法（结论 11.2）获得的分配方案的效率没有直接关系。我们确实可以找到一个有效率的分配方案，但其中有一个人获得一个不如他初始禀赋好的物品。假设有两个物品 A 和 B，以及具有相同偏好的两个人，Alice 和 Bob：物品 A 是他们最偏好的。如果 Alice 的禀赋是物品 A（Bob 的禀赋是物品 B），那么 Alice 获得物品 B 并且 Bob 获得物品 A 的分配方案是有效率的（我们不能在不使 Bob 的境况变得更糟的情况下使 Alice 的境况变得更好），但不是个体理性的。

我们可以将个体理性的概念扩展到群体。当我们考虑交换时，这样做是很自然的：个体会在市场中聚集起来（无论是否使用特定机制），因为他们可以从交易中受益。因此，我们也可以考虑这样的情况：一组代理人发现其作为一个群体没有获得一个令人满意的分配方案。在这种情况下，会有几个个体发现他们依靠自己就可以获得一个更好的分配方案。以下例子说明了这种情况。

例 11.4 假设有三个人：Alice、Bob 和 Carol，以及三个物品：A、B 和 C。偏好和禀赋在下表中给出。

禀赋→	A	B	C
	P_{Alice}	P_{Bob}	P_{Carol}
	B	A	A
	C	B	B
	A	C	C

分配方案 $\mu(\text{Alice})=C$，$\mu(\text{Bob})=B$，$\mu(\text{Carol})=A$ 是有效率的：没有其他的分配方案可以使至少一个人的境况严格变好了（其他人的境况保持不变）。

但是，我们可以发现，如果没有 Carol 的话，Alice 和 Bob 的境况会更好。他们可以交换他们的禀赋（Alice 获得物品 B，Bob 获得物品 A），获得一个相对于 μ 他们更偏好的分配方案（以牺牲 Carol 为代价）。

如果一个分配方案使得一群个体中的任何一个人都没有兴趣离开其他个体，那么这个分配方案被称为**核分配**（core assignment）。

定义 11.3 如果在分配方案 μ 下，没有一个个体组成的联盟 S 和分配方案 μ' 满足：
(1) 对于个体 $i \in S$，物品 $\mu'(i)$ 是 S 中另一个个体的禀赋；
(2) S 中的每个个体都偏好 μ' 甚于 μ，或者对 μ 和 μ' 的偏好无差异，但至少有一个

个体严格偏好 μ' 甚于 μ。

那么，分配问题的**核**（core）是全部分配方案 μ 的集合。

定义 11.3 中的第一点抓住了这样一个事实，由所有个体组成的大群体中逐渐分裂出一个个联盟，并且他们只在自己的团体内部进行交易。第二点类似于效率的概念，但仅适用于"**异议组**"（dissident group）。在例 11.4 中，分配方案 μ 不在核分配中。

核的概念似乎非常有吸引力，因为它为创建包含尽可能多的个体的市场提供了强有力的理由。但是，它似乎有点苛刻。对于任何分配问题，是否总是至少有一个核分配？答案是肯定的，事实证明，我们已经知道了如何找到这样的分配结果。①

结论 11.7 （Roth 和 Postlewaite）对于任何分配问题，有且仅有一个核分配，并且可以使用首位交易循环算法得到此分配。

结论 11.7 背后的道理相当简单。了解首位交易循环算法是如何执行的就足够了。考虑步骤 1 中任意的一个循环。参与这个循环的所有人都将获得他们最偏好的物品。因此，任何不给予这些人他们最偏好的物品的分配方案都不能成为核分配。这些人都更偏好他们在整个循环中获得的分配（它满足定义 11.3 的条件 2）。现在观察一下，在这个循环中所有人都可以获得此循环中的另一个人的禀赋。因此，他们通过循环获得的分配也满足定义 11.3 中的条件 1。

总而言之，如果一个分配方案在核分配中，则必须满足在步骤 1（即在第一循环）中所有被分配了的个体获得的物品与他们在首位交易循环算法下获得的物品相同。现在，在首位交易循环算法的步骤 2 中找到一个循环，对在此循环中被分配的代理人重复此推理就足够了。只有我们为他们分配一个在步骤 1 中被分配的物品，那些人的境况才会变得更好。但这是不可能的，所以他们最好的情况就是他们在步骤 2 中获得的分配。不难看出，如果在步骤 2 中个人获得的物品与他们在首位交易循环算法下获得的物品不同（但是步骤 1 中的个体被分配了他们在首位交易循环下的物品），那么他们在步骤 2 中获得的分配方案满足定义 11.3 的条件 1 和条件 2。

在步骤 3，4，……中重复该过程，我们最终得到一个明确定义的分配方案，这个分配方案在核分配之中，并且任何其他分配方案都不在核分配之中。

11.3 混合的公共-私人禀赋

到目前为止，我们已经看到了分配问题的两种极端情况：一种情况是个人最初不拥有物品（公共禀赋）以及相反的情况——个人最初拥有一个物品（私人禀赋）。

然而，在很多情况下，我们面临的是这两种情况的混合。一个常见的情况是校园里的学生宿舍的分配问题。许多学院和大学为学生提供住宿，每年都有一些学生因毕业离开宿舍，新生入学，我们就会面临私人禀赋和公共禀赋混合在一起的情况。

- 私人禀赋：上一学年已入学的学生。他们去年得到的房间就是他们的私人禀赋。

---

① Alvin E. Roth and Andrew Postlewaite, "Weak versus Strong Domination in a Market with Indivisible Goods," *Journal of Mathematical Economics* 4, no. 2 (1977): 131-137.

- **公共禀赋**：刚刚毕业的学生空出来的房间。新来的学生没有任何禀赋。

在这种情况下我们该如何处理？由于有一部分个体已经拥有了禀赋，所以这个问题很微妙。如果我们制定一个分配物品的方案，那么这些个体最终可能会被分配一个比他们最初拥有的物品更糟糕的物品（根据他们的偏好）。出于这个原因，通常习惯给这些人一个额外的选择：或者参与分配物品的机制，或者不参与并继续享有目前的物品。这样那些人就可以避免承担风险。但是这样的政策会产生一个额外的问题：我们获得的分配方案可能是无效率的。

Atila Abdulkadiroğlu 和 Tayfun Sönmez 首先分析了混合的公共-私人禀赋的问题。[①] 他们的研究动机出于房屋分配的问题，特别是高校宿舍的分配情况。在这里，我们依照他们的方法：称已经拥有一个物品的个体为**现有租户**（existing tenants）（这里的物品是房屋）以及没有任何禀赋的个体为**新申请人**（new applicants）。有趣的是，他们分析了现实应用中的各种机制，我们现在回顾一下。

11.3.1 效率低下的机制

第一个极为常见的分配机制是**占用权的随机序列独裁**（random serial dictatorship with squatting rights）。这种机制已被用于卡内基·梅隆大学、杜克大学和哈佛大学的本科生住宿分配。这个想法是运行一个序列独裁机制，其中独裁者的顺序是随机的（我们将在第 12.2 节详细研究随机性的使用），但在此之前，现有的租户必须决定他们是否想要参与这个分配机制。如果现有租户选择退出，那么他就会保留他现有的房屋，否则只要他参加了序列独裁机制，就会失去他的禀赋。该机制的正式描述如下。

算法 11.3 占用权的随机序列独裁

步骤 1 现有租户宣布他们是否想要保留自己的房屋。如果他们想要保留，他们就会享有他们当前的房屋；否则他们的房屋就会和空置的房屋放在一起等待重新分配。

步骤 2 我们对所有个体进行随机排序，这些个体包括新申请人和选择不保留房屋的现有租户。

步骤 3 对步骤 2 中得出的序列实行序列独裁算法。

这种机制的问题在于，它无法保证现有租户后来分配的房屋至少能够与他最初拥有的房屋一样好。因此，想规避风险的现有租户可能更愿意选择退出该分配机制，这很容易导致出现一个效率低下的分配方案。

例 11.5 假设有三个房屋：A、B 和 C，以及三个人：Alice、Bob 和 Carol。Alice 是唯一的现有租户，她的禀赋是房屋 A。每个人的偏好如下：

P_{Alice}	P_{Bob}	P_{Carol}
B	B	A
A	C	B
C	A	C

[①] Atila Abdulkadiroğlu and Tayfun Sönmez, "House Allocation with Existing Tenants," Journal of Economic Theory 88, no. 2 (1999): 233–260.

假设独裁者的顺序是 Carol、Bob、Alice，并且 Alice 决定参与该分配。如果我们按照这个顺序运行序列独裁算法，Carol 得到房屋 A，Bob 得到房屋 B，Alice 得到房屋 C。很明显，保留现有房屋的话，Alice 的境况会更好。如果 Alice 没有参与分配，那么 Carol 将获得第一个可以被得到的房屋 B，并且 Bob 得到房屋 C。我们可以看到，Alice 被分配到房屋 B，Bob 被分配到房屋 C，Carol 被分配到房屋 A，这个分配方案是帕累托有效的。

为避免现有租户在参与该机制下境况变差的风险，Abdulkadiroğlu 和 Sönmez 确定了另外两种机制，用于罗切斯特大学和麻省理工学院的研究生住宿分配。

罗切斯特大学的解决方案被称为**带有等待列表的随机序列独裁**（Random Serial Dictatorship with Waiting）算法。他们的想法是运行一个序列独裁算法，该算法中独裁者的顺序是随机的，但在每一个步骤中，每个人只能选择一个空置的房屋。属于公共禀赋的房屋以及被现有租户放弃的房屋都可供选择。

在该算法中，对于新申请人，所有房屋都是**可获得的**（obtainable）。对于一个现有租户，他现有的房屋（即他的禀赋）和相比现有的房屋他更偏好的房屋，都是可以获得的。

算法 11.4 带有等待列表的随机序列独裁

步骤 1 我们对所有个体进行随机排序，这些个体包括新申请人和现有租户。

步骤 2 可得到的房屋是一组空置房屋（即那些不属于现有租户的房屋）。

在那些拥有至少一个可得到的房屋的人中，拥有最高优先级（按照随机顺序给出）的个人将被分配到他最偏好的房屋（然后从分配过程中剔除）。新分配给她的房屋从可获得的房屋中剔除。如果该人是现有租户，则将他的初始禀赋归到可分配的房屋中（如果他的初始房屋不是他最偏好的）。

步骤 k，$k \geqslant 3$ 可得到的房屋组是在第 $k-1$ 步结束时构建的。

在那些剩余的拥有至少一个可获得的房屋的个体中，具有最高优先级（由随机顺序给出）的人被分配到他最偏好的可获得的房屋（并且将他从该过程中移除）。新分配给他的房屋从可分配房屋中移除。如果该人是现有租户，则将他的初始禀赋归到可分配的房屋中（如果初始房屋不是他最偏好的）。

结束 当没有个体剩余或没有可分配的房屋时，算法结束。

虽然该算法能够确保现有租户在结束时不会得到比他们初始禀赋更糟糕的房屋，但是有可能会得到一个效率低下的分配方案。

例 11.6 假设现有三个租户：Alice、Bob 和 Carol，以及四个房屋：A、B、C 和 D。（没有新申请人），每个人的禀赋和偏好如下表所示。

禀赋→	A	B	C
	P_{Alice}	P_{Bob}	P_{Carol}
	B	C	A
	C	A	D
	A	B	C
	D	D	B

我们现在运行算法。假设排序是 Alice、Bob、Carol。一开始，只有房屋 D 是可获得的，因为它是唯一的空置房屋。只有 Carol 想要这个房屋（对于 Alice 和 Bob 来说，房屋 D 不如他们的禀赋好）。因此 Carol 占据了这个房屋，现在房屋 C 空置了。

在下一步中，我们考虑剩下的个体，Alice 和 Bob。唯一可分配的房屋是房屋 C，他们两个人都想要这个房屋。Alice 拥有最高优先级，所以她就是得到房屋 C 的人，现在她的房屋 A 是空置的了。

在最后一步，可分配的房屋是 A，这是 Bob 可得到的，所以他选择了这个房屋。因此最终的分配方案是：

$$\mu(\text{Alice})=C,\ \mu(\text{Bob})=A,\ \mu(\text{Carol})=D$$

但帕累托有效的分配方案是：

$$\mu'(\text{Alice})=B,\ \mu'(\text{Bob})=C,\ \mu'(\text{Carol})=A$$

麻省理工学院的其中一所房屋 NH4 采用的机制是另一种尝试，让现有租户有机会获得至少和他们现有禀赋一样好的房屋。[1]

算法 11.5 MIT-NH4

步骤 1 我们对所有个体进行随机排序，这些个体包括新申请人和现有租户。

步骤 2 第一个人暂时分配到所有房屋中他最偏好的房屋，第二个人分配到剩下的房屋中他最偏好的房屋，依此类推，直到发生**占有权冲突**（squatting conflict）。

步骤 3 如果请求分配的房屋已经有租户了，且对于该租户来说，所有剩余的房屋都比其拥有的房屋更差，则会发生占有权冲突。这意味着会出现一个个体，即**冲突个体**（conflicting individual），他（之前）选择了一个有租户的房屋。如果发生这种情况，那么：

- 现有的租户（有冲突的租户）仍保留他的房屋。
- 冲突个体的暂定分配方案以及在冲突个体之后做决定的所有个体的分配方案都被取消。
- 从冲突个体开始重复上述过程（即，我们不会改变在他之前做出选择的个体的暂定分配方案）。

结束 当没有房屋或个体剩余时，算法停止。此时，所有暂定分配方案都已完成。Abdulkadiroğlu 和 Sönmez 都表示，该算法无法保证产生有效率的分配。

例 11.7 假设有四个租户：Alice、Bob、Caro 和 Denis，还有一个新申请人 Erin。有一个空房屋 E。下表给出了每个人的初始禀赋以及对房屋的偏好。

禀赋→	A	B	C	D	
	P_{Alice}	P_{Bob}	P_{Carol}	P_{Denis}	P_{Erin}
	C	D	E	C	D
	D	E	C	E	E

---

[1] NH4 分配房间，而不是房屋。为简化该部分，我们继续谈论房屋。

续表

禀赋→	A	B	C	D	E
	P_Alice	P_Bob	P_Carol	P_Denis	P_Erin
	E	B	D	D	C
	A	C	B	B	A
	B	A	A	A	B

假设顺序是 Alice、Bob、Carol、Denis、Erin。我们现在运行算法。

步骤 1 Alice 暂时分配到了房屋 C，Bob 暂时分配到了房屋 D，然后 Carol 暂时分配到了房屋 E。当轮到 Denis 时，我们发现出现了一个冲突：他现有的房屋 D 和他偏好的两个房屋 C 和 E 都被别人占据了。占据了他现有房屋的人是 Bob，所以 Bob 是一个冲突个体。所以我们取消了 Bob 以及 Carol 的分配方案（因为他在 Bob 之后做决定），然后把房屋 D 分配给 Denis。Denis 和房屋 D 都被从流程中剔除。

步骤 2 我们再次从 Bob 开始。他的下一个可得到的房屋是 E，他获得该房屋（临时地）。然后轮到 Carol，但我们看到出现了一个冲突，Alice 是冲突个体。所以我们取消了 Alice 的分配，并且将房屋 C 分配给 Carol。Carol 和房屋 C 都被从流程中剔除。

步骤 3 我们从冲突个体 Alice 开始。她暂时被分配到房屋 E（房屋 C 和 D 已被剔除）。然后 Bob 暂时被分配到房屋 B，最后 Erin 被分配到房屋 A。所有房屋和所有个体都被分配完了，因此算法停止。

最终的分配方案是：

$$\mu(\text{Alice})=E, \mu(\text{Bob})=B, \mu(\text{Carol})=C, \mu(\text{Denis})=D, \mu(\text{Erin})=A$$

但帕累托有效的分配方案是：

$$\mu'(\text{Alice})=C, \mu'(\text{Bob})=B, \mu'(\text{Carol})=E, \mu'(\text{Denis})=D, \mu'(\text{Erin})=A$$

11.3.2 两种有效的解决方案

像 MIT-NH4 算法这样的解决方案，主要解决的问题是存在占有权冲突并且现有租户没有任何机会获得比他的禀赋更好的东西。我们放弃了提高效率的可能性。为了解决这个问题（并获得有效的分配方案），Abdulkadiroğlu 和 Sönmez 修改了 MIT-NH4 算法，创造了**你住我的房间-我用你的顺序算法**（you request my house-i get your turn algorithm，YRMH - IGYT）。该解决方案像 MIT-NH4 算法一样启动。不同之处在于如何解决冲突。该算法规定，当有人占用现有租户的房屋并且后者尚未选择房屋时会发生冲突。

算法 11.6 你住我的房间—我用你的顺序算法

步骤 1 我们对所有个体进行随机排序，这些个体包括新申请人和现有租户。

步骤 2 所有可分配的房屋中，第一个人分配到他最偏好的房屋，第二个人分配到剩余的房屋中他最偏好的，依此类推，直到有一个人想要的房屋已经有人占据了。

步骤 3 如果现有租户已经选择了其他的房屋，那么我们将继续给下一个人分配。

否则，我们首先从出现冲突的个人开始取消所有分配。然后，我们修改个体的排序，将现有租户放到和他有冲突的个体前面。最后，我们从现有租户开始运行序列独裁算法。

步骤 4 这可能会在某个时点形成一个循环；也就是说，我们有一组个体 i_1、i_2、$\cdots$、i_k、i_1 被分配了 i_2 的房子，i_2 被分配了 i_3 的房子，依此类推直到 i_k 被分配了 i_1 的房子。在这种情况下，我们将他们所要求的房屋分配给他们，并剔除循环中的所有个体，然后我们继续该流程。

结束 当没有房屋或个人剩余时，算法停止。

例 11.8 我们使用例 11.7 的偏好和禀赋，个体的顺序是：

Alice、Bob、Carol、Denis、Erin。

Alice 是第一个选择的，所以她选择了她最偏好的房屋 C。那房屋已经有了一个租户 Carol，她没有选择任何房屋。这就是一个冲突，所以我们取消了 Alice 的分配并将 Carol 移到 Alice 之前。现在个体的顺序是：

Carol、Alice、Bob、Denis、Erin。

Carol 选择了他最偏好的房屋 E，然后 Alice 选择房屋 C。Bob 选择房屋 D，但租户 Denis 还没有选择房屋。这里又出现了一个冲突。Denis 的房屋被 Bob 选中。所以我们取消了 Bob 的分配，我们将 Denis 移到 Bob 之前。个体的顺序现在是：

Carol、Alice、Denis、Bob、Erin。

Denis 选择了房屋 D。这是一个小循环，所以 Denis 分配到房屋 D。房屋 D 和 Denis 从这个问题中被剔除。

Bob 是下一个，他选择房屋 B，这又是一个小循环，所以 Bob 分配到房屋 B。房屋 B 和 Bob 从问题中剔除。

Erin 是下一个。所有房屋中她最偏好的是房屋 A。这个房屋的现有租户是 Alice。但她已经选择了一个房屋，所以没有冲突。

算法停止了。最后的分配方案是我们在例 11.7 提到的有效的分配方案 μ'。

$$\mu'(\text{Alice})=C, \mu'(\text{Bob})=B, \mu'(\text{Carol})=E, \mu'(\text{Denis})=D, \mu'(\text{Erin})=A$$

Abdulkadiroğlu 和 Sönmez 提出了第二种机制，它是对混合的公共-私人禀赋问题的首位交易循环机制的调整。

算法 11.7 混合禀赋的首位交易循环机制（top trading cycles with mixed endowments）

步骤 1 我们对所有个体进行随机排序，这些个体包括新申请人和现有租户，序列被称为 f。

步骤 2 对于每个人，我们画一个箭头从他指向他最偏好的房屋。

对于每个空置的房屋（即不属于任何现有租户的房屋），我们画一个箭头从房屋指向序列 f 中的第一个个体。

对于每个被占用的房屋（即已被租户占有的房屋），我们画一个箭头从房屋指向其租户。

一定存在至少一个循环。参与循环的每个人都被分配到他指向的那个房屋。参与该循环的所有房屋和个体都将从问题中剔除出去。

步骤 k,$k \geqslant 3$ 对于该问题中剩下的每个人,我们画一个箭头,从个体指向那些没被移除的房屋中他最偏好的那间房屋。

对于这个问题中剩余的每个空房屋,我们绘制一个箭头,从该房屋指向序列 f 中仍留在分配问题中的第一个人。

对于每一个仍留在问题中的被占用的房屋,我们画一个箭头从该房屋指向其租户。

一定存在至少一个循环。参与循环的每个人都被分配到他指向的房屋。参与该循环的所有房屋和个人都将被从问题中剔除。

结束 当所有人都被剔除或所有房屋都已分配完时,算法停止。

该算法被证明是混合禀赋的最佳解决方案。

结论 11.8 (Abdulkadiroğlu 和 Sönmez)使用混合禀赋的首位交易循环算法的分配机制是:

- 有效率的;
- 个体理性的(每个现有租户都不会获得不如自己初始禀赋的房屋);
- 防策略性的。

例 11.9 我们使用例 11.7 中的偏好和禀赋。

步骤 1 令个体的顺序为 Alice、Bob、Carol、Denis、Erin。

步骤 2 每个人都指向他或她最偏好的房屋,所以 Alice 指向房屋 C,Bob 指向房屋 D,等等。

每个被占用的房屋都指向其租户。房屋 A 指向 Alice,房屋 B 指向 Bob,依此类推。房屋 E 是空置的,因此它指向序列中的第一个人 Alice,所以我们得到了图 11.5。有一个循环包含了 Alice 和房屋 C、Carol 和房屋 E(用实线箭头标识),所以 Alice 分配到房屋 C,Carol 分配到房屋 E。

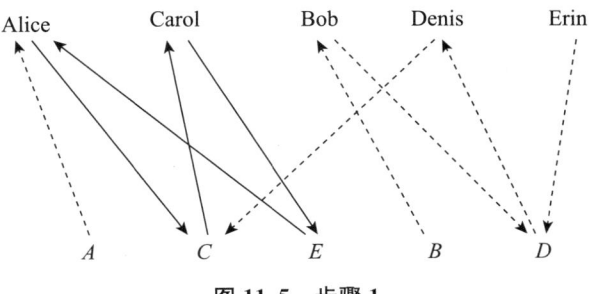

图 11.5 步骤 1

步骤 3 只有房屋 A、B、D 和 Bob、Denis、Erin 三人仍然在分配问题中。Bob 仍然指向房屋 D。Denis 现在指向剩余房屋中他最偏好的房屋 D,而且 Erin 也仍然指向房屋 D。房屋 B 和 D 仍然分别指向 Bob 和 Denis。房屋 A 现在空置,所以它指向剩余个体中排名最高的 Bob。

如图 11.6 所示。有一个包含 Denis 和房屋 D 的循环,所以 Denis 分配到房屋 D。

步骤 4 只有 Bob 和 Erin 以及房屋 A 和 B 仍然在问题中。Bob 和 Erin 指向这两个房屋中他们最偏好的房屋:Bob 指向房屋 B,Erin 指向房屋 A。房屋 B 仍然指向它的租户 Bob,并且房屋 A 也仍然指向 Bob,因为在序列中他在 Erin 之前,如图 11.7 所示。

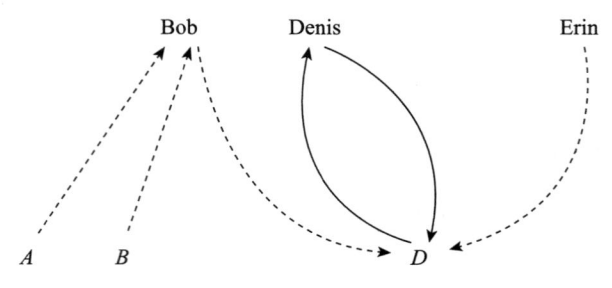

图 11.6　步骤 3

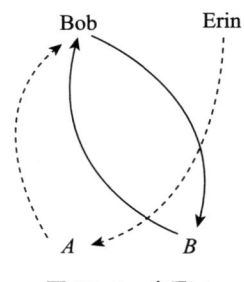

图 11.7　步骤 4

我们有一个包含 Bob 和房屋 B 的循环，所以 Bob 分配到房屋 B，然后把他们从问题中剔除。

步骤 5　Erin 指向房屋 A，房屋 A 指向 Erin。这是一个循环，所以 Erin 得到房屋 A，算法结束。

最后的分配方案是我们在例 11.7 中确定的方案 μ'：

$$\mu'(\text{Alice})=C, \mu'(\text{Bob})=B, \mu'(\text{Carol})=E, \mu'(\text{Denis})=D, \mu'(\text{Erin})=A$$

我们知道这个方案是有效率的。

在例 11.8 中 YRMH-IGYT 算法产生有效率的分配方案并不令人惊讶。Abdulkadiroğlu 和 Sönmez 表明，这个算法相当于我们之前看到的首位交易循环算法。

结论 11.9　（Abdulkadiroğlu 和 Sönmez）对于任何个体排序，YRMH-IGYT 算法会产生与混合禀赋下首位交易循环算法相同的结果（当使用相同的个体排序时）。

第 12 章

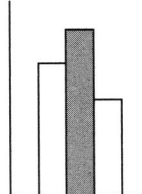

概率分配

在前文中，我们看到的分配算法是确定性的。确定性意味着如果我们有一个分配问题（例如，个人组和物品组以及每个人的偏好序列）以及一个算法，我们多次运行这个算法去解决该问题，那么我们总是得到相同的结果。

但是存在一种算法，即使我们每一次都输入相同的数据，这种算法并不总会得到相同的结果。这种算法将概率引入了分配模型，于是我们得到的分配结果的形式会是"Alice 得到物品 A 的概率是 30%，物品 B 的概率是 70%"。我们在第 11 章已经（隐性地）看到了随机分配：一旦个体序列是随机的，那么序列独裁算法或者其他与个体排序相关的算法（像 MIT-NH4 算法）都会产生随机分配。正如我们将要看到的，允许随机性可以解决一些确定性分配机制的问题。

12.1 随机分配

12.1.1 背景

在第 11.1 节中，我们看到分配模型是一个函数，描述了谁会得到什么。给定一个分配问题，随机分配表述了对于个体 i 和物品 k，个体 i 被分配到物品 k 的概率。如果有 n 个个体和 k 个物品，一个随机分配就可以用 $n \times k$ 个概率来描述（对于每个个体，有 k 个概率，每个物品对应一个概率）。

当我们定义确定性分配时，两个个体不能被分配相同的物品。对于随机分配模型，这个限制更加泛化。为了说明这一点，我们需要引入一些新概念。我们用 β（b 的希腊字母，读作 beta）代表概率，$\beta_{i,k}$ 代表个体 i 获得物品 k 的概率。也就是说，第一个字母（i）代表一个个体，第二个字母（k）代表一个物品。简化起见，我们做出如下假设：

（1）一个随机分配模型由相同维度的一组个体 $I=\{i_1, i_2, \cdots, i_n\}$ 和一组物品 $\{k_1, k_2, \cdots, k_n\}$ 构成。也就是说，个体和物品的数量相同。

（2）每个个体对物品都有自己的偏好，所有物品都是可以接受的。

这两个条件意味着一个随机分配模型的最小化最优条件是每个个体最终被分配一个物品。

定义 12.1 随机分配（random assignment）问题是 $n \times n$ 的集合表示的概率 β，使得：

（a）对于每一个个体-物品配对（i, k），有一个概率 $\beta_{i,k}$ 描述个体 i 被分配物品 k 的概率。

（b）对于每一个个体 i，$\sum_{k \in K} = \beta_{i, k_1} + \beta_{i, k_2} + \cdots + \beta_{i, k_n} = 1$。

（c）对于每一个物品 k，$\sum_{i \in I} = \beta_{i_1, k} + \beta_{i_2, k} + \cdots + \beta_{i_n, k} = 1$。

条件（b）说明，每个个体被分配到一个物品的概率为 1。不满足该条件的例子如下。有三个物品 k_1、k_2 和 k_3。在一个随机分配下，个体 i 得到物品 k_1 的概率是 30%，得到物品 k_2 的概率是 20%，得到物品 k_3 的概率是 10%，这意味着概率总和小于 1。$\beta_{i,k_1} + \beta_{i,k_2} + \beta_{i,k_3} = 0.3 + 0.2 + 0.1 = 0.6$。这与 1 之间的差 0.4（40%）就是个体 i 不被分配物品的概率。

条件（c）和条件（b）相似，不过条件（c）是关于物品的。这意味着每个物品被分配到一个个体的概率是 100%。

可见，随机分配模型包含了第 11.1 节中的确定性分配模型。为了理解这一点，请注意确定性分配模型是一个特殊的随机分配模型，其中一个个体被分配到一个物品的概率只能为 0 或者 1。比如，一个个体 i_3 被分配到物品 k_7 的概率为 1，那么条件（c）意味着对于每个不是 i_3 的个体 i，我们有 $\beta_{i,k_7}=0$。类似地，条件（b）意味着个体 i_3 被分配到任何不是 k_7 的物品 k 的概率为 0，即如果 $k \neq k_7$，则 $\beta_{i_{13},k}=0$。

一个随机分配 β 很容易用一个矩阵描述，其中，行代表个体，列代表物品。

例 12.1 假设有三个个体（Albert、Bob、Carol）和三个物品（苹果、橙子、梨），随机分配模型的一个例子如下：

$$\begin{array}{c} \quad\quad\text{苹果}\quad\text{橙子}\quad\text{梨} \\ \quad\quad\downarrow\quad\quad\downarrow\quad\quad\downarrow \\ \begin{array}{c}\text{Albert}\rightarrow\\ \text{Bob}\rightarrow\\ \text{Carol}\rightarrow\end{array}\begin{pmatrix} 0.15 & 0.40 & 0.45 \\ 0.10 & 0.35 & 0.55 \\ 0.75 & 0.25 & 0 \end{pmatrix} \end{array}$$

在这个随机分配中，Alice 有 0.15 的概率获得苹果，0.40 的概率获得橙子，0.45 的概率获得梨，所以我们有：

$$\beta_{\text{Alice, 苹果}}=0.15, \beta_{\text{Alice, 橙子}}=0.40, \beta_{\text{Alice, 梨}}=0.45$$

相应地，橙子被分配给 Albert、Bob、Carol 的概率分别为 0.40、0.35、0.25。

正如我们所说，确定性分配是随机分配的特例，例如分配苹果给 Bob、分配橙子给

Alice、分配梨给 Carol 可以用如下随机模型表述：

$$\begin{pmatrix} 0 & 1 & 0 \\ 1 & 0 & 0 \\ 0 & 0 & 1 \end{pmatrix}$$

□ 12.1.2 伯克霍夫-冯·诺依曼定理

对于每对个体-物体配对，随机分配给出每个个体被分配一个物品的概率。最终，个体必然会被分配一个物品。我们如何确定两个个体不会得到相同的物品呢？如果我们考虑例 12.1，我们看到苹果被分配给 Alice、Bob、Carol 的概率分别为 0.15、0.10、0.75，这些概率是独立的，所以没有从根本上阻止苹果同时被分配给 Alice、Bob 和 Carol。

我们这里的问题是，一个随机分配被定义为个体与物品匹配的概率，并没有保证两个个体获得相同的物品。所以，我们在定义随机分配时是否遗漏了什么？幸运的是，答案是否定的，这是基于著名的**伯克霍夫-冯·诺依曼定理**（Birkhoff-von Neumann theorem）。

在我们解释伯克霍夫-冯·诺依曼定理之前，我们需要换一种方式来描述随机分配。考虑一组确定性分配，比如 μ、μ' 和 μ''。假设现在我们以一定的概率选择一个分配，比如选择分配 μ 的概率是 0.4，相应地，选择 μ' 和 μ'' 的概率分别是 0.5 和 0.1。其中，每一个分配都有一定概率出现的一组确定性分配被称为抽签（基于确定性分配）。很明显，通过抽签我们可以避免上面提到的问题，确保物品只能被分配给一个人。

总结一下，我们有两个方式来描述随机分配：

● 对于每个个体和物品的配对，我们有一个概率。这些概率必须满足定义 12.1 中的条件。

● 我们可以使用基于确定性分配的抽签。

下面的结论表明，随机分配的这两种表述方式等价。

结论 12.1 （伯克霍夫-冯·诺依曼定理）任何随机分配都可以分解为基于确定性分配的抽签。

例 12.2 考虑下面三个个体（Alice、Bob、Carol）和三个物品（苹果、橙子、梨）的随机分配：

$$\begin{array}{c} \quad\quad\text{苹果}\ \text{橙子}\ \ \text{梨} \\ \quad\quad\ \ \downarrow\quad\ \downarrow\quad\ \downarrow \\ \begin{array}{c}\text{Albert}\to \\ \text{Bob}\to \\ \text{Carol}\to\end{array} \begin{pmatrix} 0.3 & 0.7 & 0 \\ 0.5 & 0.3 & 0.2 \\ 0.2 & 0 & 0.8 \end{pmatrix} \end{array}$$

接下来考虑下面三个确定性分配：

$$\mu = \begin{pmatrix} 1 & 0 & 0 \\ 0 & 1 & 0 \\ 0 & 0 & 1 \end{pmatrix},\ \mu' = \begin{pmatrix} 0 & 1 & 0 \\ 1 & 0 & 0 \\ 0 & 0 & 1 \end{pmatrix},\ \mu'' = \begin{pmatrix} 0 & 1 & 0 \\ 0 & 0 & 1 \\ 1 & 0 & 0 \end{pmatrix}$$

并且 μ、μ'、μ'' 出现的概率分别为 0.3、0.5、0.2。

如果我们根据给定的概率选择其中一个确定性分配,比如说,Alice 被分配到橙子的概率是多大?她在分配 μ' 和 μ'' 中得到橙子(第一行,第二列),分配 μ' 被实现的概率是 0.5,分配 μ'' 被实现的概率是 0.2,所以她得到橙子的概率是 $0.5+0.2=0.7$,这就是在随机分配模型中给出的概率。

更精确地,我们可以观察到描述随机分配的矩阵其实是三个被赋予权重的确定性矩阵的加总,它们的权重就是它们出现的概率。

$$0.3 \times \mu + 0.5 \times \mu' + 0.2 \times \mu''$$

$$= 0.3 \times \begin{pmatrix} 1 & 0 & 0 \\ 0 & 1 & 0 \\ 0 & 0 & 1 \end{pmatrix} + 0.5 \times \begin{pmatrix} 0 & 1 & 0 \\ 1 & 0 & 0 \\ 0 & 0 & 1 \end{pmatrix} + 0.2 \times \begin{pmatrix} 0 & 1 & 0 \\ 0 & 0 & 1 \\ 1 & 0 & 0 \end{pmatrix}$$

$$= \begin{pmatrix} 0.3\times1+0.5\times0+0.2\times0 & 0.3\times0+0.5\times1+0.2\times1 & 0.3\times0+0.5\times0+0.2\times0 \\ 0.3\times0+0.5\times1+0.2\times0 & 0.3\times1+0.5\times0+0.2\times0 & 0.3\times0+0.5\times0+0.2\times1 \\ 0.3\times0+0.5\times0+0.2\times1 & 0.3\times0+0.5\times0+0.2\times0 & 0.3\times1+0.5\times1+0.2\times0 \end{pmatrix}$$

$$= \begin{pmatrix} 0.3 & 0.7 & 0 \\ 0.5 & 0.3 & 0.2 \\ 0.2 & 0 & 0.8 \end{pmatrix}$$

总的来说,伯克霍夫-冯·诺依曼定理确保我们在定义随机分配时没有潜在冲突。需要注意的是,随机分配如果被分解在确定性分配上的抽签的话,分解方式并不是唯一的。

□ 12.1.3 对随机分配的评价

对于一个个体来说,比较两个确定性分配是非常容易的:他只需要比较在每个确定性分配下他得到的物品。根据对物品的偏好,他非常容易判断这两个分配孰优孰劣。那么我们如何评价随机分配呢?这个问题更加棘手。为此,假设 Alice 的偏好是 $P_{\text{Alice}}=$苹果、橙子、梨。

现在她想比较下面两个随机分配 β 和 β':

$$\beta_{\text{Alice, 苹果}}=0.5, \beta_{\text{Alice, 橙子}}=0.3, \beta_{\text{Alice, 梨}}=0.2$$
$$\beta'_{\text{Alice, 苹果}}=0.3, \beta'_{\text{Alice, 橙子}}=0.4, \beta'_{\text{Alice, 梨}}=0.3$$

如果在分配 β 下她得到了苹果,在分配 β' 下她得到了橙子,那么她相对于 β' 更偏好 β。但是 Alice 在 β 下可以得到橙子,在 β' 下得到苹果,在这种情况下,她会更偏好 β' 而不是 β。

下面要进行的就是运用**随机优势**(stochastic dominance)比较这两种概率分配。我们的思路是从 Alice 对不同物品的偏好入手。就像我们刚刚说的,我们假定她相较于橙子更偏好苹果,我们按如下步骤进行:

步骤 1 我们从比较 Alice 获得最偏好的物品(苹果)的概率开始,在分配 β 下的概率高于分配 β' 下的概率(0.5 vs 0.3)。

步骤 2 现在我们研究两个 Alice 最偏好的物品——苹果和橙子,并比较她获得这两个物品的概率总和，也就是考察她获得这两个物品中任意一个物品的概率，所以我们有：

$\beta_{\text{Alice, 苹果}} + \beta_{\text{Alice, 橙子}} = 0.5 + 0.3 = 0.8$

$\beta'_{\text{Alice, 苹果}} + \beta'_{\text{Alice, 橙子}} = 0.3 + 0.4 = 0.7$

步骤 3 我们继续比较 Alice 获得三个最偏好物品的概率总和，因为在我们的例子中只有三个物品，我们知道，在分配 β 和分配 β' 下概率总和都为 1。

我们可以看到，在步骤 1 中，分配 β 的概率更高。在步骤 2 中，分配 β 的概率总和还是高于分配 β' 的概率总和，也就是说，对于步骤 1 和步骤 2，分配 β 比分配 β' 给出了更高的概率总和。如果对于每一个步骤，分配 β 都给出一个更高的概率总和，那么我们就认为分配 β 相对于分配 β' 具有随机优势。这意味着对于任何物品，在分配 β 中 Alice 获得这项物品或者比这项物品更偏好的物品的概率比在分配 β' 中更高。

正式地，假设个体 i 对物品的偏好是 $P_i = k_1, k_2, \cdots k_n$，并且 $\beta_{i,k_1}, \beta_{i,k_2}, \cdots, \beta_{i,k_n}$ 和 $\beta'_{i,k_1}, \beta'_{i,k_2}, \cdots, \beta'_{i,k_n}$ 是两个随机分配（对于个体 i），如果对于每个 $h = 1, \cdots, n-1$，都有

$$\sum_{\ell \leqslant h} \beta_{i,k_\ell} \geqslant \sum_{\ell \leqslant h} \beta'_{i,k_\ell} \tag{12.1}$$

那么分配 β 相对于分配 β' 具有随机优势。

其中的直觉是这样的：假定第 ℓ 个物品是 Alice 最偏好的物品。考虑下面的问题：对于一个给定的随机分配，个体 i 获得第 ℓ 个物品或者其他她偏好的物品的概率是多少？答案是将得到第 1 个物品到第 ℓ 个物品的概率简单相加：

$$\beta_{i,k_1} + \beta_{i,k_2} + \cdots + \beta_{i,k_{\ell-1}} + \beta_{i,k_\ell} = \sum_{h \leqslant \ell} \beta_{i,k_h}$$

我们以相同的方式计算在 β' 下的概率和，并比较这两个和。随机优势表明，我们应该对偏好顺序做各个层次的比较：从 $\ell = 1$ 开始，再考虑 $\ell = 2$，之后考虑 $\ell = 3$，直到 $\ell = n-1$。所以我们需要做 $n-1$ 次比较。如果对于每一次比较，都是同一个随机分配，比如 β，给出的概率之和最大，那么我们就认为随机分配 β 相对于其他随机分配有随机优势。

例 12.3 考虑四个物品：苹果、橙子、梨、樱桃。Alice 的偏好是 $P_{\text{Alice}} =$ 苹果、橙子、梨、樱桃。

考虑下面的随机分配：

	β	β'	β''
苹果	0.2	0.3	0.2
橙子	0.3	0.3	0.5
梨	0.1	0.2	0
樱桃	0.4	0.2	0.3

我们可以看到，β' 比 β 具有随机优势，因为：

$$\beta'_{\text{Alice, 苹果}} \geqslant \beta_{\text{Alice, 苹果}}$$
$$\beta'_{\text{Alice, 苹果}} + \beta'_{\text{Alice, 橙子}} \geqslant \beta_{\text{Alice, 苹果}} + \beta_{\text{Alice, 橙子}}$$
$$\beta'_{\text{Alice, 苹果}} + \beta'_{\text{Alice, 橙子}} + \beta'_{\text{Alice, 梨}} \geqslant \beta_{\text{Alice, 苹果}} + \beta_{\text{Alice, 橙子}} + \beta_{\text{Alice, 梨}}$$

利用数学中的概率，我们有：

$0.3 \geqslant 0.2$，
$0.3 + 0.3 \geqslant 0.2 + 0.3$，
$0.3 + 0.3 + 0.2 \geqslant 0.2 + 0.3 + 0.1$

类似地，我们可以证明，β' 相对于 β 具有随机优势。

有一点非常重要，如果我们有两个随机分配，例如分配 β 和分配 β'，当分配 β 相对于分配 β' 没有随机优势时，不能认为分配 β' 相对于分配 β 具有随机优势。为了证明这一点，我们考虑例 12.3 中的分配 β' 和分配 β''，我们可以看到，直到考虑到橙子，分配 β'' 才相对于分配 β' 具有随机优势，$0.2 + 0.5 \geqslant 0.3 + 0.3$。然而，如果我们考虑到梨，则不等号反向，$0.2 + 0.5 + 0 < 0.3 + 0.3 + 0.2$，所以我们不能使用随机优势来比较分配 β' 和分配 β''。

12.2 随机序列独裁

对第 11.2 节中的序列独裁算法的批评之一是，这个算法赋予在序列首位的人很大的优势，而在序列末位的人几乎没有选择，他们只能得到被剩下的物品。为解决这个问题，规则被改进了。我们首先将个体序列随机化。这样，所有个体都有相同的机会排在序列中的第一位、最后一位、第二位，等等。序列随机化产生了**随机序列独裁算法**（random serial dictatorship algorithm）。

允许随机化除了让分配更加公平外，还有一个（令人惊讶的）作用：我们可以看到，表面上无关的分配机制实际上是等价的。其中一种等价关系是随机序列独裁机制和首位交易循环机制的等价。这个等价已由 Atila Abdulkadiroğlu 和 Tayfun Sönmez 证明。[①]

在详细解释这个等价之前，我们需要描述如何在首位交易循环机制中引入随机性。我们已经看到，这个算法有两种版本，一种是公共禀赋，一种是私人禀赋。Abdulkadiroğlu 和 Sönmez 用的方法是使用公共禀赋，并且在初始时将禀赋随机分配给个体。当这个操作实现的时候，我们再使用首位交易循环算法。

例 12.4 考虑三个个体：Alice、Bob、Carol 和三个物品：k_1、k_2、k_3，三个个体对于三个物品的偏好如下：

P_{Alice}	P_{Bob}	P_{Carol}
k_1	k_1	k_3
k_2	k_2	k_2
k_3	k_3	k_1

[①] Atila Abdulkadiroğlu and Tayfun Sönmez, "Random Serial Dictatorship and the Core from Random Endowments in House Allocation Problems," Econometrica 66, no. 3 (1999): 689–701.

假设我们使用随机序列独裁算法,并且假定初始的随机顺序是 Alice、Bob、Carol,所以 Alice 第一个选择,并且选择 k_1。然后 Bob 选择一个物品。他最偏好的物品 k_1 已经被选走,所以他选择次优的物品 k_2。那么 Carol 只能选择物品 k_3。

现在我们考虑首位交易循环机制。为了达到目的,我们首先需要分配禀赋,假设(随机)分配结果如下:Alice 拥有物品 k_1,Bob 拥有物品 k_3,Carol 拥有物品 k_2。我们现在使用首位交易循环机制(算法 11.2)。

步骤 1 Alice 指向她自己,她拥有其最想要的物品。Bob 指向 Alice,Carol 指向 k_3 的所有者 Bob。Alice 是唯一的自我循环,所以 Alice 被分配物品 k_1。

步骤 2 物品 k_1 不再参与分配,所以现在 Bob 指向 k_2 的所有者 Carol,Carol 仍然指向 k_3 的所有者 Bob。现在我们有一个包括了 Bob 和 Carol 的循环,所以 Bob 被分配物品 k_2,Carol 被分配物品 k_3。

在例 12.4 中,我们选择了随机顺序(在序列独裁中)和随机禀赋(在首位交易循环机制中),使它们产生了相同的最终分配结果。很明显,这种情况不会一直出现。但是,当我们考虑所有可能的随机顺序和随机禀赋时会发生什么?是否对于任何顺序的随机序列独裁,都可以找到一个合适的初始禀赋分配,使得首位交易循环机制和随机序列独裁有相同的分配结果?答案是肯定的。

结论 12.2 (Abdulkadiroğlu 和 Sönmez)对于任何个体和物品个数相同的分配问题,由随机序列独裁确定的随机分配与由随机禀赋下的首位交易循环机制确定的随机分配是相同的(有相同的概率)。

换句话说,结论 12.2 表明,如果随机序列独裁算法以一定的概率,比如 0.25,产生了一个分配 μ,那么随机分配禀赋并使用首位交易循环机制也会有 0.25 的概率得到分配 μ。

12.3 概率序列机制

引入随机分配后,我们有两个方法来评估分配:
- 事前:观察可以得到的分配(和它们出现的概率),"ex-ante"来自拉丁文,意为"事前"。
- 事后:观察实现了的分配(例如一个确定性分配)。"ex-post"来自拉丁文,意为"事后"。

比如,假定一个随机分配 β 由三种分配 μ、μ' 和 μ'' 构成,这三种分配都以一定的概率出现。事前评估分配 β 是对分配 μ、μ' 和 μ'' 及其概率予以评估。这和事后评估相反。在事后评估中,我们只考虑实际发生了的那个分配。

所以在这一节中,我们要区分两种效率:**事前有效**(ex-ante efficiency)和**事后有效**(ex-post efficiency)。我们在第 11.1.2 节中看到的效率属于事后有效。事前有效的定义和事后有效非常相似,不过需要用到随机分配。如果不存在任何其他随机分配 β',使得所有人都偏好 β' 甚于随机分配 β,那么随机分配 β 就是事前有效的。

我们如何确定一个人偏好某种随机分配甚于另一个随机分配呢?最常见和最令人信

服的方法是用我们在第 12.1.3 节中讨论的随机优势关系，正式定义如下：

定义 12.2　如果没有其他随机分配 β'，使得对于每个个体，β' 具有相对于 β 的随机优势，那么随机分配 β 就是事前有效的。

一些作者用**序数有效**（ordinally efficient）来代替事前有效，这是为了强调我们考虑的是顺序，而不是效用或量化支付（在这种情况下，我们会称为**基数有效**（cardinal efficiency）。

现在考虑随机序列独裁机制。这是在确定性的序列独裁机制上增加了随机性的机制（因为个体/独裁者的顺序可以有多种情况）。我们知道，（确定性）序列独裁机制会产生（事后）有效分配。所以，如果加入随机性，我们期待有一个事前有效的随机分配。然而，我们只能失望地发现，这种情况并不存在。为了说明这一点，考虑由 Anna Bogomolnaia 和 Hervé Moulin 提出的以下案例。[①]

例 12.5　我们考虑四个个体：Alice、Bob、Carol、Denis 以及四个物品：苹果、橙子、梨、草莓。对于这四个物品，Alice 和 Bob 有相同的偏好，Carol 和 Denis 有相同的偏好。他们的偏好如下表所示。

P_{Alice}	P_{Bob}	P_{Carol}	P_{Denis}
苹果	苹果	橙子	橙子
橙子	橙子	苹果	苹果
梨	梨	草莓	草莓
草莓	草莓	梨	梨

对这四个人进行排序，总共有 4！＝24 种不同的顺序，每个顺序出现的概率相等。在这 24 种顺序中，Alice 排在第一位的有 6 种，排在第二位、第三位和最后一位的也分别有 6 种。我们计算她在每一种情况下能得到苹果的次数。

Alice 排在第一位，那么她肯定能得到苹果。

Alice 排在第二位，只要 Bob 不是第一位，她就能得到苹果，她有 6 次排第二位，但在这 6 次中，有 2 次 Bob 排在第一位，2 次 Carol 排在第一位，2 次 Denis 排在第一位，所以在这 6 次中，她只有 4 次能得到苹果（只有当 Carol 和 Denis 排在第一位，他们都选择橙子时，Alice 才能选择苹果）。

Alice 排在第三位，如果 Bob 排在第一位或者第二位，那么她得不到苹果。所以我们需要使 Carol 和 Denis 排在 Alice 前面。但是在这种情况下，排在第一位的人会选择橙子，排在第二位的人会选择苹果。所以如果 Alice 排在第三位时，她肯定会得到苹果。

Alice 排在第四位，和排在第三位的时候一样，她得不到苹果。

所以，对于这 24 种顺序，Alice 得到苹果的次数是 6 次（她排在第一位）或者 4 次（她排在第二位）。因此，她在 24 次中得到苹果的次数为 10 次，得到苹果的概率也就是

[①]　Anna Bogomolnaia and Hervé Moulin,"A New Solution to the Random Assignment Problem," Journal of Economic Theory 100，no. 2 (2001)：295-328.

5/12。因为 Alice 和 Bob 有相同的偏好，我们推测 Bob 得到苹果的概率也是 5/12。对其他所有人和物品做相同的分析，我们可以得到下述随机分配，命名为 β。

$$\begin{array}{c} \phantom{\text{Alice}\to}\text{苹果}\quad\text{橙子}\quad\text{梨}\quad\text{草莓} \\ \phantom{\text{Alice}\to}\downarrow\qquad\downarrow\qquad\downarrow\qquad\downarrow \\ \begin{array}{c}\text{Alice}\to\\ \text{Bob}\to\\ \text{Carol}\to\\ \text{Denis}\to\end{array}\begin{bmatrix} 5/12 & 1/12 & 5/12 & 1/12 \\ 5/12 & 1/12 & 5/12 & 1/12 \\ 1/12 & 5/12 & 1/12 & 5/12 \\ 1/12 & 5/12 & 1/12 & 5/12 \end{bmatrix} \end{array} \quad (12.2)$$

考虑下面的随机分配 β'。

$$\begin{array}{c} \phantom{\text{Alice}\to}\text{苹果}\quad\text{橙子}\quad\text{梨}\quad\text{草莓} \\ \phantom{\text{Alice}\to}\downarrow\qquad\downarrow\qquad\downarrow\qquad\downarrow \\ \begin{array}{c}\text{Alice}\to\\ \text{Bob}\to\\ \text{Carol}\to\\ \text{Denis}\to\end{array}\begin{bmatrix} 1/2 & 0 & 1/2 & 0 \\ 1/2 & 0 & 1/2 & 0 \\ 0 & 1/2 & 0 & 1/12 \\ 0 & 1/2 & 0 & 1/12 \end{bmatrix} \end{array} \quad (12.3)$$

比如说，对于 Carol，她得到最偏好物品（橙子）的概率在 β' 下是比 β 高的（1/2 大于 5/12），她得到橙子或苹果中任意一个的概率（两个最偏好的物品）在 β' 和 β 下是相同的（1/2+0 等于 5/12+1/12）。最后，她得到苹果、橙子和草莓（三个最偏好的物品）的概率在 β' 下是 1，而在 β 下仅为 11/12（= 5/12 + 1/12 + 5/12），这满足式 (12.1)，所以对于 Carol 而言，β' 相对于 β 具有随机优势。

对于 Alice、Bob 和 Denis 的分析是类似的，所以 β 不是事前有效的。

随机序列独裁分配不是事前有效的，这个事实非常令人惊讶。这也会让人恼怒，因为它被广泛用于分配物品。随机序列独裁算法的优点在于它是一个非常简单的过程，因为它不仅公平（无论哪个顺序都有相同的概率）并且看起来似乎（事前）有效。

Bogomolnaia 和 Moulin 提出了一种叫作**概率序列算法**（probabilistic serial algorithm）的新算法来解决这种问题。该算法的工作原理如下：我们想象每个人都会按照自己的偏好顺序跑去"吃"每个物品，也就是说，每个人首先会吃他或她最偏好的物品。一旦一个人最偏好的物品已经被吃光，他或她会在剩下的可以得到的（没有被吃光）物品中选择最偏好的物品。

这一算法的关键要素是：许多个体可以在同一时间吃相同的东西。在我们列举的简单案例中，我们假定每个人的进食速度是相同的。比如说，在一个问题中五个个体最偏好的物品是同一个物品，那么这五个个体会在这个算法一开始的时候就吃这个物品。因为进食速度是相同的，所以他们每个人都只能吃到 1/5 个物品。

Bogomolnaia 和 Moulin 的思路是：个体吃掉的物品的份额就是他获得这项物品的概率。这样，我们就建立了一个随机分配。

概率序列算法与我们之前见到过的其他算法看起来非常不同。其他算法都是分步进行的，但概率序列算法不是，它是在一个时间段运行的。算法中时间段长短无关紧要，可能是一小时、一天或者其他，重要的是：

- 每个物品的"大小"（例如被吃的数量）是相同的。

- 每个个体需要一个完整的时间段来吃掉整个物品。

算法 12.1 概率序列

算法开始时，每个个体首先吃他最偏好的物品，当一个人正在吃的物品已经被完全吃掉时，那么：

- 物品被吃掉的比例就是这个人获得这个物品的概率。
- 在没有被完全吃掉的物品中，这个人开始吃他最偏爱的物品。

一开始，每个人都吃自己最偏好的物品，所以，Alice 和 Bob 同时吃苹果，Carol 和 Denis 同时吃橙子。

Alice 和 Bob 进食速度相同，所以每个人会吃到半个苹果，故 Alice 和 Bob 得到苹果的概率都是 1/2。

与此同时，Carol 和 Denis 吃橙子，情况是相似的，他们每个人得到橙子的概率是 1/2。

所以 Alice 和 Bob、Carol 和 Denis 同时吃完了第一个物品。因此，他们将同时开始吃剩下的物品中最偏好的物品。

对于 Alice 和 Bob 来说，根据他们的偏好，接下来他们最偏好的物品是橙子，但是橙子已经被 Carol 和 Denis 吃掉了，所以他们吃下一个物品——梨。对于 Carol 和 Denis 来说，他们在余下的物品中最偏好的物品是草莓。

所以当 Alice 和 Bob 吃梨时，Carol 和 Denis 吃草莓。Alice 和 Bob 各吃半个梨，他们得到梨的概率均为 1/2，Carol 和 Denis 得到草莓的概率也为 1/2。我们得到了等式 (12.3) 中的分配 β'。

可能发生的情况是：一个人开始吃一个物品时，这个物品已经被吃了一部分。下面的例子阐述了这种情况。

例 12.6 我们考虑下面三个个体：Alice、Bob、Carol 和三个物品：一个苹果、一个橙子、一个梨，他们的偏好如下：

P_{Alice}	P_{Bob}	P_{Carol}
苹果	苹果	橙子
梨	橙子	梨
橙子	梨	苹果

起初，Alice 和 Bob 开始吃苹果，Carol 吃橙子。由于每个人进食速度一样，所以第一个被吃掉的物品肯定是吃的人最多的那个物品，这里第一个被吃完的是苹果。Alice 和 Bob 每个人吃掉一半，所以他们得到苹果的概率都是 1/2。

然后 Alice 开始吃梨，Bob 开始吃橙子。然而，注意当 Bob 开始吃橙子时，Carol 就已经吃掉一部分橙子了。Carol 吃掉了多少呢？因为他们进食速度相同，当 Bob 吃完半个苹果时，Carol 也刚吃完半个橙子。

因此，当 Bob 开始（和 Carol）吃橙子时，橙子只剩一半了。现在他们开始吃它，每个人吃掉这半个橙子的一半，也就是 1/4。之前 Carol 吃了 1/2 个，所以她总共吃了 3/4 个橙子，Bob 吃了 1/4 个。

当 Bob 和 Carol 分别吃了 1/4 个橙子时，Alice 吃了 1/4 个梨，因为他们进食速度相同。所以我们有如下结论：

	苹果	橙子	梨
Alice	1/2	0	1/4
Bob	1/2	1/4	0
Carol	0	3/4	0

现在只剩下梨了，Alice 还在吃，现在 Bob 和 Carol 加入了。梨还剩多少呢？Alice 吃剩下的部分为 3/4。

他们的进食速度相同，所以每个人会得到 3/4 个梨的三分之一，即 1/4。对于 Alice，我们加上她之前吃的，她总共吃了 1/4＋1/4＝1/2 个梨。所以我们得到了如下随机分配：

$$\begin{array}{c} \quad\ \ \text{苹果}\ \ \text{橙子}\ \ \ \text{梨} \\ \quad\ \ \downarrow\quad\ \downarrow\quad\ \downarrow \\ \begin{array}{c}\text{Albert}\to\\ \text{Bob}\to\\ \text{Carol}\to\end{array}\begin{pmatrix} 1/2 & 0 & 1/2 \\ 1/2 & 1 & 1/4 \\ 0 & 3/4 & 1/4 \end{pmatrix}\end{array}$$

对于我们刚刚展示的概率序列机制，Bogomolnaia 和 Moulin 提出了一个更一般的定义。在他们提出的一般定义中，个体也许不仅吃的速度不同，而且每个人吃的速度也会随时间变化（比如某个人开始吃得很快，后来速度降下来了）。换句话说，每个人有一个**进食速度函数**（eating speed function），来描述他们吃的速度。Bogomolnaia 和 Moulin 得到的重要结论如下。

结论 12.3 （Bogomolnaia 和 Moulin）对于任何问题和任何进食速度函数，用概率序列算法算出的随机分配都是事前有效的。

反之，对于任何事前有效的随机分配，总是存在每个个体的进食速度函数使得概率序列算法可以产生这种随机分配。

概率序列机制是"正确的"随机机制吗？结果是否定的。当研究概率序列机制时，Bogomolnaia 和 Moulin 强调了两种属性的内在冲突：事前有效和防策略性。确切地说，他们得到消极结果是因为应用了第三个属性：**同等待遇属性**（equal treatment of equals）。这一属性描述了，如果两个人对物品有完全相同的偏好，那么他们应该获得相同的随机分配。在确定性分配中，可以相对容易地看到，这一属性没有多大意义，比如例 12.5。对于任何可能的个体顺序，不能保证有相同偏好的 Alice 和 Bob 会得到相同的物品。然而，在考虑随机分配时，我们希望给每个人相同的机会；即让他们以相同的概率得到物品。这个属性表明，随机分配应该满足某种公平。

结论 12.4 （Bogomolnaia 和 Moulin）当至少有四个个体时，没有随机分配机制总是事前有效的、防策略性的以及具有同等待遇属性。

我们可以看到，结论 12.4 描述了在至少四个个体的情况下一个不可能的结果。当有三个个体时，Bogomolnaia 和 Moulin 证明了，满足结论 12.4 中列举的三个属性的算法就是随机序列独裁。

第 13 章 择　校

匹配理论可以帮助我们了解市场如何运作以及如何改善市场，第 10 章中的住院医师匹配就是其第一个例子。最近一项开创性的应用是将孩子分配到学校。在经济学文献中，"择校"意味着家长在孩子学校的分配上有话语权。不过，在一些国家或地区，家长对孩子的择校没有任何影响。例如政府当局会绘制一份"学区图"，指明学生将根据其家庭住址进入哪所学校。但是在全球许多城市或国家，家长会在学校分配中有话语权（除了决定住在哪里之外）。理所当然的是，有些学校更受欢迎，也相应有更多需求。那么如何通过学区政策来满足家长的偏好呢？

13.1　多对一分配模型

一开始，所谓的择校模型非常接近我们在第 10 章中看到的多对一匹配模型。只需要分别将住院医师和医院替换成学生和学校。但是住院医师匹配和择校模型之间存在一个主要差异——择校问题中学校没有偏好，这将在很大程度上决定我们有关模型的选择以及解决的问题。因此，择校问题更像是分配问题。不过，我们也将看到，择校问题与第 11 章中的分配模型存在一些细微差别。

13.1.1　偏好与优先级

在择校模型中，学校对学生没有偏好。当经济学家说代理人对多个选择方案有偏好时，就隐含地假设这个代理人偏好他获得或消费的东西。在目前情况下，学校被认为是没有偏好的；它们仅仅是提供服务（或"产品"）的机构。这意味着择校问题中的任何福利分析都只考虑学生的福利（或他们父母的福利）。出于这个原因，择校模型在文献中经常被认为是**分配问题**（assignment problem），而不是匹配问题。话虽如此，从数学角度而言多对一匹配模型和多对一分配模型之间并没有太多差异，但分配模型会使一些模型选择更自然。

学校对学生没有偏好，但它们会对学生进行排名。为了将对学生的排名与偏好这一概念区分开来，我们将这种排名称为**优先级**（priorities），或**优先级列表**（priority lists）。在现实生活中，这些优先级往往是行政（或政治）决策的结果。例如，一种常见的做法是，住在学校附近的学生在入学时的优先级高于住在更远地方的学生。有人可能认为学校"更偏好"住在附近的学生，但是更准确的说法是，住在学校附近的学生比住在更远地方的学生有更高的优先级。其他标准可能是学校中有他的兄弟姐妹，或者他属于某些特定社会群体，以及其他因素。

一个共同的假设是：学校的优先级排名针对的是学生而不是学生群体。与住院医师匹配一样，这可能会产生一个问题，因为学校可以招收多名学生，所以当学校考虑学生组时，我们该如何处理？换句话说，该如何从单个学生的优先级排序来构造学生组的优先级呢？事实上，解决方案是使学校的优先级排序是**响应性**（responsive）的。"响应性"意味着，如果学校已经招收了一些学生，并且必须从给定的另一组学生中招收一名学生，那么学校将选择具有最高优先级的学生。在这样的前提下，学校在两个学生之间的选择并不取决于其他已经入学的学生是谁。

在第 10 章中，响应性偏好是为简化分析而做出的假设，但当时没有说明医院为何必须有这样的偏好。在择校的情形下，很容易说明响应性偏好的合理性。学校对学生的优先级排序暗示着学校并不认为学生之间存在某种互补性或其他类型的群体效应。换句话说，学生被视为是彼此独立的。每个学生都有一个优先级顺序，该顺序不受其他已经入学的学生的影响。这种独立性概念被经济学家称为**可分性**（separability），这实际上就是本章背景下的响应性概念。①

13.1.2 模型构建

总而言之，**择校问题**（school choice problem）是由一个变量集合 (I, S, q, P, π) 给出的，包括：

(1) 一组**学生**（student），$I = \{i_1, \cdots, i_n\}$；

(2) 一组**学校**（school），$S = \{s_1, \cdots, s_m\}$；

(3) 一个**容量**（capacity）向量，$q = (q_{s_1}, \cdots, q_{s_m})$，用于指定每个学校招收学生的最大数量；

(4) 一组严格的**学生偏好**（student preferences），$P = (P_{i_1}, \cdots, P_{i_n})$，与第 10 章中医生对医院的偏好类似；

(5) 一组学校对学生的严格**优先级结构**（priority structure），$\pi = (\pi_{s_1}, \cdots, \pi_{s_m})$，其中 π_s 代表学校 s 对学生的优先级排序。

---

① 可分性意味着一个组的"分值"恰好是组中个体"分值"的总和。例如，Alice 和 Bob 这两个学生的"分值"有可分性，即二人小组的"分值"等于 Alice 的"分值"加 Bob 的"分值"，因此 Bob 对一个组的分值不取决于 Alice 是否已经是该组的一部分。

学校的优先级与学生的偏好还有一点不同。对于学生 i，他的偏好 P_i 是对集合 $S\cup\{i\}$ 中元素的排序。也就是说，允许学生认为某些学校是不可接受的。在文献中经常有人认为，对于一个学生而言，与自己匹配意味着他还有外部选择，如上私立学校或在家学习。然而，学校的优先级是对全体学生的排序。这种假设是因为择校问题是将学生分配到公立学校，除少数情况外，绝大多数学校应该能够招收任何学生。

13.1.3 分配

现在可以在这个多对一分配问题中定义分配是什么。这个定义类似于基本的一对一匹配问题的定义，但现在必须规定学校的容量。也就是说，唯一添加的条件是，学校不能招收比学校容量更多的学生。正式地，分配是从学校和学生的总集合 $S\cup I$ 到所有可能的学生和学校的集合的映射 μ，即：

映射 $\mu: I\cup S \rightarrow 2^I \cup S$

对于任何 $i\in I$ 和任何 $s\in S$，有：

(a) $\mu(i)\in S\cup\{i\}$。每个学生都必须与学校或自己匹配。

(b) $\mu(s)\in 2^I$。每个学校都与学生的子集匹配，其中 2^I 表示所有可能的学生集合。① 也可写作 $\mu(s)\subseteq I$。

(c) 当且仅当 $i\in\mu(s)$ 时，$\mu(i)=s$。即只有当学生 i 在学校 s 招收的学生名单 $\mu(s)$ 中时，才能将学生 i 与学校 s 匹配。

(d) $|\mu(s)|\leqslant q_s$。如果 $\mu(s)$ 表示与学校 s 匹配的学生集，$|\mu(s)|$ 表示这些学生的数量。这表明，学校 s 招收学生的数量不能超过其容量 q_s。

13.1.4 稳定性和效率

择校模型中的稳定性概念几乎与住院医师匹配中的稳定性概念相同。为了强调学校没有偏好（而是按优先级排序），用语略有变化。择校问题的稳定性由定义 13.1 中的三个条件共同界定。

定义 13.1 如果分配 μ 满足以下三个条件：

(a) 它是**个体理性的**（individually rational），意味着对于所有学生 $i\in I$，他弱偏好 $\mu(i)$ 甚于无匹配。

(b) 它是**无浪费的**（non-wasteful）：如果相对于被分配的学校，学生更偏好另外某个学校，那么该学校一定已经招满学生。正式地，对于所有 $i\in I$ 和所有 $s\in S$，$sP_i\mu(i)$ 意味着 $|\mu(s)|=q_s$。

(c) 没有**正当嫉妒**（justified envy）：如果相对于被分配的学校，学生更偏好另外某个学校 s，那么所有与学校 s 匹配的学生必须有高于学生 i 的优先级。正式地，对于所有 $i,j\in I$ 且 $\mu(j)=s\in S$，$sP_i\mu(i)$ 意味着 $j\pi_s i$。

那么，分配 μ 是稳定的。

---

① 例如，如果有三个学生 i_1、i_2 和 i_3（即 $I=\{i_1, i_2, i_3\}$），则 2^I 是所有学生集 $\{i_1\}$，$\{i_2\}$，$\{i_3\}$，$\{i_1, i_2\}$，$\{i_1, i_3\}$，$\{i_2, i_3\}$，$\{i_1, i_2, i_3\}$ 和空集 $\emptyset$ 的集合。函数 μ 接受由学生集和学校集（$I\cup S$）组成的大集合中的任何元素，并将其与 2^I 或 S 的元素相关联。

弱偏好（weakly preferred）（定义中的条件（a））意味着要么更偏好某一件物品，要么对所有物品的偏好无差异。如上所述，我们不知道学生 i 的分配情况。它可以是一个学校，也可以是学生自己。由于不知道这一点，只能要求学生的分配是弱偏好的。如果有相反的情况——严格偏好不被分配甚于被分配，那么这个分配不是个体理性的。条件（c）相当于第 10 章的多对一匹配模型中定义匹配的非阻止条件。如果对于分配 μ，有学生 i、学生 j 和学校 s，使得 $\mu(i) \neq s$，$\mu(j) = s$，$sP_i\mu(i)$ 且 $i\pi_s j$，则学生 i 和学校 s 阻止分配 μ。

分配问题的另一个重要属性是有效率。

定义 13.2 如果不存在其他分配 μ'，使得：

- 所有学生都弱偏好分配 μ' 甚于分配 μ，这意味着所有学生要么认为 μ 和 μ' 无差异，要么偏好 μ' 甚于 μ。
- 至少有一名学生严格偏好 μ' 甚于 μ，这意味着在分配 μ' 和 μ 下至少有一名学生被分配到不同的学校，并且她更偏好在分配 μ' 下的学校。

那么，分配 μ 是**有效率**（efficient）的。

稳定性和效率之间存在重大差异，这将在例 13.1 中说明。稳定性与学生的偏好和学校的优先级有关，而效率只考虑学生的偏好。

例 13.1 设有三个学校分别为 s_1、s_2 和 s_3。学校 s_1 和 s_3 的容量均为一名学生，学校 s_2 可容纳两名学生。即 $q_{s_1}=1$，$q_{s_2}=2$，$q_{s_3}=1$。设有四名学生分别为 i_1、i_2、i_3 和 i_4。学生的偏好和学校的优先级列表如下表所示：

P_{i_1}	P_{i_2}	P_{i_3}	P_{i_4}
s_2	s_1	s_1	s_2
s_1	s_2	s_2	s_3
s_3	s_3	s_3	s_1

π_{s_1}	π_{s_2}	π_{s_3}
i_1	i_3	i_4
i_2	i_4	i_1
i_3	i_1	i_2
i_4	i_2	i_3

考虑以下两种分配：

$$\mu = \{(i_1, s_1), (i_2, s_3), (i_3, s_2), (i_4, s_2)\}$$
$$\mu' = \{(i_1, s_2), (i_2, s_3), (i_3, s_1), (i_4, s_2)\}$$

在分配 μ 下，学生 i_1 被分配到学校 s_1，学生 i_3 和学生 i_4 都被分配到学校 s_2，同时学生 i_2 被分配到学校 s_3。

分配 μ 不是有效率的

分配 μ 和 μ' 之间的唯一区别是 i_1 和 i_3 的分配。可以看到，学生 i_1 和 i_3 都偏好在

μ' 下被分配的学校，而不是在 μ 下被分配的学校。其他的学生是偏好无差异的。因为至少有一个学生偏好 μ' 而不是 μ（在例 13.1 中有两个学生，i_1 和 i_3），同时，其他学生要么无差异，要么在 μ' 下境况更好，那么我们可以根据效率的定义推出 μ 不是有效率的。

分配 μ' 是有效率的

可以看到，在分配 μ' 下，学生 i_1、i_3 和 i_4 被分配到他们最偏好的学校。那么找到另一个可以让至少一个学生境况更好的分配的唯一办法就是找到一个使学生 i_2 境况更好的分配。因此，这个分配必须使得 i_2 被分配给 s_2 或 s_1。这两种情况都意味着另一个学生必须被取消分配：

（a）如果将 i_2 分配给 s_1，i_3 重新分配；

（b）如果将 i_2 分配给 s_2，i_1 或 i_4 重新分配。

在（a）中，被重新分配的学生 i_3 的境况必然会变得更糟。在（b）中，无论是重新分配 i_1 还是 i_4，被重新分配的学生的境况也必然更糟。因此，没有任何其他分配可以使得所有学生的境况变好或无差异，所以说 μ' 是有效率的分配。

分配 μ 是稳定的

要说明这一点，需要注意到只有学生 i_1、i_2 和 i_3 想要进入另一所学校（i_4 被分配到最偏好的学校）。学生 i_1 希望被分配到学校 s_2 而不是学校 s_1，但学校 s_2 被分配给了学生 i_3 和学生 i_4，因为他们是一组具有最高优先级的学生，因此学生 i_1 不能和学校 s_2 形成阻止对。学生 i_2 和 i_3 更偏好学校 s_1，但是学校会"拒绝"他们，因为它有优先级最高的学生 i_1。学生 i_2 在学校 s_2 也能更好，但面临与学生 i_1 一样的处境：学校 s_2 将"拒绝"该学生。因此，μ 没有阻止对（学生和学校）；也就是说，μ 是一个稳定分配。

分配 μ' 是不稳定的

如果存在阻止对（不是个体理性的，或者是浪费的），则这个分配就是不稳定的。不难看出，μ' 是个体理性且无浪费的，因此如果它是不稳定的，那么一定有阻止对。在 μ' 下，学生 i_1、i_3 和 i_4 被分配到他们最偏好的学校。很明显这些学生不会阻止分配，因此唯一可以阻止分配的学生是学生 i_2。无论进入学校 s_2 或学校 s_1，学生 i_2 的境况都可以更好。学校 s_1 在 μ' 下被分配给学生 i_3。由于学生 i_2 在学校 s_1 的优先级高于学生 i_3，因此认为 (i_2, s_1) 是一个阻止对，所以 μ' 不稳定。

一个阻止对的存在足以说明该分配不稳定。但作为练习，我们来看另一对组合 (i_2, s_2)。学校 s_2 被分配了学生 i_1 和 i_4。为了能够与学生 i_2 一起构成阻止对，学校 s_2 必须排除优先级低于 i_2 的学生。这正是响应性所要求的。如果学校 s_2 用 i_2 替换 i_1，那么当且仅当 i_2 具有比 i_1 更高的优先级时，集合 $\{i_2, i_4\}$ 具有比集合 $\{i_1, i_4\}$ 更高的优先级。但显然不是这种情况。学生 i_4 也是如此：i_4 在学校 s_2 的优先级高于学生 i_2，所以学生 i_2 与学校 s_2 不能构成阻止对。

稳定性和效率是市场设计师关注的两个最重要的属性。然而，事实证明，在设计分配程序时，二者不能兼得，必须在这两个属性中选择一个。在例 13.1 中，分配 μ 是稳定的（并且也是该问题的唯一稳定分配）。然而 μ 不是有效率的。

结论 13.1 对于某些特定的偏好和优先级，一个稳定分配可能也是有效的。但一一般情况下并非如此：不可能保证同时获得有效且稳定的分配。

Haluk Ergin 确定了学校的优先级应该满足的条件，以确保学生的最佳分配是有效率的。[1] 然而，这些条件非常苛刻，在实践中难以满足（简略地说，条件是学校的优先级必须非常相似，但这限制了任意两个学校对两名学生进行不同的排序）。虽然是想要达到的目标，但协调效率和稳定性似乎是一个不可能实现的目标。

如果稳定性和效率都是期望得到的属性，我们希望只要存在有效率的并且稳定的分配，就能够精确找出这个分配。在例 14.2 中，存在这样的分配：μ' 既稳定又有效率。此外，如果有一种机制可以产生这样的分配，我们希望这种机制是防策略性的。它使参与者更加轻松，因为参与者不必考虑哪种策略是最好的（即提交哪种偏好排序给机制）。不幸的是，Onur Kesten 的结论告诉我们，这是不可能的。[2]

结论 13.2 （Kesten）不存在一种有效率的且防策略性的机制，使得只要存在有效率的和稳定的分配时，就能够将该分配选择出来。

结论 13.2 解读如下：假设想要找到一种始终产生有效分配的机制。这并不困难，我们将在第 13.2 节中看到如何实现。我们从结论 13.1 中知道，这个分配不一定稳定。但是，如果有一个有效率且稳定的分配将会怎样呢？如果我们可以选出这种分配，将是非常棒的。结论 13.2 表示，没有防策略性机制可以实现这一目标。

13.2 算法竞争

关于择校问题的文献始于 Atila Abdulkadiroğlu 和 Tayfun Sönmez 的开创性工作。[3] 他们的工作是受波士顿的情况推动的。波士顿的家长必须将对学校的偏好列表提交给信息中心，之后一个算法会将学生与学校进行匹配。波士顿机制的一个关键特征是：其使用的算法不是延迟接受算法，而是本节将讨论的**即刻接受算法**（immediate acceptance algorithm）。[4] 该算法与延迟接受算法非常相似，唯一的区别在于接受/拒绝决定的方式。但是，我们不必将自己局限于这两种算法。由于择校模型基本上是一个分配模型，因此也可以考虑使用第 11 章中的首位交易循环算法。

13.2.1 市场各方的角色

在第 10 章的住院医师匹配模型或第 9 章的简单一对一匹配模型中，我们讨论了两种版本的延迟接受算法：一种是住院医师向医院发出要约，另一种是医院向候选者发出

---

[1] Haluk I. Ergin, "Efficient Resource Allocation on the Basis of Priorities," Econometrica 70, no. 6 (2002): 2489–2497.

[2] Onur Kesten, "School Choice with Consent," Quarterly Journal of Economics 125, no. 2 (2010): 1297–1348.

[3] Atila Abdulkadiroğlu and Tayfun Sönmez, "School Choice: A Mechanism Design Approach," American Economic Review 93, no. 3 (2003): 729–747.

[4] Abdulkadiroğlu 和 Sönmez 最初称这种算法为"波士顿算法"（Boston algorithm），但他们也指出，这种算法在许多不同城市被广泛使用；然而，许多作者仍然使用术语"波士顿算法"。

要约。在这两种版本中选择哪一种实施取决于市场设计者和政策制定者。

在择校模型中,哪一方发出要约没有多大影响。在延迟接受算法和即刻接受算法中,发出要约的代理人按照其排序表,从第一位开始发出要约。以这种方式进行相当于是发出要约的代理人将尝试与排名最高的搭档匹配。在择校模型中,学生有偏好,因此如果学生发出要约,算法将尝试将学生与他们最偏好的学校匹配。但是在这个模型中,学校没有偏好。换句话说,学校并不真正关心它们招收的是哪个学生,因此最大化学校支付的想法没有意义,因为学校不存在支付。①

对于首位交易循环算法,也可以考虑两种情况。第一种情况是学生被分配到他们指向的学校。第二种情况则相反,学校招收它们指向的学生(学校将使用它们的优先级排名来指向学生)。对在算法中发出要约的代理人来说,首位交易循环算法产生的分配是有效率的。因此,在首位交易循环算法中选择哪一方发出要约(学生指向学校或学校指向学生)是类似于延迟接受算法或即刻接受算法的问题。由于学校仅仅是被消费的对象,每个学校对学生的排名只反映优先级顺序而不是偏好列表,因此最大化学校的优先级没有意义。故在择校模型中,学生指向学校的首位交易循环算法是更有意义的算法。

13.2.2 延迟接受算法

择校问题下的延迟接受算法与在住院医师匹配中看到的算法相同,只是现在不需要考虑申请某一学校的学生对该学校而言是不是可接受的;假设对于每个学校而言,所有学生都是可以接受的。

算法 13.1 择校延迟接受算法

步骤 1 每个学生 i 申请在他的偏好列表中排名第一的学校(如果没有这样的学校,那么 i 是未被分配的)。

每个学校 s 按照优先级顺序 π_s,一次一个地分配申请该校的学生,直至学校容量已满。也就是说,学校 s 首先招收优先级最高的学生,然后是优先级第二高的学生,依此类推,直到学校招收了数量为 q_s 的学生,或者已经招收了所有申请学校 s 的学生。剩下的学生被拒绝。

步骤 k,$k \geqslant 2$ 在上一步中被拒绝的每个学生都向其尚未申请过且可以接受的学校中最偏爱的一个提出申请(如果没有这样的学校,则该学生将是未被分配的)。

每个收到申请的学校都会在由上一步所接受的学生群体和新申请者构成的这个更大的集合中,按照优先级顺序一次一个地接受学生,直至达到其容量。剩下的学生被拒绝。

结束 当没有学生被拒绝或所有学校招收的学生都达到了学校容量时,算法就会停止。任何剩下的学生都未被分配。

用这种算法获得的分配称为学生最佳分配。根据第 10 章,可以推断出以下结论。

结论 13.3 择校延迟接受算法的属性

- 延迟接受算法会产生学生最偏好的稳定分配。

---

① 然而,应当清楚的是,在择校模型中,如果学校作为发出要约一方,我们可以描述延迟接受算法和即刻接受算法。这样的算法将被很好地定义。因此,我们可以在现实生活中使用这些算法。例如,在法国,它被用来分配学生上高中。我们在此处所说的是,在择校问题下,如果学校作为发出要约一方,很难去证明算法使用的合理性。

- 使用延迟接受算法将学生分配到学校的分配机制是防策略性的(对于发出要约方,即学生)。

注意,从结论 13.1 知道,学生最佳分配不一定是有效率的。

例 13.2 考虑四名学生 Alice、Bob、Carol 和 Denis,以及三个学校 A、B 和 C。学校 A 的容量是 2(即最多可以匹配两名学生),学校 B 和 C 的容量是 1(这些学校最多接受一名学生)。

学生对学校的偏好以及学校对学生的优先级如下表所示。

P_{Alice}	P_{Bob}	P_{Carol}	P_{Denis}
A	A	B	A
B	B	A	C
C	C	C	B

π_A	π_B	π_C
Alice	Alice	Bob
Carol	Bob	Carol
Denis	Denis	Denis
Bob	Carol	Alice

步骤 1 Alice、Bob 和 Denis 都申请学校 A。学校 A 最多可以录取两名学生,所以它开始按照优先级顺序接受申请的学生。Alice 是最高优先级的学生,所以她被接受了。具有次高优先级且正在申请学校 A 的学生是 Denis。因此 Denis 被接受,Bob 被拒绝,因为学校 A 已经接收了 Alice 和 Denis,容量已满。另一名学生 Carol 向学校 B 发出要约。她是唯一的申请人,所以她被录取了。因此,在步骤 1 结束时,Alice 和 Denis 暂时被学校 A 录取,Carol 暂时被学校 B 录取,Bob 未被分配到任何学校。

步骤 2 Bob 申请学校 B。学校 B 现在有两个申请人:Carol(来自步骤 1)和 Bob。Bob 的优先级高于 Carol,由于学校 B 只有一个名额,Bob 现在暂时被学校 B 接受,Carol 被拒绝。

步骤 3 Carol(在步骤 2 中唯一被拒绝的学生)申请学校 A。学校 A 现在有三个申请人:Alice 和 Denis(来自步骤 1)和 Carol。优先级最高的两名学生是 Alice 和 Carol,所以 Denis 被拒绝了。

步骤 4 Denis 申请学校 C。他是唯一的申请人,因此他被接受。没有学生被拒绝,因此算法停止。

因此,学生的最佳分配是:

$$\mu(\text{Alice}) = A, \ \mu(\text{Carol}) = A$$
$$\mu(\text{Bob}) = B, \ \mu(\text{Denis}) = C$$

13.2.3 即刻接受算法

虽然类似于延迟接受算法,即刻接受算法在步骤 2,3,……中引入了一个变化。

但关键的区别在于，在即刻接受算法中，在各个步骤中实现的匹配不是暂时的而是最终的。换句话说，这里的最终接受是立即的，而不会延迟到算法停止时。除此之外，这两种算法是相同的。

算法 13.2 即刻接受算法

步骤 1 每个学生 i 都申请在他的偏好列表中排名第一的学校（如果没有这样的学校，那么 i 是未被分配的）。

每个学校都按照其优先级顺序，依据其容量一次一个地接受申请的学生。也就是说，学校 s 首先从申请的学生中按照优先级顺序 π_s 招收优先级排名最高的学生。然后，它从申请的学生中按照优先级顺序 π_s 招收排名第二高的学生。招收决策会一直重复，直到学校招收了数量为 q_s 的学生，或者已经招收了所有申请本学校的学生。剩下的学生被拒绝。

步骤 k，$k \geqslant 2$ 在上一步中被拒绝的学生 i 都向其尚未申请过且可以接受的学校中最偏爱的一个提出申请（如果没有这样的学校，则该学生将是未被分配的）。

每个学校被分配给下列学生：

（a）所有之前被分配到那个学校的学生都被再次分配到那个学校。剩余容量（remaining capacity）是学校的容量减去这些学生的数量。

（b）每一个学校按优先级顺序一次一名地招收申请该校的学生，直至招收的学生达到剩余容量。剩下的学生被拒绝。

结束 当没有学生被拒绝或者所有的学校招生容量已满时，算法停止。剩下的学生未被分配。

延迟接受算法和即刻接受算法之间的唯一区别是，学校如何对待在前一步中接受的学生。在延迟接受算法中，接受是暂时的，需要重新考虑，而即刻接受算法并不是。在步骤 1 中，因为没有前面的步骤，所以没有学生需要被重新考虑，因此对于这两种算法来说，步骤 1 都是一样的。

在即刻接受算法中，如果在步骤 1 中学生 i 与学校 s 匹配，可以立即认为在算法结束后，i 将与 s 匹配，而延迟接受算法的情况并非如此。这可能是因为学生 i 在后来的步骤中被学校 s 拒绝了，该学生最终被一个他不太偏好的学校录取了。

即刻接受算法满足的属性是什么呢？首先，分配不一定是稳定的。例 13.2 说明了这个事实。不过，即刻接受算法能产生有效分配。然而，我们将在下一节中看到，学生们可能会通过表达虚假的偏好而受益。

现在我们使用相同的偏好和优先级，并使用即刻接受算法来计算分配。由于即刻接受算法的步骤 1 与延迟接受算法的步骤 1 相同，可以直接使用延迟接受算法步骤 1 得到的结果并从步骤 2 开始。但是为了完整性，我们还是从步骤 1 开始。

步骤 1 Alice、Bob 和 Denis 都申请学校 A。学校 A 最多可以录取两名学生，所以它开始按照优先级顺序接受申请的学生。Alice 是最高优先级的学生，所以她被接受了。具有次高优先级且正在申请学校 A 的学生是 Denis，因此 Denis 被接受，Bob 被拒绝，因为学校 A 已经接收了 Alice 和 Denis，容量已满。另一名学生 Carol 向学校 B 提出申请。她是唯一的申请人，所以她被录取了。因此，在步骤 1 结束时，Alice 和 Denis 被学校 A 录取，Carol 被学校 B 录取，Bob 未被分配到任何学校。

步骤 2 Bob 是被拒绝的学生。他申请学校 B，但是学校 B 已经在步骤 1 中填满了它的容量。这意味着在步骤 2 中，学校 B 的剩余容量为 0。因此学校 B 不能再接受任何额外的学生，因此拒绝 Bob。

步骤 3 Bob 是上一步骤中唯一被拒绝的学生。他需要从他尚未提出申请的学校中选择最偏好的学校并向其发出申请，这意味着他会申请学校 C。他是唯一的申请人，因此他被接受。没有学生被拒绝，算法停止。

因此，即刻接受算法下的分配是：

$$\mu'(\text{Alice}) = A,\ \mu'(\text{Carol}) = B$$
$$\mu'(\text{Bob}) = C,\ \mu'(\text{Denis}) = A$$

注意，此分配不稳定。为了看到这一点，请观察（Bob，B）形成的一个阻止对：Bob 更偏好学校 B 而不是他的分配结果（学校 C），而学校 B 给予 Bob 比 Carol 更高的优先级（却被分配给了 Carol）。

13.2.4 首位交易循环

用于择校的首位交易循环算法非常接近第 11 章中的算法，但现在必须考虑每个学校可以被分配给许多不同的学生。

重写多对一分配问题的算法的关键如下：在首位交易循环算法中，对于个体和物品而言，某个步骤确定的分配都是最终结果：该个体和物品将被从问题中移除。学生和学校的多对一模型将以同样的方式进行讨论。每当学生被分配到学校时，学生将被移除。对于学校，我们不会移除它，而是将其容量减少一个单位。当学校的容量变为 0 时，学校就会被从问题中移除。

除了这个（较小的）复杂之处外，算法过程的描述几乎与第 11 章中相同。

算法 13.3 择校的首位交易循环

步骤 1 对于每个学校 $s \in S$，q_s^1 被定义为**剩余容量**（remaining capacity），$q_s^1 = q_s$。

对于每名学生，画一个从学生指向他最偏好的学校的箭头。如果没有这样的学校，那么箭头就会指向他自己（称之为自循环）。

对于每个学校，画一个从学校开始指向最高优先级的学生的箭头。

这里至少存在一个循环：如果从一个循环中的一名学生开始沿着箭头走，我们最终会再次回到该学生。

如果学生属于一个循环，那么将他分配到他指向的学校（即从该学生开始的箭头末端指向的学校），并且该学生将被从问题中移除。如果一名学生处于自循环中，那么他将被从问题中移除并且不会被分配到任何学校。

如果学校 s 在一个循环中，则新的剩余容量 $q_s^2 = q_s^1 - 1$。如果学校 s 不属于任何循环，则剩余容量不变：$q_s^2 = q_s^1$。

如果学校的新剩余容量为 0，那么该学校将被从问题中移除。

步骤 k，$k \geqslant 2$

提醒：如果学校 s 在第 k 步开始时依然未被移除，则其剩余容量为 q_s^k。

对于每名学生，画一个箭头从学生指向仍然在分配问题里的学校中他最偏好的那个学校。如果没有这样的学校，箭头就会指向他（一个自循环）。

对于每个学校，画一个箭头从学校指向仍然在分配问题里的优先级最高的那名学生。

这里至少存在一个循环。如果学生属于一个循环，那么将他分配到他指向的学校（即从该学生开始的箭头末端指向的学校），并且该学生将被从问题中移除。如果学生处于自循环中，那么他将被从问题中移除并且不会被分配到任何学校。

如果学校 s 在一个循环中，那么剩余容量变为 q_s^{k+1}，$q_s^{k+1}=q_s^k-1$。如果学校 s 不属于任何一个循环，那么剩余容量不变；也就是说，$q_s^{k+1}=q_s^k$。

如果学校的新剩余容量为 0，那么该学校将被从问题中移除。

结束 当所有学生或所有学校都被移出问题时，算法停止。任何剩下的学生都被分配给自己。

例 13.2 续 使用与本例的第一部分相同的偏好和优先级，并使用首位交易循环算法计算分配。

步骤 1 每个学生都指向他最偏好的学校，所以 Alice、Bob 和 Denis 都指向学校 A，Carol 指向学校 B。每个学校都指向优先级最高的学生，因此学校 A 和 B 都指向 Alice，学校 C 指向 Bob（见图 13.1）。

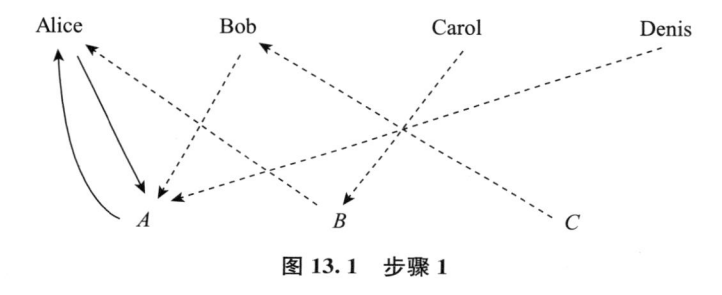

图 13.1 步骤 1

本次只有一个包含 Alice 和学校 A 的循环。循环用实线箭头表示（虚线箭头不是任何循环的一部分）。所以 Alice 被分配到学校 A，并从问题中移除。学校 A 的总容量为 2，由于现在 Alice 占用了其中一个名额，学校 A 的剩余容量为 1。

步骤 2 每名剩下的学生都指向他最偏好的学校。所以 Bob 和 Denis 指向学校 A，Carol 指向学校 B。每个学校都指向剩下的学生中优先级最高的学生，因此学校 A 指向 Carol，学校 B 和 C 指向 Bob（见图 13.2）。

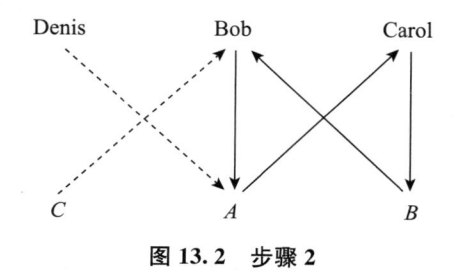

图 13.2 步骤 2

现有以下循环：Bob→A→Carol→B→Bob……（用实线箭头表示）。这意味着 Bob

被分配到学校 A，Carol 被分配到学校 B。这两个学生被从问题中移除。学校 A 招满了它的容量，所以也被从问题中移除。学校 B 同理。

步骤 3 只有 Denis 和学校 C 留在问题中。Denis 指向学校 C，最后学校 C 指向 Denis（见图 13.3）。

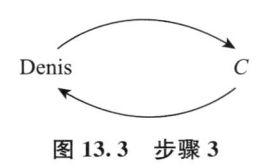

Denis C

图 13.3 步骤 3

此处有一个明显的循环，所以 Denis 被分配到学校 C，Denis 和学校 C 都被从问题中移除。此时没有学生了，所以算法停止。

因此，在首位交易循环算法下的分配是：

$$\mu''(\text{Alice}) = A, \quad \mu''(\text{Carol}) = B$$
$$\mu''(\text{Bob}) = A, \quad \mu''(\text{Denis}) = C$$

首位交易循环算法具有在第 11 章中看到的相同属性。

结论 13.4 择校首位交易循环算法的属性
- 对于任何偏好、优先级顺序和学校容量，使用此算法获得的分配都是有效率的。
- 使用首位交易循环算法的分配机制是防策略性的（对学生而言）。

注意，虽然首位交易循环算法不一定能产生稳定的分配，但是在某些特定情况下，算法得到的分配可能是稳定的。但一般而言不是这样的。

本章中的首位交易循环算法和在第 11 章中看到的算法等价。与其让学校指向学生，不如考虑一个只有学生的分配模型，其中一些学生通过以下方式在学校拥有一个或多个名额：如果学生在学校中具有最高优先级，则该学生在该学校拥有一个名额。完成此转换后，我们就可以运行第 11 章的首位交易循环算法。一旦通过算法将"拥有一个或多个学校名额"的学生分配到一个学校，我们就会考虑他拥有名额的每个学校。如果学校没有招满容量，学校的下一个拥有者将是尚未被分配的学生中优先级顺序排在第二位的学生。一旦学校名额的所有权更新，则重新绘制箭头并寻找循环。

为了说明两种模型之间的关系，再次考虑例 13.2。Alice 对学校 A 和 B 的优先级最高。所以我们可以说她"拥有"那两个学校。学校 C 由 Bob 拥有，Carol 和 Denis 不拥有任何学校。如果我们运行第 11 章的首位交易循环算法的步骤 1，则有：

- Alice 指向自己。
- Bob 指向 Alice（她拥有 Bob 最偏好的学校，A）。
- Carol 指向 Alice（她拥有 Carol 最偏好的学校，B）。
- Denis 指向 Alice（她拥有 Denis 最偏好的学校，A）。

如图 13.4 所示。每个箭头旁边都有学生偏好的学校。例如，Carol 指向 Alice，因为她偏好学校 B。Bob 指向 Alice，因为他偏好学校 A。

唯一的循环是包含 Alice 的循环（带有实线箭头）。因此 Alice 被分配到学校 A，并且被从问题中移除。学校 A 现在只剩下一个名额了。现在 Alice 被移除，谁拥有学校 A

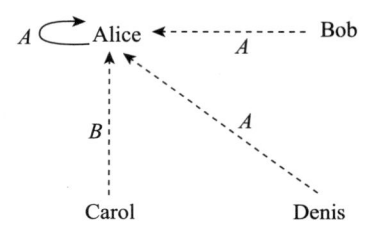

图 13.4　步骤 1

和 B 呢？学校 A 优先级顺序中的下一名学生是 Carol，所以她现在拥有学校 A。对于学校 B，下一个拥有者是 Bob。因此，学生最偏好的学校（在可获得的学校中）如下。

学生	最偏好的学校	拥有者
Bob	A	Carol
Carol	B	Bob
Denis	C	Bob

所以现在 Bob 指向 Carol，Carol 指向 Bob，而 Denis 指向 Bob，如图 13.5 所示。

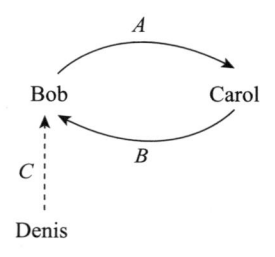

图 13.5　步骤 2

现在有一个包含 Bob 和 Carol 的循环（带有实线箭头）。所以 Bob 被分配到学校 A，而 Carol 被分配到学校 B。Bob 和 Carol 都被从问题中移除。学校 A 和 B 现在名额招满，被从问题中移除。那么现在只剩下学校 C 和 Denis 了。学校 C 的新拥有者是 Denis，这是在仍能选择的学校中他最偏好的学校，所以 Denis 指向自己（见图 13.6）。

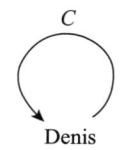

图 13.6　步骤 3

Denis 处于自循环中，因此被分配到学校 C。所以最终的分配是：

$$\mu'''(\text{Alice})=A, \mu'''(\text{Carol})=B$$
$$\mu'''(\text{Bob})=A, \mu'''(\text{Denis})=C$$

可以很容易地将分配 μ''' 与分配 μ'' 进行比较。它们是根据首位交易循环算法的不同版本或解释来计算的，并且给出了相同的结果。

首位交易循环算法相当于这样一种情况：对于每个学校，我们按照优先级顺序中的排名打印优惠券，并将这些优惠券发送给相应的学生。例如，在例 13.2 中，Alice 收到以下三张优惠券：

- 学校 A，♯1；
- 学校 B，♯1；
- 学校 C，♯4。

然后，我们让学生交换这些优惠券，首先只允许优先级排名为 ♯1 的学生交换优惠券。一旦学生获得新的优惠券，他就会在该学校占位并离开交易，而对于那个学校，我们允许仍留在市场的持有次高优先级 ♯ 的那些学生开始他们的交易。例如，如果 Alice 将"学校 B，♯1"给 Bob，那么 Bob 可以占据学校 B 的一个名额，因为优惠券并没有说明它对应哪个学生；该权利属于优惠券的持有人。

13.3 即刻接受算法的问题

我们知道，在择校问题中，如果我们使用延迟接受算法或首位交易循环算法，那么学生就可以展示他们的真实偏好。但是在即刻接受算法中呢？为了回答这个问题，我们使用了例 13.2 中提出的问题。

在这个特定的例子中，即使我们使用相同的偏好和优先级，即刻接受算法和延迟接受算法获得的分配也是不同的。为了理解原因，下面分析即刻接受算法的执行情况。

首先，观察到在使用即刻接受算法得到的分配中，有一种正当嫉妒：

- Bob 更偏好学校 B 而非学校 C（Bob 被分配到学校 C），并且，
- 对于学校 B，Bob 的优先级高于 Carol（Carol 被分配到学校 B）。

Bob 的问题是申请学校 B "太晚了"。他在步骤 2 申请学校 B，但是学校 B 已经在步骤 1 招满了学生（Carol）。Bob 比 Carol 在该校有更高的优先级，但是学校不能推翻上一步的接受决定。

Bob 可以做些什么来阻止这种分配结果吗？答案是肯定的。如果 Bob 提交的偏好顺序中学校 B 位于首位，他将最终被分配到该学校。为了理解这一点，观察在这种情况下（Bob 把学校 B 作为他的第一选择），步骤 1 中学校 B 接收到两个申请：来自 Bob 和 Carol。由于 Bob 具有更高的优先权，他被接受（Carol 被拒绝）。

总而言之，当使用即刻接受算法时，如果 Bob 提交：

（虚假的偏好）$P'_{Bob} = B, A, C \Rightarrow$ Bob 被分配到学校 B，

（真实的偏好）$P_{Bob} = A, B, C \Rightarrow$ Bob 被分配到学校 C。

Bob 争取更好学校的策略非常直观：将他"走好运"被录取的学校作为第一选择。与延迟接受算法中的策略操作（对接收要约方）不同，这种策略操作在即刻接受算法下相对容易进行。实际上，学生不需要全面了解每个学校的优先级顺序以及其他学生提交的偏好，唯一需要的信息如下：

如果我把一个学校作为我的首选，有多少优先级比我高的学生也把这个学校作为他

们的首选？

如果这些学生的数量少于学校的容量，宣布一个学校是我的首选，我肯定会被分配到该学校。这种类型的操作已经有较多的记录，主要是因为即刻接受算法被许多学区用于给学生分配学校。例如，在 1994 年由芝加哥联邦储备银行组织的一次名为"中西部学校改革方案"的会议中，Robert Meyer 和 Steven Glazerman[①] 报告指出："对于某些家庭来说，策略性地列出他们的择校列表可能是最优的。例如，如果家长认为他们最偏好的学校被超额报满并且他们有一个差不多的第二偏好的学校，那么他们就会避免在受欢迎的学校上'浪费'第一选择，而是将他们的第二偏好学校作为第一选择。"

在波士顿市西区家长小组的一次会议上，有人说："一个择校策略或者是找一个你喜欢且还有招生名额的学校并把它作为首选，或者是找一个你喜欢的并且受欢迎的学校作为第一选择，同时找一个不那么受欢迎的学校作为'安全'的第二选择。"

那些具有战略眼光的家长最终分配到的那个学校会是他们提交的偏好中的首选，但不一定是真实的首选。对于没有战略思维的家长来说，大多数会被分配到不怎么偏好的学校，像 Bob 被分配到学校 C 那样。

13.4 应用

自从 Atila Abdulkadiroğlu 和 Tayfun Sönmez 的开创性工作之后，许多学区已经修改了分配程序，其中大多数采用了延迟接受算法。我们在本章中讨论该算法的两个最早（也是最著名）的实施方案。

13.4.1 波士顿的学校匹配

在 Abdulkadiroğlu 和 Sönmez 发布了关于学校分配的工作成果后不久，《波士顿环球报》联系了他们和其他学者，征求他们对将学生分配到波士顿公立学校的入学程序的意见。在 2003 年的文章中，《波士顿环球报》指出了当时在波士顿使用的入学程序的缺点——该程序使用了即刻接受算法。[②]

在 2003 年秋天，Abdulkadiroğlu 和 Sönmez，以及 Parag Pathak 和 Alvin Roth，被要求详细研究在波士顿使用的机制，并提出一些可能的改进建议。[③] 这是我们本章中介绍的分配理论的第一次大规模测试的机会。波士顿学区由近 140 个学校的 6 万多名幼儿园至 12 年级学生组成。分配主要发生在 K、1、6 和 9 年级的学生。每年平均有大约 4 000 名学生进入这些年级。

波士顿的案例是择校问题的一个很好的例子，因为学校对学生的优先级顺序不是由学校设定的，而是由中央管理部门设定的。在波士顿，每个学校的优先级是按照以下顺

[①] 当时他们都是芝加哥大学哈里斯公共政策学院（Harris School of Public Policy of the University of Chicago）的教员。

[②] http://archive.boston.com/news/local/articles/2003/09/12/school_assignment_flaws_detailed/.

[③] Atila Abdulkadiroğlu, Parag Pathak, Alvin E. Roth, and Tayfun Sönmez, "The Boston Public Schools Match," American Economic Review, Papers and Proceedings 95, no. 2 (2005): 368-371.

序建立的:

(1) 学校里有兄弟姐妹上学的学生有最高优先级。

(2) 次高优先级是住在学校步行距离内的学生(步行区(the walk zone)的范围由波士顿公立学校定义)。学校一半以上的名额给了这些学生。例如,如果学校可以招收 100 名学生,只有 50 名步行区的学生相对于其他学生有更高的优先级。对于剩余的 50 个名额,在学校步行距离内的学生与其他学生相比没有更高的优先级。

(3) 最后是所有的其他学生。

显然,这些类别不足以构建严格的学生排序,因为每个类别中都有很多学生。为了获得优先级顺序,每个学生被分配了一个随机数,在每个类别中根据分配的随机数对这些学生进行排序。

即刻接受算法迫使家长进行一个困难的博弈。在选择哪个学校作为他们的首选时,他们必须具有战略眼光。很明显这种算法需要被替换。但问题是:用哪种算法来替换呢?

我们要求改进机制的第一个标准是防策略性。我们要求得到一个满足防策略性的分配机制的原因是,通过向对机制熟练程度不一的家长提供平等机会做到"起点公平"。在波士顿,一些家长对所使用的算法(即刻接受算法)有很好的理解,并能够优化他们提交的偏好列表。其他家长则难以制定策略,所以他们难以获得一个最喜欢的学校。因此,一种防策略性机制是可取的,因为它不会给具有战略眼光的家长更多的机会。

接下来的问题是:应该考虑分配的哪个属性呢?稳定性还是有效率性?回答这个问题会立即告诉我们选择哪种算法:如果我们想要稳定分配,则采用延迟接受算法;如果我们需要有效率的分配,则采用首位交易循环算法。

事实证明,在稳定性和有效率性之间进行选择取决于我们如何"理解"学校的优先级顺序。我们确实看到,首位交易循环算法隐含学生交易他们的优先级的假设。如果学校的优先级被认为是学生所拥有的(并且可以进行交易的)物品,那么有效率的分配就是自然的选择。但是,如果我们认为优先级不可交易(或者更粗略地说,学生对入学没有所有权),那么稳定分配是更好的选择。2004 年 12 月,波士顿公立学校宣布改变该系统。尽管工作组最初提出首位交易循环算法,但 2007 年最终采用的却是延迟接受算法。

13.4.2 纽约的学校匹配

大约与波士顿改革学生入学分配程序同时,纽约市教育局(New York City Department of Education,NYCDOE)也对其分配系统进行了彻底改革。

纽约与波士顿的情况大不相同。首先,问题的规模要大得多。纽约有超过 100 万名学生就读公立学校,大约有 90 000 名学生参加了由公立学校提供的 500 个不同的培养计划中的一个。与波士顿不同,纽约的择校改革并非始于《波士顿环球报》的文章(或 Abdulkadiroğlu 和 Sönmez 的论文)。相反,纽约市教育局的几个人知道美国住院医师培训匹配计划(见第 10 章),并思考它是否适用于纽约。

纽约的程序与波士顿的程序完全不同。粗略地讲,纽约的分配机制是分散的。学生向学校提交申请,学校必须决定哪些学生会被录取,哪些会被拒绝,或放在学校的候选名单之中。学生们可以提交申请的数量受到限制(他们还必须建立学校偏好顺序,而这是学校可以看到的）。一些学校也面临着其他学校没有的限制。例如，采用**非筛选项目**（unscreened programs）的学校通过抽签录取学生，有学区的学校必须优先考虑来自社区的学生，而且采用**筛选项目**（screened programs）的学校必须评估每一名学生。

学生们将会收到学校的决定信，成功申请的学生最多接受一份邀请（并被列在等待名单中）。在此之后，有多余名额的学校将会招收新的学生。整个过程会这样进行三轮。这显然是不够的，因为大约三分之一的学生最终没有被任何学校录取，不得不被当局分配到一个学校（当然这个学校不在他们的偏好名单上）。换句话说，纽约的分配程序存在**拥塞**（congestion）（见第 1.3.1 节）。

学校可以决定录取哪些学生的事实对新系统的设计产生了深远的影响。一些学校不仅选择接受或拒绝哪些学生，而且还策略性地对中央执行机构隐瞒它们的招生容量。通过隐瞒学校的招生容量，学校可以保留之后分配的名额（因此可以在录取学生时有更多选择）。如果分配是稳定的，那么学校隐瞒容量的动机会最小化。而且与波士顿不同的是，纽约的许多学校针对有特定需求和技能的学生有特殊的培养计划。换句话说，与波士顿不同，纽约的许多学校确实对学生有偏好。许多学校的策略性举措（尝试与分配系统博弈）使由 Abdulkadiroğlu、Pathak 和 Roth（在 Sönmez 的帮助下）组成的市场设计师团队相信纽约的情况是一个匹配问题，而不是一个分配问题。① 住院医师匹配中的经验和教训（见第 10 章）明确指出，匹配的稳定性是纽约所需的关键属性。

一旦明确需要一种产生稳定匹配的算法，就会出现另一个问题：我们应该使用的延迟接受算法是由学生发出要约，还是学校发出要约呢？学生发出要约很快就被认为是最佳选择，原因有以下几点：

● 学生揭示他们的真实偏好是学生的占优策略，并产生学生最佳匹配（即在所有稳定匹配中被所有学生最偏好的稳定匹配）。

● 事实证明，在多对一匹配问题中，没有算法能够产生稳定的匹配，使得学校揭示其真实偏好和真实容量成为学校的占优策略。

在新的匹配机制运作的第一年，超过 70 000 名学生成功地与初始偏好列表中的学校匹配（比以前的系统多了 20 000 名学生）。没有被分配到学校（并且没有退出纽约公立学校）的学生可以根据仍有空缺的学校名单，提交第二偏好列表。在匹配结束时，大约有 3 000 名学生最后被行政匹配了一个不在他们偏好列表中的学校（相比之下，以前的系统有 30 000 名这样的学生）。

---

① Atila Abdulkadiroğlu, Parag Pathak, and Alvin E. Roth, "The New York City High School Match," American Economic Review, Papers and Proceedings 95, no. 2 (2005): 364-367.

第 14 章

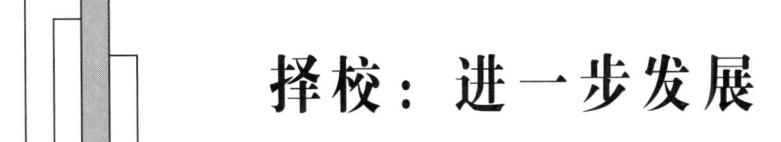

择校：进一步发展

有人可能会认为，简单地将分配模型应用于择校问题就足够了。事实上，这只是开始；还有更多的事情要做。运用双边匹配模型的文献将学生分配到学校引发了一系列需要解决的新问题。本章回顾了当分配模型开始应用于现实生活中时出现的一些新问题。

14.1 弱优先级

到目前为止，我们假设学校对学生的优先级是严格的。在任何学校，没有一对学生具有相同的优先级。在许多匹配或分配问题中，这个假设是无伤大雅的。但在择校问题中，这个假设很难被证明。它必须被放宽。

14.1.1 问题

在第 13 章中可以看到，择校模型中学校对学生没有偏好而是有优先级。优先级通常是行政决策的结果，该决策只是遵循政策制定者制定的一些标准。例如，建立优先级的一个常见标准是兄弟姐妹原则：有在该校读书的兄弟姐妹的学生（在该校）比其他学生有更高的优先级。另一个常见的标准是距离（居住在学校附近的学生有更高的优先级）。

如果仔细观察，在这样的标准下我们通常得不到细致的学生分类。即使政策制定者决定优先级应该取决于许多不同标准（例如成绩、种族、家庭收入），很多学生最终很可能会有相同的优先级。因此，学校的优先级顺序通常是一个有序层的集合。第一层（级）的学生有相同的优先级，并且比任何其他层的学生们都拥有更高的优先级。第二层学生的优先级相同，他们的优先级低于任何第一层的学生但高于任何较低层的学生。

我们称这种优先级为**弱优先级**（weak priorities）。一个弱优先级的示例如下：

$$\bar{\pi}_s = [\text{Alice, Bob}], \text{Carol}, [\text{Denis, Erin, Fred}], \text{Gilda}$$

在第 13 章中，学校的严格优先级顺序表示为 π_s。在处理弱优先级时，加入了一条短横线，因此 $\bar{\pi}_s$ 是学校 s 的弱优先级顺序。注意，所有严格优先级顺序也是一个每一层只有一名学生的弱优先级顺序。相同优先级的学生都在同一个括号里。所以，学校 s 的弱优先级 $\bar{\pi}_s$ 确定了 Alice 和 Bob 是同一个最高的优先级：他们比其他学生拥有更高的优先级，但是 Alice 并没有比 Bob 更高的优先级（而且 Bob 也没有比 Alice 更高的优先级）。Carol 是唯一在第二层的学生。她比 Bob 和 Alice 的优先级低，但是比 Denis、Erin、Fred 和 Gilda 的优先级高。Denis、Erin 和 Fred 在同一层：他们中没有谁比该层的其他两人有更高的优先级。但是，他们的优先级低于 Alice、Bob 和 Carol，高于 Gilda。

如果学校没有严格的优先级，就无法运行延迟接受算法、即刻接受算法或首位交易循环算法。这些算法的前提是学校对学生有严格的优先级顺序。假设对于某个学校，有两名学生 Alice 和 Bob 具有相同的优先级，并且是他们所在的优先级中仅有的两名学生。同时假设这个学校只有一个名额，并且这个学校是 Alice 和 Bob 最偏好的学校。如果运行延迟接受算法，Alice 和 Bob 都会向该学校提出申请。这个学校只能接受一名学生，因此必须拒绝 Bob 的申请或 Alice 的申请。不过，是哪一名呢？一种方法是打破学校的优先级等级，比如抛硬币。这种方法解决了我们的问题，但同时创造了新的问题。

14.1.2 效率损失

我们已经知道，如果学校的优先级是严格的，则延迟接受算法（学生提出要约）形成的分配是学生最佳的稳定分配。如果打破学校优先级中的平级关系，这个属性可能会消失。在举例说明这个消极结果之前，一定要注意到稳定性是用学校的初始优先级（original priorities），即弱优先级，来定义的。这是因为通过随机打破平级形成的严格优先级是人为获得的（并且可能随着另一个随机抽签而改变）。因此，在本章的背景下，如果出现下列任何一项条件，分配将是不稳定的：

- **不是个体理性的**：学生被分配到不可接受的学校；
- **浪费**：学生没有被分配到任何学校，同时有一个可以接受的学校没有满员；
- **有正当嫉妒**：如果相对于被分配的学校，学生更偏好某个学校，并且优先级严格（strictly）较低的学生被分配到了该学校。

对于个体理性和浪费，我们不需要区分弱优先级和严格优先级；正当嫉妒的定义对二者的差异是敏感的。下面的例子说明了正当嫉妒是如何在弱优先级下起作用的。

例 14.1 Alice 被分配到不是她最偏好的学校。她最偏好的是学校 s。学校 s 的优先级顺序是：

$$\bar{\pi}_s = [\text{Alice, Bob}], \text{Carol, Denis}$$

假设 Alice 和 Bob 在优先级顺序中的平级关系被打破，Bob 现在具有比 Alice 更高的优先级。如果 Bob 被分配到学校 s，则不能说 Alice 有正当嫉妒，因为在初始优先级 $\bar{\pi}_s$ 下，他们具有同等的优先级。Bob 被赋予比 Alice 更高的严格优先级是人为的。

然而，如果 Carol 或 Denis 被分配到学校 s，则可以说 Alice 有正当嫉妒。因此，只有与打破学校优先级顺序每一层内的平级关系的方式无关时，才会产生正当嫉妒。

14.1.3 弱优先级的学生最佳分配

如果想要使用延迟接受算法，则在弱优先级顺序中打破每个层级内的平级关系是必要的步骤。但是，正如下一个例子所示，这需要付出代价。

例 14.2 考虑三名学生 Alice、Bob 和 Carol，以及三个学校 s_1、s_2 和 s_3。每个学校的容量为 1。学生的偏好和学校的优先级顺序如下表所示。

P_{Alice}	P_{Bob}	P_{Carol}
s_2	s_3	s_2
s_1	s_2	s_3
s_3	s_1	s_1
$\bar{\pi}_{s1}$	$\bar{\pi}_{s2}$	$\bar{\pi}_{s3}$
Alice	Bob	Carol
[Bob, Carol]	[Alice, Carol]	[Alice, Bob]

因此，例如对学校 s_1，Alice 具有最高优先级，而 Bob 和 Carol 都处于第二层且具有相同的优先级。

假设打破平级关系后 Alice 总是具有最高优先级（如果她与另一名学生具有相同的弱优先级），并且 Carol 总是具有最低优先级（如果她与另一名学生具有相同的弱优先级），则可以获得以下严格优先级排序。

π_{s1}	π_{s2}	π_{s3}
Alice	Bob	Carol
Bob	Alice	Alice
Carol	Carol	Bob

在优先级 π_{s1}、π_{s2} 和 π_{s3} 下的学生最佳分配是：

$$\mu(\text{Alice})=s_1, \mu(\text{Bob})=s_2, \mu(\text{Carol})=s_3$$

现在考虑一下如下分配：

$$\mu'(\text{Alice})=s_1, \mu'(\text{Bob})=s_3, \mu'(\text{Carol})=s_2$$

不难看出，分配 μ' 也是稳定的。首先，Bob 和 Carol 在 μ' 下被分配到他们最偏好的学校。所以，唯一可能有正当嫉妒的学生是 Alice，Alice 被分配到她次偏好的学校。她最偏好的学校是 s_2，在 μ' 下被分配给 Carol。Alice 和 Carol 在 π_{s2} 中处于同等优先级，所以 Alice 没有正当嫉妒（设 Carol 比 Alice 低一级别）。所以 μ' 是稳定的。

现在比较分配 μ 和 μ'。在 μ 和 μ' 下 Alice 被分配到同一所学校，但在 μ' 下 Bob 和 Carol 都获得了偏好的学校。因此，分配 μ 不是有效率的（参见定义 13.2）。

例 14.2 的结论非常简单。随意打破平级关系可能会造成效率损失，因为在运用学生发出要约的延迟接受算法时获得的分配可能不是学生最佳分配。这是令人担忧的，因为我们已知稳定性和有效率性通常是不兼容的（见结论 13.1）。在这里，弱优先级的出现成为另一个低效率的来源。

14.1.4 恢复效率

如果想在择校问题中产生稳定分配，我们面临两个潜在的低效率来源：

（1）稳定性和有效率性通常是不兼容的。

（2）弱优先级可能会产生（当我们在不同优先级层级中打破平级关系时）一个不是学生最佳分配的分配。也就是说，可能还有另一个所有学生都偏好的稳定分配。

我们知道，除非放弃防策略性，否则在第一种情况下恢复效率是没有希望的（见结论 13.1 和结论 13.2）。但是，低效率的第二个来源怎么样呢？

根据有效率分配的定义，如果稳定分配 μ 不是有效率分配，且存在另一个分配 μ'，我们可以将学生分成两组。

- 第 1 组：在 μ' 和 μ 下具有不同分配的学生。这些学生更偏好分配 μ' 下的学校而不是分配 μ 下的学校。
- 第 2 组：在 μ' 和 μ 下分配到同一个学校的学生。

分配 μ 的低效率意味着第 1 组不是空的。现在假设从第 1 组中任选一个学生，比如说 Janis。为不失一般性，假设在分配 μ' 下 Janis 被分配到学校 s_1，在分配 μ 下 Janis 被分配到学校 s_2。

现在假设 μ 是一个稳定分配。如果 Janis 更偏好学校 s_2 而非学校 s_1，那么必定是因为在分配 μ 下学校 s_2 已满员了（否则 μ 将是浪费的，因此不稳定）。由于在分配 μ' 下 Alice 被分配到学校 s_2，因此必然有一个学生 John 在 μ 下被分配到学校 s_2，且他在 μ' 下没被分配到学校 s_2。所以 John 在 μ' 下的分配不同于在 μ 下的分配，因此他也在第 1 组。我们可以对第 1 组的所有学生重复这个推理。然后我们得到以下观察结果。

第 1 组中的每名学生在分配 μ' 下都占有一个名额，而该名额在 μ 下被该组的另一名学生占有。

然后，可以设想以下场景来获得分配 μ'：给第 1 组中的所有学生一人一张纸条，纸条上写明了他们在 μ 下被分配到的学校名称。现在让学生交换他们的纸条，一旦他们交换完纸条，就将他们分配到收到的纸条上写的学校。当然，只有当另一名学生的纸条上是他们偏好的学校时，学生才愿意交换他们的纸条。例如，Janis 将收到 John 的纸条。

这样的场景传达了以下信息。从分配 μ 获得分配 μ' 相当于让第 1 组的学生互相交易被分配的学校。由于 μ' 是第 1 组中所有学生最偏好的分配，因此实现 μ' 的交易是一种改进分配。但我们知道如何让学生高效地交换他们的纸条。首位交易循环算法就能做到。

不难看出从分配 μ 到分配 μ' 也有像首位交易循环算法那样的循环。为了看到这一点，再举一个例子，但现在考虑 John。John 要去另一个学校，所以他一定是从另一名学生那里拿了一张纸条。如果那名学生是 Janis，那么有一个包含 Janis 和 John 的循环：

Janis 将她的纸条交给 John，而 John 则把他的给了 Janis。相反，假设 John 从另一名学生 Nina 那里拿到了纸条。如果 Nina 从 Janis 的手中拿到了纸条，则有一个包含 Janis、John 和 Nina 的循环。如果不是（Nina 从 Janis 处拿到纸条），则要考虑第四名学生。第 1 组中的学生数量是有限的，所以我们最终会找到一名学生从已经放入循环集合的学生那里拿到一张纸条（Janis，John，Nina，……）。

因为已经知道想要根据初始分配 μ 构造哪种分配，我们"构建"的循环相对容易。如果没有"目标"分配（如上文中的 μ'），该怎么办呢？原则上，这不是问题；我们从稳定分配开始，并考虑对于每名学生，他的分配是他的禀赋。然后运行具有私人禀赋的首位交易循环算法（参见第 11.2.2 节）。但这样做存在风险，因为最终可能会出现不稳定分配。为避免这种情况，必须以下列方式限制学生之间的交易。只有在学校 s 中学生 i 优先级等于或者高于学生 j 的优先级时，学生 i 才可以在循环中拥有学生 j 在学校 s 中的名额。

总而言之，我们考虑的唯一循环可被称为**改进循环**（improvement cycles），它是一个学生的循环 $(i_1, i_2, \cdots, i_k, i_{k+1})$，其中 $i_{k+1}=i_1$。在给定初始稳定分配 μ 下，改进循环具有以下属性：

(a) 该循环中的每名学生在分配 μ 下被分配到一个学校，意味着 $\mu(i_h) \in S$，$h=1, \cdots, k$。

(b) 该循环中的每名学生都偏好该循环中下一个学生在分配 μ 下被分配的学校；也就是说，对 $h=1, 2, \cdots, k$，学生 i_h 更偏好学生 i_{h+1} 的学校，即相较于 $\mu(i_h)$，i_h 更偏好 $\mu(i_{h+1})$。

(c) 对于该循环中下一名学生被分配到的学校，每名学生在所有偏好该学校甚于其被分配学校的全部学生中都处于最高优先级。因此，在 μ 下，对于 $h=1, 2, \cdots, k$，如果 s 是学生 i_{h+1} 被分配的学校，并且 A_s 是所有偏好学校 s 甚于其被分配学校的学生的集合，那么在学校 s 中，相比 A_s 集合里的其他学生，i_h 具有严格最高优先级。

当存在改进循环时，可以构造分配 μ'：

$$\mu'(i) = \begin{cases} \mu(i) & \text{，当 } i \notin (i_1, i_2, \cdots, i_k) \text{ 时} \\ \mu(i_{h+1}) & \text{，当 } i = i_h \text{ 时} \end{cases} \tag{14.1}$$

(a) 和 (b) 简单地表现了，在循环中，每名学生如果获得想要得到的学校，则其境况会变好。(c) 是保证分配 μ' 仍然稳定的条件。

例 14.2 中从稳定分配 μ 开始，有：

$$\mu(\text{Alice}) = s_1, \mu(\text{Bob}) = s_2, \mu(\text{Carol}) = s_3$$

我们考虑稳定的改进循环。为此，首先为每名学生选择学校，以满足条件 (b) 和 (c)——条件 (a) 一般是满足的。

对于每名学生，我们首先观察他们希望在一个改进循环中获得哪个学校——条件 (b)。

- Alice：学校 s_2 是她唯一偏好的被分配到的学校。
- Bob：学校 s_3 是他唯一偏好的被分配到的学校。
- Carol：学校 s_2 是她唯一偏好的被分配到的学校。

现在考虑条件（c），只有一个学生 Bob 想要去学校 s_3。所以对于他来说，条件（c）是一直满足的。有两个学生想要去学校 s_2，Alice 和 Carol。他们有同等的优先级，所以原则上他们都可以成为一个循环的一部分。如果其中一个人，比如 Alice，在学校 s_2 中的优先级低于另一名学生，那么 Alice 将不被允许申请学校 s_2。现在准备构建循环。有：

- Alice 指向 Bob（她想要去学校 s_2，Bob 在 μ 下被分配的学校）；
- Bob 指向 Carol（他想要去学校 s_3）；
- Carol 指向 Bob（她想要去学校 s_2）。

如图 14.1 所示，箭头旁边是学生想要去的学校的名称。

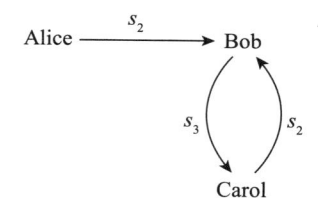

图 14.1　一个稳定的改进循环

可以看到有一个含有 Bob 和 Carol 的循环。通过构造，循环满足条件（a）、（b）和（c）。使用式（14.1）和（Bob，Carol，Bob）作为循环，从而构建新的分配；也就是说，Bob 拿走 Carol 的学校，Carol 拿走 Bob 的学校。由此得到分配 μ'，且已知它是稳定且有效率的。

在新分配 μ' 下，由于循环中的每名学生的境况都更好了，则称 μ' 相对于 μ **帕累托占优**（Pareto dominate）。Aytek Erdil 和 Haluk Ergin 的以下结论总结了刚刚的讨论。①

结论 14.1　（Erdil 和 Ergin）如果 μ 是一个稳定分配，且被另一个稳定分配 μ' 帕累托占优，则存在一个稳定的改进循环。

这个结论至关重要，因为它间接地告诉我们如何寻找一个稳定且有效率的分配。从稳定匹配开始，然后运行具有私人禀赋的首位交易循环算法，其中学生仅限于考虑满足改进循环定义中条件（c）的学校。

根据纽约高中匹配的数据，Atila Abdulkadiroğlu、Parag Pathak 和 Alvin Roth 发现，2003—2007 年间他们平均可以改善大约 1 700 名学生的分配（约占被分配到学校学生人数的 2.5%）。因此，由于弱优先级顺序而导致缺乏效率的可能性是巨大的。幸运的是，这可以通过 Erdil 和 Ergin 的改进循环来解决。

但仍有一个问题。是否有可能获得稳定且有效率的匹配而该匹配也具有防策略性呢？基于 Erdil 和 Ergin 研究的下一个例子给出了一个否定的答案：存在弱优先级时，我们不能期望有一个能挑选出有效分配的机制。这个例子的一个关键点是，它不依赖于稳定的改进循环，而只依赖于这样一个事实：当学校存在弱优先级时，稳定且有效率的匹配并不是唯一的。

---

① Aytek Erdil and Haluk Ergin, "What's the Matter with Tie-Breaking? Improving Efficiency in School Choice," American Economic Review 98, no. 3 (2008): 669–689.

例 14.3 考虑三名学生 Alice、Bob 和 Carol，以及三个学校 s_1、s_2 和 s_3。每个学校最多可被分配一名学生（即每个学校的容量为 1）。学生的偏好和这些学校的弱优先级如下表所示。

P_{Alice}	P_{Bob}	P_{Carol}
s_2	s_2	s_1
s_1	s_3	s_2
s_3	s_1	s_3

$\bar{\pi}_{s1}$	$\bar{\pi}_{s2}$	$\bar{\pi}_{s3}$
Alice	Carol	Carol
Bob	[Alice，Bob]	Bob
Carol		Alice

在这个问题中存在两种稳定分配（因为 Alice 和 Bob 在学校 s_2 中具有同等优先级）：

$\mu(\text{Alice})=s_2$，$\mu(\text{Bob})=s_3$，$\mu(\text{Carol})=s_1$
$\mu'(\text{Alice})=s_3$，$\mu'(\text{Bob})=s_2$，$\mu'(\text{Carol})=s_1$

现在考虑 Alice 和 Bob 的歪曲的偏好表达：

$P'_{\text{Alice}}=s_2, s_1, s_3$
$P'_{\text{Bob}}=s_2, s_1, s_3$

如果 Alice 提交了偏好顺序 P'_{Alice} 而不是 P_{Alice}（并且 Bob 和 Carol 是真诚的，提交 P_{Bob} 和 P_{Carol}），那么有唯一的稳定分配 μ。

如果 Bob 提交了偏好顺序 P'_{Bob} 而不是 P_{Bob}（并且 Alice 和 Carol 是真诚的，提交 P_{Alice} 和 P_{Carol}），则有唯一的稳定分配 μ'。

现在考虑 Alice、Bob 和 Carol 提交真实偏好（P_{Alice}、P_{Bob} 和 P_{Carol}）时的初始问题，假设存在一种稳定且有效率的分配机制。根据这些偏好，该机制必然输出分配 μ 或 μ'，这是仅有的两个有效率且稳定的分配。

如果该机制输出 μ，那么 Bob 有动机歪曲他的偏好，从而提交 P'_{Bob} 而不是 P_{Bob}：使用偏好序列（P_{Alice}、P'_{Bob}、P_{Carol}）能产生唯一的稳定且有效率的分配 μ'。Bob 最好不要说实话，因为他更偏好 $\mu'(\text{Bob})=s_2$ 而非 $\mu(\text{Bob})=s_3$。

因此为了保持防策略性，当学生提交 P_{Alice}、P_{Bob} 和 P_{Carol} 的偏好时，这种机制必须选择分配 μ'。但是如果机制在这些偏好下产生分配 μ'，那么 Alice 有动机提交 P'_{Alice} 而不是 P_{Alice}：使用偏好序列（P'_{Alice}、P_{Bob}、P_{Carol}）能产生唯一的稳定且有效率的分配 μ，Alice 更偏好 μ 而非 μ'。因此，为了防策略性，机制不能选择 μ'。

总而言之，只有两个稳定且有效率的分配，但是如果想要保持防策略性，则不能选择其中任何一个。

☐ 14.1.5 如果需要，应如何打破平级？

如第 14.1.1 节中所见，当学校对学生有弱优先级时，如果想要运行延迟接受算法或首位交易循环算法之类的算法，需要打破优先级顺序中每一层内的平级关系（以便获得严格的优先级顺序）。那么该如何打破平级关系？有两种不同的方式：

- **多次打破平级**（multiple tie-breaking）：每个学校都会打破平级关系。

这意味着以下几点。假设 Alice 和 Bob 在两个不同学校中属于同一层级。多次打破平级意味着在一个学校中打破平级关系可能有利于 Alice，而在另一个学校中则有利于 Bob。

- **单次打破平级**（single tie-breaking）：所有学校打破平级关系的规则都是相同的。再看一下 Alice 和 Bob 的情况。依照单次打破平级规则，如果在一个学校打破平级关系有利于 Alice，那么在另一个学校中也会有利于她。

打破平级关系的一种简单方法是为每名学生分配一个随机数。如果两名学生在优先级顺序中属于同一层级，则具有最低随机数的学生获得比另一名学生严格更高的优先级顺序。[①] 假设 Alice、Bob 和 Carol 在某些学校属于同一优先级层级，并且他们分别被分配了数字 347、42 和 728。在打破平级后，认为 Bob 排名高于 Alice，Alice 排名高于 Carol。

多次打破平级相当于在每个学校中都抽签，为同一名学生分配不同的随机数。因此 Bob 可以拥有一个学校的 42 号和另一个学校的 827 号。但根据单次打破平级规则，每名学生只有唯一的随机数，该数字适用于所有学校。

有人可能会说，多次打破平级规则更为公平。如果一名学生在一个学校有一个糟糕的随机抽签（也就是说，打破平级后，他是同一级别中的最后一名），则在稳定分配下她很难被分配到那个学校。为了理解这一点，假设学校 s 有以下弱优先级排序（并且学校 s 的容量是 1）：

$$\bar{\pi}_s = \text{Alice}, [\text{Bob}, \text{Carol}, \text{Denis}], \text{Erin}$$

首先考虑 Bob、Carol 和 Denis 之间的平级关系被打破后利于 Bob 的情况。

因此，获得了优先级顺序：

$$\bar{\pi}_s = \text{Alice}, \text{Bob}, \cdots$$

为了获得 Bob 被分配到学校 s 的稳定分配，只需要将 Alice 分配到一个相对于学校 s 她更偏好的学校。

现在考虑到其他情况，比如 Bob 是他的层级中的最后一名，因此我们获得优先级顺序：

$$\bar{\pi}_s = \text{Alice}, \text{Carol}, \text{Denis}, \text{Bob}, \cdots$$

（另一种可能性是 Denis 排在 Carol 之上。）如果想要获得一个 Bob 被分配到学校 s 的稳定分配，将有更多的限制：不仅要将 Alice 分配到一个相对于学校 s 她更偏好的学校，而且对 Carol 和 Denis 也要如此。

总而言之，拥有较高的随机数会降低被分配到所偏好学校的概率。因此，我们认为，如果想给每名学生提供平等的机会，那么多次打破平级规则优于单次打破平级规则。

如何打破平级关系是改革纽约高中匹配方案时提出的重要问题之一。在新的学校分

[①] 我们也可以用最大随机数取而代之。不过最重要的是，严格排序是随机的。

配程序的设计过程中，纽约的政策制定者从开始就已经认识到多次打破平级是一个更好的选择。Abdulkadiroğlu、Pathak 和 Roth 参与了纽约的新机制设计，根据案例和计算机模拟，认为单次打破平级规则将产生更好的福利。他们的直觉被以下结论确认。①

结论 14.2 （Abdulkadiroğlu、Pathak 和 Roth）对于任何择校问题，如果一个分配可以在延迟接受算法下，使用多次打破平级规则产生，却不能使用单次打破平级规则产生，那么该分配不是学生最佳分配。

对该结论的解读如下：当打破学校优先级顺序时，我们已经知道通过延迟接受算法获得的分配虽然稳定，却不一定有效率。在例 14.2 中，分配 μ 不是有效率的，所以 μ 不是**学生最佳分配**（student-optimal assignment）。如果一个分配是稳定的，并且没有其他稳定分配相对于该匹配是帕累托占优的，则该分配是学生最佳分配。

结论 14.2 背后的直觉如下。考虑学校存在弱优先级顺序的择校问题，并且设 μ 为学生最佳分配。所以，μ 是稳定的，并且没有其他稳定分配帕累托占优于 μ。Abdulkadiroğlu、Pathak 和 Roth 表明，在这种情况下存在一种单次打破平级规则；如果使用该规则打破平级关系并运行延迟接受算法，则可获得分配 μ。换句话说，任何学生最佳分配都可以使用单次打破平级规则获得。因此，如果在延迟接受算法下，一种分配不能使用单次打破平级规则再次产生（但是可以使用多次打破平级规则再次产生），则该分配不是学生最佳分配。

问题是：如果我们使用单次打破平级规则，我们会失去什么？显而易见，多次打破平级规则可以产生比单次打破平级规则更多的分配（每个我们打破平级的方式都会产生一个分配）。这是因为任何一个单次打破平级都是多次打破平级的特定情况：每个学校恰好为每名学生赋予了相同的数字！（并不是说容易出现这种情况，只是说这种情况能够发生。）

因此，假设有一些分配可以使用多次打破平级规则获得，而无法使用单次打破平级规则获得。根据结论 14.2，此类分配不是学生最佳分配。换句话说，这些分配不是需要的分配（我们甚至可以说其没有意义）。因此，我们不会因为使用单次打破平级规则而失去任何东西。

为了说明这一点并说服纽约的政策制定者，Abdulkadiroğlu、Pathak 和 Roth 使用学生们（或者其家长）提交的偏好列表进行了模拟。表 14.1 中显示了两种打破平级规则的对比。由于打破平级是随机的，研究人员进行了 250 次随机抽签以获得稳健估计。表中的数字是这 250 次抽签的平均值。

表 14.1 2006—2007 年纽约八年级申请人每个选择的平均人数

选择的等级	单次打破平级	多次打破平级	学生最佳分配（有效）
1	32 105.3	29 849.9	32 701.5
2	14 296.0	14 562.3	14 382.6

---

① Atila Abdulkadiroğlu, Parag Pathak, and Alvin E. Roth, "Strategy-proofness versus Efficiency in Matching with Indifferences: Redesigning the NYC High School Match," American Economic Review 99, no. 5 (2009): 1954 - 1978.

续表

选择的等级	单次打破平级	多次打破平级	学生最佳分配（有效）
3	9 279.4	9 859.7	9 208.6
4	6 112.8	6 653.3	5 999.8
5	3 988.2	4 386.8	3 883.4
6	2 628.8	2 919.1	2 519.5
7	1 732.7	1 919.1	1 654.6
8	1 099.1	1 212.2	1 034.8
9	761.9	871.1	716.7
10	526.4	548.4	485.6
11	348.0	353.2	316.3
12	263.0	229.3	211.2
没有被分配的	5 613.4	5 426.7	5 613.4

资料来源：Abdulkadiroğlu, Pathak 和 Roth (2009)。

表 14.1 的内容如下。第一列显示学生偏好的等级。第二列报告了使用单次打破平级规则时被分配到第 k 个选择的学生的平均数。例如，通过 250 次模拟，平均有 32 105.3 名学生被分配到他们的首选，14 296 名学生被分配到他们的第二选择，依此类推。第三列报告了使用多次打破平级规则时的同类数字。例如，平均而言，有 29 849.9 名学生被分配到他们的首选，14 562.3 名学生被分配到他们的第二选择，依此类推。最后，最后一列给出了在我们计算出学生最佳分配时，获得第 k 个选择的学生的平均数（使用第 14.1.4 节中稳定的改进循环）。最后一行给出了在两种打破平级规则下最终没有被分配到任何学校的和不是学生最佳分配的学生的平均数。

表 14.1 的统计信息传递了两条信息。第一，在单次打破平级规则下，对于几乎任何等级，被分配到排名高于该等级的学校的学生的平均数量在单次打破平级规则中更多。相对于学生最佳选择而言，这是显而易见的：平均而言，在单次打破平级规则下，32 105.3 名学生获得了他们的最佳选择，而在多次打破平级规则下，只有 29 849.9 名学生。那第二选择怎么样呢？在单次打破平级规则下，平均有 32 105.3＋14 296＝46 401.3 名学生获得他们的第一或第二选择。根据多次打破平级规则，只有 29 849.9＋14 562.3＝44 412.2 名学生获得他们的第一或第二选择。我们可以继续使用这种方式比较获得第一、第二或第三选择的学生人数，依此类推。直至第七选择时，在两种打破平级规则下，获得第七选择或者更好选择的学生数量才相似。[①] 所以单次打破平级规则让更多的学生获得了更高的选择。

第二，单次打破平级规则给出了与学生最佳分配几乎相同的结果。从例 14.2 中可知，当打破平级关系时，运行延迟接受算法得到的分配可能不是学生最佳分配（即相对于这种分配，另一种稳定分配帕累托占优），并且学生最佳分配可以使用 Ergin 和 Erdil

---

[①] 这种使用和来比较两列数字的方法遵循了第 12.1.3 节中定义随机优势的相同原理。

的稳定的改进循环算法得到。根据来自纽约的实际数据进行的模拟显示，实际上我们可能不需要使用稳定的改进循环算法，因为单次打破平级规则引致的总体效率下降微乎其微。为什么会这样呢？Erdil 和 Ergin 的结论（结论 14.1）是理论结论，这意味着它适用于任何学生偏好顺序和学校优先级顺序，而表 14.1 中的数字是根据真实偏好获得的。因此，在理论上我们有可能获得"消极"的结果，但在现实生活环境中，获得这种消极结果所需的条件并不能被满足。

14.2 限制选择

在许多分配或匹配市场中存在大量参与者。例如，住院医师匹配涉及约 20 000 名候选人（见第 10 章），纽约高中匹配每年约有 90 000 名学生参加，提供超过 500 个不同的培养计划。

在这种情况下，现实社会常常可以见到分配或者匹配机制限制参与者选择：参与者在有限数量的选项上提交偏好列表。这种限制的例子有：

- 对于纽约高中匹配，学生提交的偏好列表中最多包括 12 个培养计划。
- 在西班牙，大学录取采用了集中匹配程序，学生提交的偏好列表中最多包括 8 个学校。
- 在法国，大学招聘的教师采用一种集中匹配程序（使用一种与延迟接受算法等效的算法）。在 2008 年之前，各部门提交的偏好列表中最多包括 5 个候选人。

决策者想要限制参与者偏好列表长度的原因有很多。第一个原因是助推（nudging）。许多人可能难以在五种或更多种选择中确定他们的偏好。对于像纽约择校这样的大型机制，我们不能指望学生提交对 500 多个培养计划的偏好。因此对偏好列表长度的约束可以被认为是某种指导或激励，使得参与者专注于少数选项，从而让决策过程更容易。

另一个原因是迫使参与者只专注于重要的选项。这在学校分配中尤其重要，因为公共当局经常要处理"不出席"（"no-shows"）现象。如果学生被录取，却在学年开始时不出现（例如他去了一个私立学校），那么"不出席"就发生了。允许参与者拥有太多选项可能导致他们中的一些人将他们不是特别感兴趣的学校列入他们的偏好列表。当选择有限时，学生将仅考虑他们真正感兴趣的学校。

第三个原因是历史原因。如法国教师匹配这一匹配机制已经实施了几十年，最初的匹配过程不是自动化的（例如，书面提交偏好列表，然后手动录入计算机程序）。限制选择将使匹配/分配过程更快、更方便。

14.2.1 问题

限制选择有什么影响呢？我们是否依然能够进行有效率且稳定的分配呢？参与者是否还有动机报告他们的真实偏好呢？如果选择受到限制，是严格限制（只能有 3 或 4 个选项）还是宽松限制（只能有 10 或 12 个选项）呢？

我们可以做的一个简单的观察是，如果参与者的选择受到限制，用于将学生分配到学校的机制就不具备防策略性。这是因为，只要学生偏好列表中的学校多于他被允许提交的数量，这名学生就不可能提交个人真实偏好。所以，即使我们使用延迟接受算法或首位交易循环算法，这些算法在选择不受约束时是防策略性的，但是当选择受到约束时，学生们应该谨慎提交他们的偏好。

但是仍有一线希望。如果在选择没有约束时，分配机制是防策略性的，那么在选择受约束时，学生只需要关心他们在提交的偏好列表中放置哪些学校。他们不必关心如何对这些学校排序。[①]

结论 14.3 （Haeringer 和 Klijn）如果学生不能在他们的偏好中放置超过 k 个学校，并且使用延迟接受算法或首位交易循环算法，那么：

（a）如果一个学生发现最多有 k 个学校是可以接受的，那么他最好提交他的真实偏好。

（b）如果一个学生发现有多于 k 个学校是可以接受的，那么他最好制定一个策略，从这些学校中挑选 k 个学校，并根据他的真实偏好予以排序。

结论 14.3 没有说明情况（b）中何种策略被用于最好地选择填入偏好列表的学校。选择学校显然取决于其他学生的策略和学校的优先级。为了理解这一点，假设 Alice 最偏好的学校是学校 s_1，学校 s_2 是她次偏好的学校，并且假设 Alice 只能将一个学校放在她提交的偏好列表中（为简单起见，假设每个学校最多可招收一名学生）。如果有一名学生在学校 s_1 的优先级中更高，并且将 s_1 放在他的偏好列表中，那么 Alice 不应该做同样的选择，因为如果这样做的话，她最终不会被分配到任何学校（其他学生和学校 s_1 将组成阻止对）。但是，如果学校 s_1 优先级更高的学生都没有将学校 s_1 列入偏好列表，那么 Alice 最好的策略是将 s_1 放在她的偏好列表中。

限制选择的后果是什么？根据经验数据，这是一个非常难以回答的问题，因为我们需要通过观察学生受约束时的选择来估计他们的真实和完整的偏好，然后重新在真实偏好下运行延迟接受算法来看看变化。一个较简单的方式是运行一个模拟受约束和不受约束的情况的控制实验。

基于 Caterina Calsamiglia 和 Flip Klijn 的研究，我们进行了这样的实验。[②] 在这个实验中，参与者获得一份学校名单，每个学校都给定一个相应的货币支付。他们被告知必须报告个人对学校的偏好列表，并在实验结束时收到一定金额，具体取决于他被分配的学校的相应的货币支付。事实上，这个实验包括了多个实验，取决于所使用的算法（即刻接受算法、延迟接受算法，或首位交易循环算法）和货币支付的结构。有一种情况是支付是与分配的学校相关的，另一种情况是支付是随机的。[③]

实验结果清楚地表明，限制选择产生了更差的结果。通过三种算法（以及两种货币支付方式），在限制选择的情况下，参与者获得的平均报酬更低。原因是相对直观的。

---

① Guillaume Haeringer and Flip Klijn, "Constrained School Choice," Journal of Economic Theory 144, no. 5 (2009): 1921-1947.

② Caterina Calsamiglia, Guillaume Haeringer, and Flip Klijn, "Constrained School Choice: An Experimental Study," American Economic Review 100, no. 4 (2010): 1860-1874.

③ 我们所做的实验与 Yan Chen 和 Tayfun Sönmez 更早所做的实验相似，"School Choice: An Experimental Study," Journal of Economic Theory 127, no. 1 (2006): 202-231.

当选择受到限制时，学生最终被取消分配的风险变得不可忽视。一名学生如果担心不被他最偏好的学校录取，那么就可能更愿意关注偏好列表中等级更低的学校。因为偏好等级更低的学校的需求很可能更小。

实验设计的目的是再现现在的择校机制，因此实验中的每个参与者都被分配了一个"学区学校"，具有最高优先级的参与者才可进入学区学校。当选择受到限制时，学区学校变得更具吸引力，因为它们构成了安全的选择。在实验中，我们观察到，几乎所有参与者都将他们的学区学校放在他们提交的偏好列表中（少数人没有这么做，是因为那些学区学校给定的报酬最低）。因此，对于选择受限制的情况，平均有35%的学生最终被分配到他们的学区学校。换句话说，限制选择激励学生更加谨慎，从而增加隔离（更多学生被分配到他们的学区学校）。

限制选择虽然具有某些好处（它迫使学生专注于有意义的选择），因此可能产生负面影响。它迫使学生保持策略性（他们应该将哪个学校放在他们的偏好列表中），这会减少学生的整体福利，并增加社区之间的隔离。

14.2.2 从强可操纵性到弱可操纵性

我们在第14.2.1节中看到，限制选择会对分配机制的性能产生负面影响。但政策制定者可能更担心的是，限制选择使一些机制容易受到策略性操纵，而无约束选择则不然。

当波士顿决定在2005年改变择校机制时，延迟接受算法取代即刻接受算法，波士顿政策制定者的目标之一就是建立一个防策略性机制。正如我们所概述的那样，防策略性机制在熟练和不熟练的家庭之间创造了起点公平（前者更能够利用机制博弈）。利用机制博弈的想法实际上被许多政策制定者反对，因为它不仅给那些了解如何操作机制的人提供了优势，并且可能与机制设计的初始动机相违背。通过策略性操纵，我们获得的结果可能与决策者设定的目标不同。

在2013年发表的一篇文章中，Parag Pathak和Tayfun Sönmez报道了英格兰、波士顿和芝加哥的官员如何减少择校机制中的博弈。2003年，英国开始对其学校分配机制进行重大改革。2007年，如果一名学生将一个学校列入其偏好列表第一位，择校机制无法为该学生被该校录取提供优势。换句话说，学生被学校录取是根据他的优先级高低，而不是根据他偏好列表中学校的排名顺序。因此，2007年英格兰禁止使用类似即刻接受算法的算法。

芝加哥在2009年经历了类似的政策变化。那一年，在父母提交偏好列表单之后、宣布分配结果之前，芝加哥公立学校要求父母重新提交对学校的偏好列表。芝加哥运用的即刻接受算法带来了负面影响。根据芝加哥当局的说法，"高分孩子被拒绝录取仅仅是因为他们列出了他们对大学预科偏好的顺序。"

考虑到这些问题，人们会期望芝加哥或英格兰的政策制定者用防策略性机制取代有缺陷的旧机制。令人惊讶的是，事实并非如此：旧机制已经被其他机制所取代，但新机制仍然不具备防策略性。Pathak和Sönmez对这些新机制进行了仔细审查，并将其与之前的机制进行了比较。他们的目标之一是评估新机制是否符合政策制定者的目标，即降低策略性歪曲偏好的概率。最后，他们提出了比较两种机制可操纵性程度的新概念，如果一个机制不是防策略性的话，那么该机制被认为是可操纵的（manipulable）。

定义 14.1 （a）存在一组偏好。如果在机制 G 下，学生歪曲偏好将改善境况，那么在机制 F 下，也有一名学生可以通过歪曲他的偏好来改善境况；

（b）在一个分配问题（学生、偏好和学校）中，如果在机制 F 下，学生可以通过歪曲偏好来改善境况，但是在机制 G 下没有学生可以通过歪曲偏好来改善境况（对于同样的分配问题）。

那么，机制 F 比机制 G **更加可操纵**（more manipulable）。

请注意，在条件（a）中，在机制 F 下歪曲偏好而受益的学生与在机制 G 下这样做的学生并不一定是同一名学生，也可能是另一名学生。定义 14.1 的另一种表述如下。条件（a）表示，每当遇到择校问题时，在机制 G 下有学生可以通过歪曲他的真实偏好而获益，那么在机制 F 下就存在一名学生（不一定是同一个人），也可以通过歪曲他的偏好而获益。条件（b）表示在某些情况下，在机制 F 下歪曲偏好可能会令有的学生获益，但如果采用另一种机制 G，那么没有学生可以通过歪曲他的偏好做到这一点（相同的学生、相同的学生偏好和相同的学校优先级）。

直到 2009 年，芝加哥在 9 个重点高中中采用即刻接受算法，但学生提交的偏好列表中最多只能包括 4 个学校。在 2009 年秋，在计算分配完成后（但在披露之前），芝加哥公立学校（Chicago Public Schools，CPS）的官员开始担心。《芝加哥太阳报》于 2009 年 11 月 12 日报道：[1]

> 通过研究申请该市精英大学预科班的八年级学生的数据，芝加哥公立学校的官员发现了一个令人担忧的模式。
>
> 只是因为列出的大学预科偏好的顺序，高分的孩子被拒绝录取。
>
> "我简直不敢相信，"学校首席执行官 Ron Huberman 说，"这太糟糕了。"
>
> 芝加哥公立学校官员周三表示，他们决定让申请 2010 年秋季大学预科课程的八年级学生重新对自己的偏好进行排序，以便更好地符合新选拔制度。

对于那些知道并理解即刻接受算法的利害关系的人来说，芝加哥案例并不令人惊讶。在第 13.3 节中，我们看到，将高度受欢迎的学校放在个人偏好列表首位是一种冒险策略。

为了解决"危机"，芝加哥公立学校的官员们决定让学生重新提交他们对学校的偏好，但这次使用了不同的算法。在描述他们使用的算法之前，解释芝加哥的学校优先级是如何构建的很重要。与波士顿不同，波士顿的优先级取决于兄弟姐妹和步行距离，芝加哥的学校优先级是使用学生综合分数构建的。这意味着所有学校都有相同的优先级顺序。

对于芝加哥的官员来说，确切证据是这样的：在一些学校，高分的学生被拒绝，而分数低的学生被录取。为了避免再次获得这样的结果，他们决定让得分最高的学生首先选择他们的学校，然后得分第二高的学生，依此类推，直到所有学校都能招满名额。运行这种方式只不过是使用了第 11 章中的序列独裁算法（其中独裁排序根据学生综合成绩给定）。算法因此改变了，但芝加哥保留对偏好列表长度的限制：学生仍只能给最多

---

[1] Rosalind Rossi, "8th-Graders' Shot at Elite High Schools Better," Chicago Sun-Times, November 12, 2009.

4 个学校排名。正如第 14.2.1 节中所解释的，由于选择数量的限制，这种版本的连续独裁机制不具有防策略性（然而无约束版本是防策略性的）。然而，如下面的结论所示，它比以前的机制更好。

结论 14.4 （Pathak 和 Sönmez）对于任何 $k>1$，相比于学生提交的不能超过 k 个学校的偏好列表的序列独裁算法，学生提交的不能超过 k 个学校的偏好列表的即刻接受机制更易被操纵。

Pathak 和 Sönmez 从更一般的角度说明，对于延迟接受机制和序列独裁机制，削弱对提交的偏好列表长度的限制（即允许列出更多学校）总是会减少可操纵性。换句话说，对于任何一对约束 k 和 $k'(k'>k)$，学生提交的偏好列表不能超过 k 个学校的机制总是比学生提交的偏好列表不能超过 k' 个学校的机制（使用相同的算法）更容易被操纵。

Pathak 和 Sönmez 收集了一份令人印象深刻的改变了择校机制的学区名单。许多学区都在英格兰，但作者还是在西雅图、丹佛和加纳发现了变化（除波士顿和芝加哥外）。除波士顿外，这些地区都没有采用不受约束的（和防策略性的）机制。然而，作者观察到所有城市（除了西雅图）都采用了一种可操纵性较差的机制。在它们的数据中一个令人惊讶的事实是，所列出的几乎所有学区都通过改变算法（对于英格兰，新机制采用延迟接受算法）而不是放宽对提交的偏好列表长度的限制，成功地降低了可操纵性。

第 15 章

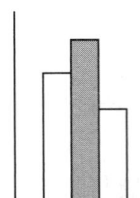

课程分配

在前面的章节中，我们看到的所有匹配或分配问题都是一对一或多对一的问题。对于这些情况，提出易于实施且具有良好性质的解决方案并不困难。多对多的情况则不同，因为它更复杂。一个典型且重要的多对多问题的案例是给学生分配课程。在许多大学，学生需要选择他们想修的课程，但通常课容量有限。本章将介绍解决该问题的几种方法。

15.1 预选

在最简单的形式中，课程分配问题类似于"经典"分配问题。面对一组学生和一套课程（每门课程的课容量有限），需要确定哪个学生将修哪一门课程。学生注册的所有课程集称为**课程表**（schedule）。与我们在前几章中研究的匹配或分配问题的不同之处在于，现在我们遇到的是多对多问题。

在之前多对一类型的匹配或分配问题上，市场中一方可以分配或匹配到另一方多个个体，而他一定对这组个体具有偏好或优先级。但是，我们总是假设这些偏好或优先级具有特定的结构，使得模型易于处理且相对容易解决；也就是说，我们假设偏好或优先级是具有响应性的。这对课程分配而言是一个问题。在许多学校，一些课程可能是相互补充的（例如，最好同时开设课程 A 和 B）或是相互替代的（例如，课程 C 或 D 最好是单独开设，而不要同时开设）。换句话说，学生必须根据提议的内容制定课程表，并且由于互补性或替代性问题，我们不能再认为学生对课程组的偏好是具有响应性的。学生的偏好缺乏响应能力使分析变得非常复杂。

另一个问题可能更令人担忧，多对多类型的分配问题并不像一对一或多对一问题那样容易解决。我们已经确定了能产生最佳结果的防策略性机制（例如，延迟接受算法的稳定性，首位交易循环算法的效率）。换句话说，对于多对一或一对一问题，我们可以在各种机制之间进行选择，具体取决于我们寻求的属性。对于多对多问题，我们没有太多选择：序列独裁算法是唯一的"重要"算法。[1]

结论 15.1 （Pápai）当且仅当多对多分配机制是序列独裁机制时，它才具有防策略性、非专横性且是帕累托有效的。

结论 15.1 中提及的**非专横性**（nonbossiness property）的含义如下。假设存在一种机制：每个学生提交他们对课程的偏好，我们获得一项分配结果（例如，每个学生一个课程安排），同时，假设有一个学生现在修改了他提交的课程偏好列表，但是却没有改变他的课程安排。如果在这种情况下其他学生的课程安排也没有改变，那么该机制被认为是非专横的。换句话说，在不改变自己课程安排的情况下，一个学生不能改变其他学生的课程安排，那么这种机制就是非专横性的。这种性质可以防止个人用下面的方式进行博弈。如果机制是**专横的**（bossy），那么一个人，比如说 Alice，可能会试图向另一个人 Bob 行贿，让他改变自己的偏好列表，使得即使不改变 Bob 的课程安排，也对 Alice 有利。

鉴于这种消极结果，分析具体机制的实践是很有趣的。此外，关于课程分配这一章，这也是一个很好的机会，可以将关于分配和匹配问题的章节与关于拍卖问题的章节的概念融合。我们将会发现，为课程分配问题提出（和使用）的一些解决方案恰恰包括拍卖机制。另一个解决方案，我们将在第 15.4 节中看到，有一部分也将回归到含有价格机制的竞争市场，也就是传统微观经济方法。换句话说，尽管我们目前看到的大多数市场设计课题中出现的问题都是由于传统竞争市场分析不充分导致的，但这并不意味着竞争市场分析方法毫无用处。

15.2 课程招标

被许多商学院普遍使用的分配机制包括对课程进行拍卖。哥伦比亚商学院、加州大学伯克利分校哈斯商学院、普林斯顿大学和密歇根大学商学院就是这种情况。虽然这些学校使用的机制并不完全一样，但基本结构是相同的：

（1）每个学生都有一个预算，包括硬币、代币、积分或其他。
（2）学生对每一门他们想要修的课程投标。
（3）所有学生对每一门课程的投标价都被按照序列制成一个表格。

从投标价最高的开始，一次处理一个投标价。在考虑投标时，如果课程的课容量未满，则投标人可以参加相应的课程。此外，由于学生可能会参与投标比他们实际的需要更多的课程，所以如果学生已经用其他课程填满了他的课表，则忽略他对课程的投标价。

---

[1] Szilvia Pápai, "Strategyproof and Nonbossy Multiple Assignments," Journal of Public Economic Theory 3, no. 2 (2001): 257–271.

15.2.1 投标和分配流程

这种拍卖机制可以被视为第一价格密封拍卖。也就是说，学生只提交一次投标价，并且他们为他们所修的每门课程"付出"他们的投标价。但是，当我们考虑密封拍卖时，请注意，这里的付款规则并不重要。因为学生不能像增价拍卖那样修改他们的投标价，所以他们为一门课程"付出"的价格不会影响他们对其他课程的投标价。换句话说，投标价就是对报名每门课程的学生予以排序。

事实上，这种拍卖可以被看作是序列独裁机制的一种变体，其中独裁者（学生）的顺序由投标价确定。此外，由于学生会参与投标多门课程，所以学生会在一个序列中多次出现。最后，一个独裁者受到其选择的限制，即轮到他的时候，他只能选择他参与投标了的课程。例如，如果 Alice 有第三高的投标价而投标价是针对课程 X 的，那么一旦我们考虑这个投标价时，她必须选择 X。

下面的例子来自 Tayfun Sönmez 和 M. Utku Ünver 的一篇文章，阐明了这种投标机制的原理。[1]

例 15.1 有四个学生 Alice、Bob、Carol 和 Erik。每个学生必须在课程 X、Y 和 Z 中选修两门课程。课程 X、Y 和 Z 的课容量分别是 3、2、4。下面给出了每个学生对这三门课程的投标价。

	X	Y	Z
Alice	60	38	2
Bob	48	22	30
Carol	47	28	25
Erik	45	35	20

因此，例如，Alice 对课程 X 的投标价是 60，Carol 对课程 Y 的投标价是 28，依此类推。我们现在根据每个人的投标价继续进行课程分配。

- 对课程 X 的最高投标价者是 Alice，所以她分配到了该课程。
- 第二高的投标价来自 Bob，也是对课程 X。所以他也分配到了该课程。如果我们继续与序列独裁算法类比，那么 Bob 就是第二独裁者。但是，他不能在课程 X、Y 和 Z 中选择任何课程。他必须根据投标价选择相对应的课程，也就是使他在投标价序列中排名第二的课程，即课程 X。

到了这个阶段，课程 X 只有一个剩余名额了。

- 第三高的投标价来自 Carol，依然是对课程 X，所以她分配到了该课程。课程 X 现已满员，课程 X 的所有后续投标价都将被忽略。
- 第四高的投标价来自 Erik。他正在参与投标课程 X，但无法给他安排课程 X，因为课程 X 已经满员了。

---

[1] Tayfun Sönmez and M. Utku Ünver, "Course Bidding at Business Schools," International Economic Review 51, no. 1 (2010): 99–123.

- 第五高的投标价来自 Alice，她对课程 Y 的投标价为 38，所以她被分配到了课程 Y。
- 第六高的投标价来自 Erik，也是对课程 Y。该课程还有一个剩余名额，所以 Erik 可以注册。课程 Y 现已满员。
- 第七高的投标价来自 Bob，是对课程 Z。他分配到了课程 Z。
- 第八高的投标价来自 Carol，是对课程 Y。因为课程 Y 已满员，所以她没选上。
- 第九高的投标价来自 Carol，是对课程 Z。她分配到了课程 Z。
- 第十高的投标价来自 Bob。他的课程表已经满了，所以不考虑他的投标价了。
- 依此类推，直到处理完所有投标价，我们获得以下分配结果 μ：

$$\mu(\text{Alice}) = \{X, Y\}, \ \mu(\text{Bob}) = \{X, Z\}, \ \mu(\text{Carol}) = \{X, Z\}, \ \mu(\text{Erik}) = \{Y, Z\}$$

在实践中，学生可能会为不同的课程提交相同的投标价，或者两个学生为同一课程提交相同的投标价。在这种情况下，通常的程序一般是用随机抽签的方法来做决定。

15.2.2 问题：非市场价格和低效率

我们在上一节中介绍的投标机制的基本原理是通过允许学生表达他们对课程偏好的强度，形成学生的偏好。为了理解这一点，首先假设 Janis 对课程 X 和课程 Y 的投标价分别为 41 和 40。因此，她表达了偏好课程 X 甚于课程 Y 的信号。通过对课程 X 出更高的价格，她让课程 X 的顺序排在课程 Y 之前，因为在独裁者序列中更高的投标价意味着更高的等级，她给了自己更大的机会获得课程 X。现在假设她对课程 X 和课程 Y 的投标价分别为 70 和 30。通过这些投标价可以看出，她仍然表示偏好课程 X 甚于课程 Y。但是，在其他学生的投标价保持固定不变的情况下，她现在在选修课程 X 的独裁者序列中排名更靠前了。因此，她提高了能选中课程 X 的概率。在 70 和 30 的投标价中，Janis 表示她更关心的是能否选中课程 X，而不关心课程 Y。

只要投标机制具有防策略性，那么投标价就可以被看成是偏好（带有强度）。但是，不难看出，学生可能会在这种投标机制中歪曲他们的偏好。例如，如果学生最偏好的课程不受欢迎并且总是有一些空位置，那么该学生可以通过对该课程出很低的价格来获得更高的收益，从而为更高竞争性的课程节省代币。在这种情况下，学生的投标价序列与课程偏好不一致。因此，投标机制具有一点即刻接受机制的风格：学生可以选择不投标他偏好的课程，而去投标那些竞争激烈的课程，从而取得更大收益。

课程投标机制通常被宣传为竞争市场机制：学生有预算约束，并通过他们的投标价表达他们对课程的需求。在竞争激烈的市场中，均衡价格反映了课程的需求：低价意味着该课程需求量较小，高价意味着该课程需求量较大。在课程投标价的背景下，分配结果（每个学生的课程表）、投标价列表和市场出清价格构成了市场均衡，例如：

- 每个学生选择对不同课程的投标价，以最大化他的期望收益。
- 对于每个课程 C，市场出清价格是：

——0，如果课程没有选满的话；

——在课程 C 中录取的最后一个学生的投标价（即选上课程 C 的学生对该课程给出的最低投标价）。

在例 15.1 中，课程 X、Y 和 Z 的市场出清价格分别为 47、35 和 0。

- 如果有课程组 $\{c_1, c_2, \cdots, c_k\}$ 不同于学生被分配的课程，而该学生是能够付得起该课程组的（即如果对课程 $c_1, c_2, \cdots, c_k$ 的投标价高于被分配的课程的市场出清价格），那么她偏好被分配的课程甚于课程组 $\{c_1, c_2, \cdots, c_k\}$。

让拍卖作为竞争市场替代物的想法是有道理的，因为在竞争市场中达到均衡条件可能需要相当长的时间（当没有中央清算所计算均衡时），并且对课程表需求的表达在认知上可能是困难的。在完全竞争市场中，需求和供给相等可以获得**竞争价格**（competitive prices）（或均衡价格）。原则上，如果拍卖是有效率的，它应该会产生竞争价格。问题是，课程投标机制不等同于竞争市场。

要理解这一点，请注意，在竞争性均衡中，对于任何课程，投标价高于市场出清价格的学生都将被分配到该课程。举一个例子，考虑 Liza 的案例，其最偏好的课程是 A。她知道这门课程的需求不足。也就是说，Liza 知道这门课在投标机制中的市场出清价格为 0。Liza 会将其预算分配给其他课程，比如课程 B 和 C。假设她的预算是 101 个代币并且她的投标价是：

- 对课程 A 的投标价是 1。我们在此假设为了让学生注册课程，需要积极的投标。虽然 Alice 预测她肯定能选上课程 A，但她的投标价仍然必须是非零金额，以表示她愿意参加课程 A。
- 对课程 B 和 C 的投标价分别是 50 个代币。

假设 Liza 最多可以选两门课程，其他学生的投标价使她注册课程 B 和 C。在这种情况下，课程 A 的市场出清价格是 0，但由于 Liza 已经注册了课程 B 和 C，她不能在课程 A 中注册。她对课程 A 的投标价高于市场出清价格，所以如果课程安排是竞争性均衡的，她应该修这门课程。

总而言之，课程投标机制不会试探出学生对课程的真实偏好，并且获得的市场出清价格不等于竞争价格。因此，最终分配可能是效率低下的。

15.2.3 投标的延迟接受

正如 Sönmez 和 Ünver 在他们的文章中解释的那样，第 15.2.1 节中概述的课程投标机制效率低下的一个主要原因是它使用学生的投标价来

- 推断学生对课程的偏好；
- 对每门课程，确定哪一个学生有更大的需求（即优先级）。对课程报价较高的学生具有较高的优先级。

问题在于，由于招标过程具有策略性（即它不具有防策略性），因此投标价不会显示学生对课程的真实偏好。

Sönmez 和 Ünver 解决这个问题的方法是通过使用投标机制的修改版本来使这两个问题分开。在这个算法中，我们将用 k 表示每个学生必须学习的课程数量。

算法 15.1 盖尔-沙普利帕累托占优市场机制（Gale-Shapley Pareto-dominant market mechanism）

步骤 1 学生随机排序。这种排序将用于打破学生之间的同等级。

步骤 2 每个学生提交他对课程的偏好（而不是课程表）。

步骤 3 每个学生都为每门课程提交报价。

步骤 4 运行学生发出要约的延迟接受算法，采用步骤 2 中提交的偏好列表。在该算法中，每个学生在延迟接受算法的步骤 1 中选出他最偏好的 k 门课程。在延迟接受算法的后续步骤中，如果学生在上一步中有 p 门课程被拒绝了（$p>0$），那么他将从他上一步中没有选的课程中选出他最偏好的 p 门课程补上。

对于课程来说，每门课程在每个步骤中，从具有最高优先级的学生开始，一次只接受一个学生，直到其课容量满了，然后就拒绝其他学生，其中优先级由投标价给出：投标价最高的学生具有最高优先级，投标价第二高的学生具有第二高优先级，依此类推。

该算法具有多种性质。首先，揭示一个人对课程的真实偏好（算法 15.1 的步骤 2）是学生的占优策略。然而，选择对每门课程的投标价仍然是一项策略性决策，所以这意味着我们需要在投标博弈中考虑**均衡**（equilibria）。

结论 15.2 （Sönmez 和 Ünver）如果一个机制使用盖尔-沙普利帕累托占优算法，学生选择每门课程的投标价以最大化其期望收益，那么得到的课程分配应该与市场均衡一致。

为了得到他们的结论，Sönmez 和 Ünver 做了几个假设。首先，与我们在前面章节中看到的分配模型不同，假设学生对课程有效用，而不仅仅是偏好。如果课程对于学生有效用，就可以很容易地推导出学生们的偏好（即课程的排序）：当学生选择课程 X 的效用高于课程 Y 的效用时，相比于课程 Y，学生更偏好课程 X。其次，假设学生了解每门课程的市场出清价格（可以通过查看前几年的市场出清价格轻松获得），并且使用这些信息最大化他们的期望收益（即投标博弈是贝叶斯博弈；参见附录 A 中的第 A.4 节）。最后，假设在选择他们的投标价时，学生表现为价格接受者（price takers）。也就是说，当学生选择他的投标价时，学生认为他的行为不会影响市场出清价格（这种假设通常在分析微观经济学中的完全竞争市场时用到）。

Sönmez 和 Ünver 提出的解决方案对学生的整体福利也很有吸引力。

结论 15.3 （Sönmez 和 Ünver）当投标价构成一个均衡时，相对于任何竞争性均衡的分配结果，使用盖尔-沙普利帕累托占优算法得到的课程分配具有帕累托占优。此外，通过课程投标机制获得的分配结果不是帕累托有效的（使用相同的投标价）。

15.3 哈佛商学院的方法

哈佛商学院的课程分配采用了与我们在第 15.2 节中展示的不同的方法。其过程相对简单，Eric Budish 和 Estelle Cantillon 已对此进行了详细研究。[①] 正如我们将要看到的，哈佛机制在以下几个方面很有意义：虽然机制不是防策略性的或有效率的，但它产生的结果比防策略性机制产生的结果更有效率！

15.3.1 哈佛草案机制

哈佛所使用的是对随机序列独裁的修改版（见第 12.2 节）。

---

① Eric Budish and Estelle Cantillon,"The Multi-unit Assignment Problem: Theory and Evidence from Course Allocation at Harvard," American Economic Review 102, no. 5 (2012): 2237-2271.

算法 15.2 哈佛草案（Harvard Draft）**算法**

步骤 1 学生提交课程偏好列表。

步骤 2 为学生分配一个随机数（这样两个学生就不会有相同的编号）。

步骤 $k \geqslant 3$，k 为奇数 如果一个学生仍然需要在课程表中添加一门课程，那么该学生从他前一步没有获得的且剩余可选的课程（即具有剩余课容量的课程）中被分配一门他最偏好的课程。从随机数最大的学生开始。

步骤 $k \geqslant 3$，k 为偶数 如果一个学生仍然需要在课程表中添加一门课程，那么该学生从他前一步没有获得的且剩余可选的课程（即具有剩余课容量的课程）中被分配一门他最偏好的课程。从随机数最小的学生开始。

结束 当每个学生都分配到了他需要的课程或者所有课程的课容量都满了时，算法结束。

简言之，哈佛草案算法包含运行几轮序列独裁算法，其中：

- 每个学生每轮选一门课程；
- 每轮之间的独裁者序列相反。

例如，如果有三个学生，他们组成的序列是 Alice、Bob 和 Carol，那么哈佛草案算法如下：

(1) 运行序列独裁算法，首先 Alice 选择，其次 Bob 选择，最后 Carol 选择。

(2) 运行序列独裁算法，首先 Carol 选择，其次 Bob 选择，最后 Alice 选择。

(3) 运行序列独裁算法，首先 Alice 选择，其次 Bob 选择，最后 Carol 选择。

(4) 依此类推。

15.3.2 策略性行为

哈佛草案机制不具有防策略性，原因是学生的偏好与课程的受欢迎程度之间存在冲突。假设学生偏好课程 X，而且课程 X 非常受欢迎（即大多数学生会把该课程放入他们提交的偏好列表中），但这不是他最偏好的课程。当轮到学生选择课程时，课程 X 可能课容量已满，导致无法选上。因此，该学生将不得不选择一个（在提交的偏好中）排名比课程 X 低的课程。相反，如果他认为课程 X 是最优先的，则他更有可能选上。以下示例说明了这一点。

例 15.2 有三个学生：Alice、Bob 和 Carol 和四门课程：c_1、c_2、c_3、c_4。每个学生必须选择两门课程，每门课程最多可以招收两个学生。这些学生的偏好如下表所示：

P_{Alice}	P_{Bob}	P_{Carol}
c_1	c_2	c_1
c_2	c_1	c_3
c_3	c_3	c_4
c_4	c_4	c_2

假设所有学生都提交了他们的真实偏好。请注意，不论序列怎么排，Bob 肯定会获

得课程 c_2。无论他是随机队列中的第一名、第二名还是第三名，他总是第一个要求课程 c_2 的学生。

另请注意，无论学生的序列怎么排，在第一轮结束时，课程 c_1 都不能再被选了（因为已经被 Alice 和 Carol 选了）。

因此，在第二轮开始时，课程 c_2 只有一个课余量了，课程 c_3 和 c_4 还有两个课余量。Alice、Bob 和 Carol 在这些课程中最偏好的分别是 c_2、c_3 和 c_3。（Bob 最偏好的课程是 c_2，但他已经选择了它，所以我们从他尚未选择的课程中选择他最偏好的课程 c_3。）因此，不管学生的序列怎么排，Bob 肯定会获得课程 c_3。因此，当 Bob 提交他的真实偏好时，他获得了课程表 $\{c_3, c_4\}$。

假设 Bob 改为提交偏好顺序 $P'_{\text{Bob}} = c_1、c_2、c_3、c_4$。在这种情况下，只有当他是序列中第一个或第二个时，才会获得课程 c_1，概率为 $\frac{2}{3}$。

假设是这种情况，所以在第一轮结束时，课程 c_1 不再可选，并且课程 c_2 还有一个课余量（如果 Alice 排在队列中的最后一个）或者课程 c_3 还剩一个座位（如果 Carol 是在队列中的最后一个）。如果 Alice 在队列中排在最后一个，则在第二轮开始时，可选课程中 Alice、Bob 和 Carol 的最佳选择分别是 c_3、c_2 和 c_3。所以 Bob 是唯一在第二轮中要求获得课程 c_2 的人，因此他肯定会获得它。如果 Carol 排在最后，那么在第二轮开始的可选课程中，Alice、Bob 和 Carol 的首选分别是 c_2、c_2 和 c_4。同样，Bob 肯定会获得课程 c_2，因为该课程还有两个课余量。

Bob 在队列中排在最后一个时仍需考虑这种情况。在这种情况下，当轮到他时，课程 c_1 不再可选，因此他获得了课程 c_2。在序列中排在最后意味着他是第二轮中第一个做决定的人，因此他选择了课程 c_3。

总之，我们对 Bob 有以下结果：
- 如果 Bob 的偏好是真实的，他会获得课程表 $\{c_2, c_3\}$。
- 如果 Bob 提交了偏好列表 P'_{Bob}，则他获得课程表

——有 $\frac{1}{3}$ 的概率获得 $\{c_2, c_3\}$（他排在序列中的最后一个）。

——有 $\frac{2}{3}$ 的概率得到 $\{c_1, c_2\}$（他不是序列中的最后一个）。

显然，Bob 偏好于提交列表 P'_{Bob}。

学生可以在哈佛草案机制中进行操作的道理与我们在第 13 章的即刻接受算法中观察到的相似。学生不应该为不受欢迎的课程"浪费时间"，而应该首先尝试选热门课程。这种道理可以被精确地描述。在我们呈现结论之前，我们一定要记住，因为学生的序列是随机的，所以分配是随机的（例如，在例 15.2 中，Bob 以提交的偏好 P_{Bob} 获得课程 c_1 的概率为 $\frac{2}{3}$）。

结论 15.4 （Budish 和 Cantillon）（a）如果学生在其提交的偏好列表中（相对于他们的真实偏好）对调两门课程的相对排名，会导致他们一定无法获得偏好课程，那么学生不会这样做。（b）如果不能获得更偏好的课程，那么学生会对调两门课程的相对排名。

结论 15.4 的内容如下。假设学生的真实偏好是偏好课程 c 甚于课程 c'，同时假设如果学生提交的偏好列表中 c' 的排名高于 c，他始终不能分配到课程 c。根据（a），在这种情况下，学生应始终在提交的偏好列表中将 c 排在 c' 之上。但是，根据（b），如果 c' 是一个受欢迎的课程，那么如果获得 c 的可能性不变，则声明 c' 的排名高于 c 是一个好的策略。换句话说，学生应该在他们的排名中提升那种不是他最偏好但却受欢迎的课程，但是只有在不改变获得真实偏好课程的可能性时，才应该这样做。

☐ 15.3.3 福利

一旦知道哪些课程受欢迎，哈佛草案机制相对容易进行博弈，其中受欢迎意味着该课程课容量很快就会满。在例 15.2 中，课程 c_1 很受欢迎，而课程 c_4 不受欢迎。课程 c_1 比课程 c_2 更受欢迎，因为在任何序列下（当所有学生提交他们的真实偏好时），它的课容量都比 c_2 先满。按课程的受欢迎程度重新排列一个人的课程序列是一项轻松的任务，这样做可以获得回报。

但前几节强调的策略性操纵也可能产生一些负面影响。如果在他们提交的偏好中，学生将受欢迎的课程排得较靠前，则会人为地增加拥挤，从而可能会对那些真正重视这些课程的学生不利。

由于哈佛草案机制是一种随机机制（学生的排序是随机的），因此有两种可能的方法来分析学生在这种机制下的福利：**事前**（ex-ante）和**事后**（ex-post）。Budish 和 Cantillon 表明，对于这两种方法，哈佛草案机制表现不佳。

结论 15.5 （Budish 和 Cantillon）**均衡博弈**（equilibrium play）下的哈佛草案机制的结果可能是事后低效率的。

相比于其在均衡博弈下获得的结果，所有学生都严格偏好他们从真实博弈中获得的分配结果。

Budish 和 Cantillon 分析了一系列来自学生在 2005 年 7 月提交的课程偏好列表的数据。这些数据包括：

- 5 月份进行的询问学生对课程真正偏好的调查；
- 2005 年 5 月试运行时学生提交的偏好列表；
- 实际运行时学生提交的偏好列表。

对数据的分析表明，在 5 月份试运行时学生提交的偏好和 7 月份分配时提交的偏好都与真实偏好有很大差异。也许更有趣的是，真实偏好和提交的偏好之间的变化与结论 15.4 相符。也就是说，学生提高了对热门课程的偏好排序。

Budish 和 Cantillon 也在学生提交的偏好列表中找到了一些错误。这些错误是由于对某些课程的受欢迎程度的误判造成的。在试验和实际运行之间，有一些课程受到欢迎，而另一些课程失去了人气。数据显示，有一些学生会根据试运行中观察到的课程受欢迎程度，决定他们在 7 月如何做出选择。另一种错误是由于手头工作的复杂性造成的。学生可以在他提交的偏好列表中找出那些他必须将其排序提前的课程，但是排序提前多少是一个难以回答的问题。例如，有一门受欢迎的课程可以在学生的真实偏好中排第十，但是确定它在提交的偏好列表中应该排第二、第四还是第五呢？这容易出错。

可以进行一项有趣的测试来衡量哈佛草案机制的福利损失（如果有的话）。由于有这个包含了学生真实偏好的数据，这种测试是可以实现的。此外，还可以与其他机制进行比较。Budish 和 Cantillon 得到的结果令人惊讶。为了对各种分配结果进行比较，我们以待分配课程（在真实偏好中）的平均排名为基准。因此，对于一个排序较低的学生而言，他的分配结果良好：平均而言，他分到了他偏好列表中排名较靠前的课程。

结论 15.6　（Budish 和 Cantillon）

(a) 平均来看，在参加哈佛草案机制时，约有 64% 的学生会从至少交易一门课程中获益。

(b) 当学生具有策略性时，他们参加哈佛草案机制得到的分配结果的平均排名高于他们提交真实偏好时的排名。

(c) 当学生具有策略性时，他们参加哈佛草案机制的分配结果的平均排名低于使用随机序列独裁机制时的排名。

结论 15.6 包含几条可能令人惊讶的信息。首先，获得的分配结果是低效率的。我们已经看到，学生的策略性行为导致他们竞相参加热门课程（在提交的偏好中将这些热门课程排得较靠前）。第一个适得其反的效果是，这样做会使这些课程看起来比实际更受欢迎。其次，一些学生可能会忽视他们真正偏好的课程（因此也没有获得）。如果分配结果效率低下，一些学生可能会私下交换一些他们分配到的课程。结论（a）表明，当运行几次模拟（以便获得不同的随机序列）时，愿意交换其分配到的课程的学生数量相对较多。也就是说，哈佛草案机制效率不高。

如果所有学生提交的偏好都是真实的（即运行具有真实偏好的哈佛草案算法），Budish 和 Cantillon 观察到学生的福利境况会更好（结论 15.6（b））。因此，导致分配结果低效的原因有两个：机制本身的缺陷和学生的策略性行为。

如果我们通过使用**防策略性机制**（strategyproof mechanism）来消除策略性行为的影响会怎么样呢？Budish 和 Cantillon 使用随机序列独裁机制进行了这项实验，每个学生在轮到他时选择他的全部分配结果。事实证明，这种机制会造成福利损失：平均来看，学生将分配到他不太偏好的课程。因此，尽管哈佛草案机制是一种会产生福利损失的**非防策略性机制**（nonstrategyproof mechanism），但其表现优于防策略性机制。这种机制受欢迎的一个关键因素就是个人对提交偏好的策略性操作是相对可以承担的。

15.4　沃顿商学院的方法

先前我们研究的方法存在一个问题，就是存在一个隐含的前提条件，即假设学生对课程的偏好是响应性的。要求学生提交的是课程偏好列表，而非课程表。正如我们在第 15.1 节中讨论的那样，课程分配问题的一个关键特征是，学生可以认为某些课程之间是互补的、某些课程之间是相互替代的。例如，学生只有在学习了概率论之后才可能想学习资产定价课程；他可能想要学习市场营销或人力资源两门课程中的一门，而不是两者兼得。课程分配的问题是**组合分配问题**（combinatorial assignment problems）的一种，即每个个体可以被分配若干物品（和/或每个物品可以被分配给若干个体），原则上我们应该考虑所有可能的组合。第 4 章研究的 VCG 拍卖是组合分配的一个例子。

在实际环境中实施解决方案时，经济学家需要关注的机制设计的一个方面是如何让机制具有实用性和易操作性。在课程分配中，这方面具有挑战性，因为通常存在大量可能的分配结果，差不多与课程组合一样多。在认知上，表达一个人对大量课程组合的偏好可能很困难。比较两门课程或两个课程表很容易，但很难同时对多个课程表进行排名，因为它们通常具有多种性质（例如，哪些日期以及在什么时间上课，课程列表，等等）。对课程组合表达偏好的难度也增加了出错的风险。

总而言之，课程分配存在两个问题：

（1）除非事后不公平地采用序列独裁机制，否则一般不可能获得良好而稳健的机制（见结论 15.1）。

（2）要求学生表达对课程表的偏好在实践上是不可行的。

我们在下面介绍的解决方案旨在解决这两个问题。

15.4.1 平等收入下的近似竞争性均衡

结论 15.1 表明，如果我们试图同时兼顾效率和防策略性，组合分配几乎是不可能解决的问题。在多对多分配时，这些性质之间的矛盾变得很激烈，除非我们将自己局限于只使用序列独裁机制。虽然序列独裁机制在实践中被广泛使用，但它无疑是不公平的：随机序列中排名第一的学生可以选择他最偏好的全部课程，不过当我们依照学生序列进行其他学生课程分配时，排在后面的学生选择时会受到越来越多的限制。

为了摆脱这个难题，我们需要做出一些妥协。目标是使问题尽可能小。Budish 提出的解决方案确实如此，并且令人惊讶的是，根据前面的所有章节，它使用了"传统的"竞争分析方法。[①] 在传统的供需分析不适用的情况下，我们使用拍卖或者匹配/分配机制来寻找分配方案。拍卖问题中价格发现问题是最重要的，分配问题中要分配的物品通常是不可分的。Budish 的贡献在于他表明如果我们接受了近似竞争性均衡而不是"精确"均衡，那么在某些条件下，我们可以证明存在这种均衡。

首先让我们快速回忆一下什么是竞争性均衡。考虑这样一种情况，我们有一组个体，每个个体都有预算，他们必须决定消费哪些商品及其数量。每种商品给定一个价格，使用个体对商品组合的偏好，我们可以得出个人对每种商品的需求。例如，我有 10 美元预算，如果一杯咖啡的价格是 2 美元，一碗汤是 3 美元，那么我最好的选择就是购买两杯咖啡和两碗汤。如果咖啡和汤的价格发生变化，那么我可能想购买不同数量的咖啡和汤。如果查看我在各种价格组合下购买的商品，就能得到我对咖啡和汤的需求。考虑到价格和我的预算，通过查看我能够付得起的最偏好的商品组合，就可以得到我的需求。

竞争性均衡包括咖啡和汤的价格。在该价格下，所有买家想要购买的咖啡和汤的总量不超过卖家提供的咖啡和汤的总量。如果咖啡和汤都是每杯 0.01 美元，那么总需求可能是大量的咖啡和汤，但总供应量会相对少得多。所以这些价格不能构成均衡。

Budish 用于课程分配的方法与之类似。首先，如我们在第 15.2 节中所做的那样，

[①] Eric Budish, "The Combinatorial Assignment Problem: Approximate Competitive Equilibrium from Equal Incomes," Journal of Political Economy 119, no. 6 (2011): 1061-1103.

每个学生都有一些预算。接下来，我们考虑学生对课程分配的偏好，并从中得出他们对课程的需求。例如，假设我的预算是 1 000 代币，我考虑市场营销（M）、公司理财（C）和会计（A）三门课程。令 P_M、P_C 和 P_A 分别为这些课程的相应价格。假设我需要选修两门课程。我的要求可能是，例如：

- 如果 $P_M=10$，$P_C=800$，$P_A=200$，那么我想选修公司理财和会计。
- 如果 $P_M=100$，$P_C=800$，$P_A=500$，那么我想选修市场营销和公司理财。
- 如果 $P_M=200$，$P_C=900$，$P_A=500$，那么我想选修市场营销和会计。

在这种情况下的竞争性均衡将是每门课程的价格，使得：

- 给定价格和预算，每个学生选择的课程都是他最偏好的课程。
- 对于每门课程，申请该课程的学生总数不超过该课程的课容量（我们说这种价格下市场可以出清）。

Budish 的近似竞争性均衡方法首先包括允许市场不完全出清的价格。也就是说，它允许一些课程被少量地超额认购。其次，Budish 不是给每个学生提供完全相同的预算，而是给每个学生略有差异的预算（但差别不是很大）。如果课程价格不能完全让市场出清（例如，某些课程被超额认购），那么这种均衡是**近似的**（approximate）。通过这种方法，可以表明总是存在近似均衡。

近似可能令人担忧，因为它会导致某些课程的选课人数超过了课容量。但 Budish 表明，市场出清的误差相对较小。例如，他计算出，在哈佛商学院，大约有 900 个学生必须在 50 门课程中选修 5 门课程，出现的误差大约是 11 个。也就是说，只有 11 个超额认购的例子。此外，由于近似均衡不要求学生必须有相同的预算，所以最终的分配可能不公平。但预算差异相对较小。例如，该机制在沃顿商学院实施的情况（见第 15.4.2 节），学生首先获得 5 000 个代币的初始预算，然后设置一些随机数字以使预算略有不同。学生预算之间的最大差异是 80，只是基本预算的 1.6%。

15.4.2 沃顿实验

Budish 提出的近似竞争性均衡的概念很有吸引力，因为如果我们在分配结果中接受一些微小的"误差"（即少量的超额），我们就可以获得一个相对公平和有效的分配结果。然而，一个主要的障碍是，这需要了解学生对课程安排的完整偏好。

大约在 2011—2012 年间，宾夕法尼亚大学沃顿商学院开始考虑改革其课程分配机制。当时的机制是一个投标机制，就像我们在第 15.2 节中看到的那样。Budish 的近似竞争性均衡是一个有吸引力的解决方案，除了在实际中不可能实现：计算均衡分配需要学生提交他们对所有可能课程表的偏好。对于像沃顿这样的学校，可能的课程表也许超过 1 亿份。

为了测试近似竞争性均衡的适用性，Eric Budish 和 Judd Kessler 进行了一项实验，他们设计了一种方法，以简单的方式让学生表达出他们对课程表的偏好。[1] 他们的实验有一些新颖之处，也给我们上了一堂课，让我们学会如何将理论化的复杂机制用于现实

---

[1] Eric Budish and Judd Kessler, "Bringing Real Market Participants' Real Preferences into the Lab: An Experiment That Changed the Course Allocation Mechanism at Wharton" (unpublished manuscript, 2016).

生活中的机制设计。

15.4.2.1 设计

他们建立的实验不同于经济学文献中的传统实验。常用的方法包括赋予受试者一些偏好，并通过根据结果（取决于受试者的决定）提供的一些金钱奖励来激励他们。这种方法不适用于课程分配的案例，因为我们的目标正是为了试探出学生们对课程表的偏好。另一种可能是赋予受试者一些偏好，但偏好的形式不同于外界所使用的形式（在这种形式下，学生能够报告他们的偏好）。但这确实有助于测试受试者是否报告他们对课程表的真实偏好。该实验的目标是设计一个在现实生活中使用的程序。

此外，实验的参与者是沃顿商学院的学生，他们必须提交对真实课程（即沃顿商学院教授的课程）的偏好，而不是对抽象的对象或课程的偏好。实验中熟悉的课程不仅使受试者能够更多地关注于提交偏好报告，而且简化了与当时正在运行的投标机制的比较。该实验的目标之一是让沃顿商学院相信这种新分配机制的优势。用沃顿商学院学生和课程名称进行实验是一个更现实的演示。它还有助于找到 Budish 和 Kessler 所谓的机制的"副作用"。在现实中，有许多因素可能会影响个人的行为，这些因素可能很难（如果不是不可能的话）在理论框架中发现。例如，第 13 章讨论的择校实验表明，个人可能对学校的容量敏感，但是这些参数理论上不应影响个人的决策。

Budish 和 Kessler 提出的偏好报告机制依照下列步骤运行：

步骤 1 学生对任何他们感兴趣的课程给出 1 到 100 分（1 分为最不需要的课程，100 分为最需要的课程）。对于他们不感兴趣的课程，默认给 0 分。

步骤 2 学生可以对任何一对课程提交"调整"分。这些"调整"分可以是负数或正数。例如，对课程 A 和 B 的负调整意味着学生将这两门课程看作是可以互相替代的：她更愿意拥有 A 或 B，但不会同时拥有两门课程。对两门课程的正调整标志着互补性：学生同等重视两门课程。

很明显，通过这种程序，学生虽然不能报告他们对极复杂的课程表的偏好（互补性或可替代性只是表达一对课程的偏好），但是，程序相对简单。

学生对课程表的偏好可以通过将学生提交的课程表中的课程分数加总得出。例如，假设学生提交了以下分数：

- 课程 A：90。
- 课程 B：50。
- 课程 C：40。
- 课程 D：20。

这意味着相比于课程 B 和 C（50＋40＝90），学生更偏好课程 A 和 D（90＋20＝110）。如果学生对课程 B 和 D 进行＋25 调整，那么这意味着相比获得课程 B 和 C，该学生更偏好获得课程 B 和 D（50＋20＋25＝95）。查看所有可能的课程表的总分，就能够用计算机构建一个完整的课程表偏好序列。[1]

受试者还能够随时查看计算机在给定分数情况下推出的 10 个最受偏好的课程表。

---

[1] 列出的课程由带有节次的课程名称组成（即星期几的几点上课）。因此，例如，课程 C 可以是周三上午 10 点的市场营销课程，课程 D 是周二下午 6 点的市场营销课程。

虽然相对简单，但这种设计使得学生能够更准确地报告他们的偏好。一旦受试者提交了他们的偏好，就会进行大量运算来计算近似竞争性均衡。

15.4.2.2 结果

实验结果基本是积极的。从效率和公平的各种衡量标准来看，近似竞争性均衡表现优于沃顿商学院的投标机制。鉴于这样的结果，沃顿商学院在 2013 年秋季实施了这一新机制。从那时起，大多数学生都认为新系统比以前的投标机制更公平、更有效。

除了使用新机制外，学生们还在实验中被要求在沃顿商学院使用的投标机制下构建他们的课程表。在拍卖结束时，他们被要求比较在这两种机制下分别获得的课程表。正如我们所说，报告一个人对课程组合的偏好是一项非常困难的任务，但比较两个不同的课程表相对容易。Budish 和 Kessler 共做了 8 次实验，每次实验包含 14~19 个学生。在其中 6 次实验中，大多数学生更偏好在新机制下获得的课程表，而其他两次实验得分差不多。换句话说，新机制提高了效率，因为它为学生提供了他们最偏好的课程表。

受试者还被要求将他们的课程表与其他学生的课程表进行比较。通过这种比较能够看出该机制是否产生了**嫉妒**（envyness），嫉妒是评估机制公平性的最常见的方式之一。在课程分配这样的问题中，嫉妒几乎是不可能消除的。[①] 在实验中，在采用新机制计算课程表分配之后，嫉妒其他学生课程表的学生减少了大约 30%。

对课程表进行两两相比还可以向实验设计者反馈报告语言是否准确。如果分配给课程的分数是这样的，即计算机认为某个人偏好课程表 II 甚于课程表 I（例如，偏好课程 A 和 D 甚于课程 B 和 C），但是当对这两个课程表进行两两相比时，受试者说他更偏好课程表 II，那么这表明报告方法（给课程打分）不足以让受试者准确地报告他们对课程表的偏好。受试者总共进行了 1 662 次两两相比。近 85% 的比较与评分方法一致。也就是说，有 85% 的两两比较都表明，学生更偏好的课程表的分数确实会高于那些学生们不怎么偏好的课程表的分数。因此，提议的评分方法（能够进行调整）足以让学生准确地报告他们的偏好。然而，Budish 和 Kessler 指出，在某些情况下，学生在报告自己的偏好方面确实遇到了困难。结果表明，一项特别困难的工作是为课程分配分数。虽然学生们可以毫无困难地说出他们偏好哪种课程，但是分配一个能够表现偏好强度的分数是一项更困难的任务。

---

① Budish 和 Kessler 举了一个明星教授的例子，他们的课程都是学生想要学习的。没有参加课程的学生会嫉妒那些参加的学生。

第 16 章

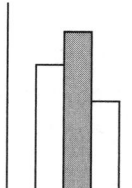

肾脏交换

匹配或分配机制有各种各样的应用，但最引人注目的也许是肾脏交换平台的设计。

肾脏移植是最常见的器官移植类型之一。但是肾脏和其他器官不一样。由于每个人都有两个肾，而我们大多数人可以只靠一个肾存活，因此移植手术的肾脏不仅可来自已故的供体，也可来自活着的供体。传统的供需经济分析在这里没有意义；几乎世界上所有国家都禁止人体器官的交易。① 人们可以在黑市买卖器官，但是在"官方市场"，买卖双方之间的货币交易是不合法的。显而易见，器官移植可能是一个分配或匹配问题：一方面是一组可用的肾脏，另一方面是一组寻求肾脏的病人。在 2004 年发表的著名研究中，Alvin E. Roth、Tayfun Sönmez 和 Utku Ünver 认为，首位交易循环算法所设定的交易程序适用于肾脏分配。②

16.1 背景

截至 2016 年 1 月，美国有超过 10 万人在等待肾脏移植。每年有近 5 000 名患者在等待肾脏移植的过程中死亡，近 4 000 名患者因为太虚弱以致不能接受肾脏移植。③ 因此，最大限度地增加移植的数量是一个很重要的问题，因为它可以挽救很多人的生命（以及金钱：一年的透析费用最少是 8 万美元）。

当病人需要肾脏移植时，有两种可能：

---

① 伊朗是世界上唯一（在某些条件下）可以合法出售和购买器官的国家。

② 参见 Alvin E. Roth, Tayfun Sönmez, and M. Utku Ünver, "Kidney Exchange," Quarterly Journal of Economics 119, no. 2 (2004): 457–488。

③ 肾脏移植是最常见的移植手术类型。等待器官移植挽救生命的患者中大约 80%～85%仍在等待。

（1）从已故供体那里获得肾脏。

这是通过一个候诊名单来管理的，候诊名单考虑了等待时间、病人的状态和其他因素。

（2）从活体供体获得肾脏。

人体有两个肾，但幸运的是，我们大多数人可以只靠一个肾存活。

2014 年，美国进行了 17 107 例肾脏移植手术。其中有 11 570 个移植器官来自已故供体，有 5 537 个移植器官来自活体供体。死者的捐赠相对来说比较容易管理：一旦医生有了一个可用的肾脏，他们只需要在候诊名单上找到最优先且与肾脏相容的病人。很不幸，因为有很多人在候诊名单上，所以一旦有了可用的肾脏，很容易找到一个合适的病人。

主要的问题是在医生有一个活体供体的肾脏供他们使用时。在大多数情况下，活体供体是一个人向亲属或朋友提供肾脏。一旦亲属或朋友接受肾脏移植手术，供体移除自己的一个肾脏。但是当供体的肾脏与受体不兼容时就会产生问题。两个因素决定了肾脏是否与病人兼容。

（1）组织类型的兼容性。

这与我们的免疫系统有关。我们体内的每个细胞都有一些标记，这样我们的免疫系统就能识别出它们是属于"它们（指免疫系统）"的。在进行移植手术时，免疫系统会将移植物视为异物并开始攻击，从而产生排异反应。

我们细胞上的标记物来源于蛋白质的组合，有些人可能有类似的蛋白质组合。如果差异不太大，医生就会给病人注射免疫抑制剂，这种药会降低身体排斥移植物的能力。这需要以长期注射免疫抑制剂为代价，但它有很大的好处，因为它可以大大扩展患者的肾源数量（在本章的稍后部分，我们可以说它增加了患者可接受的肾脏的数量）。

（2）血型的兼容性。

血液有不同的类型。主要的血型有 A、B、AB 和 O 型，并且每个人都有一种血型。在现代医学中，血型是很容易被理解的，它们的作用有点像组织类型的兼容性。也就是说，有些人可以接受某种血型的血液，但不能接受其他血型的血液。例如，AB 型血的人可以接受 A 型血或 B 型血的血液，但是 A 型血的人不能接受 B 型血的血液。

与组织类型不兼容不同，血型不兼容是移植手术面临的主要障碍，几乎不可能克服。所以，血型的兼容性是决定一个肾脏是否适合病人的主要因素。

组织类型和血型兼容性的问题并不局限于活体供体。在将已故供体的肾脏移植给病人之前，医生必须检查其兼容性。由于没有"预定的"接受者，来自已故供体的肾脏几乎从不被浪费。这与活体供体的情况相反，活体供体的肾脏可能会被浪费，因为如果供体的肾脏与受体不匹配，供体可能会选择不捐献。

16.2 肾脏交易

活体移植的想法并不新鲜。由于捐献器官的情感成本相对较高，因此供体通常是病人的亲属。从积极的方面来说，这通常会增加组织类型和血型兼容的可能性。但有时这也是不够的，所以经常发生患者和供体被送回来，病人被添加到候诊名单中的情况。从这个意义上说，肾脏被浪费了，即我们失去了一次进行移植手术的机会。

肾脏交易可以解决丧失肾脏移植机会的问题，这个想法很简单。假设有两个病人，Alice 和 Bob，他们每个人都有一个供体：Alistair 是 Alice 的供体，Bernard 是 Bob 的供体。就像大多数案例一样，假设 Alistair 的肾与 Alice 不兼容，Bernard 的肾与 Bob 不兼容。但是如果 Bernard 的肾与 Alice 兼容、Alistair 的肾和 Bob 兼容呢？如果不存在一个有组织的交易市场，Alice 和 Bob 都将不得不留在候诊名单上。但是如果存在一个有组织的交易市场，就有可能在这两组人之间组织一次交易，这个例子表明，这种交换可以在不给肾脏定价的情况下进行。

注 16.1 另一种可能是实施**间接交换**（indirect exchanges）（也被称为列表交换），以此替代患者-供体配对之间的肾脏交换。在间接交换中，供体的肾脏被给予候诊名单上的一些病人，而（在患者-供体配对中）病人则获得候诊名单排序上的优先位置。

Roth，Ünver 和 Sönmez 注意到移植社群的大多数人都认为这种交换对 O 型血病人有害。因为 O 型血供体的肾脏与任何其他血型兼容（只要我们控制了组织类型兼容性），但是几乎很少有 O 型血肾脏（来自活体供体）会提供给候诊名单。当有一个含有 O 型血供体的患者-供体配对时，供体将能够将他的肾脏直接给他的伴侣（同样，只要组织类型不兼容性可以被克服）。然而，由于 O 型血患者只能接受 O 型血供体的肾，这就增加了 O 型血患者被列入候诊名单前列的可能性。

总之，已经在候诊名单上的 O 型血病人在间接交换下更不利，一是因为他们在候诊名单上失去了优先权（与那些参与间接交换的病人相比），二是因为候诊名单上的病人可得到的 O 型血肾脏变得越来越少。

16.2.1　交易与候诊名单

首位交易循环算法是一种用于识别患者-供体配对之间潜在交易的完美算法（只要将每个供体和患者的医疗信息放在一个公共数据库中）。然而，在立即运行首位交易循环算法之前，有一些方面需要考虑。

给病人分配肾脏的问题比物品交换的问题稍微复杂一些，因为它把私人禀赋和公共禀赋混合在了一起。在肾脏交换问题中，我们有两种"类型"的肾脏和两种"类型"的病人。

（1）有些患者会带着供体（和一个肾脏）来。在物品分配中，这些患者有一个私人禀赋（供体的肾脏）。但也有一些患者没有活体供体。他们从理论上讲不能参与交换，只符合已故肾脏的条件。

（2）有些肾脏被一些病人"持有"，也就是那些有活体供体的病人。其他的肾脏来自已故供体。来自已故供体的肾脏与来自活体供体的肾脏不同，因为已故供体的肾脏被认为是不可获得的肾脏（也尚未分配）。换句话说，来自已故供体的肾脏不属于公共禀赋（见第 11 章）。因此，对于病人来说，有两种选择：

（1）从活体供体获得肾脏。

（2）加入候诊名单（或留在候诊名单中）。

综上所述，肾脏交换程序设计的问题同时包括：

- 供体和病人之间的交易；

- 死体捐献的候诊名单管理。

16.2.2 肾脏交换算法

罗斯、昂弗和索恩梅兹提出的解决方案是：允许一个患者-供体配对，用一个肾脏来换取在死体肾脏候诊名单中的优先级：供体将一个肾脏给某个患者，患者在候诊名单上取得更高的优先级。下面的例子说明了这个思路。假设 Alice 需要进行一个肾脏移植手术，她的一个亲属（或朋友）Alistair 愿意捐献一个肾。不幸的是，Alice 和 Alistair 不可能成为交换链的一部分（就像前面例子中的 Bob 和 Bernard 一样）。但是有一个叫 Carol 的病人适合 Alistair 的肾，但她没有供体。这个思路就是让 Alistair 把他的一个肾脏给 Carol；作为交换，Alice 被排在候诊名单的最前面。

在介绍肾脏交换算法之前，让我们对将要分析的模型给出一个更正式的介绍。我们有一组病人。有些病人带着供体来，有些病人独自来。有一组肾脏，它们都是活体供体提供的（每个供体都与一个病人配对）。

在肾脏交换问题中，每个病人对可用的肾脏（来自活体供体）都有一个偏好关系，并且可以选择进入候诊名单。注意，这些偏好关系不一定要被视为真正的偏好（例如，在口味方面），而是可以被视为健康关系。在实际中，这些"偏好"通常是医生根据病人和供体的肾脏的特征推断出来的。所以，在这个问题中，当我们说一个病人 Alice "更偏好" Bob 的肾而不是 Carol 的肾时，我们可以理解为，从医学上讲，Bob 的肾比 Carol 的肾更适合 Alice。

对于病人来说，如果肾脏与病人的身体匹配，那么它是可以接受的（医生认为肾脏可以移植到病人体内）。否则病人不能接受肾脏。

注 16.2 在现实生活中，病人可能会在两个或两个以上的肾脏之间保持偏好无差异。为了简单起见，我们假设这里并非如此，即每个病人都对供体的肾脏有严格偏好排序。在第 16.3 节中，我们将研究中立的影响。

我们将展示的算法与首位交易循环算法非常相似，因为每个个体和每个物品都必须"指向"（一个物品或一个个体）。然而，由于我们同时有一个分配问题（我们应该把活体供体的肾脏分配给谁）和一个排队问题（无论有没有供体，病人都被添加到候诊名单），指向阶段可以产生两种不同的情况。

1. 循环

这和我们看到的分配问题的概念是一样的。循环是一个病人和肾脏的序列（病人和肾脏分别用字母 p 和 k 表示），$k_1, p_1, k_2, p_2, \cdots, k_m, p_m$，肾 k_1 指向病人 p_1，病人 p_1 指向肾 k_2，……，而肾 k_m 指向病人 p_m，病人 p_m 指向肾 k_1。

2. 链

链也是一种病人和肾脏的序列，只是现在序列中"最后一个"病人指向候诊名单。链的形式是：

$$k_1, p_1, k_2, \cdots, k_m, p_m, w$$

肾 k 指向病人 p_1，病人 p_1 指向肾 k_2，……，肾 k_m 指向病人 p_m，病人 p_m 指向候诊列表（表示为 w）。

算法 16.1　首位交易循环和链算法（top trading cycles and chains algorithm）

该算法是多步骤的，其中所有的步骤都是相同的。对于每个 $h \geq 1$，按照以下步骤运行。

步骤 h.1　每个病人都指向他最偏好的可以接受的肾脏。如果对病人来说，如果没有一个肾脏是可以接受的，那么病人就会选择加入候诊名单。每个肾脏都指向它的配对病人。例如：如果 Alice 是一个病人，而 Alistair 是 Alice 的供体，那么 Alistair 的肾脏就指向 Alice。

步骤 h.2　如果有一个或多个循环，就按如下方式进行交换：对于每个循环，循环中的每个病人都被分配他所指向的肾脏。随后，所有参与这个循环的病人和肾脏都被排除在这个问题之外。然后进行步骤 ($h+1$)。

如果没有循环，请转到步骤 $h.3$。

步骤 h.3　选择一条链，然后按照下列方式分配肾脏：
- 最后一个病人被添加到候诊名单中。
- 链中的其他病人（如果有的话）被分配到他所指向的肾脏。

对于所选择链中的所有患者，分配是最终的。**链选择规则**（chain selection rule）决定所选择的链是否从问题中被移除。然后进行步骤 ($h+1$)。

结束　当所有的病人都被分配到一个肾脏或加入候诊名单中时，算法就停止了。

算法有两点需要说明。第一，有人可能会说，这种算法可能永远不会停止。如果仍然有一些未分配的病人，却没有循环和链，那么这将发生。幸运的是，Roth、Sönmez 和 Ünver 指出，只要病人的数量是有限的，就一定存在一个循环（只涉及有供体的病人）或链。无论有一个链还是一个循环，在每个步骤中都至少有一个病人被排除在问题之外。因此，在每一步中，剩下的病人数量都在减少，我们最终必须以所有病人都被移除才结束。这时算法就停止了。

第二，算法 16.1 没有定义一个单一算法，而是定义了一系列算法，因为它没有完全定义在步骤 $h.3$ 如何选择链以及是否从问题中移除所选择的链。在第 16.2.3 节中，我们将讨论各种选择规则的影响。

2004 年 9 月（大约在同一时间，Roth、Sönmez 和 Ünver 发表了他们关于肾脏交换的论文），新英格兰的肾移植监督委员会批准了建立肾移植交易清算所，而这正是由 Roth、Sönmez 和 Ünver 提出的。从那时起，肾脏交换计划的大小和范围都有所增加，显著增加了可以实现的移植数量（并为肾脏交换的学术研究开辟了新的方向）。

□ 16.2.3　链选择规则

正如我们在前一节中已经讨论过的，关于首位交易循环和链算法相对模糊的一个方面是，我们应该如何选择链（当没有循环时）？

链不同于循环的第一个问题是，个体或肾脏可以同时是不同链条的一部分。为了理解这一点，假设有三对病人供体是 (Alice, Albert)，(Beth, Bob) 和 (Carol, Calvin)，并且对供体肾脏的偏好是：

Alice：对她来说，没有一个肾是合适的，所以在算法里，她指向候诊名单。

Beth：她更适合于 Albert 的肾，而不是候诊名单（但觉得 Calvin 的肾不可接受）。

Carol：她更适合于 Albert 的肾，而不是候诊名单（但她觉得 Bob 的肾不可接受）。

在算法中，我们将得到图 16.1，其中每一对病人-供体用虚线表示，箭头表示每个病人和供体指向谁。

我们可以看到有两个链：

Bob、Beth、Albert、Alice、候诊名单；Calvin、Carol、Albert、Alice、候诊名单

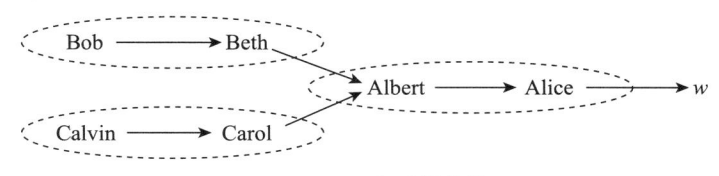

图 16.1　两个重叠的链

很明显，Albert 和 Alice 同时是两个不同链条的一部分。因此，如果出现这样的配置，算法将只能选择这两个链中的一个。我们在处理链时要解决的另一个问题是，我们是否应该从这个问题中去除病人和肾脏所涉及的一个被选择的链？举一个例子，假设算法选择了图 16.1 中从 Bob 开始的链。该算法指出，一旦选择了这条链，Beth 将获得 Albert 的肾脏，Alice 将会加入候诊列表，并且与接下来的步骤无关（算法规定，Beth 和 Alice 的分配是最终的）。但是，注意在这种分配中，我们没有具体说明我们如何处理 Bob 的肾脏。有两种解决方案：

- 它被分配给候诊名单上的人。在这种情况下，由于 Bob 的肾脏（对于任何仍没有指定肾脏的病人来说）是不可获取的，我们可以移除 Bob 和所有其他供体以及其他链条中的患者和肾脏。
- 我们保持 Bob 的肾是可获取状态。在这种情况下，我们不会将链从问题中移除。

为了理解这两个解决方案之间的区别，我们通过改变 Carol 的偏好来稍微调整一下例子。对 Carol 来说，Albert 的肾和 Bob 的肾都可以接受，但她更偏好 Albert 的肾。其他病人的偏好没有改变。在这种情况下，当 Bob、Beth、Albert、Alice、Calvin 和 Carol 仍然出现在问题中时，指向阶段将产生图 16.1。假设链选择规则选择了以 Bob 开头的链。那么 Beth 将会得到 Albert 的肾脏，Alice 会加入候诊名单。

如果我们把这条链中所有的病人和供体都移除，那么只有 Calvin 和 Carol 还在这个问题中，并且没有可能给 Carol 做移植手术。但是，如果我们不移除那个链，那么在下一个步骤中，Carol 不再指向 Albert（他的肾脏已被分配），她会指向 Bob。我们得到图 16.2。

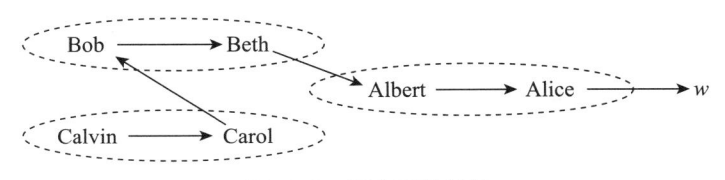

图 16.2　两个重叠的链

现在算法的第二步将识别一个新的链：Calvin、Carol、Bob、Beth、Albert 和

Alice。Roth，Ünver 和 Sönmez 提出并分析了不同的选择规则：

规则 a：选择最短的链，一旦确定了分配，就从这些链中移除病人和肾脏。

规则 b：选择最长的链，并从这个链中移除病人和肾脏（如果不是唯一的链，就随机选择一个链）。

规则 c：选择最长的链，并把病人和肾脏保留在这个链中（如果不是唯一的链，就随机挑选一个链）。

规则 d：选择以最高优先级的病人开始的链，并从这个链中移除病人和肾脏。

规则 e：选择以最高优先级的病人开始的链，并将病人和肾脏保留在这个链中。

规则 f：优先考虑一对病人-供体，使得拥有 O 型血供体的病人-供体配对具有更高的优先级（相较于非 O 型血供体的病人-供体配对），然后选择以最高优先级病人-供体配对开始的链。如果链中的第一对含有 O 型血供体，那么把链上的病人和肾脏从问题中移除。否则就把链上所有的病人和供体都保留在这个问题中。

16.2.4 效率和激励

Roth、Sönmez 和 Ünver 提出的第一个问题是，我们能否有效地分配肾脏？这里的有效概念与我们在前几章中看到的类似：如果不存在另一种分配被所有病人弱偏好并且至少一个病人严格偏好，那么这个分配是（帕累托）有效的。鉴于此，如果无论出现任何问题（例如出现病人-供体配对的偏好问题），肾脏交换机制总是会选出一个有效的分配，那么肾脏交换机制就是有效的。

结论 16.1 Roth、Sönmez 和 Ünver 考虑一种链选择规则，使得在非最终步骤中选择的任何链都保留在过程中（同时链中第一个供体的肾脏在以后的步骤中仍然可获得）。使用这种链选择规则的首位交易循环和链算法是有效的。

鉴于我们比较链选择的两种可能解决方案（移除或不移除问题链）时的分析，结论 16.1 并不令人惊讶。在我们的例子中，如果我们不移除以 Bob 开始的链，那么 Carol 显然会受益。

使用分配机制引致的第二个问题是，参与肾脏交换计划的人是否有如实报告他们偏好的激励？我们已经强调过，对于肾脏交换，患者的偏好不能被理解为对肾脏的"品位"。但是，人们对肾脏偏好解释方式的不同并不能消除肾脏交换机制是否能博弈的问题。

肾脏交换计划中的一种策略性操作是由医生改变病人的数据，从而改变病人对肾脏的偏好，进而产生不同的分配（对病人来说）。如果用歪曲的数据得到的分配结果优于用真实数据得到的结果，则这种操作是成功的。对于经典的分配问题，我们已经看到，首位交易循环算法是防策略性的；也就是说，如实报告自己的真实偏好是一种占优策略。对于肾脏交换，算法并不完全相同，因为循环的存在并不是分配肾脏的先决条件。因此，选择规则会对最终分配产生影响，同时一些规则可能会影响人们，使病人歪曲表达其对肾脏的偏好。

结论 16.2 Roth、Sönmez 和 Ünver 运用链选择规则 a、d、e 或 f 的首位交易循环和链算法的分配机制是防策略性的。

Roth、Sönmez 和 Ünver 注意到链选择规则 e 和 f 特别吸引人。根据规则 e，结论

16.1 和结论 16.2 都是有效的。相反，规则 f 没有产生有效分配，但是有利于增加 O 型血肾脏的流入。

16.3 交易数量

使用一种采用首位交易循环和链算法的肾脏交换机制似乎是增加移植数量的好方法。然而，在考虑到现实生活环境时，这种算法不能按原样使用。原因是算法所确定的交易循环可能涉及太多的病人-供体配对。

当两个或两个以上的病人-供体配对进行肾脏交换时，相关的全部供体和患者的手术需要（可能必须）在同一时间进行（从供体身上取出器官的手术，将器官移植给患者的手术）。这样就消除了一种风险，即一个供体在他伴侣（病人）接受了另一个供体的肾脏后反悔。如果在两对病人-供体之间进行交换，我们需要进行四次手术（两次摘除和两次移植）。涉及三对病人和供体的交换需要六个手术室（每个手术室都有一个不同的团队）。这就产生了一个问题，因为器官移植给病人（以及从活体供体中摘除器官）是一个相对复杂的手术，需要大量的外科医生和护士以及重型设备。由于医院的手术室和外科团队的数量有限，因此我们可以合理地考虑到有关交易循环的长度的自然限制。

我们在第 16.2 节中看到的算法对交易循环的长度没有任何限制。如果我们想实现这样的算法，我们需要考虑一个有限制的修正版。最极端的做法是只允许两对病人和供体进行循环，也称为**双向肾脏交换**（two-way kidney exchanges）。如果我们考虑交换三对，我们也增加了**三向肾脏交换**（three-way kidney exchanges）的可能性。显然，在一次交换中配对的最大数量上升有利于增加移植数量，也能被理论论证。但是，如果我们只考虑双向肾脏交换或三向肾脏交换，会损失多少呢？

在标准的分配问题（参见第 11 章）中，这样的问题很难回答，因为可能有很多物品，而且个体对物品的偏好可能多种多样。但是肾脏交换比较特殊，有以下几个原因。首先，正如我们在第 16.1 节中所解释的，组织类型兼容性和血型兼容性是决定供体肾脏是否为病人可接受的两个主要参数。我们在不涉及太多（生物学上的）细节的情况下，可以根据这些参数的可能数字认为，对于大多数病人来说，肾脏类型不多。此外，血型相配度也不是每个病人都特殊：两个血型相同的人可以接受相同血型的血液。由此可见，许多病人对肾脏的偏好是相同的（如果他们的血型和组织类型相同的话）。肾脏交换模型的另一个简化是，在大多数情况下，病人对肾脏的偏好非常简单：可接受或不可接受。所有这些简化都使得我们可以精确地分析对交易循环中病人-供体数量予以约束的影响。

Roth、Sönmez 和 Ünver 表明，如果病人和供体的数量足够大，且我们想要最大限度地增加移植数量，那么交易循环的最大长度就等于血型的数量。[1] 这个结果是通过一

---

[1] Alvin E. Roth, Tayfun Sönmez, and M. Utku Ünver, "Efficient Kidney Exchange: Coincidence of Wants in Markets with Compatibility-Based Preferences," American Economic Review 97, no. 3 (2004): 828-851.

系列假设得到的。首先，假设血型兼容性足以决定供体的肾脏是否适合病人（在他们的模型中没有组织类型兼容性）。第二个假设与病人和供体之间的血型分布有关。例如，一个O型血的人只能接受O型血。但是，相对于O型血的供体和A型、B型或AB型血的病人构成的组合，O型血的病人和A型、B型或AB型血的供体构成更常见。①

为了进一步细化他们的结果，他们还使用模拟数据进行了量化分析（目的是再现真实数据的特征）。这种模拟的好处是，我们不需要像推导理论结果那样做任何假设。表16.1显示了Roth、Sönmez和Ünver在不同人数下的模拟结果。第一列给出了病人-供体配对的数量。第二列（双向交换）报告了当严格限制交换链最多包括两对时，可匹配的平均数量。第三和第四列分别报告了限制交换链最多为3对和4对时可匹配的平均数量。最后一列显示了不限制交换链长度的结果。例如，当人群中有50对，限制只能有双向交换时，平均为21.792对。这意味着我们可以为50个病人中的22个找到肾脏。

表16.1 交换的平均数量　　　　　　　　　　　　　单位：对

病人-供体配对	双向	三向	四向	无限制
25	8.86	11.272	11.824	11.992
50	21.792	27.266	27.986	28.09
100	49.708	59.714	60.354	60.39

模拟首先表明了一个明显的事实：对交换链长度限制的弱化不会对移植数量产生负面影响。一个不那么直观的结果是，收获迅速减少。表16.2计算了弱化约束时的百分比收获（根据表16.1）。

表16.2 从 k 向交换增加到 $k+1$ 向交换的收获

病人-供体配对（对）	双向到三向（%）	三向到四向（%）	四向到无限制（%）
25	27.2	4.9	1.4
50	25.1	2.6	0.4
100	20.1	1.1	0.1

从表16.2可以看出，允许三向交换可以显著增加病人-供体匹配的平均数量，但是允许5对、6对或更多对的交换几乎没有任何影响（这种交换在逻辑上是可能的）。

这对市场设计是生动的一课。一开始，肾脏交换的问题看起来很像一个"标准的"分配问题。有一组可以分配的肾脏和一组等待移植的病人。然而，与大多数分配问题不同的是，肾脏交换的医疗条件极大地限制了参与交换的病人-供体的数量。Roth、Sönmez和Ünver得出的一个令人惊讶的（也是幸运的）结论是：肾脏移植的特殊性几乎消除了对医疗条件约束的担忧。

---

① 请注意，如果只有血型兼容性是重要的，那么我们在肾脏交换池中就不应该看到拥有O型血供体的配对。O型血供体的肾脏对患者可接受与患者的血型（A型血、B型血、AB型血或O型血）无关。

附录 A 博弈论

博弈论提供了一种分析**互动情景**（interactive situations）的结构化方法。互动情景中多个人需要做出决策，结果（以及个人福利）取决于每个个体的选择。附表 A 旨在简要介绍与拍卖和匹配的市场分析有关的博弈论基本概念。

A.1 策略式博弈

A.1.1 定义

策略式博弈描述了行动者在不知道其他参与者决策的情况下做出决策的情景。

定义 A.1 策略式博弈（strategic form game，又称**标准式博弈**（normal form game））由三个要素组成：

- 一组个体，即**参与者**（player），表示为集合 $N=\{i_1, i_2, \cdots, i_n\}$；
- 对每位参与者 $i \in N$，有一个**纯策略**（pure strategy），表示为 S_i；
- 对每位参与者 $i \in N$，有一个**支付函数**（payoff function）u_i，参与者 i 的**支付**（payoff）由全部参与者选择的所有可能的行动组合决定。所以 u_i 是使 $S=S_1 \times S_2 \times \cdots \times S_n$ 对应到实数集 $\mathbb{R}$ 上的函数。

一个博弈表示为 $G=<N,(S_i)_{i \in N},(u_i)_{i \in N}>$；一个**策略组合**（strategy profile）$s=s_1, \cdots, s_n$，也称一个**结果**（outcome），是所有参与者选择的策略构成的组合（每位参与者选择自己的一个策略）。如果每位参与者的行为集是有限的，则称该博弈是有限的。

例 A.1 通常情况下，有限博弈可以很容易地用一张表表示。考虑博弈 $G=<N,$

$(A_i)_{i \in N}, (u_i)_{i \in N} >$，有：
- $N = \{\text{Alice}, \text{Bob}\}$；
- $S_{\text{Alice}} = \{U, D\}$ 和 $S_{\text{Bob}} = \{L, R\}$。所以在此博弈中 Alice 有两个纯策略：$U$ 和 D，Bob 也有两个纯策略：L 和 R。

为了完成对该博弈的描述，还需引进 Alice 和 Bob 的支付函数。换言之，我们需要描述每个可能的策略组合下 Alice 和 Bob 的支付。

有四个可能的策略组合，分别为 (U, L)，(U, R)，(D, L) 和 (D, R)，策略组合 (U, L) 意味着 Alice 采取策略 U，而 Bob 采取策略 L，其余策略组合也可如此解释。

在这样一个简单的例子里，利用表格可以很容易地表示出支付情况，如表 A.1 所示。

表 A.1 有两位参与者，每位参与者有两个策略的简单博弈

	L	R
U	3,2	0,0
D	1,0	2,9

每个单元格都有两个数字。第一个数字代表 Alice 的支付，第二个数字代表 Bob 的支付。举例说明，当 Alice 进行策略 D 且 Bob 进行策略 L 时，Alice 的支付是 1，Bob 的支付是 0。

因此，表 A.1 是对一个博弈的完整描述。我们有两位参与者，一位可以选择的策略用行来表示，一位可以选择的策略用列来表示。对于 Alice 和 Bob 的每个可能的策略组合，都有对应的支付情况的描述。

当考虑一个策略组合 s 时，我们常常会考虑去除一位参与者后其余所有人的策略组合。例如，我们可能会对除参与者 i 外的其余所有参与者的行为感兴趣。这种情况下，此行为组合可表示为 s_{-i}，由下述组合表示：

$$s_{-i} = (s_1, s_2, \cdots, s_{i-1}, s_{i+1}, \cdots, s_n) \tag{A.1}$$

故策略组合 s 可以写成组合 (s_i, s_{-i})，同时包含了参与者 i 的策略 s_i 和其余参与者的策略 s_{-i}。

A.1.2 纯策略和混合策略

正如我们已经解释的，在博弈论中，表 A.1 中博弈给出的策略 U、D、L 和 R 叫作纯策略。它们是参与者最终实施的策略，或者说行动。有时将策略的概念扩展到涵盖不确定行为，即允许参与者以一定概率选择某一纯策略是很有用的。由纯策略随机化组成的策略称为**混合策略**（mixed strategy）。

明白混合策略是在博弈开始前所采用的计划是非常重要的。换言之，当参与者采用混合策略时，并不代表参与者采用组成此混合策略的每个纯策略中的一小部分，只意味着每个纯策略都有被采用的可能性。

定义 A.2 对参与者 i 而言，混合策略是基于其纯策略集的概率分布。

为避免混淆，我们常用拉丁字母描述纯策略，用希腊字母描述混合策略。所以，对每位参与者 i，用集合 S_i 表示其纯策略集，混合策略则可用函数 $\sigma_i : S_i \to [0, 1]$ 表示，即分配给每个纯策略 $s_i \in S_i$ 一个概率 $\sigma_i(s_i) \geqslant 0$。另一种描述混合策略的方法如下所示：设 $\Delta(S_i)$ 是在纯策略集 S_i 上所有概率分布的集合，那么一个混合策略就只是 $\Delta(S_i)$ 中的一个元素。注意，由于 σ_i 是一个概率分布，所以我们有 $\sum_{s_i \in S_i} \sigma_i(s_i) = 1$。

举例说明，在表 A.1 所示的博弈中，混合策略是：

- 采取策略 U 的概率是 $\frac{2}{3}$；
- 采取策略 D 的概率是 $\frac{1}{3}$。

我们用 σ_i 表示这个混合策略，可以重写为更精简的形式：

- $\sigma_{\text{Alice}}(U) = \frac{2}{3}$；
- $\sigma_{\text{Alice}}(D) = \frac{1}{3}$。

备注 A.1 注意，由于进行一个纯策略等同于在博弈中以概率为 1 进行该纯策略，并以概率为 0 进行其余全部纯策略，所以纯策略也可视为混合策略。

混合策略组合（mixed strategy profile）$\sigma = (\sigma_1, \cdots, \sigma_n)$ 是所有参与者混合策略的集合（每位参与者选择一个自己的混合策略）。注意，如果 σ 是一个混合策略组合，则纯策略组合 s 被采用的概率 $\sigma(s)$ 等于策略组合 $s = (s_1, \cdots, s_n)$ 中每个纯策略被采用的概率的乘积。

$$s \text{ 被采用的概率} = \sigma(s) = \sigma_1(s_1) \times \sigma_2(s_2) \times \cdots \times \sigma_n(s_n)$$

由此可见，混合策略组合也是在纯策略组合上的概率分布。为了了解这一点，我们再次使用表 A.1 所示的博弈，并考虑混合策略组合：

- $\sigma_{\text{Alice}}(U) = \frac{2}{3}$，$\sigma_{\text{Alice}}(D) = \frac{1}{3}$；
- $\sigma_{\text{Bob}}(L) = \frac{1}{4}$，$\sigma_{\text{Bob}}(R) = \frac{3}{4}$。那么进行纯策略组合 (U, R) 的概率是 $\sigma_{\text{Alice}}(U) \times \sigma_{\text{Bob}}(R) = \frac{2}{3} \times \frac{3}{4} = \frac{1}{2}$。

我们对于其他纯策略组合也采用类似的方法，策略组合 (U, L)，(D, L) 和 (D, R) 的概率分别为 $\frac{1}{6}$，$\frac{1}{12}$，$\frac{1}{4}$，将这四个概率加起来，有 $\frac{1}{2} + \frac{1}{6} + \frac{1}{12} + \frac{1}{4} = 1$。

当考虑混合策略时，参与者的支付可以很容易地从使用**预期支付**（expected payoff）的（纯）策略组合上定义的支付函数推导出来，其中期望是通过纯策略组合上的概率分布得来的。为定义混合策略的支付，我们只需如下扩展支付函数 $(u_i)_{i \in N}$，令 $G = <N, (S_i)_{i \in N}, (u_i)_{i \in N}>$ 为任意博弈，混合策略组合为 $\sigma = (\sigma_1, \cdots, \sigma_n)$，参与者 i 的支付是：

$$u_i(\sigma) = \sum_{s \in S} \sigma(s) u_i(s) \tag{A.2}$$

如果我们采用之前所描述的混合策略组合 σ，则 Alice 的支付为：

$$u_{Alice}(\sigma) = \sigma(U, L)u_{Alice}(U, L) + \sigma(U, R)u_{Alice}(U, R) + \sigma(D, L)u_{Alice}(D, L) \\ + \sigma(D, R)u_{Alice}(D, R)$$

$$= \frac{1}{6} \times 3 + \frac{1}{2} \times 0 + \frac{1}{12} \times 1 + \frac{1}{4} \times 2 = \frac{13}{12}$$

A.2 扩展式博弈

与策略式博弈不同，扩展式博弈允许参与者在行动前观察其余参与者行动的情况。换句话说，扩展式博弈允许我们考虑某些参与者先于他人采取行动的场景。

A.2.1 定义

扩展式博弈比标准式博弈更加复杂，因为我们不仅需要指定参与者集合和参与者们每个可能选择的支付，还需描述参与者行动的次序，以及每位参与者在博弈中能够或不能够观察到的内容。其中，关键的概念是**历史**（history），它可以捕捉参与者所采取行动的序列。与历史一起，我们也须在非终端历史后指定行动的参与者。在给出正式定义前，我们首先给出一个序列博弈的例子。

例 A.2 图 A.1 描述了一个扩展式博弈。

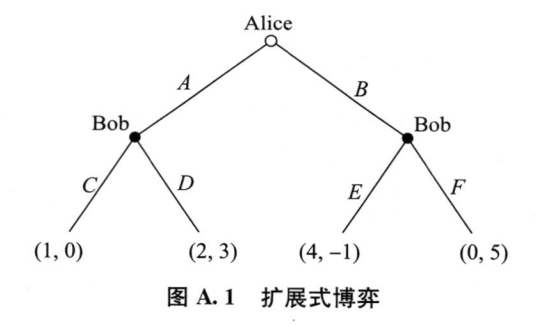

图 A.1 扩展式博弈

在此博弈中，有两位参与者，Alice 和 Bob。博弈从 Alice 开始，需要在行动 A 和 B 间进行选择。

Alice 一旦完成行动，就轮到 Bob。如果 Alice 采取行动 A，那么 Bob 就可以采取行动 C 或 D；如果 Alice 采取行动 B，那么 Bob 就可以采取行动 E 或 F。

我们可以看到，用此种方式展示策略间的交互，能够确保我们捕获参与者先于他人行动且其行动可被其余参与者观察到的情形。在此博弈中，Bob 能够选择的可能的行动取决于 Alice 所采取的行动。换言之，如果 Bob 被告知他必须采取行动 C 或 D，则他能推断出，Alice 采取了行动 A。

在 Bob 行动后，我们观察参与者们的支付情况。例如，如果 Alice 采取行动 A 且 Bob 采取行动 C，则 Alice 的支付是 1，Bob 的支付是 0；同理可得，如果 Alice 采取行动 B，Bob 采取行动 E，那么 Alice 的支付是 4，Bob 的支付是 -1。

在例 A.2 中，关键的一点是，当轮到 Bob 采取行动时，他可以观察 Alice 的行动。也就是说，Bob 完全知道他处在何种境地。所有参与者总是可以完全观察到的行动的博弈称为**完全信息**（perfect information）博弈。我们将在第 A.2.3 节中了解如何处理不完全信息的情况。现在我们来看一看扩展式博弈的正式定义。

定义 A.3　完全信息扩展式博弈（extensive form game of perfect information）由下述元素组成：

- 参与者集合，表示为 $N=\{i_1, i_2, \cdots, i_n\}$。
- 历史集合，表示为 H。一个典型的历史就是参与者们所采取的一系列行为。集合 H 满足以下性质：

——空历史 $\varnothing$，属于 H（没有采取任何行动）；

——如果 $(a^1, a^2, \cdots, a^k)$ 是集合 H 中的一个历史（例如，先采取行动 a^1，再采取行动 a^2，依此类推），那么**子历史**（subhistory）$(a^1, a^2, \cdots, a^h)$ 满足 $h<k$ 时，也是集合 H 中的历史。

如果不存在行动 a^{k+1} 能使得历史 $(a^1, a^2, \cdots, a^k, a^{k+1}) \in H$，一个历史 $(a^1, a^2, \cdots, a^k) \in H$ 就是**终端的**（terminal）。这些终端历史用集合 Z 来表示。

- 函数 P，为每个非终端历史 h 分配一位集合 N 中的参与者；
- 对每一位参与者 $i \in N$，支付函数 u_i 给出了参与者 i 在每个终端历史处获得的支付。

在例 A.2 的博弈中，行动是 A、B、C、D、E。空历史是第一个顶点，Alice 需在此处行动。在该阶段，还未采取任何行动。所有的历史如下所示：

$$h_0=(\varnothing), h_1=(\varnothing, A), h_2=(\varnothing, B)$$
$$h_3=(\varnothing, A, C), h_4=(\varnothing, A, D)$$
$$h_5=(\varnothing, B, E), h_6=(\varnothing, B, F)$$

历史 h_3 是一个终端历史，因为一旦到达该历史的尽头，就没有什么行动可以采取了。相反，历史 h_2 不是终端历史，因为在历史 h_2 的末尾，仍可以采取行动 E 或 F，所以终端历史是 h_3、h_4、h_5 和 h_6。

定义 A.3 中的函数 P 表明了在每个非终端历史的结尾行动的一位参与者，例 A.2 中的非终端历史是 h_0、h_1 和 h_2。在历史 h_0 的结尾轮到 Alice 采取行动，换言之，Alice 是决定历史 h_0 能变成 h_1 还是 h_2 的参与者。所以，我们有 $P(h_0)=$Alice，同理，也可得到 $P(h_1)=P(h_2)=$Bob。

A.2.2　策略

到目前为止，在定义或描述扩展式博弈时，我们提到了术语"行动"并避免使用术语"策略"。在扩展式博弈中，参与者也有策略这一概念，但有一个精准的定义。

在给出策略的标准化定义前，我们需要引进一个新的符号。令 h 表示任意非终端历史，我们将用 $A(h)$ 表示在历史 h 中行动的参与者可采取的行为，$A(h)=\{a:(h,a) \in H\}$。

所以 $A(h)$ 是全部行动 "a" 的集合，说明行动 a 的历史是一个定义明确的历史。如在例 A.2 中，我们有 $A(h_1)=\{C, D\}$。换言之，在历史 h 后，是轮到 Bob 采取行动，他可以选择行动 C 或行动 D。但是 $E \notin A(h_1)$，这是因为历史 $(h_1, E)=(\varnothing, A,$

E）不是本次博弈中的历史。

定义 A.4 在扩展式博弈中，参与者 i 的**策略**（strategy）是一个函数，它为每个非终端历史 h 赋值，使得 $P(h)=i$，表示在集合 $A(h)$ 中的一个行动。

换句话说，参与者的策略必须在轮到其行动时的每个历史中，为该参与者指定一个行动。

考虑例 A.2 中的博弈。Alice 的情况很简单，因为只有一个历史是轮到她采取行动的，即历史 h_0，故 Alice 的策略是 A 和 B。而 Bob 的情况更复杂些，注意，对于 Bob 而言有两个历史中是轮到他行动的：h_1 和 h_2，所以 Bob 的任何策略都必须指定他在历史 h_1 和历史 h_2 时的行动。例如，在历史 h_1 时 Bob 采取行动 C，在 h_2 时采取行动 F，这是 Bob 的一个策略，但是行动 C 对 Bob 而言并不是一个策略，因为并未指定 Bob 应该怎么做。

例 A.3 考虑图 A.2 所描述的扩展式博弈。

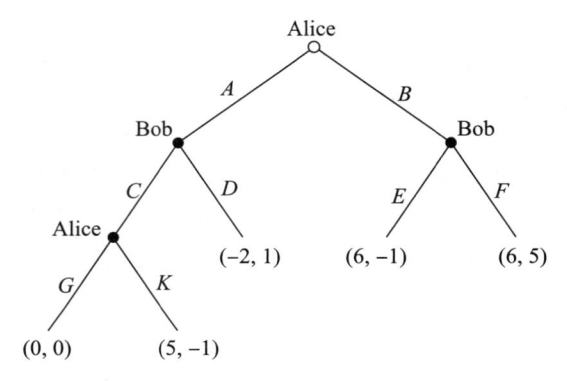

图 A.2 扩展式博弈

在这个博弈中，如果 Alice 最初选择采取行动 A 且 Bob 采取行动 C 的话，Alice 可以行动两次。所以此时，Alice 要在两个历史中行动：历史（∅）和历史（∅，A，C），她的任何策略都必须为这两个历史各指定一个行为。例如，（A，G）是 Alice 的一个策略（采用第一次行动是在空历史上进行和第二次行动是在历史（∅，A，C）上进行的惯例），故在此博弈中，Alice 的策略集为 $\{(A, G), (A, K), (B, G), (B, K)\}$。

有人可能会说，在例 A.3 中，Alice 的策略（B，K）与上文所述并不是非常一致，因为如果 Alice 采取行动 B，那么她将永远没有采取行动 K 的机会。使用这种方式定义是有理由的。

博弈论旨在分析策略间的交互情况，即参与者的选择如何受到其他参与者选择的影响。在例 A.3 的博弈中，Alice 可能会选择采取行动 A，因为如果 Alice 采取行动 A，那么 Bob 将采取行动 D。但为什么 Bob 会采取行动 D？简单来说，因为如果 Bob 采取行动 C，Alice 则会打算采取行动 K。换言之，如果 Bob 采取行动 C，那么 Alice 的计划是采取行动 K，这影响了 Bob 的选择，而这反过来又影响了 Alice 在行动 A 和 B 之间的选择。

A.2.3 不完全信息

在第 A.2.1 小节中我们所定义的扩展式博弈里，每位参与者在轮到其选择行动时，完全知晓到目前为止已经采取的所有行动的情况，这就是称此类博弈为完全信息博弈的原因。扩展式博弈可适用于更广泛的情形，即当参与者对已发生的行为只了解不完全信息时。

例 A.4 图 A.3 描述了不完全信息扩展式博弈。它与例 A.1 中的博弈非常相似。

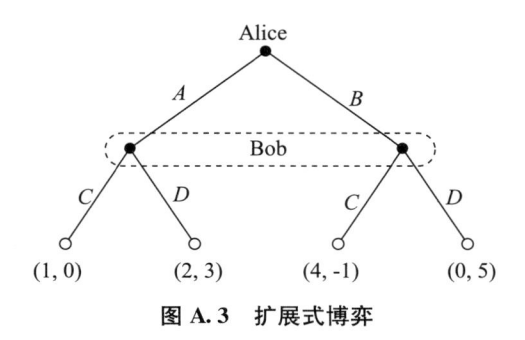

图 A.3 扩展式博弈

对 Alice 而言，一切都没有改变：她在空历史上行动，需要在行动 A 和 B 间进行选择。

Bob 仍在 Alice 之后行动，但现在，当轮到他进行时，他并不知道 Alice 采取了哪个行动。为了描述与轮到 Bob 时相关的两个历史被包括在同一个集合中的事实，图 A.3 中用虚线对其进行描述。该集合被称为**信息集**（information set）。

观察到 Bob 现在只有两个可能的行动：C 和 D。Bob 可以采取的行动集并不取决于 Alice 所采取的行动（否则他将能够推断出 Alice 的选择）。

我们现在准备给出不完全信息扩展式博弈的正式定义。定义此类博弈用到的大多数元素与定义 A.3 中的元素相同，因此我们并没有详细地列出它们（新元素用符号·表示，其他元素用符号。表示）。

定义 A.5 扩展式博弈由下述元素组成：
。参与者集合，表示为 N；
。一组历史；
。函数 P，为每个非终端历史分配参与者；
· 对每位参与者 i，对所有历史划分分区使得 $P(h)=i$。如果两个历史 h 和 h'，在分区相同的元素中，则 $A(h)=A(h')$。分区的一个元素被称为一个信息集。
。对每位参与者，都有一个支付函数，它给出了参与者在每个终端历史处所得到的支付。

在例 A.4 中，Bob 的分区中只有一个元素，$\{h_1, h_2\}$，且 $h_1=(\varnothing, A)$，$h_2=(\varnothing, B)$。

在图 A.4 所示的博弈中，Bob 可以在以下三个历史后行动，$h_1=(\varnothing, A)$，$h_2=(\varnothing, B)$ 和 $h_3=(\varnothing, C)$。根据定义 A.5 所描述的，这三种历史的分区可表示为$\{\{h_1, h_2\}, \{h_3\}\}$，其中包含两个元素。

在历史 h_1 和 h_2 处，Bob 不知道 Alice 所采取的行动，所以这两个历史属于同一个信息集，$\{h_1, h_2\}$。因此，他在这两个历史中采取的行动是相同的，即 D 和 E。当 Alice 采取行动 A 之后，Bob 不知道她的行动是 A 还是 B，但知道不会是 C，因为历史

h_3 在另一个信息集中。同样地，当 Alice 采取行动 C 后，由于包含 h_3 的分区的元素只有 h_3，Bob 可以知道 Alice 采取了行动 C。换言之，使 Bob 采取行动 F 或 G 的历史是明确的。

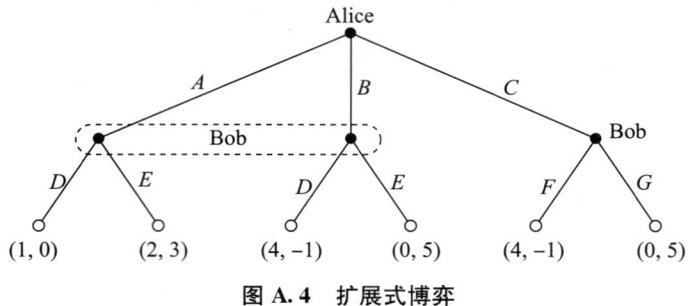

```
                        Alice
              A          B          C
            /           |            \
           ●----Bob----●              ●  Bob
          D  E         D  E         F     G
         (1,0)(2,3)  (4,-1)(0,5)  (4,-1)(0,5)
```

图 A.4　扩展式博弈

策略的定义相应地延伸到了不完全信息扩展式博弈，策略将仅由每个信息集的行动计划组成。所以，在图 A.4 的博弈中，Bob 有以下四种策略（每个信息集对应一个行动）：(D, F)，(D, G)，(E, F)，(E, G)。

备注 A.2　完全信息博弈也必然是不完全信息博弈，只是在完全信息博弈中不存在两个历史属于同一个信息集的情况。

A.3　求解博弈

A.3.1　劣势策略和占优策略

一旦我们定义了一个博弈，首先要问的问题之一就是：我们能否对参与者所选择的策略做出一些预测？对于一些博弈，下述预测是显而易见的。要了解这一点，请考虑表 A.2 中所描述的博弈，其中 Alice 是用行表示的参与者（所以她的纯策略集是 $\{U, M, D\}$），Bob 是用列表示的参与者（所以他的纯策略集是 $\{L, R\}$）。

表 A.2　劣势策略博弈

	L	R
U	3, 1	9, 5
M	5, 3	7, 6
D	4, 10	4, 1

观察到在此博弈中，无论 Bob 如何行动，采取行动 M 带给 Alice 的支付都会严格高于采取行动 D。事实上，如果 Bob 采取行动 L，则 Alice 采取行动 M 的支付是 5，采取行动 D 的支付是 4；如果 Bob 采取行动 R，则 Alice 采取行动 M 的支付是 7，采取行动 D 的支付是 4。如果 Bob 采用混合式策略，则 Alice 采取行动 M 的支付将高于她采取行动 D 时所获得的支付。令 σ_{Bob} 表示 Bob 采取的任意混合式策略，注意，因为 σ_{Bob} 是 $\{L, R\}$ 上的概率分布，必须满足 $\sigma_{Bob}(R) = 1 - \sigma_{Bob}(L)$。所以我们有：

$$u_{\text{Alice}}(M, \sigma_{\text{Bob}}) = \sigma_{\text{Bob}}(R) \times 5(1-\sigma_{\text{Bob}}(R)) \times 7 = 7 - 2\sigma_{\text{Bob}}$$
$$u_{\text{Alice}}(D, \sigma_{\text{Bob}}) = \sigma_{\text{Bob}}(R) \times 4(1-\sigma_{\text{Bob}}(R)) \times 4 = 4$$

因为 $0 \leq \sigma_{\text{Bob}}(R) \leq 1$，所以 $5 \leq u_{\text{Alice}}(M, \sigma_{\text{Bob}}) \leq 7$，故可得 $u_{\text{Alice}}(M, \sigma_{\text{Bob}}) > u_{\text{Alice}}(D, \sigma_{\text{Bob}})$。

用博弈论的语言来说，我们称策略 D 是**严格劣势的**（strictly dominated）。

定义 A.6 对参与者 i 而言，如果参与者 i 存在一个混合策略 σ_i 满足：

$$\text{对全部的 } s_i \in S_{-i}, \text{ 有 } u_i(\sigma_i, s_{-i}) > u_i(s_i, s_{-i}), \tag{A.3}$$

那么纯策略 s_i 是严格劣势的。

对参与者 i 而言，如果对参与者 i 存在一个混合策略 σ_i 满足：

$$\text{对全部的 } s_i \in S_{-i}, \text{ 有 } u_i(\sigma_i, s_{-i}) \geq u_i(s_i, s_{-i}) \tag{A.4}$$

并且至少存在一个纯策略组合 s_{-i} 满足 $u_i(\sigma_i, s_{-i}) > u_i(s_i, s_{-i})$，那么，纯策略 s_i 是**弱劣势的**（weakly dominated）。

在定义 A.6 中，我们只考虑了参与者对手方的纯策略，但这并不失一般性，因为当且仅当它们满足全部的混合策略组合 σ_{-i}，参与者 i 的对手方的全部纯策略组合满足式（A.3）和式（A.4）。

在考虑一个策略是否劣势的时候，不仅要考虑纯策略，还要考虑混合策略。表 A.3 所示的博弈说明了这一点。此外，参与者是 Alice 和 Bob，分别用行和列来表示。

表 A.3 混合策略占优

	L	R
U	2,2	7,4
M	3,5	3,2
D	6,1	2,2

在此博弈中，没有任何一个纯策略劣于其他纯策略。然而，纯策略 M 劣于混合策略 $u_{\text{Alice}}(U) = \dfrac{1}{2}$，$u_{\text{Alice}}(D) = \dfrac{1}{2}$。

一个比我们在前面章节中看到的更加极端的情况是，存在一个总是给出最高支付的策略。举例说明，考虑表 A.4 所描述的博弈，有 Alice 和 Bob 两位参与者，且 $S_{\text{Alice}} = \{U, M, D\}$ 和 $S_{\text{Bob}} = \{L, R\}$。

表 A.4 占优策略博弈

	L	R
U	7,2	5,4
M	3,1	2,2
D	4,1	1,2

在此博弈中，不难发现，对 Alice 而言，策略 M 和策略 D 都是严格劣势的。如果 Alice 是一个理性参与者（即如果她总是选择使支付最大化的策略），那么她将永远不会

选择策略 M 或者 D，因为策略 U 总是会带来更高的支付。

定义 A.7 对参与者 i 而言，如果任意混合策略 σ_i 满足：

$$\text{对全部的 } s_{-i} \in S_{-i}, \text{有 } u_i(s_i, s_{-i}) > u_i(\sigma_i, s_{-i}) \tag{A.5}$$

那么纯策略 s_i 是**严格占优的**（strictly dominant）。

对参与者 i 而言，如果对任意混合策略 σ_i，满足：

$$\text{对全部的 } s_{-i} \in S_{-i}, \text{有 } u_i(s_i, s_{-i}) \geq u_i(\sigma_i, s_{-i}) \tag{A.6}$$

且至少存在一个纯策略 s_i，满足 $u_i(\sigma_i, s_{-i}) > u_i(s_i, s_{-i})$，那么纯策略 s_i 是**弱占优的**（weakly dominant）。

注意，如果参与者的一个策略是严格占优的，那么此参与者的其余策略都是严格劣势策略。同理，如果参与者的一个策略是弱占优的，那么此参与者的其余策略都是弱劣势策略。

注意，如果一个策略 s_i 劣于策略 s'_i，并不意味着 s'_i 是一个占优策略。表 A.5 描述的博弈说明了其中的不同。对于选择用行表示策略的参与者而言，策略 D 是劣势的（相对于策略 M）：列参与者无论选择 L 还是 R，采取行动 M 的支付总是高于采取行动 D 的支付。但是，策略 M 并非占优策略。

表 A.5 占优策略

	L	R
U	1,2	7,4
M	3,2	3,1
D	0,1	2,2

A.3.2 消除劣势策略

当一个策略是严格劣势的时，我们可以预测它永远不会被一位理性的参与者采用。故可以推测，在表 A.2 所示的博弈中，Alice 永远不会采用策略 D。但是我们可以进一步推进这个论点：如果 Bob 知道 Alice 是理性的，那么他就会知道 Alice 永远不会采取行动 D。所以 Bob 可以忽略 Alice 选择 D 的策略，预计 Alice 只会采用策略 U 和 M，或者在策略 U 和 M 上有正概率的混合策略。

所以对 Bob 来说，此博弈就好像表格 A.6 中所描述的那样：

表 A.6 没有策略 D 的表 A.2 所示的博弈

	L	R
U	3,1	9,5
M	5,3	7,6

在这个"受限"的博弈中，Bob 的纯策略 L 是严格劣势的。如果 Alice 知道：
(1) Bob 是理性的。
(2) Bob 知道 Alice 是理性的。

然后 Alice 可以预测 Bob 将采用策略 R（因为另一个策略 L 是劣势的）。在这种情况下，Alice 将会发现博弈会受到更多的限制，如表 A.7 所示。

表 A.7 没有策略 L 的表 A.2 所示的博弈

	R
U	9,5
M	7,6

在此博弈策略中，M 是强劣势的，因此我们得到了唯一可能的结果——策略组合 (U, R)。我们刚才所遵循的过程被称为**重复剔除严格劣势策略**（iterated deletion of strictly dominated strategies）。

定义 A.8　如果重复剔除严格劣势策略给出了唯一的策略组合，则一个博弈是**严格占优可解的**（strict dominance solvable）。

如果参与者理性是**共识**（common knowledge），那么重复剔除严格劣势策略是可以实施的。当然，我们的意思是，首先博弈中的每位参与者都是理性的。但这也意味着：

（1）每位参与者都知道其余参与者是理性的；
（2）每位参与者都知道（1）；
（3）每位参与者都知道（2）；
（4）每位参与者都知道（3）；
…………

我们需要重复"每位参与者都知道……"的次数取决于博弈中策略的数量。对于有限博弈，有限的步骤就足够了。重复剔除的概念也可应用于弱劣势策略。然而，虽然剔除策略的次序在考虑严格劣势策略时不会有影响，但在考虑弱劣势策略时却很重要（将会产生影响）。要了解这一点，请考虑表 A.8 中的博弈。

表 A.8 消除弱占优策略的次序很重要

	L	R
U	3,4	4,3
M	5,3	3,5
D	5,3	4,3

在此博弈中我们可以看到，策略 M 和 U 都是弱劣势的（相对于策略 D）。如果我们消除 M，那么我们就可以消除 R，然后可以消除 U，最终得到策略 (D, L)。但是，如果我们从消除 U 开始，那么现在策略 L 是弱劣势的，我们可以剔除 M，最终得到组合 (D, R)。由于存在上述问题，所以没有**弱占优可解性**（weak dominance solvability）的唯一或者标准化定义，以下方法都是可接受的定义。

● 如果至少存在一个剔除弱劣势策略的次序能够得到唯一的策略组合，则一个博弈是弱占优可解的。

● 如果任意一个剔除弱劣势策略的次序都能够得到唯一的策略组合，则一个博弈是弱占优可解的。

● 如果在每次重复中，剔除全部弱劣势策略都能得到唯一的策略组合，则一个博弈是弱占优可解的。

A.3.3 纳什均衡

并不是所有的博弈都是占优可解的。在这种情况下，我们还能做出一些预测吗？在博弈论中最常见的概念是**纳什均衡**（Nash equilibrium）。

定义 A.9 博弈 $<N,(S_i)_{i\in N},(u_i)_{i\in N}>$ 的纳什均衡是指存在一个策略组合，使得对每位参与者 $i\in N$，有：

$$\text{对每个 } \sigma'_i \in \Delta(S_i), \text{ 有 } u_i(\sigma_i,\sigma_{-i}) \geq u_i(\sigma'_i,\sigma_{-i}) \tag{A.7}$$

在定义 A.9 中，我们使用了混合策略（回想一下，任何纯策略也是混合策略）。混合策略在考虑纳什均衡时特别有用。要了解这一点，请考虑表 A.9 所描述的博弈，其中 Alice 用行表示，Bob 用列表示。

表 A.9 纯策略中没有纳什均衡

	L	R
U	0,1	4,0
D	2,0	0,3

在此博弈中，若我们只考虑纯策略，则不会存在纳什均衡。现考虑组合 (U,L)，如果此组合是纳什均衡，那么对 Alice 而言，必有：

$$u_{\text{Alice}}(U,L) \geq u_{\text{Alice}}(D,L) \tag{A.8}$$

对 Bob 而言，必有：

$$u_{\text{Bob}}(U,L) \geq u_{\text{Bob}}(D,L) \tag{A.9}$$

很显然式（A.8）不成立，所以 (U,L) 不可能是一个纳什均衡。但如果我们考虑的是混合策略，就可以找到一个纳什均衡。

例 A.5 考虑表 A.9 所示的博弈，有 $S_{\text{Alice}}=\{U,D\}$ 和 $S_{\text{Bob}}=\{L,R\}$。我们已知不存在纯策略均衡，令 σ_{Alice} 表示 Alice 的一个混合策略。因为这里只有两个策略，故有 $\sigma_{\text{Alice}}(D)=1-\sigma_{\text{Alice}}(U)$；同理，可令 σ_{Bob} 表示 Bob 的混合策略。

我们寻找一个纳什均衡，现已经知道纯策略中并不存在纳什均衡。因此，为了不失一般性，我们可以假设 $0 \leq \sigma_{\text{Alice}}(U) \leq 1$ 和 $0 \leq \sigma_{\text{Bob}}(L) \leq 1$。

为了找到一个纳什均衡，我们需要找到满足式（A.7）的 σ_{Alice} 和 σ_{Bob}。首先考虑 Alice，如果她采用纯策略 U，则她的预期支付是：

- $u_i(U,L)=0$ 的概率为 $\sigma_{\text{Bob}}(L)$（即 Bob 采用策略 L 的概率）；
- $u_i(U,R)=4$ 的概率为 $\sigma_{\text{Bob}}(R)$。

所以，如果 Alice 采用纯策略 U 的话，预期支付是：

$$u_{\text{Alice}}(U,\sigma_{\text{Bob}})=0\times\sigma_{\text{Bob}}(L)+4\times\sigma_{\text{Bob}}(R)=4\sigma_{\text{Bob}}(R)$$

同理，如果 Alice 采用纯策略 D，则支付为 $u_{\text{Alice}}(D,L)=2$ 的概率是 $\sigma_{\text{Bob}}(L)$，支付为 $u_{\text{Alice}}(D,R)=0$ 的概率是 $\sigma_{\text{Bob}}(R)$。所以 Alice 的预期支付是 $u_{\text{Alice}}(D,\sigma_{\text{Bob}})=2\times\sigma_{\text{Bob}}(L)+0\times\sigma_{\text{Bob}}(R)=2\sigma_{\text{Bob}}(L)$。

如果 Alice 采用混合策略 σ_{Alice}，那么她的支付是 $4\sigma_{\text{Bob}}(R)$ 的概率为 $\sigma_{\text{Alice}}(U)$，支付

为 $2\sigma_{Bob}(L)$ 的概率是 $\sigma_{Alice}(D)$。所以我们有：

$$u_{Alice}(\sigma_{Alice}, \sigma_{Bob}) = 4\sigma_{Alice}(U)\sigma_{Bob}(R) + 2\sigma_{Alice}(D)\sigma_{Bob}(L)$$

如果（σ_{Alice}，σ_{Bob}）是一个均衡，则它满足方程（A.7），因此以下不等式成立：

$$u_{Alice}(\sigma_{Alice}, \sigma_{Bob}) > u_{Alice}(U, \sigma_{Bob}) \text{ 和 } u_{Alice}(\sigma_{Alice}, \sigma_{Bob}) > u_{Alice}(D, \sigma_{Bob})$$

关键的一步是比较 $u_{Alice}(U, \sigma_{Bob})$ 和 $u_{Alice}(D, \sigma_{Bob})$。

首先假设 $u_{Alice}(U, \sigma_{Bob}) > u_{Alice}(D, \sigma_{Bob})$ 成立（即采用 U 优于采用 D），所以有 $4\sigma_{Bob}(R) > 2\sigma_{Bob}(R)$。证：

$$u_i(\sigma_i, \sigma_j) = 4\sigma_{Alice}(U)\sigma_{Bob}(R) + 2\sigma_{Alice}(D)\sigma_{Bob}(L)$$
$$< 4\sigma_{Alice}(U)\sigma_{Bob}(R) + 4\sigma_{Alice}(D)\sigma_{Bob}(R)$$
$$= 4\sigma_{Alice}(U)\sigma_{Bob}(R) + 4(1 - \sigma_{Alice}(U))\sigma_{Bob}(R)$$
$$= 4\sigma_{Bob}(R)$$
$$= u_{Alice}(U, \sigma_{Bob})$$

也就是说，如果 $u_{Alice}(U, \sigma_{Bob}) > u_{Alice}(D, \sigma_{Bob})$，则 σ_{Alice} 不满足式（A.7）。类似的计算表明，如果 $u_{Alice}(U, \sigma_{Bob}) < u_{Alice}(D, \sigma_{Bob})$，则 σ_{Alice} 也不会满足式（A.7）。

因此，σ_{Alice} 满足方程（A，7）的唯一的可能性是：

$$u_{Alice}(U, \sigma_{Bob}) = u_{Alice}(D, \sigma_{Bob})$$
$$\Leftrightarrow 4\sigma_{Bob}(R) = 2\sigma_{Bob}(L)$$

因为 $\sigma_{Bob}(L) = 1 - \sigma_{Bob}(R)$，所以我们有：

$$4\sigma_{Bob}(R) = 2\sigma_{Bob}(L) \Leftrightarrow 4\sigma_{Bob}(R) = 2(1 - \sigma_{Bob}(R)) \Leftrightarrow \sigma_{Bob}(R) = \frac{1}{3}$$

我们可以对 Bob 进行类似的分析，发现 $\sigma_{Alice}(U) = \frac{3}{4}$。然后混合策略中的纳什均衡是：

Alice 采用策略 U 的概率是 $\frac{3}{4}$，采用策略 D 的概率是 $\frac{1}{4}$；

Bob 采用策略 L 的概率是 $\frac{2}{3}$，采用策略 R 的概率是 $\frac{1}{3}$。

在求解例 A.5 的混合策略均衡时，我们使用了一个重要的性质：如果一位参与者在纳什均衡中使用了混合策略，那么他在混合策略中所得的预期支付与在任何有正概率的纯策略中得到的支付是相同的。

混合策略是很重要的，因为它保证了纳什均衡的存在。下面的定理是由约翰·纳什自己建立的。[①]

结论 A.1（纳什） 任何由有限参与者集合和有限数量的纯策略组成的博弈总是可以得到纳什均衡（可能是混合策略）。

---

① John F. Nash, Jr., "Equilibrium Points in n-Person Games," *Proceedings of the National Academy of Sciences of the United States of America* 36 (1950): 48–49.

A.4 贝叶斯博弈：不完全信息博弈

我们在前几节中所研究的博弈是**完全信息博弈**（games with complete information），在此类博弈中，假定了每位参与者知道其余参与者的策略集和支付函数。其适用范围显然有限，因为在大多数现实情况下，人们并不能知道与他互动的人的一切情况。**不完全信息博弈**（games with incomplete information），也称**贝叶斯博弈**（Bayesian games），是用来描述此类场景的。

A.4.1 案例

当一位参与者，如 Alice，在和其余参与者互动时，她可能不知道她对手的支付。但我们可以合理地假设 Alice 的对手们会有一些可能的支付。参与者们知道自己的支付，但是 Alice 不知道。对她而言，对手的支付有各种各样的可能性。

在这种情况下，我们使用的"技巧"是引入虚拟参与者——"自然"（nature），它为每位参与者从一组可能的支付函数集合中选择一个支付函数，并告诉他们。具体操作如下所示，如果这里有两位参与者 Alice 和 Bob。Alice 有两个可能的支付函数 u_A 和 $\hat{u}_A$，Bob 也有两个可能的支付函数 u_B 和 $\hat{u}_B$。在博弈开始之前，"自然"会为 Alice 和 Bob 各选择一个支付函数。Alice 就会知道自己的支付函数，而不知道 Bob 的。同理，Bob 将知道自己的支付函数，但不知道 Alice 的。

在贝叶斯博弈中，一般假定"自然"以一定的概率（如混合策略中）为每位参与者选择一个支付函数。也就是说，"自然"以某概率选择函数 u_A，以互补的概率选择 $\hat{u}_A$（1－"自然"选择 u_A 的概率）。对 Bob 而言，两个概率是相同的（但相同的概率不是必需的），所有参与者都知道这些概率。最后，在一个不完全信息博弈中，有一个特殊的情形是，它没有一个支付函数。

例 A.6 我们有两位参与者 Alice 和 Bob。Alice 有两个策略 U 和 D，Bob 也有两个策略 L 和 R。同时，Alice 有两个可能的支付函数 u_A 和 $\hat{u}_A$，Bob 也有两个，分别是 u_B 和 $\hat{u}_B$。表 A.10 表述了 Alice 和 Bob 每个可能的支付函数组合的博弈。

表 A.10 不完全信息博弈

u_B

u_A	L	R
U	3,1	5,10
D	1,0	3,3

$\hat{u}_B$

u_A	L	R
U	0,1	1,6
D	8,0	4,3

u_B

$\hat{u}_A$	L	R
U	0,4	4,1
D	2,3	6,2

$\hat{u}_B$

$\hat{u}_A$	L	R
U	5,1	3,0
D	1,0	1,3

当"自然"选择 Alice 和 Bob 的支付函数时，我们有以下四种可能：
- u_A 和 u_B。在此情况下，Alice 和 Bob 进行的是表 A.10 中左上角的博弈（此博弈中，如果 Alice 和 Bob 分别采用策略 U 和 R，则他们的支付分别是 5 和 10）；
- $\hat{u}_A$ 和 u_B。在此情况下，Alice 和 Bob 进行的是表 A.10 中左下角的博弈（此博弈中，如果 Alice 和 Bob 分别采用策略 U 和 L，则他们的支付分别是 0 和 4）；
- u_A 和 $\hat{u}_B$。在此情况下，Alice 和 Bob 进行的是表 A.10 中右上角的博弈（此博弈中，如果 Alice 和 Bob 分别选择策略 D 和 L，则他们的支付分别是 8 和 0）；
- $\hat{u}_A$ 和 $\hat{u}_B$。在此情况下，Alice 和 Bob 进行的是表 A.10 中右下角的博弈（此博弈中，如果 Alice 和 Bob 分别选择策略 U 和 L，则他们的支付分别是 5 和 1）。

如果"自然"选择了支付函数 u_A 和 $\hat{u}_B$，那么会有：
- Alice 知道她的支付函数是 u_A，但不知道 Bob 的支付函数。所以她不知道进行的是左上（Bob 的支付函数是 u_B）还是左下的博弈（Bob 的支付函数是 $\hat{u}_B$）；
- Bob 知道他的支付函数是 u_B，但不知道 Alice 的支付函数。所以他不知道进行的是右上（Alice 的支付函数是 u_A）还是右下的博弈（Alice 的支付函数是 $\hat{u}_A$）。

A.4.2 定义

我们首先给出贝叶斯博弈的正式定义，然后对定义中的每个元素进行详细的解释。

定义 A.10 一个**贝叶斯博弈**（Bayesian game）包含：
- 一组有限个体，称为**参与者**（player），表示为集合 $N = \{i_1, i_2, \cdots, i_n\}$；
- 对每位参与者 $i \in N$，有一组**行动集**（action），表示为 A_i；
- 对每位参与者 i，有一组可能的**信号集**（signal）T_i；
- 信号组合集 $T = T_1 \times T_2 \times \cdots \times T_n$ 上的概率分布为 f；
- 对每位参与者 $i \in N$，有一个支付函数 u_i，它给出了在所有参与者行为的每一个可能的组合和参与者可以接收到的每一个可能的信号组合下，参与者 i 将会得到的支付。所以函数 u_i 反映的是从 $A \times T$ 到实数集 $\mathbb{R}$ 的映射，有 $A = A_1 \times A_2 \times \cdots \times A_n$。

在贝叶斯博弈中，对参与者 i 而言，**纯策略**（pure strategy）是一个函数 s_i，为每一个信号 t_i 给出 A_i 中的一个行动。换言之，$s_i(t_i)$ 是参与者 i 在接收到信号 t_i 时依据所采取的策略 s_i 而进行的行动。

因此，在贝叶斯博弈中，参与者首先会接收到一个根据概率分布 f 得到的信号。在第 2 章的标准拍卖模型中，参与者（投标人）的信号是投标人的估值，在计算中，分布 f 为均匀分布（即信号/估值是在某个区间内随机抽取的）。在例 A.6 中，有 $T_{\text{Alice}} = \{u_A, \hat{u}_A\}$。

一旦每个玩家了解到自己的信号，就会按照自己的策略采取行动。贝叶斯博弈中策略的概念与扩展式博弈中的类似。回想一下，扩展式博弈中，参与者的策略必须为参与者所进行的每个可能的历史指定一个行动。这里我们有相同的概念，策略为每位参与者接收到的可能的信号指定一个行动。

现在，考虑参与者的一个策略组合 s。如果 $t = t_1 \times t_2 \times \cdots \times t_n$ 是信号组合，那么参与者采取行动组合 $(s_1(t_1), s_2(t_2), \cdots, s_n(t_n))$。参与者的支付取决于行动组合和信号组合，因此，如果信号组合 t 被实现，则参与者 i 将会得到支付 $u_i(s(t), t)$。

注意每位参与者只观察自己的信号。因此，从每位参与者的视角来看，当他采用一种策略时，他所得到的支付是以预期的形式表现的，且支付的期望值涉及其他参与者的信号（和行为）。但是需要注意的是，这个期望基于参与者知道自己接收到的信号。

现在我们已准备好为贝叶斯博弈定义一个均衡的概念，它是纳什均衡在贝叶斯博弈中的应用，从而可以得到贝叶斯-纳什均衡。

定义 A.11 对于一个策略组合，如果对每位参与者 i 和每个信号 $t_i \in T_i$，以及对每个行动 $a_i \in A_i$，都存在下列关系：

$$E[u_i((s_i(t_i), s_{-i}(t_{-i})), (t_i, t_{-i})) | t_i] \geqslant E[u_i((a_i, s_{-i}(t_{-i})), (t_i, t_{-i})) | t_i] \tag{A.10}$$

那么，该策略组合是**贝叶斯-纳什均衡**。

在式（A.10）的左侧，$s_i(t_i)$，$s_{-i}(t_{-i})$ 是每位参与者 i 在接收到信号 t_j 时的行动组合。参与者 i 的支付 u_i 取决于行动组合和信号组合，即 (t_i, t_{-i})。期望取决于参与者 i 接收到信号 t_i，因为他已经知道该信号了。

式（A.10）表明，参与者 i 在采取均衡策略时的预期支付必须高于执行一个不同策略时的预期支付。注意，在这样的偏差中，此参与者只改变了策略所规定的行动：他进行的是 a_i 而不是 $s_i(t_i)$。然而，参与者 i 的支付函数仍然取决于自身的真实信号 t_i，且期望还是在 i 的信号为 t_i 的条件下。这就是式（A.10）中不等式两边唯一的区别是在 $s_i(t_i)$（右边）和 a_i（左边）处的原因。

例 A.7 为了简单起见，我们考虑一个包含两位参与者 Alice 和 Bob 的不完全信息博弈。其中 Alice 只能有一个信号，而 Bob 可以有两个信号。故事是这样的：Alice 有一家银行，她得决定是否要贷款给 Bob，因为 Bob 想开办一家新公司。Bob 的信号可以是"懒惰"或者"努力工作"。Bob 接收到"懒惰"的信号的概率是 p（因此，收到"努力工作"信号的概率为 $1-p$）。

Bob 有两个可能的行动：他可以为自己的事业工作，也可以尽情玩乐，把钱花在娱乐上。表 A.11 描述了这一博弈。

表 A.11 Alice 和 Bob 的不完全信息博弈

	Bob 不是懒惰的				Bob 是懒惰的	
		工作	娱乐		工作	娱乐
Alice	贷款	9,10	3,4	Alice 贷款	6,3	1,6
	不贷款	5,5	5,1	不贷款	5,0	5,3

当 Bob 不是懒惰的时，我们可以看到工作优于娱乐：Bob 如果工作的话，将得到 10 或 5 的支付（取决于 Alice 是否借给他钱）；如果他进行娱乐的话，将得到 4 或 1 的支付。但是，如果 Bob 是懒惰的，则娱乐将会优于工作。

因为 Bob 总是知道他自身的信号（因此也知道哪一个支付表很重要），且 Alice 只有一个信号，故在任意均衡里，Bob 的策略一定如下所示：

- 如果不懒惰，则工作；
- 如果懒惰，则娱乐。

我们称 s_{Bob} 是 Bob 的策略。

Alice 不知道 Bob 的信号，也就是说，她不知道 Bob 是否懒惰。然而，Alice 知道，如果 Bob 不懒惰的话，那么工作将会优于娱乐，在此情况下，借给 Bob 一些钱会使她的境况更好；如果 Bob 懒惰的话，则情况会反过来。因为当 Bob 懒惰时，娱乐将会优于工作，Alice 知道如果这是 Bob 的信号，他将会进行娱乐。因此，Alice 不贷款给 Bob（她的支付是 4）优于贷款给 Bob（支付为 1）。

Alice 不知道 Bob 的信号，但她知道每个信号发生的概率。Alice 只有一个可能的信号，所以她只能选择一个行动。回想一下，策略里包含了在每个可能信号下行动的选择。换句话说，Alice 必须在贷款和不贷款之间做出选择。

- 如果 Alice 贷款给 Bob：

Bob 懒惰的概率是 p，在此情况下，他进行娱乐，因此 Alice 的支付是 1（Bob 的支付是 6）的概率为 p；

Bob 不懒惰的概率是 $1-p$，在此情况下，他进行工作，因此 Alice 的支付是 9（Bob 的支付是 10）的概率为 $1-p$。

所以，如果 Alice 借钱给 Bob，则她的预期支付是：

$$u_{\text{Alice}}(借, s_{\text{Bob}}) = 1 \times p + 9 \times (1-p)$$

- 如果 Alice 不贷款给 Bob：

Bob 懒惰的概率是 p，在此情况下，他进行娱乐，因此 Alice 的支付是 5（Bob 的支付是 3）的概率为 p；

Bob 不懒惰的概率是 $1-p$，在此情况下，他进行工作，因此 Alice 的支付是 5（Bob 的支付是 5）的概率为 $1-p$。

所以，如果 Alice 借钱给 Bob，则她的预期支付是：

$$u_{\text{Alice}}(借, s_{\text{Bob}}) = 5 \times p + 5 \times (1-p)$$

我们现在要为 Alice 找到最优的策略，Alice 将更愿意贷款，如果满足：

$$u_{\text{Alice}}(借, s_{\text{Bob}}) > u_{\text{Alice}}(不借, s_{\text{Bob}})$$
$$\Leftrightarrow 1 \times p + 9 \times (1-p) > 5 \times p + 5 \times (1-p)$$
$$\Leftrightarrow p < \frac{1}{2}$$

所以，如果 Bob 懒惰的概率小于 1/2，则 Alice 的最优策略是贷款，她的预期支付要高于不放贷。故 Alice 的均衡策略是：

- 贷款，如果 $p \leqslant 1/2$；
- 不贷款，如果 $p > 1/2$。

如果 $p = 1/2$，会发生什么？在这种情况下，Alice 对是否放贷不关心，因为她的两种行为的预期支付是一样的。所以，对 Alice 而言，另外一个可能的均衡策略是：

- 贷款，如果 $p < 1/2$；
- 不贷款，如果 $p > 1/2$。

简单起见，这里我们用纯策略定义了贝叶斯均衡。对于纳什均衡，也可以考虑混合策略。本例中，我们有以下结论。

结论 A.2 任何参与者有限、纯策略的数量有限和信号数量有限的博弈中，总会出现贝叶斯均衡（可能是混合策略）。

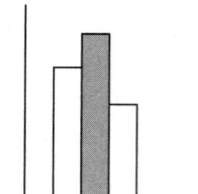

附录 B 机制设计

在附录 A 中，我们概述了基本的博弈论模型，并提供了一些分析博弈的工具。本章可以看作是附录 A 的后续内容，我们会提出（并以某种方式回答）以下问题：当我们研究博弈时，博弈从何而来？致力于这个问题的领域被称为机制设计（mechanism design）。拍卖和匹配或分配问题实际上是机制设计的特例。机制设计的一般目的是设计博弈以实现特定的目标。正如我们将要看到的，机制设计在信息不完全的情况下特别有趣。

B.1 基础

机制设计旨在以非常一般或抽象的方式理解约束个人互动的规则如何影响结果。机制设计理论的一般方法包括设计一套规则，也就是机制，以实现某些目标。该设计考虑到个人可能具有策略性，并且还拥有可能影响最终目标的私人信息。

例如，考虑一场拍卖。我们在第 2 章中研究了竞标规则如何影响投标人的出价方式以及最终的分配结果（谁以什么价格获得该标的）。因此，拍卖是一种机制，其中个人是购买者，他们拥有的私人信息是他们的估价（或他们收到的关于标的价值的信息）。拍卖的目标可以是最大化卖方的收入并且/或者将标的分配给具有最高估值的投标人。同样，如果我们考虑匹配或分配问题（分别参见第 9 章和第 11 章），用于匹配或分配个体的算法可能会影响个人的行为，从而影响最终结果。因此，匹配程序是一种具体机制，其中个人的私人信息是他们对潜在合作伙伴的偏好。可能的目标是获得稳定匹配。

机制设计理论采用的方法通常非常广泛。例如，在研究买方-卖方情形时，机制设计理论可以在无须签订个人协议的情况下解决买方和卖方之间交易效率的问题。对于这种买卖案例，每种拍卖形式定义一种协议（因此每种拍卖形式都是机制的个例），但是也可以存在其他协议，如讨价还价，买方和卖方必须通过讨价还价才能确定最终分配。机制设计理论的一个典型问题是，是否存在满足某些特性的机制（不一定要识别它）（例如，只要卖方的估值小于或等于买方的估值就会发生交易）？附录 B.4.2 节将研究这种情况。

我们考虑的情况是个人拥有私人信息。例如，个人可以是汽车经销商，他们拥有的私人信息是他们销售的汽车的质量。那些人将会参与我们设计的博弈。在机制设计理论中，他们通常被称为**代理人**（agents）。还有一种人被称为**委托人**（principal）。委托人的角色是设计一个博弈，然后代理人进行该博弈。委托人的目标是达到满足某些特性的结果，这种结果的实现可能需要代理人以某种方式行动。

正如我们已经提到的，机制设计问题的出发点是代理人拥有一些私人信息，而委托人必须设计一个由代理人参与的博弈。由于委托人在博弈设计中有完全的自由，他可以很好地设计一个博弈，使得每个代理人只有一个策略。如果出于某种原因，这套策略无法由委托人修改，那么他仍然可以调整支付，以便每个代理人应该采用的所有策略都是占优策略。那么，难点在哪里呢？

首先，在某些情况下，委托人可能没有完全的自由来决定支付（影响代理人支付的一种典型方法是引入货币转移。）但问题的关键在于委托人的目标可能取决于代理人所掌握的信息，委托人和代理人的目标可能不一致。机制被定义为代理人发送给委托人的一组可能信息以及明确每个可能的信息集对应的结果的函数。以下（非常简单的）示例说明了机制看起来是怎样的。

例 B.1 Alice、Bob 和 Carol 是三个孩子。他们的父亲 Denis 想要准备晚餐，但在烹饪四季豆和扁豆之间犹豫不决。本例中 Alice、Bob 和 Carol 是代理人，Denis 是委托人。每个孩子最喜欢的蔬菜都是他或她的私人信息。

Denis 必须为他的孩子准备晚餐。他希望孩子们吃蔬菜，所以他需要知道孩子们最喜欢哪种蔬菜。

例如，我们可以有以下两种机制。

机制 1
- 每个孩子告诉 Denis 他或她是喜欢扁豆还是四季豆。因此，"扁豆"和"四季豆"是每个代理人可能发出的信息。
- 收到信息后，Denis 烹制得票最多的菜。因此，如果两个或更多个信息是"扁豆"则结果是烹饪扁豆，否则烹饪四季豆。

机制 2
- 每个孩子给 Denis 一个 1 到 10 之间的数字，因此每个孩子可以选择 10 种不同的信息。
- 收到每个孩子的号码后，Denis 会计算出这些数字的总和。如果总和是一个奇数，他会烹饪扁豆；否则他会烹饪四季豆。

B.2 模型

在形式上，用 $N=\{i_1, i_2, \cdots, i_n\}$ 表示一系列代理人。有一组可能做出的决策，我们将其表示为 D。在拍卖中，一个决策是决定物体的分配对象，而在匹配问题中，一个决策只是一个匹配（谁与谁匹配）。请注意，决策没有明确价格（价格在考虑拍卖时需要明确）。货币转移的概念将在稍后出现。

每个个体 $i \in N$ 持有一些私人信息 θ_i，我们用 Θ_i 表示 i 可能拥有的信息的集合。①在机制设计理论中，个人持有的信息与他的支付函数或对决策的偏好有关，这些决策通常由效用函数表示：$u_i: D \times \Theta_i \to R$。个人的信息 t_i 也称为个体的类型（type），类似于我们在附录 A 中定义贝叶斯博弈时看到的信息概念。在这种情况下，当决策为 d 并且他的类型是 θ_i 时，个人所得到的支付是 $u_i(d, \theta_i)$。

例 B.2　在拍卖设置中，投标人的类型是他的估价。支付函数是：

$$u_i(d, \theta_i) = \begin{cases} \theta_i & \text{如果 } d \text{ 是 "投标人 } i \text{ 赢得该对象"} \\ 0 & \text{如果 } d \text{ 是 "投标人没有赢得该对象"} \end{cases}$$

（在拍卖的章节中，投标人的估值通常用 v_i 表示。）再次注意，模型的描述还不包括旁支付（如投标人所支付的价格）。

我们在这里给出的描述对应于私人价值的情况：个人从决策 d 中得到的效用仅取决于他的类型而不取决于其他个人的类型。

备注 B.1　在诸如匹配或分配问题的设置中，标准方法包括赋予个体偏好关系，该偏好关系仅对结果进行排序（而不是给出个体福利的数字表示的效用函数）。在这样的环境中，关于个人福利的唯一相关信息是序数形式的，因此我们只能比较两种选择。在这种情况下，个人的类型只是偏好关系本身。例如，如果存在三个对象（a，b 和 c），则偏好关系 $P_i: a, b, c$ 和 $P'_i: c, a, b$ 对应于两种不同的类型。尽管我们对代理人的偏好进行建模的方式存在差异，但直觉是相同的："个人""得到"结果的"多少"取决于他们的类型。

□ B.2.1　机制

机制由两个元素定义：**信息空间**（message space）和**结果函数**（outcome function）。在机制（由委托人设置）中，代理需要向委托人发送信息。在接收到信息后，委托人实施决策（使用结果函数）。

在给出一个更正式的机制的定义之前，我们需要添加第三个元素，即**转移函数**（transfer function）。在某些情况下，例如买方-卖方关系（或拍卖），决策伴随着转移（例如价格、税收等）。因此，一些问题伴随着转移函数，该函数将每个代理人的信息向量（例如来自每个个体的信息）映射到数字。与每个代理人相对应的数字描述了代理人从委托人处得到的报酬（如果是正的）或给委托人的付款（如果是负的）。因此结果函数是两个元素的组合：决策函数和转移函数。

定义 B.1　机制是一个数对 (M, g)，其中，

- $M = M_1 \times M_2 \times \cdots \times M_n$ 是信息空间，其中对于每个个体 $i \in N$，M_i 是个体 i 可以发送的信息集合，并且，

---

① 字母 θ 来自希腊字母（发音为 "theta"）。子母 Θ 是 θ 的大写版本。

- g 是一个结果函数，它将每个信息向量映射到一个决策和一个转移，$g: M \to D \times \mathbb{R}^n$。

在许多情况下将决策与转移区分开来是有用的。在这种情况下，我们将结果函数 g 定义为决策函数 f 和转移函数 t 的组合，两者都取决于代理人发送的信息。注意，转移函数 t 实际上是转移函数的向量 $t = (t_1, t_2, \cdots, t_n)$，每个代理人一个。

机制 (M, g) 中的结果函数明确了一个决策和一个转移，即 $g = (f, t)$，机制的运行原理如下。首先，每个代理人 $i \in N$ 发送信息 m_i。因此，委托人接收到一个信息向量 $m = (m_1, \cdots, m_n)$。接下来，委托人实施由决策函数得到的决策并计算转移。因此决策是 $d = f(m)$ 并且转移是 $(t_1(m), t_2(m), \cdots, t_n(m))$。类型为 θ_i 的代理人 i 的最终支付是函数 v_i，即：

$$v_i(\theta_i, m_i, d, t) = u_i(d, \theta_i) + t_i(m) \tag{B.1}$$

例 B.3 拍卖是机制的一个典型例子：委托人是卖方，代理人是买方。买方的类型是他愿意支付的最高价格，即私人信息。

因此，卖方的问题是设计拍卖，使得买方告诉卖方他们愿意支付的最高价格。买方发送的信息是出价，结果函数是一个表示谁赢得拍卖（通常是出价最高者）以及出价者支付的价格的函数。

但机制设计理论允许我们从更广泛的角度来解决一个卖方面对几个买方的问题。结果函数不需要描述拍卖。这种更通用（尽管是抽象的）方法的好处是：我们可以检查拍卖是不是卖方最大化收入的最佳方式。

以更"紧凑"（而不是无用的）的方式考虑机制是诱人的：
- 每个代理人选择要发送的信息。
- 每个代理人的支付取决于代理人发送的信息的组合——由式（B.1）给出。

这个紧凑的描述看起来非常类似于贝叶斯博弈（见附录 A），其中信息扮演策略的角色（代理人的类型是信号），因此我们可以说机制是一个（贝叶斯）博弈。但是，两者有一个至关重要的区别。在一场博弈中，我们有代理人、他们的策略和支付函数这三个要素（如果我们改变支付，就是一场不同的博弈）。相反，在一种机制中，我们没有支付这个要素。根据定义 B.1，在一种机制中，我们只有信息和结果（决策和转移）。一旦确定了支付函数（对于每个 $i \in N$，有函数 $u_i(d, t)$），我们就有了一个博弈。但请注意，我们可以在不改变机制的情况下改变支付函数。因此，一种机制描述了（非常大的）博弈家族。因此，机制通常被描述为博弈形式。

☐ B.2.2 执行社会选择函数

总之，我们有以下情况。委托人设计结果函数，选择代理人可以发送的一组信息，然后代理人必须选择他们发送的信息，并且代理人需要明白结果取决于他们发送的信息。在这种情况下，委托人的目标是什么？正如我们之前所说，委托人希望获得的结果通常取决于代理人的类型。也就是说，对于代理人类型的每种可能组合，委托人都有"理想"的结果。在形式上，我们说委托人愿意执行一个函数：

$$\gamma: \Theta \to D \times \mathbb{R}^n$$

该函数 γ① 被称为社会选择函数（social choice function），针对每种代理人的类型组合指定一个决策和转移。

例 B.4 在例 B.1 中，社交选择函数的一个例子是：
- 如果所有三个孩子都喜欢扁豆，那就烹饪四季豆。
- 否则烹饪绿豆。

所以，社会选择函数是根据代理人的类型（孩子喜欢什么）来定义的，而不是根据他们所说的来定义。

委托人面临的问题如下：一方面，社会选择函数构成了委托人的目标。它描述了在代理人类型的每种可能的组合下委托人希望看到的决策。换句话说，如果委托人知道代理人的类型，那么委托人就会选择这个决策。另一方面，存在机制和代理人的行为。给定代理人的类型、代理人可用的信息以及决策函数，代理人将选择特定信息并因此可以得到一个决策。那么委托人的问题在于式（B.2）是否成立：

$$g(m_1, m_2, \cdots, m_m) = \gamma(\theta_1, \theta_2, \cdots, \theta_n) \tag{B.2}$$

也就是说，结果函数 g 给出的决策和转移是否与社会选择函数 γ 给出的目标相同。在机制设计的语言中，如果式（B.2）成立，我们说该机制执行社会选择函数 γ。

例 B.5 卖方（委托人）想卖出一个物品，他面对 n 个潜在买方，每个买方（代理人）都有他愿意支付的最高价格（这是他的类型）。这里的结果是买方是谁（决策）以及每个代理人支付的价格。（一般情况下买方支付非零金额，但我们可能会考虑委托人支付金额的情况，例如抽奖。）

如果 $\theta_1, \theta_2, \cdots, \theta_n$ 是代理人的类型，则卖方的目标可以是以下社会选择函数：

$$\gamma(\theta_1, \theta_2, \cdots, \theta_n) = \begin{cases} \text{代理 } i \text{ 购买商品并支付 } \theta_i, & \text{如果 } \theta_i = \max\{\theta_1, \theta_2, \cdots, \theta_n\} \\ \text{代理 } i \text{ 不购买商品并支付 } 0, & \text{如果 } \theta_i < \max\{\theta_1, \theta_2, \cdots, \theta_n\} \end{cases}$$

换句话说，函数 γ 表示具有最高支付意愿的代理人（即最高类型）是购买商品的代理人，并且买方支付的价格是他的类型（即他的支付意愿）。如果代理人不是最高类型，那么他什么都不付（而且没有得到商品）。

现在，委托人的目标是设计一种机制，使代理人的行为方式始终是具有最高类型的代理人获得商品。

一组明显的信息是价格（即出价）。也就是说，该机制由一个个出价的代理人组成，然后将该商品给予出价最高的代理人（并且他被要求支付该价格）。

所以这里的机制和函数 γ 是相同的。但它会起作用吗？当然不会。要看到这一点，假设只有两个代理人 Alice 和 Bob。Alice 的支付意愿是 5 美元，Bob 的是 10 美元。Alice 和 Bob 会发送 5 美元和 10 美元的信息吗？很容易看出他们不会。如果他们发送这些信息，那么卖方很高兴，但这样做不符合 Bob 的利益。如果他改为发送信息 6 美元，那么他仍然可以获得好处（Alice 信息的数值较低），但他现在支付的费用更少。

这个非常简单的例子表明，设计正确机制的问题比看起来更棘手。如果该机制与社

---

① 希腊字母 γ 的读音为 "gamma"，和拉丁字母 g 相对应。

会选择函数相同，代理人可能也会选择一种行为方式使得行为的结果与委托人目的不一致。

如果 Alice 和 Bob 的支付意愿分别为 5 美元和 10 美元，那么卖方想要以 10 美元的价格卖给 Bob，这是社会选择函数的结果。但在这种情况下，Alice 和 Bob 可能给出不同的报价，例如 3 美元和 6 美元，这将使结果是"以 6 美元的价格卖给 Bob"。

例 B.5 中代理人的策略行为表明，委托人的最佳机制通常与委托人想要实施的社会选择函数不同。如果代理人不是策略性的，那么我们的问题就解决了：这足以使委托人将其想要执行的社会选择函数作为一种机制。然而，如果代理人是策略性的，那么委托人需要以某种方式预测代理人的策略选择，使得从他们的信息中获得的结果和委托人所追求的结果对应。

至于博弈，我们可以使用各种概念来"预测"代理人在特定机制中的行为。事实上，因为一旦我们为每个代理人提供了支付函数，一个机制就会描述一个贝叶斯博弈，我们就可以使用各种解决方案概念来分析这些博弈。

B.2.3 直接机制与间接机制

到目前为止，我们还没有非常准确地了解信息的性质。我们定义机制设计问题的方式使得信息可以是任何东西；也就是说，它们可能与代理人的类型没有直接关系。例如，在例 B.1 的机制 2 中就是这种情况。

在机制设计文献中，我们区分了两类机制：直接机制和间接机制。在**直接机制**（direct mechanism）中，信息是代理人的类型。也就是说，委托人只要求代理人揭示他们的类型。由此可见，任何取决于代理人类型的社会选择函数 γ 都是一种直接机制，其中信息空间由类型空间给出，$\Theta = \Theta_1 \times \Theta_2 \times \cdots \Theta_n$，结果函数是社会选择函数 γ 本身。

当然，正如例 B.5 所示，直接机制的使用并不一定意味着代理人是诚实的并且揭示他们的类型。相反，在**间接机制**（indirect mechanism）中，信息不包含类型，它可以是任何东西。在例 B.1 中，机制 2 是间接机制，而机制 1 是直接机制。

B.3 占优策略的执行

当我们设计一种机制时，我们希望有一些概念可以帮助我们预测代理人的行为方式。最有说服力的概念是占优策略。设 (M, g) 是一个机制，其中 $g = (f, t)$，并且对于每个代理人 $i \in N$，令 u_i 为代理人 i 的效用函数（取决于 i 的类型）。

如果对于任何信息组合 $m_{-i} = (m_1, \cdots, m_{i-1}, m_{i+1}, \cdots, m_n)$，以及任何策略 m'，有：

$$u_i(f(m_i, m_{-i}), \theta_i) + t_i(m_i, m_{-i}) \geqslant u_i(f(m_i', m_{-i}), \theta_i) + t_i(m_i', m_{-i})$$

(B.3)

则策略 m_i（即信息）是类型 θ_i 的占优策略（dominant strategy）。

毫不奇怪，这种占优策略的概念与我们在博弈中看到的概念相同（参见附录 A 中的定义 A.7）。

定义 B.2 如果对于每个 i 都存在函数 $h_i: \Theta_i \to M_i$ 使得 $h_i(\theta_i)$ 是每个 θ_i 的占优策略，并且对于每一个 θ_i 有 $G(h(\theta))=\gamma(\theta)$，对任意 $\theta \in \Theta$，那么该社会选择函数 γ 会通过机制 (M, g) 在占优策略中实现。

定义 B.2 的解读如下。我们想要使用机制 (M, g) 来实现社会选择函数 γ。在这个机制中，代理人将发送信息，并且我们希望，对于每种类型都存在作为占优策略的特定信息。如果每种类型都有一个占优策略，那么我们就可以说存在一个函数，在定义 B.2 中称为 h_i，它说明了对于每种可能的类型哪个策略是占优的（信息）。最后，我们希望当代理人使用占优策略时获得的结果 $g(h(\theta))$ 与委托人已经知道每个代理人的类型时所实现的结果 $\gamma(\theta)$ 相同。

到目前为止，我们已经构建了一种非常通用的方法，但操作开始有点麻烦了：我们一方面有代理人的类型，另一方面有代理人必须发送的信息。如果我们想知道是否存在实现特定社会选择函数的机制，我们可能必须考虑复杂的信息空间，这可能使得对定义 B.2 中描述的 h 函数的搜索变得乏味。当我们考虑直接机制时，我们不必担心每个代理 $i \in N$ 的函数 h_i 的存在。因此定义 B.2 变得更简单。

定义 B.3 如果对于每个代理人 $i \in N$ 和每个 $\theta_i \in \Theta_i$，θ_i 是 θ_i 处的占优策略，那么社会选择函数 γ（例如直接机制 (Θ, γ)）是**占优策略激励相容的**（dominant strategy incentive compatible）。

在机制设计文献中，占优策略激励相容的社会选择函数通常被称为**防策略性**（strategyproof）。在直接机制中，代理人揭示了一种类型，因此很容易看出，如果我们强加条件，即对于每个 $i \in N$ 和每个 $\theta_i \in \Theta_i$，有 $h_i(\theta_i)=\Theta_i$，那么定义 B.2 和定义 B.3 是相同的。

☐ B.3.1 显示原理

分析机制可能是一项艰巨的任务。如果我们想要找到一种实现特定社会选择函数的机制，我们首先必须决定我们是使用直接机制还是间接机制。显然，直接机制似乎更可取，因为它使我们免于定义信息集。但也许在某些情况下我们需要考虑间接机制。对我们来说幸运的是，文献中的一个著名结论大大简化了我们的工作[①]。

结论 B.1 显示原理（the revelation principle） 设 (M, g) 是在占优策略中实现社会选择函数 γ 的机制。然后直接机制 (α, γ) 是占优策略激励相容的。

结果如下。假设我们想要知道是否可以实现特定的社会选择函数 f。要做到这一点，必须考虑所有可能的直接机制或间接机制。如果存在这样的机制，那么可以使用显示原理，它说明如果存在实现社会选择函数 f 的机制，那么：

- 你可以使用社会选择函数 f 本身作为机制，并且，
- 机制 f 是这样的：在均衡状态下，代理人如实地揭示其类型（即他们的均衡策略包括揭示其类型）。

显示原理背后的直觉相对简单。设 (M, g) 是一种机制，其中 M 是所有代理人的

[①] 显示原理有各种版本。结论 B.1 的版本在 Allan Gibbard, "Manipulation of Voting Schemes: A General Result," Econometrica 41 (1973): 587–601 中提到过。

信息空间，g 是结果函数，并假设 (M, g) 在占优策略中实现了社会选择函数 γ。因此，对于每个代理人 i 存在函数 h_i，使得当他的类型是 θ_i 时，$h_i(\theta_i)$ 是代理人 i 的占优策略。因此，当代理人的类型为 $\theta = (\theta_1, \cdots \theta_n)$ 时，他们发送信息 $(h_1(\theta_1), \cdots, h_n(\theta_n))$，并且在这些信息下函数 g 的结果与社会选择函数 γ 相同（因为 (M, g) 实现了 γ），即 $g(h_1(\theta_1), \cdots, h_n(\theta_n)) = \gamma(\theta_1, \cdots \theta_n)$。

显示原理的"诀窍"是，相对于要求代理人运行机制 (M, g)，它要求代理人揭示他们的类型，并且它将代表代理人生成函数规定的信息 $(h_1, \cdots, h_n)$ 并将这些信息提供给结果函数 g。很容易看出，如果发送信息 $h_i(\theta_i)$ 是代理人 i 的占优策略，那么它也是发送类型 θ_i 的占优策略。这是因为在接收到"信息"θ_i 时，委托人将把它映射到信息 $h_i(\theta_i)$。要看到间接机制和直接机制中的激励是相同的，请注意，如果在直接机制中，代理人 i 假扮类型 θ_i' 时境况更好（当他实际上是 θ_i 类型时），那么在间接机制中他发送信息 $h_i(\theta_i')$ 时，其境况也会更好，因为委托人将使用信息 $h_i(\theta_i')$ 运行结果函数 g。

☐ B.3.2 齐柏-托维定理

到目前为止，我们所呈现和简要分析的模型很大程度上受到价格交易问题的启发，因为除了决策之外，它还包括代理人和委托人之间的货币转移。然而，在许多情况下，这种转移也许是不可能的（或应该避免的）。关于匹配和分配的章节处理了这种情况。

首先，请注意，在转移不可行的情况下，我们提供的转移模型几乎可以直接重写。对于委托人收到的任何信息集合，它都要将转移设置为 0。

当转移不可行并且可能的决策数量有限时，通常情况下代理人的偏好不是由效用函数表示，而是由序数表示。也就是说，每个代理人对可能的决策都有"个人排序"（这种情况在第 9 章中讨论过）。在这种背景下，机制设计理论必须表达些什么？答案是相当消极的。在展示我们的意思之前，我们还需要一个定义。如果存在代理人 i，在对于任何类型的组合（无论代理人的类型是什么）下由函数 f 给出的决策始终是代理人 i 最偏好的决策，则决策函数 f 是**独裁的**（dictatorial），换句话说，当决策函数是独裁的时，将要实施的决策仅取决于一个代理人，并且它总是相同的（该代理人被称为独裁者）。关于实施社会选择函数的基本结果如下。[1]

结论 B.2 （齐柏（Gibbard）；托维（Satterthwaite））假设 D 包含有限数量的决策，决策函数 f 至少可以给出三个不同的决策（取决于代理人的类型），并且代理人的类型包括对决策所有可能的偏好顺序。当且仅当决策函数 f 是独裁的时，决策函数 f 是占优策略激励相容的。

结论 B.2 似乎不是好信息，它表明唯一可能的占优策略激励相容的决策函数是独裁的。我们说"表明"，因为它来自对结论 B.2 的肤浅解读，因为任何结果都有一些假设。这里主要的假设是代理人的偏好不受限制。任何偏好顺序都是可能的。这意味着以下内容。假设可以做出四个不同的决定：d_1，d_2，d_3 和 d_4。对这些决策进行排序有 4! =

---

[1] 结论由 Allan Gibbard 和 Mark Satterthwaite 分别独立证明。请参阅前面注释中 Gibbard 的文章和 Mark Allen Satterthwaite，"Strategy-proofness and Arrow's Conditions: Existence and Correspondence Theorems for Voting Procedures and Social Welfare Functions," Journal of Economic Theory 10, no. 2 (1975): 187–217。

24 种不同的方式，任何排序方式都对应一个可能的类型。然而在有些情况下，某些偏好、排序或类型无关紧要。例如，可能存在这样的情况：如果代理人相对于 d_2 更喜欢 d_1，并且相对于 d_3 更喜欢 d_2 或者相对于 d_2 更喜欢 d_3，并且相对于 d_1 更喜欢 d_2，那么他就不可能相对于 d_3 更喜欢 d_1 或者相对于 d_2 更喜欢 d_3。[①]

结论 B.2 中的第二个限制性的假设是没有转移。因此，这一结论确实表明，在某些情况下，在占优策略中实施一些社会选择函数可能需要非零转移。附录 B.3.3 节强调了转移时存在此类机制的问题。

B.3.3 VCG 机制

当代理人和委托人之间的转移是可行的时，存在一种机制，它不仅是占优策略激励相容的而且有效。在这里，效率意味着对于每种类型 θ 的向量，所选择的决策使得个人的支付总和最高（在忽略转移时）。当式（B.4）成立时，形式上决策函数 f 是有效的。

$$\sum_{i \in N} u_i(f(\theta), \theta_i) \geqslant \sum_{i \in N} u_i(d', \theta_i), \text{对于所有的 } d' \in D \text{ 和所有的 } \theta \in \Theta \tag{B.4}$$

也就是说，对于代理人 θ 的任何类型组合，做出的决策 $f(\theta)$ 都使得每个代理人的支付之和大于或等于代理人采用其他决策 d' 时的支付之和。给定决策 d，总和 $\sum_{i \in N} u_i(d, \theta_i)$ 是组合 θ 的社会福利。因此，如果对于任何类型组合 θ，决策函数总是最大化社会福利，则决策函数是有效的。

我们现在认为转移函数的定义如下。令 $d \in D$ 表示任何决策。

$$t_i(\theta) = \sum_{j \neq i} u_j(d, \theta_j) - \max_{\widehat{d} \in D} \sum_{j \neq i} u_j(\widehat{d}, \theta_j) \tag{B.5}$$

式（B.5）中描述的函数如下。做出决策 d，并计算每个代理人在该决策下的支付的总和，但忽略代理人 i 的支付。这就是：

$$\sum_{i \neq j} u_j(d, \theta_j)$$

式（B.5）的第二部分描述了当忽略代理人 i 时的最大社会福利。它实施了决策 $\widehat{d}$，使得所有代理人（代理人 i 除外）的支付之和最大。因此，式（B.5）中描述的转移函数是当实施决策 d 时所有代理人（除了代理人 i）的社会福利与所有代理人（代理人 i 除外）的最大社会福利之差。

定义 B.4 维克里-克拉克-格罗夫斯机制（Vickery-Clarke-Groves mechanism, VCG 机制）是直接机制 (f, t)，其中 f 是一个有效的决策函数，转移函数 t 由式（B.5）给出，决策 d 是 $f(\theta)$。

通过构建，VCG 机制是有效的。但它还拥有另一个理想的特性。

结论 B.3 VCG 机制是占优策略激励相容的。

[①] 一个典型的例子就是政治偏好问题，每个代理人的偏好都服从单峰分布，政治立场包括从左到右的区间。每个代理人都有一个理想的、最偏好的政治立场。距离该理想政治立场"越远"的，他就越不偏好。例如，最喜欢的政治立场位于左侧的人将更喜欢中央/中立立场，而不是位于右侧的政治立场。

B.4 贝叶斯机制设计

在某些情况下，即使我们允许转移，我们也可能无法确定占优策略激励相容的机制。例如，当我们希望转移可行或预算平衡时就是这种情况。如果对于任何类型组合 θ，每个个体的转移之和都小于或等于零，则转移函数 t 是可行的。

$$\text{对于所有的 } \theta \in \Theta, \sum_{i \in N} t_i(\theta) \leqslant 0$$

回想一下，转移被添加到代理的效用函数中——参见式（B.1）。因此，如果所有转移的总和严格为正，那么这意味着必须从外部借一些钱。更严格的要求是，转移是平衡的。这意味着不仅转移是可行的，而且代理人不用支付"太多"。

$$\text{对于所有的 } \theta \in \Theta, \sum_{i \in N} t_i(\theta) = 0$$

B.4.1 贝叶斯激励相容性

我们在上一节中介绍了一种占优策略激励相容机制，即 VCG 机制。这种机制的问题是：转移函数可能不平衡。一种解决方式是：放宽报告一个人的真实类型是一种占优策略的要求，而是要求报告一个人的真实类型是均衡策略。由于机制实际上是贝叶斯博弈（一旦我们指定了每个人的支付函数），我们就可以使用贝叶斯-纳什均衡的概念。我们首先确定直接机制的激励相容性；也就是说，我们认为机制 $\gamma = (f, t)$ 等同于机制 (Θ, γ)，其中 f 是决策函数，t 是转移函数。

定义 B.5 如果对于每个类型组合 θ，由每个代理人的类型组成的策略组合是贝叶斯-纳什均衡，

$$E[u_i(f(\theta_i, \theta_{-i}), \theta_i) + t_i(\theta_i, \theta_{-i}) | \theta_i] \geqslant E[u_i(f(\theta_i', \theta_{-i}), \theta_i) + t_i(\theta_i', \theta_{-i}) | \theta_i] \tag{B.6}$$

对任意 $i \in N, \theta_i \in \Theta_i, \theta_i' \in \Theta_i$

那么直接机制 (Θ, γ) 是**贝叶斯激励相容的**（Bayesian incentive compatible）。

式（B.6）与贝叶斯-纳什均衡条件（附录 A 中的式（A.10））相同，但用机制的符号和框架进行了重写。对于一般情况（间接机制和直接机制），我们则得知机制 (M, g) 在贝叶斯-纳什均衡中实现了社会选择函数，如果存在 (M, g) 的贝叶斯均衡 m，使得对于任意 $\theta, g(m(\theta)) = f(\theta)$。

对于占优策略激励相容机制，我们已经看到，显示原理向我们证明，仅考虑直接机制就足够了。贝叶斯均衡的实现也适用同样的原则。[①]

[①] 贝叶斯均衡的启示原则在 Partha Dasgupta, P. Hammond, and Eric Maskin, "The Implementation of Social Choice Rules: Some General Results on Incentive Compatibility," Review of Economic Studies 46, no. 2 (1979): 185–216; and Bengt Holmstrom, "On Incentives and Control in Organizations" (PhD diss., Stanford University, 1977) 中被提到。

结论 B.4 （显示原理）设 (M, g) 是在贝叶斯均衡中实现社会选择函数 γ 的机制，那么直接机制 (Θ, γ) 是贝叶斯激励相容的。

B.4.2　交易：迈尔森-萨特思韦特定理

机制设计理论的普遍性允许我们研究各种各样的情况，并且由于设置相对抽象，我们可以通过抽象特定的细节来研究情境。要看到这一点，请考虑由两个主体进行交易的情况。有卖家 Sarah 和买家 Bob。Sarah 有一个对她和 Bob 都有价值的物品，但他们对这个商品的估价可能不同。当然，只有当她获得的价格至少与她的估值一样高时，Sarah 才愿意出售这个物品，而 Bob 只有在价格最高不超过其估值时才愿意购买。

我们刚刚描述的情况非常笼统，我们没有提供有关 Sarah 和 Bob 将如何进行交易的任何细节。一种方法是，Sarah 宣布她愿意出售该物品的价格，Bob 要么接受并购买该物品，要么拒绝购买。另一种可能性是，Bob 宣布他愿意支付的价格。第三种可能性是，Sarah 和 Bob 参与重复的讨价还价的过程，其中一方报价，另一方进行还价，并且一旦价格达成一致就进行交易。第四种可能性是，他们在 Alice 要求的最低价格和 Bob 愿意支付的最高价格之间选择一个随机数，该随机数是 Bob 将支付的价格。这些只是 Sarah 和 Bob 如何进行交易的几个例子，他们并不局限于以这些方式进行。

当我们假设 Sarah 和 Bob 有私人信息时，问题会变得更加有趣：每个人都知道他或她的估值，但不知道另一方的估值。要了解机制设计如何有用，请注意 Sarah 和 Bob 用于进行交易的任何过程都可以被视为一种机制。

我们现在要解决的问题如下：是否存在满足某些特性的（交易）机制？因此，我们的问题非常简单，因为我们不想确定具体的机制，只是知道机制是否存在。我们想要施加的属性相对容易证明。

- **事前个体理性**（ex-ante individual rationality）。Sarah 和 Bob 的预期支付必须是非负的。

Sarah 和 Bob 将参与一个可得到某个结果的机制（一个有价格的交易）。既然 Sarah 和 Bob 都不知道对手的估价，那么 Sarah 或 Bob 的最终回报是随机的：每个结果的概率是每种类型的概率。

例如，假设 Sarah 的估值为 10 美元，该机制包括给出一个价格，结果函数是：

——如果 Bob 的价格高于 Sarah 的价格，则会发生交易；否则不会发生交易。

——如果发生交易，价格是 Sarah 和 Bob 价格之间的中点。

假设 Bob 的估值有 0.6 的概率是 14 美元，有 0.4 的概率是 8 美元，并假设 Sarah 和 Bob 都是诚实的。因此，对于 Sarah 来说，交易有 0.6 的概率在价格为（14 美元＋10 美元）/2＝12 美元时进行；有 0.4 的概率无法进行，因为 Bob 宣布的价格低于 Sarah 的价格。所以 Sarah 的预期支付是：

$$\text{预期收入} - \text{预期损失} = (0.6 \times 12 \text{ 美元} + 0.4 \times 0 \text{ 美元})$$
$$- (0.6 \times 10 \text{ 美元} + 0.4 \times 0 \text{ 美元})$$
$$= 1.2 \text{ 美元}$$

她的预期支付是正的,所以这种机制是个体理性的。现在假设机制是总有交易发生,价格是 Alice 和 Bob 的估值之间的最小差异。在这种情况下,Sarah 的预期支付是(0.6×10 美元+0.4×8 美元)-(0.6×10 美元+0.4×10 美元)=-0.8 美元。她的预期支付是负的,因此这种机制并不是个体理性的。

- **弱预算平衡**(weak budget balanced)。委托人不需要为该机制增加资金以补贴交易。

例如,假设 Sarah 要价是 10 美元而 Bob 出价 8 美元,但该机制决定进行交易。在这种情况下,没有价格既高于 Sarah 的价格且低于 Bob 的价格。如果有交易,则在任何价格上总有一方是负支付的。为了保证该机制是事先个体理性的,我们可能会要求委托人向博弈中投入一些资金,这样 Sarah 和 Bob 都不会得到负支付。具有平衡预算的机制使得委托人不需要为博弈增加资金。条件中的"弱"条款是指买方支付的价格可能超过卖方收到的价格。例如,销售税的存在。

- **贝叶斯均衡激励相容**(Bayesian equilibrium incentive compatibility)。对 Sarah 和 Bob 来说,如果对方说实话,那么说实话(即说出一个人的真实估价)是最好的答复。

- **事后效率**(ex-post efficiency)。物品必须转移到对它估价最高的代理人那里。如果 Sarah 的该物品的估价比 Bob 高,那么她应该保留它;否则必须是 Bob 才能得到。

罗格·迈尔森(Roger Myerson)和马克·萨特思韦特(Mark Satterthwaite)得出了以下惊人的结论。[1]

结论 B.5 (迈尔森和萨特思韦特)在具有私人信息的双边贸易环境中,没有任何机制具备事先个体理性、预算平衡、贝叶斯均衡激励相容以及事后效率的特点。

换句话说,迈尔森-萨特思韦特定理(the Myerson-Satterthwaite theorem)指出,当估值是私人信息时,没有一种有效的方式可以让两个代理人进行交易,此时要么一方冒亏损交易的风险,要么局外人必须拿出一些钱,要么其中一方不诚实。

这个结论相当令人惊讶且违反直觉。实际上,想象这种交易机制是可能的情况并不困难。为了看到这一点,假设 Sarah 的估值总是低于 10 美元,而 Bob 的估值总是高于 10 美元。有这样一种机制:

- 对于 Sarah 或 Bob 宣布的任何可能的价格(一种类型,即估值),总会有交易,并且

- 交易价格为 10 美元。

这确实满足结论 B.5 中规定的四个属性。但该定理考虑了所有可能的情况。换句话说,为了说明这个定理,这一种情况就足够了:我们无法设计满足我们要求的交易过程。事实上,这个结论依赖的关键属性是激励相容性条件:诚实是一种均衡。

假设 Sarah 对该物品的估值为 0 美元或 0.9 美元,而 Bob 的估值为 0.1 美元或 1 美元。对 Sarah 和 Bob 而言,每种估值的概率都是 0.5。

预算平衡条件表明买方支付的价格应至少与卖方收到的价格一样高。为简单起见,

---

[1] Roger B. Myerson and Mark A. Sattherthwaite, "Efficient Mechanisms for Bilateral Trading," Journal of Economic Theory 29, no. 2 (1983): 265-281.

我们假设 Bob 支付的价格等于 Sarah 收到的价格（如果存在交易）。因此，我们不考虑销售税。

然后我们有一个价格函数 $p(v_{\text{Sarah}}, v_{\text{Bob}})$，其中 v_{Sarah} 和 v_{Bob} 分别是 Sarah 和 Bob 报告给机制的估值（回想一下，由于显示原理，我们可以假设现有机制是一种直接显示机制，Sarah 和 Bob 都宣布估价）。

我们的目的是分析价格函数 $p(v_{\text{Sarah}}, v_{\text{Bob}})$ 应该如何寻找每种可能的类型组合（估值）。Sarah 和 Bob 的估值有四种可能的组合。

情形 1 $v_{\text{Sarah}} = 1$ 美元，并且 $v_{\text{Bob}} = 0.9$ 美元

所以在这里我们关注 p 的值（0.9 美元，0.1 美元）。个体理性认为价格必须至少为 0.9 美元，否则 Sarah 会有负支付。所以我们有：

$$p(0.9\text{ 美元}, 1\text{ 美元}) \geqslant 0.9\text{ 美元}$$

情形 2 $v_{\text{Sarah}} = 0$，并且 $v_{\text{Bob}} = 0.1$ 美元

个体理性认为价格必须至多为 0.1 美元，否则 Bob 会有负支付，则：

$$p(0\text{ 美元}, 0.1\text{ 美元}) \leqslant 0.1\text{ 美元}$$

情形 3 $v_{\text{Sarah}} = 0.9$ 美元，并且 $v_{\text{Bob}} = 0.1$ 美元

对于 Sarah 和 Bob 来说，没有任何交易可能是个体理性的。所以我们将价格定为 0 美元：

$$p(0.9\text{ 美元}, 1\text{ 美元}) = 0\text{ 美元}$$

情形 4 $v_{\text{Sarah}} = 0$ 美元，并且 $v_{\text{Bob}} = 1$ 美元

$p(0\text{ 美元}, 1\text{ 美元})$ 的特征是激励相容性条件的起因。当 Sarah 的估值为 0 美元时，我们希望她是诚实的。她不知道 Bob 的估值。如果 Bob 的估值为 0.1 美元（概率为 0.5），我们知道价格必须至多为 0.1 美元（这是情况 2）。但 Bob 的估值为 1 美元的概率为 0.5。在这种情形下，Sarah 希望价格非常高。由于她不知道 Bob 的估值，她只能计算预期支付，而且由于我们寻找的是 Sarah 诚实时的均衡，她在估价 0 美元时获得的预期支付必须至少与宣布 0.9 美元时一样高：

$$\underbrace{\frac{1}{2} \times p(0\text{ 美元}, 1\text{ 美元}) + \frac{1}{2} \times p(0\text{ 美元}, 0.1\text{ 美元})}_{\text{Sarah宣布0美元时的预期支付}}$$
$$\geqslant \underbrace{\frac{1}{2} \times p(0.9\text{ 美元}, 1\text{ 美元}) + \frac{1}{2} \times p(0.9\text{ 美元}, 0.1\text{ 美元})}_{\text{Sarah宣布0.9美元时的预期支付}} \tag{B.7}$$

式（B.7）中，预期支付就是预期价格，因为 Sarah 的估值为 0 美元，所以每个价格的概率是 Bob 的估值为 1 美元或 0.1 美元时的概率。

根据我们对情况 1、2 和 3 中的价格函数 $p(\cdot, \cdot)$ 的了解，我们可以将方程（B.7）简化为：

$$p(0\text{ 美元}, 1\text{ 美元}) \geqslant p(0.9\text{ 美元}, 1\text{ 美元}) - p(0\text{ 美元}, 0.1\text{ 美元}) \Rightarrow p(0\text{ 美元}, 1\text{ 美元}) \geqslant 0.8\text{ 美元} \tag{B.8}$$

我们现在考虑 Bob。当他的估值是 1 美元时，我们希望他宣布 1 美元而不是 0.1 美元。如前所述，Bob 不知道 Sarah 的估值；他只能计算预期支付。所以我们需要使得他宣布 1 美元时得到的预期支付，至少与宣布 0.1 美元时得到的预期支付一样高。Bob 的支付是他的收益（如果他得到了物品，则是该物品的估值，否则为 0 美元）减去由该机制决定的价格：

$$\text{Bob 的支付} = \begin{cases} \text{他的估值} - \text{价格}, & \text{如果他获得这个商品} \\ 0, & \text{如果他没有获得这个商品} \end{cases}$$

所以我们有：

$$\underbrace{\frac{1}{2} \times (1 - p(0\text{ 美元}, 1\text{ 美元})) + \frac{1}{2} \times (1 - p(0.9\text{ 美元}, 1\text{ 美元}))}_{\text{Bob 宣布 1 美元时的预期支付}}$$

$$\geq \underbrace{\frac{1}{2} \times (1 - p(0\text{ 美元}, 0.1\text{ 美元})) + \frac{1}{2} \times (0 - p(0.9\text{ 美元}, 0.1\text{ 美元}))}_{\text{Bob 宣布 0.1 美元时的预期支付}} \tag{B.9}$$

根据我们对情形 1、2 和 3 中的价格函数 $p(\cdot, \cdot)$ 的了解，我们可以将式（B.8）简化为：

$$1 - p(0\text{ 美元}, 1\text{ 美元}) + 1 - p(0.9\text{ 美元}, 1\text{ 美元}) \geq p(0\text{ 美元}, 0.1\text{ 美元}) \Rightarrow p(0\text{ 美元}, 1\text{ 美元}) \leq 0.2\text{ 美元} \tag{B.10}$$

结合式（B.8）和式（B.10），我们得到：

$$p(0\text{ 美元}, 1\text{ 美元}) \leq 0.2\text{ 美元}, \text{ 并且 } p(0\text{ 美元}, 1\text{ 美元}) \geq 0.8\text{ 美元} \tag{B.11}$$

显然，式（B.11）是不可能满足的。对于大多数人来说，迈尔森-萨特思韦特定理是违反直觉的，因为通常我们会忘记激励相容性条件。一旦我们要求代理人是诚实的，我们就会发现获得最佳交易和激励（例如报告一个人的真实估值）之间是冲突的。

附录 C

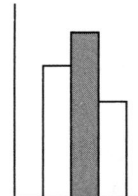

顺序统计

设 $v_1, v_2, \cdots, v_n$ 为 n 个变量。设 $w_1^{(n)}, w_2^{(n)}, \cdots, w_n^{(n)}$ 是将这些变量重新排了序，使得

$$w_1^{(n)} \geqslant w_2^{(n)} \geqslant \cdots \geqslant w_n^{(n)}$$

也就是说，$w_1^{(n)}$ 对应于 $\{v_1, v_2, \cdots, v_n\}$ 中的最高变量，$w_2^{(n)}$ 是次高变量，依此类推。

我们将做出以下假设。

假设 1 对于每个 $h=1, \cdots, n$，v_h 是 0 到 100 之间的随机数。这意味着变量 $v_1, v_2, \cdots, v_n$ 均匀分布在 0 到 100 之间。

假设 2 这 n 个抽签是独立的。

由于变量 $v_1, v_2, \cdots, v_n$ 是随机的，因此变量 $w_1^{(n)}, w_2^{(n)}, \cdots, w_n^{(n)}$ 也是随机的。变量 $w_k^{(n)}$，$k=1, \cdots, n$，被称为顺序统计量。变量 $w_1^{(n)}$ 被称为一阶统计量，$w_2^{(n)}$ 被称为二阶统计量，依此类推。我们的目标是获得一阶统计量和二阶统计量的期望公式以及一阶统计量的条件期望公式。正如我们将看到的，公式将取决于变量的数量 n（这就是为什么我们要用符号来表示这个数字）。

C.1 最高估值的期望

n 个随机值 $v_1, v_2, \cdots, v_n$ 中的期望的最高值是一阶统计量的期望值，所以我们想要计算 $E(w_1^{(n)})$。为了计算它，我们首先需要知道一阶统计量 $w_1^{(n)}$ 的概率分布。我们将使用如下策略：

（1）获得累积密度函数。

(2) 计算概率密度函数。
(3) 计算期望值。

◻ C.1.1 **计算累积密度函数**

我们的目标是获得 $w_1^{(n)}$ 的累积密度函数，用 $F_1^{(n)}$ 表示。假设 v 为 0 到 100 之间的任意数。那么，根据累积密度函数的定义，$F_1^{(n)}(v)$ 小于 v 的概率是 $w_1^{(n)}$。显然，"$w_1^{(n)}$ 小于 v"等同于"所有顺序统计量小于 v"，也等同于"所有值 v_1，v_2，$\cdots$，v_n 都小于 v"。所以我们有：

$$F_1^{(n)}(v) = P(v_1 \leqslant v, v_2 \leqslant v, \cdots, v_n \leqslant v)$$

由于投标人的估值是独立的，所有投标人的估值都小于 v 的概率等于每个投标人的估值小于 v 的概率的乘积：

$$F_1^{(n)}(v) = P(v_1 \leqslant v) \times P(v_2 \leqslant v) \times \cdots \times P(v_n \leqslant v)$$

由于投标人是对称的，因此 $F_1^{(n)}(v)$ 等于一个相同概率的 n 倍。因此，我们只需要计算出一位投标人估值小于 v 的概率。对于 [0, 100] 上的均匀分布和任何投标人 $i = 1, \cdots, n$，我们有：

$$P(v_1 \leqslant v) = \frac{v}{100}$$

所以我们得到：

$$F_1^{(n)}(v) = \underbrace{\frac{v}{100} \times \cdots \times \frac{v}{100}}_{n\uparrow} = \left(\frac{v}{100}\right)^n \tag{C.1}$$

◻ C.1.2 **计算概率密度函数**

概率密度函数只是分布函数的导数。用 $f_1^{(n)}$ 表示一阶统计量的概率密度函数。所以我们得到：

$$f_1^{(n)}(v) = (F_1^{(n)})'(v) = n \times \left(\frac{v}{100}\right)^{n-1} \times \frac{1}{100} = \frac{nv^{n-1}}{100^n}$$

◻ C.1.3 **计算期望值**

$w_1^{(n)}$ 的期望表示为 $E(w_1^{(n)})$，通过运用以下公式给出：

$$E(w_1^{(n)}) = \int_0^{100} v f_1^{(n)} \mathrm{d}v$$

所以我们有：

$$E(w_1^{(n)}) = \int_0^{100} v f_1^{(n)} \mathrm{d}v$$

$$= \int_0^{100} v\, \frac{nv^{n-1}}{100^n} \mathrm{d}v$$

$$= \frac{n}{100^n} \int_0^{100} v^n \mathrm{d}v$$

$$= \frac{n}{100^n} \left[\frac{1}{n+1} v^{n+1}\right]_0^{100}$$

$$= \frac{n}{100^n} \left(\frac{100^{n+1}}{n+1}\right) = 100 \times \frac{n}{n+1} \tag{C.2}$$

C.2 次高估值的期望

我们现在希望得到次高估值的期望的表达式；也就是说，我们想要计算 $E(w_2^{(n)})$。我们将遵循与用于计算 $E(w_1^{(n)})$ 的策略相同的策略：首先计算累积密度函数，然后计算概率密度函数，最后计算期望值。

设 $F_2^{(n)}$ 为二阶统计量的累积密度函数：

$$F_2^{(n)}(v) = P(w_2^{(n)} \leqslant v) \tag{C.3}$$

如果 $w_2^{(n)} \leqslant v$，则有两种情形。

情形 1 所有数字 $v_1, v_2, \cdots, v_n$ 都小于或等于 v。

在这种情况下，我们有 $w_1^{(n)} \leqslant v$，并且我们从附录 C.1.1 节中知道：

$$F_1^{(n)}(v) = P(w_1^{(n)} \leqslant v) = \left(\frac{v}{100}\right)^n$$

情形 2 $n-1$ 个数字小于或等于 v，一个数字大于 v。

对于这种情况，有 n 种可能性：

- $v_1 > v$ 且 $v_h \leqslant v$，$h = 2, \cdots, n$。
- $v_2 > v$ 且 $v_h \leqslant v$，$h = 1, 3, \cdots, n$。
- $\cdots$
- $v_2 > v$ 且 $v_h \leqslant v$，$h = 1, 2, \cdots, n-1$。

在情形 1 下，$v_1 > v$ 且 $v_h \leqslant v$，$h = 2, \cdots, n$。我们有：

$$P(v_1 > v \text{ 且 } v_h \leqslant v, h = 2, \cdots, n)$$
$$= P(v_1 > v) \times P(v_h \leqslant v, h = 2, \cdots, n)$$
$$= P(v_1 > v) \times P(v_2 \leqslant v) \times P(v_3 \leqslant v) \times \cdots \times P(v_n \leqslant v)$$
$$= \frac{100-v}{100} \times \underbrace{\frac{v}{100} \times \cdots \times \frac{v}{100}}_{n-1 \text{ 个}}$$
$$= \frac{100-v}{100} \times \left(\frac{v}{100}\right)^{n-1}$$

在情形 2 下，$v_2 > v$ 且 $v_h \leq v$，$h = 1, 3, \cdots, n$，那么我们会得到相同的概率。所以我们有 n 个相同的概率，因此情况 2 的概率是：

$$n \times \frac{100-v}{100} \times \left(\frac{v}{100}\right)^{n-1}$$

情形 1 和情形 2 中描述的事件无交集（disjoint）（即如果其中一个情形发生，另一个情形就不会发生），因此 $P(w_2^{(n)} \leq v)$ 是情形 1 和情形 2 的概率之和。

$$F_2^{(v)}(v) = P(w_2^{(n)} \leq v) = \left(\frac{v}{100}\right)^n + n \times \frac{100-v}{100} \times \left(\frac{v}{100}\right)^{n-1}$$

$$= n \times \left(\frac{v}{100}\right)^{n-1} - (n-1)\left(\frac{v}{100}\right)^n \tag{C.4}$$

式 (C.1) 表示 $F_1^{(n)}(v) = \left(\frac{v}{100}\right)^n$，所以 $F_1^{(n-1)}(v) = \left(\frac{v}{100}\right)^{n-1}$。因此我们可以将式 (C.4) 重写为：

$$F_2^{(n)}(v) = n F_1^{(n-1)}(v) - (n-1) F_1^{(n)}(v) \tag{C.5}$$

取 v 的导数得到：

$$f_2^{(n)}(v) = n f_1^{(n-1)}(v) - (n-1) f_1^{(n)}(v) \tag{C.6}$$

于是我们得到：

$$E(w_2^{(n)}) = \int_0^{100} v f_2^{(n)}(v) \mathrm{d}v$$

$$= \int_0^{100} v (n f_1^{(n-1)}(v) - (n-1) f_1^{(n)}(v)) \mathrm{d}v$$

$$= n \int_0^{100} v f_1^{(n-1)}(v) \mathrm{d}v - (n-1) \int_0^{100} v f_1^{(n)}(v) \mathrm{d}v$$

$$= n E(w_1^{(n-1)}) - (n-1) E(w_1^{(n)})$$

现在使用式 (C.2) 就足够了，我们得到：

$$E(w_2^{(n)}) = n \times \left(100 \times \frac{n-1}{n}\right) - (n-1) \times 100 \times \frac{n}{n+1}$$

$$= 100 \times (n-1) \times \left(1 - \frac{n}{n+1}\right)$$

$$= 100 \times \frac{n-1}{n+1} \tag{C.7}$$

C.3 最高估值的条件期望

令 v_i 为 n 个随机值中的任意值。我们希望获得以 v_i 是最高值为条件的次高值的期望，其可以写为：

$$E(\max_{j\neq i} v_j | v_j \leqslant v, \forall j \neq i) \tag{C.8}$$

"以 v_i 是最高值为条件"这一表达仅仅意味着所有其他估值肯定低于 v_i。如果所有 n 个值随机分布在 0 和 100 之间,那么如果我们碰巧知道它们中的 $n-1$ 低于某个数 v_i,则那些 $n-1$ 也是随机分布的(但在 0 和 v_i 之间)。

我们想要次高值,因为 v_i 是最高值。所以我们想要这 $n-1$ 个数字中的最高值,它们都在 0 和 v_i 之间随机分布。

因此,等式(C.8)可以改写如下:

$$E(w_1^{(n-1)} | w_1^{(n-1)} \leqslant v) \tag{C.9}$$

因此,我们需要 $n-1$ 个变量中的一阶统计量,但与附录第 C.1 节不同,我们希望它们介于 0 和 v_i 之间(而不是 0 到 100 之间)。以 v_i 是最高值为条件的次高值的期望是在 $[0, v_i]$ 上均匀分布的 $n-1$ 个值中的一阶统计量的期望。因此,我们可以使用式(C.2),但是用 v_i 代替 100,用 $n-1$ 代替 n,我们得到:

$$E(\max_{j\neq i} v_j | v_j \leqslant v, \forall j \neq i) = E(w_1^{(n-1)} | w_1^{(n-1)} \leqslant v) = v_i \times \frac{n-1}{n} \tag{C.10}$$

C.4 改变上限和下限

修改假设 1 并且假设变量 $v_1, v_2, \cdots, v_n$ 在 $[\underline{v}, \overline{v}]$ 上均匀分布(在前面的部分中,我们有 $\underline{v}=0$ 和 $\overline{v}=100$)并不困难。在这个(稍微)更一般的情况下,累积密度函数 $F(v)$ 是:

$$F(v) = \frac{v-\underline{v}}{\overline{v}-\underline{v}}$$

因此我们得到概率密度函数 $f(v)$:

$$f(v) = \frac{1}{\overline{v}-\underline{v}}$$

如果我们使用期望的以下属性,则可以很容易地得到顺序统计量。对于每个 $h=1, \cdots, n$,定义变量 $\hat{v}_h = v_h - \underline{v}$。因此,变量 $\hat{v}_1, \hat{v}_2, \cdots, \hat{v}_n$ 均匀地分布在 $[0, \overline{v}-\underline{v}]$ 上。

设 $\hat{w}_1^{(n)}, \hat{w}_2^{(n)} \cdots, \hat{w}_n^{(n)}$ 为变量 $\hat{v}_1, \hat{v}_2, \cdots, \hat{v}_n$ 的顺序统计量,因为对于任意 $h=1, \cdots, n$ 有 $v_h = \hat{v}_h + \underline{v}$,我们得到 $w_h^{(n)} = \hat{w}_h^{(n)} + \underline{v}$。所以,对于任意 $h=1, \cdots, n$,有:

$$E(w_h^{(n)}) = E(\hat{w}_h^{(n)} + \underline{v}) = \underline{v} + E(\hat{w}_h^{(n)})$$

现在,不难看出在第 C.1、C.2 和 C.3 节的所有计算中出现的数字 100 实际上是抽取变量 $v_1, v_2, \cdots, v_n$ 的区间的长度。这里的长度是 $\overline{v}-\underline{v}$,所以我们有更一般的情况:

$$E(w_1^{(n)}) = \underline{v} + \frac{n}{n+1}(\overline{v} - \underline{v}) \tag{C.11}$$

$$E(w_2^{(n)}) = \underline{v} + \frac{n-1}{n+1}(\overline{v} - \underline{v}) \tag{C.12}$$

$$E(w_1^{(n-1)} \mid w_1^{(n-1)} \leqslant v) = \underline{v} + (v_i - \underline{v})\frac{n-1}{n} \tag{C.13}$$

译后记

2011年我曾在《云南财经大学学报》合作发表了国内第一篇市场设计的综述。当时我认为，市场设计就是以"市场机制"为主要对象的机制设计，所以翻译为市场机制设计。不过次年诺贝尔经济学奖正好颁发给了该领域著名的哈佛大学的罗斯（Alvin E. Roth）和加州大学洛杉矶分校的沙普利（Lloyd S. Shapley）教授。于是，市场设计越来越为国内学术界所了解。市场设计者需要具有像工程师一样的视野，运用包括机制设计理论、实验经济学和计算机工具的多元工具，细致考虑和把握市场细节以及市场参与者与市场制度的博弈过程，从市场厚度、市场拥塞、市场行为的安全性和简易性等角度分析市场低效和市场失灵问题，进而提出可行的解决方案，使市场资源配置结果更符合经济社会发展的内在规律和基本需求。这是一门经世济用的学问。

2012年后我的研究主要转向了经济思想史、企业史和量化历史等领域，不过，我始终关注市场设计领域的发展，并与同窗好友孙火军博士一起合作设计过多个实验。孙火军博士才华横溢，热衷学术，非常早就关注了市场设计研究领域，敏锐地观察到该领域的前景，并带我了解该领域，合作完成了上述综述。2018年5月，中国人民大学出版社高晓斐老师偶然联系我谈起翻译本书，我首先想到这算是对火军的一种纪念。我个人通过翻译本书重新学习了这门学问。翻译是最好的学习，结果也是如此。希望更多青年学者关注这个新兴的领域。

市场设计就在我们身边。路边摊、菜市场、大型超市、网上商城……处处涉及市场设计。改革开放以来中国经历了人类历史上最辉煌的市场设计历程。个体户、乡镇企业、外资企业、国企改革、包产到户、农民工……就是培育市场经济主体，价格双轨制、外汇改革、工资改革、利率改革……就是重新设计市场规则，让市场在资源配置中发挥决定性作用就是运用市场机制的逻辑去重新设计旧的资源配置方式。随着新技术的进步，平台经济、共享经济等代表的新市场也是一种市场再设计。学习市场设计，能更深入地理解市场，既不盲目崇拜市场，也不恐惧市场，而是如庖丁解牛一般去解构市场，诊断市场失灵，优化市场机制。

  本书是了解市场设计的好书，适合用作基础教材。感谢中国人民大学出版社王晗霞编辑的细心工作，感谢协助翻译校对的中国政法大学谭瑞秋、郭振宇、钟沥文、唐世洲、邓曾雍西、曹嘉豪、冯锴、钟沥文、郭振宇、黄秦佳茗、王浩宇、张紫嫣、赵小渝、邵稚权、赵宇涵、叶鑫义、韩德馨、向修维、刘欣源、潘星、余翙琪、何俊杰、李海铭、耿晖、杨济菡、陈建、刘庆等同学，他们给予了我大量帮助。当然，书中任何错漏皆由译者承担。

熊金武

经济科学译丛

序号	书名	作者	Author	单价	出版年份	ISBN
1	市场设计:拍卖与匹配	纪尧姆·海宁格	Guillaume Haeringer	52.00	2021	978-7-300-28854-3
2	环境与自然资源经济学(第十一版)	汤姆·蒂坦伯格等	Tom Tietenberg	79.00	2021	978-7-300-29213-7
3	货币金融学(第十二版)	弗雷德里克·S. 米什金	Frederic S. Mishkin	98.00	2021	978-7-300-29134-5
4	现代经济学原理(第六版)	罗伯特·J. 凯伯	Robert J. Carbaugh	72.00	2021	978-7-300-25126-4
5	现代劳动经济学:理论与公共政策(第十三版)	罗纳德·G. 伊兰伯格等	Ronald G. Ehrenberg	99.00	2021	978-7-300-29116-1
6	国际贸易(第十一版)	保罗·R. 克鲁格曼等	Paul R. Krugman	52.00	2021	978-7-300-29058-4
7	国际金融(第十一版)	保罗·R. 克鲁格曼等	Paul R. Krugman	59.00	2021	978-7-300-29057-7
8	国际经济学:理论与政策(第十一版)	保罗·R. 克鲁格曼等	Paul R. Krugman	98.00	2021	978-7-300-28805-5
9	财政学(第五版)	乔纳森·格鲁伯	Jonathan Gruber	118.00	2021	978-7-300-28892-5
10	面板数据分析(第三版)	萧政	Cheng Hsiao	69.00	2021	978-7-300-28646-4
11	宏观经济学(第十三版)	鲁迪格·多恩布什等	Rudiger Dornbusch	89.00	2021	978-7-300-28853-6
12	曼昆版《宏观经济学》(第十版)课后题解答与题库	N. 格里高利·曼昆等	N. Gregory Mankiw	62.00	2021	978-7-300-28855-0
13	共谋理论和竞争政策	小约瑟夫·E. 哈林顿	Joseph E. Harrington, Jr.	39.00	2021	978-7-300-28804-8
14	离散时间的经济动力学	苗建军	Jianjun Miao	108.00	2020	978-7-300-28814-7
15	微观经济学(第四版)	戴维·A. 贝赞可	David A. Besanko	125.00	2020	978-7-300-28647-1
16	经济建模:目的与局限	劳伦斯·A. 博兰德	Lawrence A. Boland	49.00	2020	978-7-300-28532-0
17	计量经济分析(第八版)(上下册)	威廉·H. 格林	William H. Greene	158.00	2020	978-7-300-27645-8
18	微观经济学(第四版)	保罗·克鲁格曼等	Paul Krugman	86.00	2020	978-7-300-28321-0
19	发展宏观经济学(第四版)	皮埃尔·理查德·阿根诺等	Pierre-Richard Agenor	79.00	2020	978-7-300-27425-6
20	平狄克《微观经济学》(第九版)学习指导	乔纳森·汉密尔顿等	Jonathan Hamilton	42.00	2020	978-7-300-28281-7
21	经济地理:区域和国家一体化	皮埃尔-菲利普·库姆斯等	Pierre-Philippe Combes	56.00	2020	978-7-300-28276-3
22	公共部门经济学(第四版)	约瑟夫·E. 斯蒂格利茨等	Joseph E. Stiglitz	96.00	2020	978-7-300-28218-3
23	递归宏观经济理论(第三版)	拉尔斯·扬奎斯特等	Lars Ljungqvist	128.00	2020	978-7-300-28058-5
24	策略博弈(第四版)	阿维纳什·迪克西特等	Avinash Dixit	85.00	2020	978-7-300-28005-9
25	劳动关系(第10版)	小威廉·H. 霍利等	William H. Holley, Jr.	83.00	2020	978-7-300-25582-8
26	微观经济学(第九版)	罗伯特·S. 平狄克等	Robert S. Pindyck	93.00	2020	978-7-300-26640-4
27	宏观经济学(第十版)	N. 格里高利·曼昆	N. Gregory Mankiw	79.00	2020	978-7-300-27631-1
28	宏观经济学(第九版)	安德鲁·B.亚伯等	Andrew B. Abel	95.00	2020	978-7-300-27382-2
29	商务经济学(第二版)	克里斯·马尔赫恩等	Chris Mulhearn	56.00	2019	978-7-300-24491-4
30	管理经济学:基于战略的视角(第二版)	蒂莫西·费希尔等	Timothy Fisher	58.00	2019	978-7-300-23886-9
31	投入产出分析:基础与扩展(第二版)	罗纳德·E. 米勒等	Ronald E. Miller	98.00	2019	978-7-300-26845-3
32	宏观经济学:政策与实践(第二版)	弗雷德里克·S. 米什金	Frederic S. Mishkin	89.00	2019	978-7-300-26809-5
33	国际商务:亚洲视角	查尔斯·W.L. 希尔等	Charles W. L. Hill	108.00	2019	978-7-300-26791-3
34	统计学:在经济和管理中的应用(第10版)	杰拉德·凯勒	Gerald Keller	158.00	2019	978-7-300-26771-5
35	经济学精要(第五版)	R. 格伦·哈伯德等	R. Glenn Hubbard	99.00	2019	978-7-300-26561-2
36	环境经济学(第七版)	埃班·古德斯坦等	Eban Goodstein	78.00	2019	978-7-300-23867-8
37	管理者微观经济学	戴维·M.克雷普斯	David M. Kreps	88.00	2019	978-7-300-22914-0
38	税收与企业经营战略:筹划方法(第五版)	迈伦·S. 斯科尔斯等	Myron S. Scholes	78.00	2018	978-7-300-25999-4
39	美国经济史(第12版)	加里·M. 沃尔顿等	Gary M. Walton	98.00	2018	978-7-300-26473-8
40	组织经济学:经济学分析方法在组织管理上的应用(第五版)	塞特斯·杜玛等	Sytse Douma	62.00	2018	978-7-300-25545-3
41	经济理论的回顾(第五版)	马克·布劳格	Mark Blaug	88.00	2018	978-7-300-26252-9
42	实地实验:设计、分析与解释	艾伦·伯格等	Alan S. Gerber	69.80	2018	978-7-300-26319-9
43	金融学(第二版)	兹维·博迪等	Zvi Bodie	75.00	2018	978-7-300-26134-8
44	空间数据分析:模型、方法与技术	曼弗雷德·M. 费希尔等	Manfred M. Fischer	36.00	2018	978-7-300-25304-6
45	《宏观经济学》(第十二版)学习指导书	鲁迪格·多恩布什等	Rudiger Dornbusch	38.00	2018	978-7-300-26063-1
46	宏观经济学(第四版)	保罗·克鲁格曼等	Paul Krugman	68.00	2018	978-7-300-26068-6
47	计量经济学导论:现代观点(第六版)	杰弗里·M. 伍德里奇	Jeffrey M. Wooldridge	109.00	2018	978-7-300-25914-7
48	经济思想史:伦敦经济学院讲演录	莱昂内尔·罗宾斯	Lionel Robbins	59.80	2018	978-7-300-25258-2
49	空间计量经济学入门——在R中的应用	朱塞佩·阿尔比亚	Giuseppe Arbia	45.00	2018	978-7-300-25458-6
50	克鲁格曼经济学原理(第四版)	保罗·克鲁格曼等	Paul Krugman	88.00	2018	978-7-300-25639-9
51	发展经济学(第七版)	德怀特·H.波金斯等	Dwight H. Perkins	98.00	2018	978-7-300-25506-4
52	线性与非线性规划(第四版)	戴维·G.卢恩伯格等	David G. Luenberger	79.80	2018	978-7-300-25391-6

经济科学译丛

序号	书名	作者	Author	单价	出版年份	ISBN
53	产业组织理论	让·梯若尔	Jean Tirole	110.00	2018	978-7-300-25170-7
54	经济学精要(第六版)	巴德、帕金	Bade, Parkin	89.00	2018	978-7-300-24749-6
55	空间计量经济学——空间数据的分位数回归	丹尼尔·P. 麦克米伦	Daniel P. McMillen	30.00	2018	978-7-300-23949-1
56	高级宏观经济学基础(第二版)	本·J. 海德拉	Ben J. Heijdra	88.00	2018	978-7-300-25147-9
57	税收经济学(第二版)	伯纳德·萨拉尼耶	Bernard Salanié	42.00	2018	978-7-300-23866-1
58	国际贸易(第三版)	罗伯特·C. 芬斯特拉	Robert C. Feenstra	73.00	2017	978-7-300-25327-5
59	国际宏观经济学(第三版)	罗伯特·C. 芬斯特拉	Robert C. Feenstra	79.00	2017	978-7-300-25326-8
60	公司治理(第五版)	罗伯特·A.G. 蒙克斯	Robert A. G. Monks	69.80	2017	978-7-300-24972-8
61	国际经济学(第15版)	罗伯特·J. 凯伯	Robert J. Carbaugh	78.00	2017	978-7-300-24844-8
62	经济理论和方法史(第五版)	小罗伯特·B. 埃克伦德等	Robert B. Ekelund, Jr.	88.00	2017	978-7-300-22497-8
63	经济地理学	威廉·P. 安德森	William P. Anderson	59.80	2017	978-7-300-24544-7
64	博弈与信息：博弈论概论(第四版)	艾里克·拉斯穆森	Eric Rasmusen	79.80	2017	978-7-300-24546-1
65	MBA宏观经济学	莫里斯·A. 戴维斯	Morris A. Davis	38.00	2017	978-7-300-24268-2
66	经济学基础(第十六版)	弗兰克·V. 马斯切纳	Frank V. Mastrianna	42.00	2017	978-7-300-22607-1
67	高级微观经济学：选择与竞争性市场	戴维·M. 克雷普斯	David M. Kreps	79.80	2017	978-7-300-23674-2
68	博弈论与机制设计	Y. 内拉哈里	Y. Narahari	69.80	2017	978-7-300-24209-5
69	宏观经济学(第十二版)	鲁迪格·多恩布什等	Rudiger Dornbusch	69.00	2017	978-7-300-23772-5
70	国际金融与开放宏观经济学：理论、历史与政策	亨德里克·范亨伯格	Hendrik Van den Berg	68.00	2016	978-7-300-23380-2
71	经济学(微观部分)	达龙·阿西莫格鲁等	Daron Acemoglu	59.00	2016	978-7-300-21786-4
72	经济学(宏观部分)	达龙·阿西莫格鲁等	Daron Acemoglu	45.00	2016	978-7-300-21886-1
73	中级微观经济学——直觉思维与数理方法(上下册)	托马斯·J. 内契巴	Thomas J. Nechyba	128.00	2016	978-7-300-22363-6
74	动态优化——经济学和管理学中的变分法和最优控制(第二版)	莫顿·I. 凯曼等	Morton I. Kamien	48.00	2016	978-7-300-23167-9
75	投资学精要(第九版)	兹维·博迪等	Zvi Bodie	108.00	2016	978-7-300-22236-3
76	环境经济学(第二版)	查尔斯·D. 科尔斯塔德	Charles D. Kolstad	68.00	2016	978-7-300-22255-4
77	MWG《微观经济理论》习题解答	原千晶等	Chiaki Hara	75.00	2016	978-7-300-22306-3
78	横截面与面板数据的计量经济分析(第二版)	杰弗里·M. 伍德里奇	Jeffrey M. Wooldridge	128.00	2016	978-7-300-21938-7
79	宏观经济学(第十二版)	罗伯特·J. 戈登	Robert J. Gordon	75.00	2016	978-7-300-21978-3
80	动态最优化基础	蒋中一	Alpha C. Chiang	42.00	2015	978-7-300-22068-0
81	管理经济学：理论、应用与案例(第八版)	布鲁斯·艾伦等	Bruce Allen	79.80	2015	978-7-300-21991-2
82	微观经济分析(第三版)	哈尔·R. 范里安	Hal R. Varian	68.00	2015	978-7-300-21536-5
83	财政学(第十版)	哈维·S. 罗森等	Harvey S. Rosen	68.00	2015	978-7-300-21754-3
84	经济数学(第三版)	迈克尔·霍伊等	Michael Hoy	88.00	2015	978-7-300-21674-4
85	发展经济学(第九版)	A.P. 瑟尔沃	A. P. Thirlwall	69.80	2015	978-7-300-21193-0
86	宏观经济学(第五版)	斯蒂芬·D. 威廉森	Stephen D. Williamson	69.00	2015	978-7-300-21169-5
87	现代时间序列分析导论(第二版)	约根·沃特斯等	Jürgen Wolters	39.80	2015	978-7-300-20625-7
88	空间计量经济学——从横截面数据到空间面板	J. 保罗·埃尔霍斯特	J. Paul Elhorst	32.00	2015	978-7-300-21024-7
89	战略经济学(第五版)	戴维·贝赞可等	David Besanko	78.00	2015	978-7-300-20679-0
90	博弈论导论	史蒂文·泰迪里斯	Steven Tadelis	58.00	2015	978-7-300-19993-1
91	社会问题经济学(第二十版)	安塞尔·M. 夏普等	Ansel M.Sharp	49.00	2015	978-7-300-20279-2
92	时间序列分析	詹姆斯·D. 汉密尔顿	James D. Hamilton	118.00	2015	978-7-300-20213-6
93	微观经济理论	安德鲁·马斯-克莱尔等	Andreu Mas-Collel	148.00	2014	978-7-300-19986-3
94	产业组织：理论与实践(第四版)	唐·E. 瓦尔德曼等	Don E. Waldman	75.00	2014	978-7-300-19722-7
95	公司金融理论	让·梯若尔	Jean Tirole	128.00	2014	978-7-300-20178-8
96	公共部门经济学	理查德·W. 特里西	Richard W. Tresch	49.00	2014	978-7-300-18442-5
97	计量经济学导论(第三版)	詹姆斯·H. 斯托克等	James H. Stock	69.00	2014	978-7-300-18467-8
98	中级微观经济学(第六版)	杰弗里·M. 佩罗夫	Jeffrey M. Perloff	89.00	2014	978-7-300-18441-8

经济科学译丛

序号	书名	作者	Author	单价	出版年份	ISBN
99	计量经济学原理与实践	达摩达尔·N. 古扎拉蒂	Damodar N.Gujarati	49.80	2013	978-7-300-18169-1
100	经济学简史——处理沉闷科学的巧妙方法(第二版)	E. 雷·坎特伯里	E. Ray Canterbery	58.00	2013	978-7-300-17571-3
101	环境经济学	彼得·伯克等	Peter Berck	55.00	2013	978-7-300-16538-7
102	高级微观经济理论	杰弗里·杰里	Geoffrey A. Jehle	69.00	2012	978-7-300-16613-1
103	高级宏观经济学导论:增长与经济周期(第二版)	彼得·伯奇·索伦森等	Peter Birch Sørensen	95.00	2012	978-7-300-15871-6
104	卫生经济学(第六版)	舍曼·富兰德等	Sherman Folland	79.00	2011	978-7-300-14645-4
105	计量经济学基础(第五版)(上下册)	达摩达尔·N. 古扎拉蒂	Damodar N.Gujarati	99.00	2011	978-7-300-13693-6
106	《计量经济学基础》(第五版)学习题解答手册	达摩达尔·N. 古扎拉蒂等	Damodar N. Gujarati	23.00	2012	978-7-300-15080-8

金融学译丛

序号	书名	作者	Author	单价	出版年份	ISBN
1	货币金融学(第三版)	R. 格伦·哈伯德等	R. Glenn Hubbard	96.00	2021	978-7-300-28819-2
2	房地产金融与投资(第十五版)	威廉·B. 布鲁格曼等	William B. Brueggeman	118.00	2021	978-7-300-28473-6
3	金融工程学原理(第三版)	罗伯特·L. 科索斯基等	Robert L. Kosowski	109.00	2020	978-7-300-28541-2
4	金融市场与金融机构(第12版)	杰夫·马杜拉	Jeff Madura	99.00	2020	978-7-300-27836-0
5	个人理财(第11版)	E. 托马斯·加曼等	E. Thomas Garman	108.00	2020	978-7-300-25653-5
6	银行学(第二版)	芭芭拉·卡苏等	Barbara Casu	99.00	2020	978-7-300-28034-9
7	金融衍生工具与风险管理(第十版)	唐·M. 钱斯	Don M. Chance	98.00	2020	978-7-300-27651-9
8	投资学导论(第十二版)	赫伯特·B. 梅奥	Herbert B. Mayo	89.00	2020	978-7-300-27653-3
9	金融几何学	阿尔文·库鲁克	Alvin Kuruc	58.00	2020	978-7-300-14104-6
10	银行风险管理(第四版)	若埃尔·贝西	Joël Bessis	56.00	2019	978-7-300-26496-7
11	金融学原理(第八版)	阿瑟·J. 基翁等	Arthur J. Keown	79.00	2018	978-7-300-25638-2
12	财务管理基础(第七版)	劳伦斯·J. 吉特曼等	Lawrence J. Gitman	89.00	2018	978-7-300-25339-8
13	利率互换及其他衍生品	霍华德·科伯	Howard Corb	69.00	2018	978-7-300-25294-0
14	固定收益证券手册(第八版)	弗兰克·J. 法博齐	Frank J. Fabozzi	228.00	2017	978-7-300-24227-9
15	金融市场与金融机构(第8版)	弗雷德里克·S. 米什金等	Frederic S. Mishkin	86.00	2017	978-7-300-24731-1
16	兼并、收购和公司重组(第六版)	帕特里克·A. 高根	Patrick A. Gaughan	89.00	2017	978-7-300-24231-6
17	债券市场:分析与策略(第九版)	弗兰克·J. 法博齐	Frank J. Fabozzi	98.00	2016	978-7-300-23495-3
18	财务报表分析(第四版)	马丁·弗里德森	Martin Fridson	46.00	2016	978-7-300-23037-5
19	国际金融学	约瑟夫·P. 丹尼尔斯等	Joseph P. Daniels	65.00	2016	978-7-300-23037-1
20	国际金融	阿德里安·巴克利	Adrian Buckley	88.00	2016	978-7-300-22668-2
21	个人理财(第六版)	阿瑟·J. 基翁	Arthur J. Keown	85.00	2016	978-7-300-22711-5
22	投资学基础(第三版)	戈登·J. 亚历山大等	Gordon J. Alexander	79.00	2015	978-7-300-20274-7
23	金融风险管理(第二版)	彼德·F. 克里斯托弗森	Peter F. Christoffersen	46.00	2015	978-7-300-21210-4
24	风险管理与保险管理(第十二版)	乔治·E. 瑞达等	George E. Rejda	95.00	2015	978-7-300-21486-3
25	个人理财(第五版)	杰夫·马杜拉	Jeff Madura	69.00	2015	978-7-300-20583-0
26	企业价值评估	罗伯特·A.G. 蒙克斯等	Robert A. G. Monks	58.00	2015	978-7-300-20582-3
27	基于Excel的金融学原理(第二版)	西蒙·本尼卡	Simon Benninga	79.00	2014	978-7-300-18899-7
28	金融工程学原理(第二版)	萨利赫·N. 内夫特奇	Salih N. Neftci	88.00	2014	978-7-300-19348-9
29	国际金融市场导论(第六版)	斯蒂芬·瓦尔德斯等	Stephen Valdez	59.80	2014	978-7-300-18896-6
30	金融数学:金融工程引论(第二版)	马雷克·凯宾斯基等	Marek Capinski	42.00	2014	978-7-300-17650-5
31	财务管理(第二版)	雷蒙德·布鲁克斯	Raymond Brooks	69.00	2014	978-7-300-19085-3
32	期货与期权市场导论(第七版)	约翰·C. 赫尔	John C. Hull	69.00	2014	978-7-300-18994-2
33	国际金融:理论与实务	皮特·塞尔居	Piet Sercu	88.00	2014	978-7-300-18413-5
34	并购创造价值(第二版)	萨德·苏达斯纳	Sudi Sudarsanam	89.00	2013	978-7-300-17473-0
35	应用公司财务(第三版)	阿斯沃思·达摩达兰	Aswath Damodaran	88.00	2012	978-7-300-16034-4
36	资本市场:机构与工具(第四版)	弗兰克·J. 法博齐	Frank J.Fabozzi	85.00	2011	978-7-300-13828-2

Market Design: Auctions and Matching

By Guillaume Haeringer

Copyright © 2017 by Massachusetts Institute of Technology

Simplified Chinese version © 2021 by China Renmin University Press. All Rights Reserved.

图书在版编目（CIP）数据

市场设计：拍卖与匹配 /（ ）纪尧姆·海宁格著；熊金武译. --北京：中国人民大学出版社，2021.9
（经济科学译丛）
ISBN 978-7-300-28854-3

Ⅰ.①市… Ⅱ.①纪… ②熊… Ⅲ.①市场机制—研究 Ⅳ.①F045.5

中国版本图书馆CIP数据核字（2021）第152321号

"十三五"国家重点出版物出版规划项目
经济科学译丛
市场设计：拍卖与匹配
纪尧姆·海宁格　著
熊金武　译
Shichang Sheji：Paimai yu Pipei

出版发行	中国人民大学出版社			
社　　址	北京中关村大街31号	邮政编码	100080	
电　　话	010-62511242（总编室）	010-62511770（质管部）		
	010-82501766（邮购部）	010-62514148（门市部）		
	010-62515195（发行公司）	010-62515275（盗版举报）		
网　　址	http://www.crup.com.cn			
经　　销	新华书店			
印　　刷	天津中印联印务有限公司			
规　　格	185mm×260mm　16开本	版　次	2021年9月第1版	
印　　张	18.25　插页2	印　次	2021年9月第1次印刷	
字　　数	421 000	定　价	52.00元	

版权所有　侵权必究　印装差错　负责调换

CENGAGE Learning

教师服务登记表

Lecturer's Details（教师信息）			
Name： （姓名）		Title： （职务）	
Department： （系科）		Sc School/University： （学院/大学）	
Official E-mail： （学校邮箱）		Lecturer's Address/Post Code： （教师通讯地址/邮编）	
Tel： （电话）			
Mobile： （手机）			
研究领域			
主讲课程： □专 □本 □研 □MBA 人数： 学期：□春 □秋 现用教材名： 作者及出版社：		主讲课程： □专 □本 □研 □MBA 人数： 学期：□春 □秋 现用教材名： 作者及出版社：	
已出版著作：		已出版译作：	
意见和建议：			

Please fax or post the complete form to（请将此表格传真至）：

CENGAGE LEARNING BEIJING
ATTN：Higher Education Division
TEL：(86) 10-82862096/ 95 / 97
FAX：(86) 10 82862089
ADD：北京市海淀区科学院南路 2 号
融科资讯中心 C 座南楼 12 层 1201 室   100190

Note：Thomson Learning has changed its name to CENGAGE Learning
VERIFICATION FORM / CENGAGE LEARNING